A Performance no
Direito Tributário

A Performance no Direito Tributário

2016

Luciano Gomes Filippo

A PERFORMANCE NO DIREITO TRIBUTÁRIO

© Almedina, 2016

Autor: Luciano Gomes Filippo
DIAGRAMAÇÃO: Almedina
DESIGN DE CAPA: FBA
ISBN: 978-85849-3130-9

Dados Internacionais de Catalogação na Publicação (CIP)
(Câmara Brasileira do Livro, SP, Brasil)

Filippo, Luciano Gomes
A performance no direito tributário / Luciano
Gomes Filippo. -- São Paulo : Almedina, 2016.
Bibliografia.
ISBN 978-85-8493-130-9
1. Administração tributária 2. Direito
financeiro 3. Direito tributário I. Título.

16-04625   CDU-34:336.2

Índices para catálogo sistemático:
1. Direito tributário 34:336.2

Todos os direitos reservados. Nenhuma parte deste livro, protegido por copyright, pode ser reproduzida, armazenada ou transmitida de alguma forma ou por algum meio, seja eletrônico ou mecânico, inclusive fotocópia, gravação ou qualquer sistema de armazenagem de informações, sem a permissão expressa e por escrito da editora.

Julho, 2016

EDITORA: Almedina Brasil
Rua José Maria Lisboa, 860, Conj.131 e 132, Jardim Paulista | 01423-001 São Paulo | Brasil
editora@almedina.com.br
www.almedina.com.br

AGRADECIMENTOS

Naturalmente, o primeiro agradecimento vai ao Professor Jean-Claude Martinez, cuja cultura e inteligência me incentivou a seguir nesse difícil projeto; cuja humanidade me trouxe ensinamentos muito além do direito; e pela oportunidade de chegar até aqui.

Também deixo registrado os meus sinceros agradecimentos ao Professor João Ricardo Catarino, pela constante troca de ideias, pelo fornecimento de valiosos documentos e pelo exemplo de dedicação à vida acadêmica.

Agradeço, ainda, ao Diogo Ferraz Lemos Tavares – amigo fraternal –, pela releitura atenta do texto e pelos comentários pertinentes; pelo constante incentivo que recebi para realizar essa paciente caminhada até o final.

Aos meus pais, pelo apoio que me deram em todos os projetos, pelo suporte que recebi em todos os obstáculos, durante toda a minha vida.

Por fim, agradeço enormemente à minha esposa, Soraya Hesse Lopes, pelas horas intermináveis roubadas do seu agradável convívio.

APRESENTAÇÃO

Já houve tempos em que nós, os juristas e, em especial, os tributaristas, tínhamos várias seguranças em direito tributário. A rigor habituamo-nos, ao longo dos anos, a descansar a nossa prosa nos seus valores, postulados e princípios fundamentais, plasmados nas nossas constituições políticas, para construir nossas teses, nossas certezas, nossas convicções, enfim, nossos argumentos e, até, nossos manuais.

E nestes distinguíamos habitualmente os princípios fiscais constituídos a partir de valores fundacionais da ordem social como é o caso dos princípios relativos à própria ideia de Estado de Direito democrático, de soberania popular e da distribuição equitativa do poder político, caracterizados, na sua essência, pela liberdade, pela divisão dos poderes e pelo controle da autoridade pública; os princípios sistemáticos do próprio direito fiscal como é o caso dos princípios relativos à legalidade, à proibição do excesso, à dignidade da pessoa humana, à igualdade, à não discriminação, à consideração da família, ao aprofundamento da ideia de "justiça social", da igualdade e capacidade contributiva; assim como outros princípios específicos de direito tributário e os demais, integrados na ideia de racionalidade da atividade administrativa.

Pobres de nós!

Digo isto porque as nossas habituais certezas acerca dos princípios sistemáticos do próprio direito financeiro e tributário estão hoje em regressão. Com efeito, depois das dúvidas acerca da sua autonomia científica, nos primórdios do século XX, próprias dos ramos do direito que se afirmam de novo, o direito tributário afirmou-se progressivamente no mundo do Direito como coisa dotada de uma dogmática própria, de um conteúdo científico específico, com solução específicas, adequadas às necessidades que regula.

Com isso, densificamos e perfilamos princípios para dar consistência e segurança às relações tributárias. No fundo, fizemos isso porque detestamos a insegurança, a incerteza, o desconhecido. E porque gostamos da previsibilidade das coisas, da convicção segura acerca dos factos do mundo em que somos intervenientes. Então, criámos um conjunto vasto de princípios, armamos o direito tributário de uma ossatura tão resistente quanto possível, a toda a prova, contra os abusos do poder de tributar.

Foi por isso que erigimos o *consentimento ao imposto* como um valor estruturante, que mais não é hoje do que um afago da alma, um pressuposto teórico da relação tributária e do dever de contribuir.

E foi assim que engendramos um *princípio da legalidade* para garantir que os impostos sejam realmente criados por lei do órgão representativo dos legítimos interesses dos cidadãos – as nossas assembleias gerais, sejam elas da República, do Povo, Nacionais ou outras, porque o nome em si mesmo pouco importa. O que nos interessa é que os impostos sejam criados à vista do povo, pelo povo e para o povo, pensámos nós, tão ingenuamente. Esquecemos que, em paralelo, se foi gizando um divórcio surdo mas inexorável entre os representados e os representantes, entre a massa e as elites. Tão evidente que hoje poucos duvidam que Poder muda de aspeto mas não muda de natureza. A legalidade tributária não veio a ser o princípio robusto que impede os abusos do imposto, normas de incidência mal desenhadas, isenções, exceções, benefícios e imunidades consagradas ao sabor dos interesses da política, leis de autorização legislativa abusadas, etc. etc.

E foi assim também que erigimos a *igualdade tributária* e então pensámos: agora sim! Se realmente todos pagam segundo os seus haveres, então isso quer dizer várias coisas: que todos pagam e que todos pagam segundo o que podem! Pura mentira! Imposto é hoje coisa de pobre, ou melhor, de classe média. Os muito ricos não pagam impostos, nunca pagaram e, provavelmente nunca pagarão. A prova-lo estão por aí os inúmeros casos de planeamento fiscal, o abuso das formas e dos meios, as instituições financeiras sedentas de, a qualquer preço e de qualquer jeito, segurar em suas mãos a liquidez deste mundo, mesmo que seja preciso fechar os olhos a tudo e a todos, transformar nomes em meros números e por aí adiante.

Coitada da igualdade tributária, num mundo onde somos e sempre seremos todos profundamente desiguais. E onde os impostos gerais sobre a renda das pessoas físicas tributam básica e avidamente a renda do trabalho por conta de outrem e as pensões, mas deixam escapar, com enorme

APRESENTAÇÃO

facilidade, as demais fontes de renda, como é o caso da renda do trabalho por conta própria, dos incrementos patrimoniais não justificados. Com efeito, as bases móveis de renda, como os juros de capitais, os lucros, os dividendos e as mais-valias são facilmente deslocalizáveis para a jurisdição que apresentar a melhor relação custo-benefício. E, sim, hoje o preclaro conceito de justiça distributiva nublou-se em justiça redistributiva, dando aso à adoção de alíquotas progressivas no imposto de renda, que todos aplaudem sem hesitar mas que ninguém entende como realmente funcionam, nem de que modo concreto elas são mais benéficas para os mais pobres – como se apregoa.

Depois, perfilaram-se ainda vários outros princípios próprios deste ramo do direito, supra enunciados, e também eles se acham em crise. A dignidade da pessoa humana não é assegurada pelo direito tributário – tributa-se renda onde só esparsamente se pode dizer que existe capacidade contributiva; a não discriminação não funciona e a prova-lo veja-se o fosso entre as alíquotas máximas a que são tributadas as rendas do trabalho e as rendas de capitais ou as mais-valias. Acresce que a consideração da família – pelo menos da família tradicional – tem sido desvirtuada à medida que se acolhem no direito tributário soluções técnicas que visam dar resposta às novas formas de relacionamento social, legítimas é certo, mas desequilibradas; a "justiça social" é um mero chavão inconsequente, porque a verdade nua a crua é a de que não há um conceito comum do que ela deva ou possa ser; porque, na verdade, a sua popularidade assenta muito mais na crença (infelizmente) errada da maioria, de que, de algum modo, os mais ricos estão pagando mais para que os menos ricos paguem menos. E porque ela mais não serve do que para legitimar todo o tipo políticas públicas tributárias, dissonantes, desarticuladas, inconsequentes e contraproducentes, que tornam ainda mais complexa uma realidade que deveria ser simples, clara e compreensível nos critérios de repartição do encargo de contribuir; e que, sem esgotar, têm legitimado a satisfação da demanda dos grupos sociais mais organizados para que os Estados gastem com eles as imensas fatias de recursos disponíveis.

E porque, com tudo isso, o direito tributário criou imensos custos de contexto que ataviam os agentes económicos, que limitam a sua capacidade para produzir riqueza, e que, afinal das contas, nos empobrecem.

De tal modo que os sistemas tributários e seus princípios, ao contrário do que considerávamos, não nos protegem dos desequilíbrios na distribuição da carga tributária, não impedem eficazmente a deslocalização e a desmaterialização das operações tributáveis e a perda de receita, não obstam à sobre tributação, não constituem uma garantia eficaz da moderação do imposto, não garantem uma eficiente utilização desses (imensos) recursos, assim como não impedem que o mesmo se haja, na prática, transformado num instrumento de dominação.

Então em que ficamos, Senhor?

Bem, não restam dúvidas que necessitamos repensar e redensificar os eixos estruturantes do direito financeiro e tributário. Com efeito, a mudança de paradigmas é multifacetada, como bem o nota Luciano Filippo neste brilhante trabalho, pois abrange aspetos culturais que tocam a perspetiva com que se olha o imposto, mas também a sua função social sistémica, económica e política. Devem os impostos manter a sua função essencialmente reditícia ou esta pode ser essencialmente económica, comportamental, ou visar fins sociais diversos onde a questão da arrecadação seja relegada para segundo plano? Indo um pouco mais longe, pode a função financeira do imposto tornar-se meramente acessória ou incidental ou isso já seria ir "longe de mais" na densificação e utilização da figura?

Seja como for, é certo que as sociedades humanas produzem riqueza. O imposto como instrumento mais não é, na sua função mais básica, do que um mecanismo de transvase dessa riqueza para as mãos das entidades públicas para a satisfação das necessidades coletivas. Pois bem, se os recursos são escassos, bem se vê que não é indiferente o modo como o imposto se manifesta. E isto em todos os seus aspetos, pois impostos mal pensados, mal desenhados e mal aplicados são fonte de perturbação e de carência social. Por outro lado, atenta essa escassez, o Estado não pode, nem no plano dos princípios, nem no plano da sua vivência e ação prática, menos prezar o valor económico desses recursos, pelo que não lhe basta administra-los com mediana clareza. Ele tem que fazer deles a mais racional utilização possível, para alcançar o mais profícuo bem-estar coletivo, escolhendo de entre todas as opções possíveis.

A tese – Excelente, com a classificação máxima – que o Doutor Luciano Filippo desenvolve, e em cuja banca na Universidade de Sorbonne (Paris-Assas) tive a honra de participar juntamente com Jean-Claude Martinez, Jean-Baptiste Geffroy e Heleno Torres, tem este predicado estruturante: ela lembra-nos da necessidade de conferir à *performance* o valor e o relevo que não lhe temos dado. Numa fase histórica onde tudo está em mudança e onde, como dissemos, as ideias que julgávamos assentes são questionadas pela força dos factos e das práticas, impõe-se repensar esta ideia feliz, sintética e aglutinadora que é a *performance* da ação pública em todos os seus aspetos pois que, sendo embora verdade que, se os impostos são consentidos, não é menos verdade que eles não são desejados.

Somos, assim, recordados de uma revolução de paradigma que nos salta à vista mas sobre a qual a academia não tem refletido suficientemente. Este é o mérito estruturante de uma tese como esta que, para além de refletir sobre o lugar e o valor dos princípios, reflete também sobre a necessidade de melhor articularmos todos esses eixos – princípios, valores, postulados, regras, práticas – para que emerja no futuro um direito financeiro tributário que articule as melhores práticas públicas, necessárias a uma boa gestão do interesse geral com os novos desafios, num mundo que é global mas onde não existem ainda regras globais para dirimir os conflitos positivos e negativos de competência para tributar.

E isso é tanto mais relevante que os últimos anos têm tornado evidente que os recursos públicos, sendo vastos não são, todavia, infinitos. Esta sensação de finitude da ação pública que se apossou da "velha" Europa, não será, por certo um exclusivo do continente europeu. A rigor, esse sentimento apodera-se dos estados noutras regiões, o que reforça o caráter fundamental do debate desta tese. Pois que recursos finitos exigem a máxima lucidez na eficiência do gasto público, para que, em termos simples "se faça mais com menos".

Na certeza de que, como dizia Burke, *tributar e agradar não é acessível aos homens, assim como o não é amar e ter juízo.* Pese embora a fatalidade com que esta verdade perene se nos apresenta, não podemos deixar de continuar a refletir sobre como melhorar os instrumentos de que dispomos, para uma sociedade mais justa, até porque, como alguém já o disse, *o homem tem saudades do futuro.*

Eis, pois, em essência, o particular valor desta belíssima reflexão, que aqui publicamente se apresenta.

João Ricardo Catarino

Professor de Direito Financeiro e
Tributário da Universidade de Lisboa

PREFÁCIO

Tenho a alegria de apresentar a obra "A performance da Administração Fiscal", de autoria do Doutor Luciano Gomes Filippo, que é a tradução ampliada e atualizada da sua tese de doutorado, elaborada e defendida na Université Panthéon-Assas (Paris II), sob orientação do eminente Professor Jean-Claude Martinez, e da qual tive a honra de integrar sua banca examinadora, ao lado dos professores Jean-Baptiste Geffroy (Université de Poitiers – Montpelier, França); François Wagner (Université Sophia Antipolis – Nice, França) e João Ricardo Catarino (Universidade Técnica de Lisboa), intitulada *"La Performance en Droit Fiscal: un nouveau paradigme (perspectives comparées"*. A tese, após o longo e proveitoso debate, foi aprovada com evidência dos seus méritos.

O tema da *performance* no Direito Fiscal permite avaliar os resultados da gestão pública no Direito Financeiro, quanto aos resultados na cobrança e emprego dos tributos. A tese explora seus desdobramentos, a partir dos princípios da eficiência, da praticidade e da boa administração tributária.[1]

A gestão de orçamentos orientados para o atingimento de resultados (*performance*), por programas ou por objetivos, tem sido a tendência empregada por diversos países. E, em momentos de crises econômicas,

---

[1] Cf. BOUSTA, Rhita. *Essai sur la Notion de Bonne Administration en Droit Public*. Paris : L'Harmattan, 2010. p. 28. OCDE. *La budgétisation axée sur la performance dans les pays de l'OCDE*, 2007. Paris : OCDE, 2008. 240 p. Cf. DAMIEN, Catteau. *La LOLF et la modernisation de la gestion publique* – la performance, fondement d'un droit publique financier rénové. Paris : Dalloz, 2007. p. 203; MARTINIELLO, Laura. Profili definitori e procedimento di formazione del bilancio dello Stato. In: FIORI, Giovanni. *La procedura di formazione del bilancio nell'economia e nel governo dell'azienda Stato*. Milano: Giuffrè, 2008. p. 27-59; LLAU, Pierre. Budget. In: PHILIP, Loïc (Coord.). *Dictionnaire encyclopedique de finances publiques*. Paris: Economica, 1991. v. 1, p. 181-182;

percebe-se a utilidade desse pressuposto de controle de *performance*, na necessária correlação entre redução de gastos e eficiência arrecadatória, sem necessitar de aumento de tributos que onerem, tanto mais, a sociedade e a economia na recuperação e estabilidade financeira. Por isso, impõe-se admitir como urgente medidas que a Administração Tributária promova em favor da cobrança de tributos que levem em conta os mesmos objetivos de *performance*.

Os orçamentos devem ser capazes de assegurar o atendimento das necessidades do Estado segundo um exercício da eficiência orçamentária, ou princípio de boa administração. Por conseguinte, exigir atendimento de *performance* é o mesmo que aplicar o princípio de eficiência administrativa em toda a extensão da atividade financeira do Estado, especialmente quanto aos controles e obtenção de economicidade na realização das despesas públicas por meio dos orçamentosprogramas.

Orçamento por *performance*, programa ou resultado, portanto, não é algo novo. Nova é a ação de governo dirigida para a implementação efetiva desse modelo na gestão da Administração Tributária, para assegurar arrecadação eficiente, sem necessidade de criação ou aumento de tributos para atender crescimentos de demandas por gastos públicos ou equivalentes.

Recentemente, na França, surgiu a expressão *budgétisation axée sur la performance*, quanto à necessidade do melhor controle dos resultados de objetivos, ou seja, para atingir *performance* orçamentária (orientada segundo resultados controlados). Esta conduta foi muito bem examinada pelo nosso Autor na sua significativa obra.

Para comprovar que essa exigência de *performance da Administração Tributária* encontra-se prevista como dever de orientação da legislação brasileira, no que tange às *receitas*, o art. 52, XV, estabelece a competência do Senado Federal para avaliar periodicamente a *funcionalidade* do Sistema Tributário Nacional, em sua estrutura e seus componentes, e o *desempenho das administrações tributárias* da União, dos Estados e do Distrito Federal e dos Municípios. Somados esses dispositivos com o art. 37, que consagrou o *princípio de eficiência* na Administração Pública como princípio fundamental, patente que a instauração de controles do orçamento por "resultados" (*performance*) sempre existiu. Falta a atitude de execução firme e qualificada, inclusive quanto às metas, programas e objetivos, no que sua impositividade é plena.

Uno-me com grande entusiasmo ao destino deste livro, na firme convicção de que atingirá seus objetivos críticos e propositivos para o emprego dos modelos de *performance* à Administração Tributária, como expressiva contribuição para a afirmação da segurança jurídica e dos princípios de eficiência, praticabilidade e da boa administração em matéria tributária.

Heleno Taveira Torres
Professor Titular de Direito Financeiro da Faculdade de Direito da USP. Foi vice-presidente da International Fiscal Association – IFA. Acadêmico da Academia Paulista de Direito. Advogado.

LISTA DE ABREVIATURAS

BFH	Tribunal Federal de Finanças (Alemanha)
BIC	Bénéfices industriels et commerciaux
BID	Banco Interamericano de Desenvolvimento
BNC	Bénéfices non-commerciaux
BVerfGE	Tribunal constitucional alemão
CAAD	Centro de Arbitragem Administrativa
CADES	Caisse d'amortissement de la dette sociale
CARF	Conselho Administrativo de Recursos Fiscais
CC	Conseil Constitutionnel
CDC	Commision Départamentale de Conciliation
CDI	Commission départamentale des impôts directs et des taxes sur le chiffre d'affaires
CE	Conseil d'État
CEBCA	Código Europeu de Boa Conduta Administrativa
CF 88	Constituição Federal do Brasil de 1988
CGI	Code Général des Impôts
CIAT	Centro Interamericano de Administrações Tributárias
CJUE	Cour de justice de l'Union européenne
CNA	Confederação Nacional da Agricultura
CNC	Confederação Nacional do Comércio
CNI	Confederação Nacional da Indústria

CPPT	Código de Procedimento e de Processo Tributário
CPTA	Código de Processo nos Tribunais Administrativos
CSG	Contribution sociale généralisée
CSPL	Committee on Standards in Public Life
CTN	Código Tributário Nacional
DGI	Direction générale des impôts
IBFD	Bulletin for International Fiscal Documentation
ICHA	Impôt sur le chiffre d'affaires
IPEA	Instituto de Pesquisa Econômica Aplicada
IRC	Internal Revenue Code
IRS	Internal Revenue Service
ISF	Impôt de solidarité sur la fortune
IVA	Imposto sobre Valor Agregado
JOCE	Journal Officiel des Communautés Européennes
LGT	Ley General Tributaria
LOLF	Loi organique relative aux lois de finances
LPF	Livre des Procédures Fiscales
LRF	Lei de Responsabilidade Fiscal
MARL	Moyens alternatifs de résolution de litiges
NCPC	Nouveau code de procédure civile
OEA	Organização dos Estados Americanos
OFH	Tribunal Superior de Finanças (Alemanha)
PFI	Private Finance Iniciative
PND	Programa Nacional de Desestatização
PPBS	Planning Programming Budgeting System
RAT	Regime Jurídico da Arbitragem Tributária
RCB	Rationalisation des Choix Budgétaires
RFDA	Revue française de droit administratif
RFFP	Revue française de finances publiques
RFH	Tribunal Federal de Finanças (Alemanha)

SPA	Services Publics Administratifs
SPIC	Services Publics Industriaux et Commerciaux
TCU	Tribunal de Contas da União
TFA	Taxa de fiscalização ambiental
TPI	Tribunal Penal Internacional
JOCE	Journal Officiel des Communautés Européennes
TVA	Taxe sur la Valeur Ajoutée

SUMÁRIO

Capítulo preliminar – A mudança cultural no direito financeiro......................29

Capítulo 1 – Observação semântica da mudança cultural no direito financeiro.....30
Seção 1 – Os diferentes nomes dados ao objetivo de otimização das regras jurídicas...30
§ 1 – Boa administração 31
§ 2 – Eficiência e Eficácia..34
§ 3 – Performance..39
Seção 2 – A diversidade dos instrumentos disponíveis para realização do objetivo 40
§ 1 – As ferramentas da doutrina francesa... 40
§ 2 – As ferramentas da doutrina inglesa e americana 42

Capítulo 2 – A mudança cultural no direito financeiro 43
Seção 1 – A universalidade da mudança..43
§ 1 – A mudança observada na América 44
§ 2 – A mudança observada na Europa..47
Seção 2 – A ubiquidade da mudança..49
§ 1 – As mudanças no direito administrativo 50
§ 2 – A mudança no direito tributário 53
§ 3 – A mudança no direito financeiro...54

PRIMEIRA PARTE
A DEFINIÇÃO DE PERFORMANCE NO DIREITO TRIBUTÁRIO

Título 1 – O conceito de performance... 61

Capítulo 1 – A gênese do conceito de performance no direito administrativo
ou boa administração 63
Seção 1 – A boa administração no direito administrativo comunitário europeu ... 64

§ 1 – Considerações doutrinárias sobre o conceito de boa administração 64

A. Os primeiros ensaios sobre a boa administração 65

B. Os diferentes tipos de boa administração 66

C. A *boa administração* como um princípio estrutural 67

D. A *boa administração* como um princípio material 69

§ 2 – O conceito retido pelos códigos europeus: o bloco de garantias processuais ...72

A. Carta dos direitos fundamentais da União Europeia 73

B. Os códigos de boa conduta administrativa das instituições europeias 76

§ 3 – O conceito de boa administração na jurisprudência
da Corte de Justiça da União Europeia (CJUE) 79

A. Considerações gerais sobre a boa administração 79

B. A boa administração como um bloco de garantias 82

Seção 2 – A *eficiência* no direito administrativo brasileiro 85

§ 1 – Aporte doutrinário 86

A. As características e classificações da eficiência 86

B. O que é a eficiência administrativa? 88

§ 2 – O aporte limitado da jurisprudência 97

A. A eficiência em casos isolados 97

B. A eficiência e o cumprimento de prazos legais 100

Capítulo 2 – A retomada do conceito de performance pelo direito financeiro 102

Seção 1 – A performance do sistema financeiro 102

§ 1 – A influência da performance financeira 103

A. Os efeitos fiscais do princípio da universalidade financeira 105

1. As exações sem afetação determinada pela lei 105

2. As exações com afetação determinada por lei 106

B. A relação direta entre a eficiência financeira e eficiência fiscal 110

§ 2 – O aporte da Lei orgânica relativa às leis de finanças (LOLF) 2001 112

A. A revalorização da ideia de performance 113

B. A revalorização dos instrumentos de controle: os indicadores de performance ..117

1. As características principais 118

2. Alguns exemplos concretos 121

Seção 2 – A performance do sistema tributário 122

§ 1 – O aporte da doutrina 122

A. Considerações gerais e filosóficas sobre a performance fiscal 123

1. O conceito de eficiência tributária proposto pela doutrina 123

2. A relação entre performance e complexidade 126

3. A relação entre a performance e a justiça tributária 131

B. Considerações práticas sobre a performance tributária 135

1. O aumento das receitas fiscais 135

2. A melhora na atividade da Administração tributária.................................144

§ 2 – Proposta de conceitualização de performance fiscal.........................150

A. A definição e conteúdo da ideia de performance fiscal.......................150

B. O Estado no centro do conceito de performance fiscal.......................154

1. O nível do montante de receitas fiscais..154

2. Os custos de arrecadação do imposto...158

C. O contribuinte no centro do conceito de performance fiscal.............161

1. O menor incômodo possível...161

2. A preservação dos interesses e da satisfação do contribuinte.....167

Título 2 – A classificação jurídica da performance fiscal: a diversidade das análises doutrinárias propostas...169

Capítulo 1 – As possíveis classificações...170

Seção 1 – A classificação jurídica binária: regras e princípios...................171

§ 1 – As principais manifestações...171

A. JOSEF ESSER e KARL LARENZ..171

B. CLAUS-WILHELM CANARIS..172

C. RONALD DWORKIN..172

D. ROBERT ALEXY..173

§ 2 – Análise crítica das distinções propostas...174

A. O critério hipotético-condicional...175

B. O critério do modo final de aplicação..175

C. O critério da relação normativa..177

Seção 2 – A classificação jurídica ternária: regras, princípios e postulados..........178

§ 1 – As normas de primeiro grau..178

A. As regras...178

B. Os princípios jurídicos...179

§ 2 – As normas de segundo grau...180

A. Os postulados normativos...180

B. A aplicação limitada dos postulados..182

Capítulo 2 – A dúplice natureza jurídica da performance: princípio e postulado.......184

Seção 1 – A classificação da performance como postulado.........................184

§ 1 – As diferenças e semelhanças entre a proporcionalidade e a performance como postulado...184

A. A *eficiência* no direito anglo-saxão..185

B. A proporcionalidade no mundo...188

§ 2 – A performance fiscal como postulado na doutrina.............................191

Seção 2 – A performance como princípio...193

A PERFORMANCE NO DIREITO TRIBUTÁRIO

§ 1 – A eficiência como princípio na doutrina 193
§ 2 – A nova filosofia da Administração pública 195
  A. A queda do "antigo regime" administrativo 196
  B. O contribuinte como "cliente" da administração pública 199

Conclusão da primeira parte 201

SEGUNDA PARTE
O ALCANCE DA PERFORMANCE EM DIREITO TRIBUTÁRIO

Título 1 – As medidas que permitem o bom funcionamento da atividade da administração tributária 209

Capítulo 1 – O dever de simplificação das regras ou princípio da "praticidade" 209
Seção 1 – A implementação 210
§ 1 – As duas principais técnicas 211
  A. O modo de pensar determinante 211
  B. O modo de pensar tipificante 221
§ 2 – As regras de simplificação 224
Seção 2 – Análise crítica do princípio da praticidade 226
§ 1 – Os limites impostos 226
§ 2 – Análise de viabilidade 230
  A. Os pontos negativos 230
    1. Violação à adequação à lei 230
    2. Violação ao princípio da separação dos Poderes 231
    3. Violação ao princípio da igualdade 231
  B. Os pontos positivos 232
    1. Preservação da esfera privada do contribuinte 232
    2. Uniformidade da tributação 232
    3. Estado de necessidade administrativa 233

Capítulo 2 – A privatização de algumas atividades da administração tributária 234
Seção 1 – A oportunidade da medida 236
§ 1 – Perspectiva histórica e atual da privatização em geral 236
  A. O ciclo de crise e ascensão de importância do Estado 236
    1. O Estado liberal: Século XVIII 236
    2. O Estado intervencionista: Revolução Industrial (Século XIX) 237
    3. O Estado no Século XX: As duas grandes guerras 238
    4. O Estado Neoliberal: Final do Século XX 239

B. A posição atual do ciclo: crise do Estado 241
§ 2 – O ganho em performance...243
  A. O aumento da performance administrativa...243
  B. O aumento da performance tributária...246
Seção 2 – A compatibilidade com o ordenamento jurídico.............................249
§ 1 – A autorização jurídica 249
  A. A privatização de atividades de apoio (ou tarefas executivas) 250
  B. A privatização da atividade de cobrança...255
§ 2 – Os instrumentos de privatização disponíveis 258
Seção 3 – Exemplos concretos e sugestões de privatização 260
§ 1 – As atividades da Administração já privatizadas ou desestatizadas.........260
  A. Atividades realizadas pelo contribuinte..260
    1. Autoliquidação ou autolançamento 261
    2. A retenção na fonte 262
    3. O dever de fornecer informações 265
  B. Atividades realizadas pelas empresas...265
    1. O pagamento realizado na rede bancária 266
    2. A entrega da declaração de impostos na rede bancária........................268
    3. Elaboração de programas 270
    4. Impressão e distribuição de formulários 272
§ 2 – As atividades passíveis de privatização ou desestatização.....................273
  A. A cobrança de tributos (*collection of tax receipts*)...............................274
    1. As atividades de apoio à cobrança de tributos....................................274
    2. A exceção: privatização da atividade de cobrança 278
  B. Os procedimentos de controle (*audit*)..281
    1. Avaliação de bens (imposto fundiário)...282
    2. Verificação e avaliação de produtos importados (imposto
    sobre a importação)..283
    3. Certificação das declarações 283

Título 2 – Medidas de controle e diminuição de litígios fiscais 285

Capítulo 1 – O princípio do consentimento ao imposto 286
Seção 1 – O papel do *pré-consentimento* na realização da eficiência tributária........287
§ 1 – O consentimento parlamentar..288
  A. O instrumento do consentimento parlamentar: o princípio
  da legalidade tributária 288
  B. O desprestígio do princípio da legalidade 290
    1. A crise de representação 290
    2. O declínio do parlamentarismo financeiro e tributário 292

§ 2 – O referendo fiscal..297
   A. A viabilidade jurídica da realização do referendo em matéria tributária......297
   B. Os limites práticos do referendo..302
§ 3 – O consentimento *sócioprofissional* 309
Seção 2 – O papel do *pós-consentimento* ou adesão ao imposto no aumento
da performance fiscal 311
§ 1 – A atuação psicológica da Administração fiscal.................................312
   A. A importância do fator psicológico...312
   B. Análise de alguns exemplos concretos adotados pela França.............315
§ 2 – Os instrumentos à disposição da Administração fiscal....................320
   A. Instrumentos de análise oferecidos pela doutrina 320
      1. Impostos irritantes *v.* anestesiantes..320
      2. Custos psicológicos principais *v.* acessórios.............................326
   B. Um instrumento moderno: o orçamento participativo........................327

Capítulo 2 – Os Meios Alternativos de Resolução de Litígios (M.A.R.L.) 330
Seção 1 – As técnicas arbitrais...333
§ 1 – A arbitragem em direito tributário..334
   A. Evolução da discussão sobre a aplicabilidade da arbitragem
   em direito tributário...335
      1. Os argumentos contra a utilização da arbitragem no direito tributário......335
      2. A superação dos argumentos contrários 340
   B. O caso dos EUA e de Portugal..346
      1. Os Estados Unidos da América 346
      2. Portugal..351
§ 2 – A mediação ou conciliação em direito tributário 355
   A. A mediação ou conciliação tributária na Itália...................................356
   B. A mediação ou conciliação tributária na França 358
      1. Comissão Departamental de Impostos Diretos e de Tributos
      sobre o Faturamento (CDI) 359
      2. A Comissão Departamental de Conciliação.................................362
      3. O Mediador da República..362
      4. O Interlocutor Fiscal Departamental 365
Seção 2 – A transação no direito tributário...367
§ 1 – Os elementos da transação fiscal 367
   A. A existência de um litígio...368
   B. A realização de concessões recíprocas 369
§ 2 – A transação fiscal no mundo 371
   A. Os países latinoamericanos 373
      1. A transação fiscal no Brasil...374

2. A transação fiscal na Venezuela 375

3. O *trámite abreviado* uruguaio 376

4. Guatemala 377

B. Os países europeus 378

1. A transação fiscal-penal na França 378

2. As *actas de conformidad e actas con acuerdo* espanhóis 381

3. O *accertamento con adesione* italiano 385

4. A *entrevista final* alemã 389

Conclusão da segunda parte 391

CONCLUSÃO FINAL – UMA REVOLUÇÃO PARADIGMÁTICA

Título 1 – O paradigma anterior do direito tributário 399

Título 2 – O paradigma atual do direito tributário 405

Bibliografia 409

Sobre o autor 427

Capítulo preliminar
A mudança cultural no direito financeiro

A crise da dívida pública está instalada. Desde o início da década de 2000, os governos dos Estados integrantes da União Europeia manifestaram preocupação quanto ao cumprimento de compromissos estabelecidos, o que levou os ministros das finanças a aprovar a criação do Fundo Europeu de Estabilização Financeira (FEEF) e o Mecanismo Europeu de Estabilidade (MEE). Outras medidas foram adotadas, sem sucesso.

A crise da dívida pública foi deflagrada em 2010, com a crise da dívida grega. Em seguida, a Irlanda também revelou sua situação calamitosa. Ela já atingiu a maioria dos estados europeus. Países importantes da Zona do Euro acumularam dívidas impagáveis, como é o caso da Itália, cuja dívida pública em 2011 já atingia cerca de 120% de seu Produto Interno Bruto. O mesmo ocorre com a Espanha, onde a dívida interna representou em 2012 o equivalente a 85,5% do PIB e 90,5% para 2013. Na França, conforme dados estatísticos divulgados pelo Instituto Nacional de Estatística e de Estudos Econômicos (Insee), a dívida pública totalizou quase 90% do PIB[1].

As justificativas para a contração dessas dívidas impagáveis são diversas, a depender do país. Não nos interessa, contudo, analisá-las no âmbito da presente tese. Nosso interesse reside nos meios de se atenuá-las. A profilaxia mais disseminada para o combate a essa crise é o tão temido corte nos gastos públicos, que arrastam multidões às ruas e inspiram lágrimas

---

[1] Disponível em www.insee.fr, acessado em 13 de março de 2013.

em ministros[2] e governantes. O outro grande instrumento é o aumento da arrecadação fiscal, sem que isso signifique aumento do fardo suportado pelos contribuintes. Em outras palavras, o aumento da *performance fiscal*. Trata-se de alternativa menos dolorosa, tanto para *cidadãos* quanto para *governantes*, motivo pelo qual acreditamos que constituirá o grande objetivo de política financeira deste século que começa.

A ideia de performance – em sua acepção econômica – surgiu primeiramente no direito administrativo (boa administração), fruto da maior conscientização do cidadão, que passou a buscar bons resultados em termos de atendimento e serviços públicos. Em seguida, naturalmente, a ideia de performance encontrou campo fértil no direito financeiro *lato sensu* (entendido como o ramo do direito público que disciplina a receita tributária, bem como a receita e a despesa pública), onde promoveu uma verdadeira mudança cultural, silenciosa e gradual, tanto no plano semântico (Capítulo 1) – com o arsenal de nomenclaturas e instrumentos importados pelo direito público em geral –, quanto no plano jurídico (Capítulo 2).

Capítulo 1 – Observação semântica da mudança cultural no direito financeiro

Com a importação de instrumentos de análise econômica pelo direito, observou-se uma certa proliferação de novos termos utilizados em diversas áreas jurídicas. As manifestações semânticas da mudança cultural a que nos referimos devem ser analisadas sob duas perspectivas: a do objetivo buscado, que é descrito com nomes diferentes, mas de mesmo significado (Seção 1) e dos instrumentos colocados à disposição desse objetivo (Seção 2).

Seção 1 – Os diferentes nomes dados ao objetivo de otimização das regras jurídicas

O objetivo é um só: otimizar as funções da administração e a contrapartida realizada com o fruto da atividade de arrecadação (as receitas fiscais).

---

[2] Elsa Fornero, ministra italiana do trabalho, chorou em 2011 ao anunciar medidas de austeridade para diminuir a dívida pública, como o aumento de impostos e a modificação do sistema de aposentadoria.

Contudo, foram desenvolvidas diferentes expressões para designar esse mesmo objetivo. Em primeiro lugar, a expressão *boa administração*, que é mais utilizada no âmbito do direito administrativo (§ 1). A segunda expressão – mais utilizada na doutrina fiscal de alguns países – é representada pela dupla expressão *eficiência* e *eficácia* (§ 2), cujos sentidos se complementam para formar uma terceira expressão – mais utilizada no direito financeiro: *performance* (§ 3).

§ 1 – Boa administração

Não existe um conceito unívoco do que seria uma boa administração. Trata-se de um *conceito indeterminado* cujo conteúdo apenas pode ser fixado no âmbito de aplicação concreta de um determinado país. A ideia de boa administração pode ser diferente se considerada a orientação liberal ou socialista de um estado. Tudo depende do ordenamento jurídico, bem como do contexto político e econômico de cada país[3]. Além disso, como remarcado por Rhita Bousta, *"a definição de 'boa administração' não seria algo desejável, na medida em que ela condenaria a necessária adaptação do princípio da boa administração que, como outros princípios gerais do direito, teria como interesse principal o ajuste às situações novas"*[4]. Por essa razão, diante das dificuldades de se apresentar um conceito preciso, Julie Lassale afirma que a boa administração é um princípio *"intrinsecamente indeterminado"*[5].

Não obstante essa impossibilidade de se oferecer um conceito preciso e bem delimitado, Rhita Bousta oferece interessante conceituação geral e universal para a boa administração, em tese exaustiva sobre o tema. Para a autora, a expressão significa *"a adaptação equilibrada dos meios dos quais dispõe a administração"*.[6] Em outro trecho, ela afirma que a *"boa administração desig-*

---

[3] *"A adaptação equilibrada dos meios terá aplicações distintas de acordo com os contextos políticos e econômicos. Ela depende, no plano concreto, da finalidade perseguida pela administração que, por sua vez, decorre de escolhas públicas".* (BOUSTA, Rhita. *Essai sur la Notion de Bonne Administration en Droit Public*. Paris: L'Harmattan, 2010, p. 462)

[4] BOUSTA, Rhita. *Essai sur la Notion de Bonne Administration en Droit Public*. Paris: L'Harmattan, 2010, p. 28.

[5] LASSALE, Julie. *Le principe de bonne administration en droit communautaire*, Tese em direito público, Université de Paris II, 2008, p. 676.

[6] BOUSTA, Rhita. *Essai sur la Notion de Bonne Administration en Droit Public*. Paris: L'Harmattan, 2010, p. 461.

na o equilíbrio ótimo entre os interesses dos administrados e os da administração"[7]. Trata-se de conceito interessante, pois pode ser aplicado em qualquer lugar e tempo.

Não se trata de um conceito superficial e sem conteúdo, pelo contrário, ele deixa claro que a autora optou por uma concepção econômica fundada na gestão dos meios de que dispõe a administração (financeiros, humanos e materiais) e que identifica a boa administração com a *eficiência* (entendida como a utilização ótima dos meios para realização de um objetivo).

Além disso, o *equilíbrio ótimo entre os interesses da administração e dos contribuintes* também revela que a autora aplicou na relação entre as referidas partes o modelo "Pareto-eficiente" ou *óptimo de Pareto*, que traduz uma situação em que não é possível aumentar a utilidade de uma parte sem prejudicar outra. Em outras palavras, esse equilíbrio ocorreria, por exemplo, quando uma alteração legislativa ou outra qualquer não criasse vantagens para uma parte sem prejudicar a outra. Assim, a boa administração é aquela cujos interesses não se sobrepõem aos do contribuinte (ideia de equilíbrio).

A expressão boa administração é muito comum na Itália (*buona amministrazione*), tendo sido incorporada na Constituição de 1948[8], de onde o constituinte brasileiro se inspirou para consagrá-la (sob o nome de *eficiência administrativa*) na Constituição de 1988. No direito inglês, a expressão também se faz presente (*good administration*)[9]. Na Espanha, a *buena administración* constitui garantia positivada em diversos diplomas legais, como o estatuto geral do agente público (Ley nº 7, de 12 de abril 2007), por exemplo.

Sem dúvida, é no direito comunitário europeu que a boa administração é mais frequentemente evocada, porém raramente definida. A jurisprudência comunitária adicionou ao conceito de boa administração um sem número de princípios, tais como o respeito à saúde pública[10], organização

---

[7] *Ibid.*, p. 461.

[8] *"Artigo 97. I pubblici uffici sono organizzati secondo disposizioni di legge, in modo che siano assicurati il buon andamento e l'imparzialità dell'amministrazione."*

[9] WOODHOUSE, Diana. *In Pursuit of Good Administration. Ministers, Civil Servants and Judges.* Oxford: Clarendon Press, 1997.

[10] CJUE, 3.ª Câmara, 12/07/2005, *C.E.V.A. Santé Animale S.A et autres c/ Commission*, Processo C-198/03 P, rec. 2005, p. I-6357.

CAPÍTULO PRELIMINAR – A MUDANÇA CULTURAL NO DIREITO FINANCEIRO

de concursos públicos[11], transparência no procedimento[12] e duração razoável[13], por exemplo. Além disso, sua natureza também parece incerta, pois a boa administração é qualificada como uma *exigência*[14], *princípio*[15], *regra*[16], *obrigação*[17] ou ainda como um *dever*[18].

De acordo com CAROLINE VARYOU, a expressão boa administração implica ideias diversas, como *"uma consciência, uma diligência, uma competência, uma disciplina profissional; ela requer inteligência, pertinência, coerência e racionalidade da tomada de decisão; ela revela um administrador normal, conveniente, racional; ela visa à eficácia, o bom andamento, o andamento regular, o andamento contínuo, o bom andamento, o bom funcionamento, a boa ordem"*[19]. A dificuldade de apreender o conceito de boa administração foi particularmente sentida na jurisprudência da CJUE com relação ao artigo 41 da Carta de Direitos Fundamentais da União Europeia, que acabou por reduzir uma expressão tão rica em valores a um punhado de direitos de ordem processual em sua maioria já garantidos por princípios antigos.

Não há dúvidas de que a ideia de boa administração poderia ser aplicada no âmbito do direito tributário, pois a atividade de arrecadação nada mais é que a atuação de um setor específico da Administração pública. Contudo, a expressão acabou não vingando no âmbito da Administração fiscal. Em

---

[11] T.P.I.C.E., 4.ª Câmara, 13/05/2005, *Carlo Scano c/ Commission*, Processo T-5/04, rec. 2005, p. II-931, pt 62.

[12] T.P.I.C.E., 4.ª Câmara, 04/05/2005, *João Andrade Sena c/ Agence européenne de la sécurité aérienne*, Processo T-30/04, rec. 2005, p.II-519.

[13] T.P.I.C.E., 5.ª Câmara, 10/06/2004, *Jean-Paul François c/ Commission*, Processo T-307/01, rec. 2004, p. II-1669, pt.47.

[14] CJCE, 5.ª Câmara, 30/03/2000, *V.B.A. et V.G.B. e.a.t. c/ Commission*, Processo C-266/97 P, rec. 2000, p.I-2135, pt.71.A *"exigência de boa administração" foi classificada como uma categoria de exigências "necessárias à vida administrativa"*. (JEANNEAU, Benoît. *Les principes généraux du droit dans la jurisprudence administrative*. Paris: Recueil Sirey, 1954, p. 6)

[15] WELTER, Henry. *Le contrôle juridictionnel de la moralité administrative*. Paris: Recueil Sirey, 1929, p. 133.

[16] CJCE, 11/02/1955, *Industrie Siderurgiche Associate c/ Haute Autorité de la Communauté européenne de charbon et de l'acier*, Processo C-4/54, rec. 1955, p. 177.

[17] TPICE, 4.ª Câmara, 06/07/2000, *Volkswagen c/ Commission*, Processo T-62/98, rec. 2000, P.II-2707, pt.281.

[18] TPICE, 4.ª Câmara, 10/05/2000, *S.I.C. c/ Commission*, Processo T/46/97, rec. 2000, p.II-2125, pt.45.

[19] VARYOU, Caroline. *Management public et droit administratif. Essai sur la juridicité des concepts managériaux*. Tese em direito, Université Panthéon-Assas, Paris II, 2000, p. 143.

nossa opinião, isso decorre do fato de que a atividade administrativa exercida pelo Fisco envolve a arrecadação de recursos e a realização de gastos, motivo pelo qual acabou predominando neste ramo do direito as ideias de eficiência e eficácia, supostamente mais adequadas para analisar as complexas relações entre a utilização de meios e a obtenção de resultados.

§ 2 – Eficiência e Eficácia

Muitos países adotaram a expressão eficiência e/ou eficácia da administração. É o caso da Alemanha (*effizienz*), Itália (*efficienza*), Espanha e países da América Latina (*eficiencia*), EUA (*efficiency*), Brasil e Portugal (*eficiência*). Ao contrário de boa administração, trata-se de um conceito importado da economia, mas plenamente aplicável à administração pública. Na economia – muito resumidamente –, denomina-se eficiente uma situação que não possa ser melhorada[20]. Daí é que surge a dificuldade de se aplicar a eficiência ao direito, pois ela é relacionada sempre a algo quantificável.

A confusão aumenta quando se traz para o meio jurídico o conceito de eficácia. A doutrina relativa às ciências da administração e da economia propôs uma série de diferenciações entre *eficiência* e *eficácia*. Uma bem interessante é proposta por PETER FERDINAND DRUCKER: "*Eficiência é fazer as coisas bem-feitas. Eficácia é fazer as coisas certas*"[21]. Aprofundando um pouco mais a questão, IDALBERTO CHIAVENATO afirma que: "*A eficiência não se preocupa com os fins, mas simplesmente com os meios. O alcance dos objetivos visados não entra na esfera de competência da eficiência; é um assunto ligado à eficácia. Contudo, nem sempre a eficácia e a eficiência andam de mãos dadas. Uma empresa pode ser eficiente em suas operações e pode não ser eficaz, ou vice-versa. Pode ser ineficiente em suas operações e, apesar disso, ser eficaz, muito embora a eficácia fosse bem melhor quando acompanhada da eficiência. Pode também não ser nem eficiente nem eficaz. O ideal seria uma empresa igualmente eficiente e eficaz*"[22].

A questão que se coloca é: como aplicar essa diferenciação no mundo jurídico? Para ANTONIO FRANCISCO DE SOUZA, a eficiência é um *conceito*

---

[20] RODRIGUES, Vasco. *Análise Económica do Direito*. Coimbra: Almedina, 2007, p. 29.

[21] Peter Ferdinand Drucker (1909 – 2005) é considerado o pai da administração moderna e autor de diversas obras importantes. *Apud* CALIENDO, Paulo. *Direito Tributário e Análise Económica do Direito*. Rio de Janeiro: Elsevier, 2009, p. 70.

[22] CHIAVENATO, Idalberto. *Introdução à Teoria Geral da Administração*, 4.ª ed., São Paulo: McGraw Hill, 1993, p. 238.

indeterminado – assim como a *boa administração* –, portanto, maleável de acordo as necessidades sociais[23]. Ou seja, é a conjuntura econômica e social de cada país que irá moldar o conceito de eficiência. Nessa proposta, não existe a questão econômica da relação entre meio e fim ou de recursos e resultados.

Contudo, a maior parte da doutrina jurídica adota as diferenciações apresentadas naquelas ciências exatas, sem lhes dar contorno jurídico específico. É o caso de FRANCESCO FORTE *et al.* que afirmam: "*Em termos gerais, a eficiência consiste em render o máximo resultado com os meios dados ou em minimizar os custos atingindo o mesmo resultado; a eficácia consiste na capacidade de alcançar de maneira precisa e rápida os objetivos consignados*"[24].

Em sentido semelhante, PAULO CALIENDO aduz que a "(...) *eficiência é o processo que produz a maior quantidade de resultados com a menor utilização de meios. A eficácia seria a produção de resultados com a maior produção de efeitos e a efetividade a maior produção de efeitos no tempo*"[25]. Por fim, na mesma direção é a lição de DENNIS JAMES GALLIGAN que assim se manifesta sobre os referidos conceitos: "(...) *eficiência pertence ao relacionamento entre recursos e resultados, enquanto que a efetividade se refere à realização de objetivos*"[26]. E não para por aí, pois há muitas outras manifestações nesse mesmo sentido[27],

---

[23] SOUZA, Antonio Francisco de. *Conceitos indeterminados no direito administrativo.* Coimbra: Almedina, 1994, p. 25.

[24] FORTE, Francesco; BONDONIO, Piervicenzo; CELESIA, Lionello Jona. *Trattato di Economia Pubblica. V. 5. Il Sistema Tributario.* Milano: Giuffrè, 1987, p. 119.

[25] CALIENDO, Paulo. *Direito Tributário e Análise Econômica do Direito.* Rio de Janeiro: Elsevier, 2009, p. 70.

[26] "*It is useful then to distinguish between efficiency and effectiveness; efficiency pertains to the relationship between resources and outcomes, while effectiveness refers to realization of goals*". (GALLIGAN, Dennis James. *Discretionary Powers. A Legal Study of Official Discretion.* Oxford: Clarendon Press, 1986, p. 129)

[27] De acordo com JEAN-CLAUDE MARTINEZ e PIERRE DI MALTA: "*A eficácia mede o grau de realização de objetivos de um programa, ao passo que eficiência equivale à produtividade.*" (MARTINEZ, Jean-Claude; DI MALTA, Pierre. *Droit budgétaire. Budget de l'État. Budgets locaux. Budget de la sécurité sociale. Budget européen.* 3.ª ed., Paris: Litec, 1999, p. 319). Por seu turno, CECÍLIA VESCOVI DE ARAGÃO entende que os termos eficiência e eficácia tem conteúdo ontológico diferentes. Na sua ótica, a eficiência consiste na relação entre custo (*input* de energia) "real" e o custo "padrão" (ou desejado), enquanto a eficácia é definida pela relação entre o produto (*output* de energia) "real" e o produto "padrão". Verifica-se claramente em tal concepção uma separação entre meios (condicionadores da eficiência) e fins (determinantes da eficácia). (ARAGÃO, Cecília Vescovi de. "Burocracia, Eficiência e Modelos de Gestão Pública: um Ensaio", *Revista do Serviço Público.* Ano 48, n.º 3, Brasília: ENAP, set./dez. 1997, p. 108). Nas teorizações sobre

que fazem apenas a transposição dos conceitos de eficiência e eficácia para o direito, sem realizar as adaptações necessárias.

Num esforço diferente, EGON BOCKMAN MOREIRA tenta dar traços específicos da aplicação dos conceitos de eficiência e eficácia no direito administrativo, esclarecendo que a *"eficácia administrativa diz respeito à potencialidade de concreção dos fins preestabelecidos em lei, a situação atual de disponibilidade para a produção dos efeitos típicos, próprios, do ato. Já a eficiência administrativa impõe que esse cumprimento da lei seja concretizado com um mínimo de ônus social, buscando o puro objetivo do atingimento do interesse público de forma ideal, sempre em benefício do cidadão"*[28].

Por seu turno, JOÃO RICARDO CATARINO menciona o princípio da economia e da eficiência funcional, que não é um princípio específico do sistema fiscal, mas um princípio geral da atividade administrativa que impõe *"que os recursos públicos obtidos através dele sejam objeto de decisões financeiras que revelem, em todos os planos, o melhor compromisso entre a necessidade pública a satisfazer e o montante do recurso a afetar"*[29].

Trazendo essas ideias para o campo do direito fiscal, CARLOS A. SILVANI afirma que o conceito de eficiência também não se confunde com o de eficácia. Segundo esse autor, uma Administração fiscal pode ser eficiente em sua arrecadação se os custos gerados por essa atividade são baixos, ao

---

a organização, CLAUS OFFE entende que a principal referência que se faz à eficiência é a sua capacidade de corresponder a uma medida de produção da mesma quantidade de bens, com os menores custos (utilizando-se, portanto, do critério "meio"). Identificando o conceito de eficácia com o de efetividade, o autor afirma que o que diferencia a eficiência da efetividade é a capacidade maior ou menor do alcance de metas (critério "fim"). (OFFE, Claus. *Contradicciones en el Estado del Bienestar*. Versão espanhola de Antonio Escohotado. Madrid: Alianza, 1990, p. 124). Por fim, registre-se a posição de JOÃO CARLOS SIMÕES GONÇALVES DE LOUREIRO, que também distingue os conceitos a partir da dicotomia entre meios e fins. Primeiro, eficiência pode ser igual à eficácia, quando se focaliza a realização dos fins (esse seria o conceito do senso comum). Segundo, eficiência pode se distinguir de eficácia, quando implica não a mera consecução dos fins, mas sua realização ótima, na qual necessariamente são apreciados os dois aspectos (LOUREIRO, João Carlos Simões Gonçalves de. "O Procedimento Administrativo entre Eficiência e a Garantia dos Particulares – Algumas Considerações". *Boletim da Faculdade de direito da Universidade de Coimbra*. Coimbra: Coimbra Editora, 1995, p. 132).

[28] MOREIRA Egon Bockman. "Processo Administrativo e Princípio da Eficiência". In: SUNFELD, Calos Ari; MUÑOZ, Guilhermo Andrés (coords.). *As Leis de Processo Administrativo – Lei Federal 9.784/99 e Lei Paulista 10.177/98*. São Paulo: Malheiros, 2000, p. 300.

[29] CATARINO, João Ricardo. *Finanças Públicas e Direito Financeiro*. Coimbra: Almedina, 2012, p. 159.

CAPÍTULO PRELIMINAR – A MUDANÇA CULTURAL NO DIREITO FINANCEIRO

passo que pode ser ineficaz se ela é incapaz de fazer com que as obrigações fiscais sejam cumpridas pelos contribuintes. A efetividade da administração não é o único determinante do nível de cumprimento voluntário dessas obrigações, mas seria um fator determinante[30].

Como se nota, a diferenciação entre os dois conceitos fica muito mais evidente em considerações matemáticas e econômicas de cunho generalista. Quando se trata de aplicar a diferenciação num determinado ramo do direito, surgem as dificuldades. No caso da Administração pública, por exemplo, dada a grande complexidade de sua estrutura – representada pela confluência de fatores políticos, econômicos, sociais e técnicos –, todos os objetivos acima mencionados (maximizar os resultados, minimizar os custos, alcançar objetivos de maneira precisa e rápida, etc.) se confundem e, muitas vezes, sequer podem ser apreendidos isoladamente. Em outras palavras, a Administração pública, em sua atuação, deve sempre se preocupar em atingir ao máximo o objetivo estabelecido, com a maior economia de meios possível, motivo pelo qual os conceitos de eficiência e eficácia, na verdade, configuram um só objetivo.

Em nossa opinião, é de extrema originalidade a lição de ANTÔNIO CARLOS CINTRA DO AMARAL, para quem não é necessário importar o conceito de eficiência e eficácia de nenhuma ciência exata, porque ela já existe no direito: *"Mas a este passo sinto uma certa perplexidade. Aventurei-me em uma incursão fora da ciência do Direito, busquei na ciência da Administração a distinção entre eficiência e eficácia e acabei constatando que essa distinção, tal como formulada nos termos acima, já existe na ciência do Direito. Mais especificamente na doutrina civilista, que distingue, com clareza, obrigações de meios e obrigações de resultado"*[31].

Para uma parte da doutrina, a administração não é obrigada a atingir um determinado resultado, mas deve agir da melhor forma possível, seja

---

[30] *"An effective tax administration should not be confused with an efficient tax administration. An administration may be efficient in that its tax collection costs are very low, yet at the same time it may be ineffective if it is unable to enforce compliance. The effectiveness of the administration is not the only determinant of the level of voluntary compliance, but it is likely to be the key factor."* {SILVANI, Carlos A. "Improving Tax Compliance", In: *Improving Tax Administration In Developing Countries* (Orgs. BIRD, Richard M.; JANTSCHER, Milka Casanegra), Washington: International Monetary Fund, 1992, p. 398}

[31] AMARAL, Antônio Carlos Cintra do. "O Princípio da Eficiência no Direito Administrativo", *Revista Diálogo Jurídico*, n.º 13, jun./ago./2002, Salvador, CAJ – Centro de Atualização Jurídica, p. 4.

na escolha dos meios, seja na realização de objetivos. Para outra parte, a administração pública atual assume verdadeiras obrigações de resultado (contratos de resultado) e são avaliadas de acordo com os fins atingidos[32]. Na presente tese, tentaremos demonstrar de que maneira a Administração fiscal, especificamente, pode agir da melhor forma possível.

Diante de todo o exposto, não nos parece científica e útil a diferenciação que frequentemente se busca fazer entre os conceitos de eficiência e eficácia, pelo menos no âmbito do direito público. Eficiência e eficácia são ideias que se complementam, havendo, porém, autores que se referem somente à eficiência ou à eficácia. Contudo, o uso de qualquer das duas expressões, mesmo isoladamente, não está errado, pois leva à mesma ideia de *atuação da melhor forma possível*[33].

O caso peculiar das constituições brasileira (1988) e espanhola (1978) demonstra essa assertiva. Em 1998, a Constituição brasileira foi alterada para incluir no artigo 37 a ideia de eficiência da Administração pública[34]. No caso espanhol, o artigo 31, inciso 2, também mencionou somente a eficiência[35]. Em nenhuma delas há menção à eficácia. Todavia, não se pode entender que os respectivos legisladores quiseram que a administração se preocupe apenas com a utilização ótima dos meios (eficiência), ficando a questão da máxima realização dos resultados (eficácia) em segundo plano ou esquecida, o que não faria nenhum sentido. Não há dúvidas que a expressão *eficiência* inserida no texto das duas constituições designa a *atuação da melhor forma possível*. Rigorosamente, trata-se de uma impropriedade, mas não há como

---

[32] "*A reforma financeira tem por objetivo fazer passar a gestão do Estado de uma lógica de meios a uma lógica de resultados*". (MORDACQ, Frank. *La LOLF: Un nouveau cadre budgétaire pour reformer l'État*. Paris: LGDJ, 2006, p. 61).

[33] A análise etimológica dos dois termos leva à mesma conclusão. Eficiência (termo surgido no século XVIII, que deriva do latim *efficientĭa*) e eficácia (termo surgido no século XV, que deriva do latim *efficācĭa*) designam a mesma coisa, posto que ambos decorrem do verbo *efficĕre*, que significa fazer, produzir. Apesar de um termo ser bem mais antigo que outro, os dicionários apontam para a identidade da ideia que ambos representam, sem que haja qualquer critério para sua diferenciação.

[34] "*A administração pública direta e indireta de qualquer dos Poderes da União, dos Estados, do Distrito Federal e dos Municípios obedecerá aos princípios de legalidade, impessoalidade, moralidade, publicidade e eficiência (...)*"

[35] "*El gasto público realizará una asignación equitativa de los recursos públicos y su programación y ejecución responderán a los criterios de eficiencia y economía*".

entender que o uso da expressão *eficiência* deixa alguma margem de dúvida quanto à finalidade visada pelos referidos ordenamentos.

§ 3 – Performance

Mais comum no âmbito do direito financeiro, a expressão *performance* é extremamente inteligente, uma vez que – num só termo – condensou o conteúdo das ideias de *eficiência* e *eficácia*, sem suscitar a desnecessária discussão (ao menos para o direito público) sobre a diferença entre elas. JEAN-RAPHAËL POLI nos informa que a ideia de performance "*designa o resultado esperado ou o resultado ótimo, em sentido amplo, em diferentes dimensões: economia, eficiência, eficácia, qualidade, pertinência*"[36]. Em sentido semelhante, MICHEL BOUVIER e ANDRE BARILARI afirmam que o termo performance se define de acordo com três vetores: eficácia, eficiência e qualidade do serviço[37]. Por seu turno FRANK MORDACQ, ao abordar o termo performance, informa que o "*Parlamento espera uma gestão pública nova, que privilegie a eficácia e a eficiência dos serviços públicos, para assegurar uma melhor alocação dos recursos públicos*"[38].

Desde o início da década de noventa, a maioria dos Estados da OCDE passou a produzir informações sobre a performance da administração, no que concerne à gestão de recursos públicos. Com o desenvolvimento das ideias de eficiência e eficácia, aliado à necessidade de se prestar mais atenção com o gasto do dinheiro público, criou-se o termo "orçamentação por desempenho" (*budgétisation axée sur la performance*). Contudo, a simples elaboração de dados estatísticos e informações sobre a performance do sistema não era mais suficiente. Esses dados passaram a ser utilizados a serviço do procedimento financeiro de alocação dos recursos.

Não obstante essa antiga necessidade de se estabelecer uma relação precisa entre performance e recursos disponíveis, ainda não há uma definição única sobre o que seria *orçamentação por desempenho*. Essa denominação foi atribuída a diversos termos e conceitos: orçamentação orientada para resultados; orçamentação por performance e financiamento em função de

---

[36] POLI Jean-Raphaël. *Les outils du management public*. Paris: LGDJ, 2012, p. 19.

[37] BARILARI, André; BOUVIER, Michel. *La LOLF et la nouvelle gouvernance financière de l'État*. 2.ª ed., Paris: LGDJ, 2007, p. 210.

[38] MORDACQ, Frank. *La LOLF: Un nouveau cadre budgétaire pour reformer l'État*. Paris: LGDJ, 2006, p. 11.

performance. Todavia, todos esses termos se relacionam com a introdução da informação de performance no processo orçamentário.

De acordo com relatório apresentado pela OCDE em 2007, a *orçamentação por desempenho* poderia ser definida como um *"modo de estabelecimento do orçamento que faz corresponder os créditos alocados a resultados mensuráveis"*[39].

Não há dúvidas que nas informações de performance, são consideradas tanto a ideia de eficiência quanto a de eficácia, que não nos parece diferente da de boa administração. Sendo assim, o uso de qualquer dessas expressões, seja no direito administrativo, financeiro ou fiscal, leva sempre à mesma ideia: *atuação da melhor forma possível*. Por essa razão, no presente estudo, utilizaremos preferencialmente o termo performance, dada sua maior adequação ao direito público. As demais expressões serão utilizadas apenas para manter o padrão seguido em determinado país (como, por exemplo, *eficiência* no caso do Brasil e da Espanha ou *boa administração* quando se tratar do direito comunitário europeu).

Seção 2 – A diversidade dos instrumentos disponíveis para realização do objetivo

A variedade semântica trazida pela mudança cultural acima mencionada não se restringe ao objetivo perseguido pela administração pública em geral, que – como vimos acima – pode ser expressa de diferentes maneiras. Essa variedade também se manifesta nos instrumentos desenvolvidos para a concretização desse objetivo. Na França, com o advento da Lei Orgânica relativa às Leis de Finanças (LOLF) 2001, foram desenvolvidas ou revalorizadas – quando já preexistentes – ferramentas chave para a compreensão do fenômeno (§ 1). As ferramentas utilizadas pela doutrina americana e inglesa também são muito difundidas na literatura mundial que se dedica à análise da performance fiscal (§ 2).

§ 1 – As ferramentas da doutrina francesa

Com a vigência da LOLF 2001, a doutrina francesa passou a mencionar algumas importantes ferramentas de análise e de promoção da performance

---

[39] OCDE, *La budgétisation axée sur la performance dans les pays de l'OCDE*, 2007, disponível em www.oecd.org, acessado em 10/03/2013, p. 20.

CAPÍTULO PRELIMINAR – A MUDANÇA CULTURAL NO DIREITO FINANCEIRO

financeira do Estado, que foram amplamente difundidos. O artigo 7.º da referida lei já menciona alguns desses instrumentos, como se vê da transcrição: "*Uma* missão *compreende um conjunto de* programas *que concorrem a uma política pública definida. Somente uma disposição da lei de finanças de iniciativa governamental pode criar uma missão. (...) Um programa agrupa os* créditos *destinados a colocar em prática uma* ação *ou um conjunto coerente de ações tomadas por um mesmo ministério e ao qual são associados* objetivos *precisos, definidos em função de finalidades de interesse geral, assim como resultados esperados e que podem ser objeto de uma* avaliação". Do texto acima, destacam-se os seguintes instrumentos: *missão, programa, crédito, ação, objetivo* e *avaliação*.

Com a finalidade de esclarecer o conteúdo desses instrumentos, MICHEL BOUVIER e ANDRÉ BARILARI elaboraram um glossário de termos da LOLF 2001[40]. De acordo com os autores, "*uma missão agrupa um conjunto de programas que concorrem a uma política pública definida*". Por seu turno, "*um programa agrupa os créditos destinados a colocar em prática uma ação ou um conjunto coerente de ações tomadas por um mesmo ministério e ao qual são associados objetivos precisos, definidos em função de finalidades de interesse geral, assim como resultados esperados e que podem ser objeto de avaliação*". Já os objetivos "*exprimem as prioridades que permitem atingir as finalidades do programa. Eles devem ser acompanhados de indicadores adaptados, próprios a medir sua realização*". A ação seria um "*componente do programa*", que se insere em seus objetivos.

No que diz respeito aos instrumentos de controle ou avaliação, destacam-se dois: o primeiro é a *auditoria*, entendida como a "*revisão de diversos estágios da elaboração, da colocação em prática e de resultados de um programa, nos diferentes níveis administrativos*[41]. Por fim, há o indicador – ferramenta de fundamental importância para análise do cumprimento de objetivos estabelecidos –, definido por FRANK MORDACQ como "*um instrumento de medida, uma representação numérica da realização de um objetivo*[42].

---

[40] BARILARI, André; BOUVIER, Michel. *La LOLF et la nouvelle gouvernance financière de l'État*. 2.ª ed., Paris: LGDJ, 2007, p. 203 e seguintes.

[41] *Idib.*, p. 204.

[42] MORDACQ, Frank. *La LOLF: Un nouveau cadre budgétaire pour reformer l'État*. Paris: LGDJ, 2006, p. 76.

§ 2 – As ferramentas da doutrina inglesa e americana

Os instrumentos de análise oferecidos pela doutrina americana e inglesa se concentram nos custos gerais da atividade de tributação, tanto para o Governo, quanto para os cidadãos. Pode-se mencionar, a título de exemplo, a análise que EDWARD J. MACCAFFERY realizou da complexidade do cumprimento das normas fiscais (*compliance complexity*)[43]. Essa complexidade gerou o que CEDRIC THOMAS SANDFORD – num estudo bem aprofundado sobre o assunto – denominou de custos ocultos da tributação (*hidden costs*)[44]. A análise dos custos ocultos (que não são insignificantes) deve ser incluída na análise do custo total gerado pelo sistema tributário (*cost of the existing tax system*), de acordo com expressão sugerida por JOEL SLEMROD.

O custo total gerado pela tributação deve ser dividido em dois grupos. Em primeiro lugar, o custo suportado pelo contribuinte, que se divide – por sua vez – no pagamento do tributo em si e nas despesas incorridas com o preenchimento de declarações, manutenção de livros contábeis, etc. (*compliance costs*). Em outras palavras, o custo gerado pelo pagamento e o gerado pelo cumprimento das obrigações fiscais acessórias. Os *compliance costs*, igualmente, são divididos em custos financeiros (custo gerado com advogados, contadores, etc.) e custos psicológicos (estresse, irritação, angústia, etc.), que se incluem na categoria dos custos ocultos (*hidden costs*).

Além disso, há também o custo suportado pela administração (*administrative costs*), também abordado no estudo acima referido, realizado por CEDRIC THOMAS SANDFORD. Esse custo é representado por todas as despesas incorridas pela administração fiscal em todas as etapas da atividade de arrecadação dos tributos. É de fundamental importância para a análise de performance do sistema fiscal.

Mas os instrumentos oferecidos pela doutrina não se limitam à análise dos custos. Há outra ferramenta também de fundamental importância para o estudo da performance fiscal que é o nível de cumprimento voluntário

---

[43] MCCAFFERY, Edward J. "The Holy Grail of Tax Simplification", *Wisconsin Law Review*, 1990, p. 1269/1273.

[44] SANDFORD, Cedric Thomas *et al. Administrative and Compliance Costs of Taxation*. London: Fiscal Publications, 1989.

(voluntary compliance) das obrigações fiscais por parte dos contribuintes[45], ou seja, o nível de pagamentos realizados no tempo correto sem nenhuma participação da Administração fiscal. Evidentemente, quanto maior esse índice, mais performante é o sistema.

Capítulo 2 – A mudança cultural no direito financeiro

Além da adaptação semântica gerada pela mudança cultural acima mencionada – que revalorizou ou trouxe novas ferramentas de análise da atuação do Estado –, houve, naturalmente, uma adaptação jurídica observável no plano espacial (Seção 1) e no plano material (Seção 2).

Seção 1 – A universalidade da mudança

A mudança cultural promovida pela revalorização da performance no direito público de maneira geral não é fenômeno que se restringe a apenas alguns países. Muito pelo contrário, essa mudança cultural vem se espalhando pelos cinco continentes, muito embora o continente americano (§ 1) e o europeu (§ 2) concentrem a maior parte dos países que alteraram o modo de gestão financeira.[46]

---

[45] SILVANI, Carlos A. "Improving Tax Compliance", In: *Improving Tax Administration In Developing Countries* (Orgs. BIRD, Richard M.; JANTSCHER, Milka Casanegra), Washington : International Monetary Fund, 1992, p. 398.

[46] No continente africano, destaca-se a República Democrática do Congo (RDC), que seguiu a linha francesa quanto à valorização da performance da administração no gasto do dinheiro público. Essa alteração cultural fica clara na exposição de motivos da Lei n.º 11/011, de 13 julho de 2011, relativa às finanças públicas, que – utilizando alguns dos instrumentos analisados acima – recolocou a performance no centro de ação do Estado. Nesse sentido, veja-se a seguinte transcrição: *"Assim, para que a busca de uma performance melhor, em termos de eficácia e eficiência, figure no centro de ação do Estado, é necessário que se reveja as modalidades da gestão financeira através de programas orçamentários, nos quais a alocação de créditos financeiros seja feita m proveito de ações a serem tomadas no quadro das políticas públicas. Isso induz uma responsabilidade severa dos atores".* O texto da lei também deixa clara a preocupação com a avaliação da performance, realizada por meio dos indicadores de performance, bem como dos *relatórios de performance*, cuja análise compete à Assembleia nacional.

No continente asiático, destaca-se a Coréia, onde a gestão financeira baseada na performance foi introduzida em três etapas. Inicialmente, o Governo lançou durante os anos de 2000 a 2002 um projeto piloto experimental denominado *"A Orçamentação por Performance"*, inspirado

§ 1 – A mudança observada na América

No continente americano, a mudança cultural espalhou-se pelos três cantos: América do Norte (Estados Unidos e Canadá), América Central (México) e América do Sul (Brasil). Nesses países, a legislação foi alterada para incluir o objetivo de performance ou eficiência/eficácia da gestão pública.

No Governo canadense, duas iniciativas contribuíram para essa alteração de cultura. A primeira foi a edição do *Federal Accountability Act*, que entrou em vigor no final de 2006. Essa nova lei criou, dentre outras medidas, um sistema de avaliação dos programas públicos de subvenções e contribuições. Além disso, em 2007, foi aprovada uma reforma que implementou um sistema financeiro baseado na performance nos programas de gasto público. Há estudos que demonstram a antiga preocupação dos canadenses com a performance do sistema financeiro, mas foi no biênio 2006/2007 que o *Federal Budgets* realizou mudanças maiores, após o Governo ter anunciado sua intenção de redesenhar o sistema financeiro, atribuindo-lhe maior eficiência e eficácia, de modo que fosse otimizado o gasto do dinheiro do

no modelo norte-americano (*Government Performance and Results Act* – GRPA). Por meio desse programa, o Governo determinou a todos os ministérios e agências o estabelecimento de planos anuais de performance. Em seguida, outras reformas foram realizadas em 2003. Nessa ocasião, os ministérios foram convidados a apresentar os planos de performance anuais ao Ministério do Planejamento e Finanças (MPB) quando da realização de pedidos anuais de créditos. Por fim, em 2005, foi realizada uma iniciativa denominada *Self-Assessment of the Budgetary Program* – SABP, inspirado na ferramenta de medição de performance adotado pelos EUA (*Program Assessment Rating Tool* – PART).

Por fim, a Oceania é representada pela Austrália que instaurou, em 1983 um programa de melhora da gestão financeira (*Financial Management Improvement Program* – FMIP), resultado de um grande processo de reformas do setor público. Em 1996, o Governo realizou outras reformas financeiras que foram iniciadas com o Relatório da *National Commission of Audit*, que foi uma avaliação independente realizada pelo novo Governo. Por meio dessa avaliação, a Comissão recomendou, principalmente, que a gestão da administração e das finanças públicas sejam inspiradas nos métodos empresariais; a melhora da transparência das finanças públicas e que a cultura e o funcionamento do serviço público australiano sigam os exemplos aplicados pelos empresas particulares. A partir daí, o Governo realizou – entre 1996 e 1999 – uma série de alterações legislativas, para adequar o sistema financeiro da Austrália. Dentre as alterações, destaca-se as reformas realizadas no exercício 1999/2000, por meio da qual se estabeleceu um quadro de gestão e de medida da performance por resultado. Além disso, aos responsáveis foi dada maior liberdade no estabelecimento de seus próprios procedimentos operacionais internos e na delegação de poderes, sempre respeitando os princípios gerais da utilização eficiente, eficaz e ética dos recursos públicos.

CAPÍTULO PRELIMINAR – A MUDANÇA CULTURAL NO DIREITO FINANCEIRO

contribuinte, bem como que os programas estabelecidos correspondam às prioridades e responsabilidades atuais[47].

Com essas mudanças, o sistema financeiro do Canadá passou a ser regido pelos seguintes princípios: (i) os programas públicos devem privilegiar os resultados e a rentabilidade; (ii) devem também estar de acordo com as responsabilidades do governo federal; e (iii) a extinção de programas que não servem mais aos objetivos para os quais foram criados. No entanto, para que o cumprimento desses objetivos possam ser efetivamente avaliados, o Governo introduziu a noção de *Quadros de Gestão e de Reponsabilidade voltados para Resultados* (*Cadres de Gestion et de Responsabilité Axées sur les Résultats* – CGRR), cuja finalidade é dar apoio e fornecer as informações necessárias para avaliação periódica de todos os programas que envolvem gastos públicos. Além disso, o Governo estabeleceu um forte controle de resultados, que são descritos minuciosamente nos *Relatórios Ministeriais sobre o Rendimento* (RMR).

Em 1993, o Governo norte-americano promulgou a lei sobre a performance e resultados da Administração pública (103 P.L.; 107 Stat. 285). Pela primeira vez, a lei passou a exigir das administrações a elaboração de planos estratégicos, com a avaliação do rendimento e a prestação de contas com o Congresso, que inclui a descrição das missões, objetivos estratégicos de longo prazo e as estratégias visando o resultado. O controle de resultados é realizado por meio do *Program Assessment Rating Tool* (PART), ferramenta por meio da qual o Governo verifica anualmente a melhora dos programas públicos.

No México, a partir de 2006, foram realizadas reformas transcendentais de cunho constitucional, com o fim de assegurar que o uso dos recursos públicos de todas as ordens sejam utilizados com critérios de eficiência e eficácia, dentre outros. De acordo com DIONISIO PÉREZ JÁCOME FRISCIONE, essas reformas vieram complementar outros elementos de política econômica criados para enfrentar diversos problemas que afetam a economia nacional. Dentre os objetivos estabelecidos incluem-se não só o aumento da eficiência e eficácia do gasto público, como a identificação de fontes

---

[47] *"O governo anunciou sua intenção de cuidar para que todos os programas sejam eficazes, eficientes e voltados para resultados, de maneira que seja otimizado o dinheiro do contribuinte, bem como que esses resultados corresponsam às prioridades e às responsabilidades atuais".* (OCDE, *La budgétisation axée sur la performance dans les pays de l'OCDE*, 2007, p. 112, disponível em www.oecd.org, acessado em 19/03/2013)

A PERFORMANCE NO DIREITO TRIBUTÁRIO

adicionais de financiamento e a melhora na prestação de contas e controle do gasto[48].

A Lei Federal de Orçamento e Responsabilidade Fazendária, de 30 de março de 2006, estabeleceu em seu artigo primeiro que os administradores em geral "*deverão observar que os administradores dos recursos públicos federais deve ser realizada com base em critério de legalidade, honestidade, eficiência, eficácia, economia, racionalidade, austeridade, transparência, controle, responsabilidade e equidade*". A leitura do texto revela que os termos eficiência e eficácia foram mencionados diversas vezes, o que demonstra a revalorização dessas ideias, estabelecidos como verdadeiros objetivos a serem perseguidos pelos administradores.

A mencionada lei não se preocupou apenas em estabelecer objetivos filosóficos, mas criou também sistemas de controle, como o Sistema de Avaliação de Desempenho, previsto no artigo 2, inciso LI, entendido como o "*conjunto de elementos metodológicos que permitem a realização de avaliação objetiva do desempenho do programa de acordo com o princípio de verificação do grau de cumprimento de metas e objetivos, com base em indicadores estratégicos e de gestão que revelam o impacto social dos programas e projetos*".

Há também que se mencionar a reforma fazendária de 2007, que – além da melhora da eficiência e eficácia no emprego das verbas públicas – manifestou preocupação também com a melhora na arrecadação de tributos. Em outras palavras, a preocupação não foi apenas com a eficiência e eficácia do gasto público, mas também com a arrecadação fiscal – objetivos que seguem juntos.

No Brasil, a eficiência da Administração na gestão dos recursos públicos foi positivada no artigo 74, inciso II, da Constituição de 1988, que determinou aos três poderes a manutenção, de forma integrada, de um sistema interno de controle, com a finalidade de avaliar os resultados, quanto à eficiência e eficácia da gestão orçamentária, financeira e patrimonial nos

---

[48] "*Estas reformas han complementado otros elementos de la política económica para enfrentar, desde una posición de mayor fortaleza institucional, los diversos retos estructurales que afronta la economía nacional, tales como mejorar la tasa de crecimiento, identificar fuentes de financiamiento adicionales, mejorar la eficiencia y la eficacia del gasto público y mejorar la rendición de cuentas y el control del gasto*". (FRISCIONE, Dionisio Pérez Jácome. Prefácio de CASTRO, Manuel Fernando; ARIZTI, Pedro (edit.) *Mejorando la calidad del gasto público a través del uso de información de desempeño en México*. Washington: Banco Mundial, 2010, p. 8)

órgãos e entidades da Administração federal, bem como da aplicação de recursos públicos por entidades de direito privado.

O ordenamento jurídico brasileiro foi além e determinou, por meio do artigo 52, inciso XV, da Constituição de 1988, que o Senado Federal avalie periodicamente a funcionalidade e o desempenho do sistema tributário. Mais recentemente, a ideia de performance também foi estendida à Administração pública em geral, tendo sido consolidada na reforma constitucional realizada em 1998, que introduziu a ideia de eficiência no artigo 37 da Constituição. Resumidamente, a Constituição brasileira contempla as diretrizes de performance para os sistemas financeiro, tributário e administrativo.

§ 2 – A mudança observada na Europa

Na Europa, a mudança cultural foi sentida em diversos países, cujas leis foram alteradas para facilitar a promoção da eficiência do setor público. Na Espanha – como já mencionado acima –, a Constituição de 1978 consagrou a eficiência no artigo 31, inciso 2, que trata do gasto público. Ou seja, o dever de gastar o dinheiro público de forma eficiente foi consagrado como direito constitucional. Alguns autores, com base nesse dispositivo, colocaram a questão de saber se o gasto eficiente poderia ser considerado um fator de legitimação do tributo, ideia que teve grande repercussão no meio acadêmico.[49] Em outras palavras, levantou-se a questão da ilegitimidade de tributos cuja receita não era aplicada de maneira eficiente.

Na França, a gestão de recursos públicos baseada na performance e transparência foi revalorizada com o advento da LOLF 2001, que foi progressivamente implementada até 2006. Com o novo sistema, o Parlamento adquiriu novos poderes para o controle efetivo da performance do gasto público. A Administração ideal passou a não ser mais aquela que somente utiliza os melhores meios (verdadeira obrigação de meios e difícil de controlar), mas a que gera bons resultados (obrigação de resultado, cujo controle é mais fácil). O cumprimento das metas estabelecidas é realizado por meio da análise de diversos indicadores estabelecidos pelo Governo

---

[49] ALBIÑANA, Cesar. Prólogo. In. S. Fernández-Victorio Y Camps. *El control externo de la actividad financeira de la Aminitración Publica*. Madri: Instituto de Estudios Fiscales, 1977, n. 32, p. XIII.

A PERFORMANCE NO DIREITO TRIBUTÁRIO

Na Dinamarca, a preocupação com a performance surgiu na década de oitenta, como resultado de uma crise pela qual o país passou, juntou com diversos outros países europeus. Uma reforma realizada no sistema financeiro em 1985 introduziu as primeiras iniciativas de gestão fundamentada na performance. Contudo, foi em 1993 que o Governo introduziu instrumentos de gestão baseado em contratos de resultado, que contêm três elementos fundamentais: a fixação de objetivos; o estabelecimento de contratos de resultado e a comunicação anual desses resultados.

Seguindo a finalidade dessas mudanças, em 2004, uma decisão governamental – desprovida de caráter legal –, obrigou os departamentos a publicar uma estratégia de eficiência aplicável ao conjunto dos programas de sua competência. De acordo com o relatório publicado pela OCDE em 2007, o objetivo dessa decisão foi *"assegurar a coordenação e a coerência entre os diferentes meios utilizados pelos agentes, para tornar sua ação mais eficaz e mais apta a obter os resultados esperados"*[50].

Na Suécia, o modelo de gestão pública baseada na performance foi dividido em duas fases. O primeiro passo foi dado pelo Governo quando da elaboração da lei orçamentária do exercício de 1988/1989. Nessa ocasião, foi identificada a necessidade de criar condições de realocação dos recursos públicos para setores considerados importantes e prioritários. Foi identificada também a necessidade de melhorar a eficácia da produtividade do setor público, que deveria realizar mais serviços públicos ou serviços melhores com os recursos já existentes. Posteriormente, a reforma retomou seu curso com a lei de finanças votada pelo Parlamento em 1996. Por meio da referida lei, estabeleceu-se que as atividades do Estado deveriam ser pautadas em dois grandes princípios: eficácia e economia. Para cumprir esses objetivos, o Governo foi obrigado a informar o Parlamento sobre os objetivos estabelecidos para os diferentes domínios da ação pública, bem como sobre os resultados obtidos.

Os Países-Baixos instituíram em 2001 – junto com a França – um novo modo de orçamentação por programas, cujo objetivo inicial era oferecer ao Parlamento uma documentação financeira mais transparente. Durante a implementação da reforma, o objetivo foi alargado para incluir a melhora da eficácia dos programas. Com isso, o sistema financeiro dos Países-Baixos

---

[50] OCDE, *La budgétisation axée sur la performance dans les pays de l'OCDE*, 2007, p. 155, disponível em www.oecd.org, acessado em 19/03/2013.

CAPÍTULO PRELIMINAR – A MUDANÇA CULTURAL NO DIREITO FINANCEIRO

passou a se fundamentar em dois princípios: transparência e eficiência[51]. Foram instituídos também mecanismos de avaliação do cumprimento de objetivos. O mais importante foi criado pelo *Decreto sobre os dados de performance* (RPE), promulgado em 2004, que determinou como os ministérios deveriam preparar os indicadores de performance e os objetivos estratégicos e operacionais.

Por fim, a mudança cultural também foi observada no Reino Unido. Após as eleições de 1997, o Governo realizou em 1998 um reexame global das despesas. Foi instituído então um sistema de gestão das despesas públicas calcado na ideia de performance. Os objetivos anunciados pela reforma comportaram quatro pontos: a realocação do dinheiro público para as prioridades principais; alteração das políticas públicas para que os recursos sejam aplicados com sabedoria; reforço da coordenação entre os ministérios com a finalidade de melhorar o serviço público; estancar os gastos supérfluos e o desperdício. Por meio dos denominados Contratos de Serviço Público (*Public Service Agreements*, PSA) – que são supervisionados pelo Tesouro – são repassadas aos ministérios orientações, objetivos e metas de ganho de eficiência, a serem realizados como contrapartida dos recursos coletados dos contribuintes.

O sistema de controle de performance foi melhorado em 2001, por meio de um esforço conjunto entre o Tesouro, o *Escritório Nacional de Estatísticas*, o *Escritório Nacional de Auditoria*, a *Comissão de Auditoria* e os *Serviços do Primeiro Ministro*, que criaram um relatório denominado "*Choosing the Right FABRIC: A Framework for Performance Information.*" Por meio desse documento são divulgadas informações referentes à arrecadação, gastos, resultados obtidos, bem como a avaliação da performance em geral.

Seção 2 – A ubiquidade da mudança

No direito público em geral, podemos dizer que as alterações culturais realizadas pela introdução da ideia de performance é onipresente, uma vez que seus efeitos não foram sentidos apenas no direito financeiro (§ 3), mas

---

[51] "*A reforma financeira se fundamenta sobre um duplo objetivo de tranparência e eficiência, que não pode ser atingido somente com um instrumento, o orçamento*". (OCDE, *La budgétisation axée sur la performance dans les pays de l'OCDE*, 2007, p. 188, disponível em www.oecd.org, acessado em 19/03/2013)

se espalharam também para outros ramos do direito a ele interligados: o direito tributário (§ 2) e o direito administrativo (§ 1).

§ 1 – As mudanças no direito administrativo

No passado, o grande princípio informador da atividade administrativa era o princípio da legalidade, que se tornou uma garantia dos administrados contra as arbitrariedades cometidas pelo Poder público. Para que um ato administrativo fosse considerado legítimo, a principal exigência era a existência de uma lei de autorização, sem a qual o Governo nada poderia fazer. Esse princípio – cuja importância não se discute – vige até hoje, mas ele não é mais suficiente, por si só, para legitimar a ação do Estado.

Por conta dessa insuficiência, o direito administrativo vem passando por uma grande mutação. De acordo com Diogo de Figueiredo Moreira Neto, "*a palavra-chave introduzida pela globalização no Estado em mutação é* eficiência: *qualidade essencial da boa governança, tanto em sua atuação externa como interna*"[52]. Por eficiência (ou performance) – segundo o autor – não se deve entender apenas a melhora dos resultados econômicos (redução de insumos e aumento de lucros), mas um complexo de resultados em benefício da sociedade, ou seja, *eficiência socioeconômica*. Trata-se de um conceito híbrido, que consiste em produzir bens e serviços de melhor qualidade, de maneira rápida, em quantidade suficiente e com os menores custos para a sociedade.

Essa nova concepção de performance passa a ser vital para todas as nações, embora com diferentes focos e graus, consentâneos com o processo de globalização em curso, e rígida a um imperativo não só de desenvolvimento como de *sobrevivência*, pois se trata de atender a instâncias de um mundo em que as demandas não podem deixar de ser satisfeitas, seja pelas instituições públicas, seja pelas instituições privadas. Com essa nova concepção de performance, instituiu-se uma visão *funcionalista* do direito administrativo, que não pode se contentar em produzir qualquer resultado, mas deve produzir resultados legitimados pela eficiência e eficácia.

Jacques Caillosse, na introdução do livro intitulado "Performance e direito administrativo", menciona a existência de um *direito da performance*:

---

[52] MOREIRA NETO, Diogo de Figueiredo. *Quatro Paradigmas do Direito Administrativo Pós-Moderno. Legitimidade, Finalidade, Eficiência e Resultados*. Belo Horizonte: Fórum, 2008, p. 103.

"Trata-se do processo de 'jurisdicização' da performance. Lembremos que esse processo é portador de uma verdadeira mutação do status da performance: após ter sido objeto do direito ou pelo direito, ela tende a se transformar um objeto de direito".[53] Em outro trecho, o autor assevera que *"nós somos então testemunhas da construção de um direito da performance"*[54].

Esse direito de performance vem sendo aplicado em diversos setores do direito administrativo. STÉPHANE BRACONNIER afirma que a ideia de performance deve ser utilizada, por exemplo, na elaboração de contratos públicos e nos processos de aquisição de bens e/ou direitos realizados por meio de licitação[55]. O controle de resultados para esses tipos de contrato – que inclui a análise de custo-benefício – é de fundamental importância. Mas esse controle não se restringe à questão econômica, mas comporta a análise de pertinência, que verifica se os interesses dos administrados estão sendo preservados, ou seja, se determinado contrato traz benefícios sociais.

Além disso, a administração performante deve proteger o domínio público e o interesse geral. De acordo com CORINNE MANSON, *"a melhora da performance do domínio público não pode se limitar à procura de um maior proveito econômico imediato. É necessário se engajar numa via que permita encontrar um verdadeiro equilíbrio entre proteção do domínio público, e mais largamente do interesse geral, e rentabilidade econômica"*[56]. Outra medida apontada pela autora para o incremento da performance administrativa é o reforço da contratualização, principalmente o contrato de parceria, criado pela Ordenação de 17 de junho de 2004, reformada pela Lei de 28 de julho de 2008. Os contratos de parceria são descritos pelos Ministério das Finanças como meios de otimizar a performance tanto do setor público quanto do privado.

No que toca à gestão do patrimônio pertencente ao Poder público, JAC-QUELINE MORAND-DEVILLER aponta que o legislador – visando imprimir mais pragmatismo à atividade de gestão – concedeu ao administrador instrumentos próprios a facilitar a circulação de bens entre os diferentes

---

[53] CAILLOSSE, Jacques. "Rapport introductif: Performance et droit de l'administration", In: ALBERT, Nathalie (dir.). *Performance et droit administratif.* Paris: Litec, 2010, p. 8.

[54] *Ibid.*, p. 12.

[55] BRACONNIER, Stéphane. "Performance et procédures d'attribution dês contrats publics", In: ALBERT, Nathalie (dir.). *Performance et droit administratif.* Paris: Litec, 2010, p. 158 et suivantes.

[56] MANSON, Corinne. "Valorisation économique du domaine public et performance", In: ALBERT, Nathalie (dir.). *Performance et droit administratif.* Paris: Litec, 2010, p. 240.

proprietários públicos[57]. O Código Geral da Propriedade das Pessoas Públicas demonstrou inegavelmente a vontade dos representantes de melhorar a eficácia da gestão das propriedades públicas. Trata-se da expansão do movimento criado pela LOLF 2001 para o setor administrativo.

Outras questões ligadas ao direito administrativo também foram submetidas à análise de performance. ANTONY TAILLEFAIT, por exemplo, analisa os meios pelos quais se pode melhorar a seleção de funcionários públicos – com a finalidade de tornar a administração mais *profissional* –, com base na *teoria das organizações estruturais*[58]. Para o autor, o método de seleção de agentes públicos além de ser de fundamental importância para a concretização da ideia de performance administrativa, é – por si só – um signo revelador e mensurador da performance. Quanto menos organizado é o processo seletivo, menos performance possui a administração. Essa questão da análise de performance sob o ponto de vista dos recursos humanos também é objeto de estudo de EMMANUEL AUBIN[59].

Enfim, como observado por JACQUES CHEVALLIER, a ideia de performance se difundiu sobre toda a atuação da ação pública: *"A importância dada à 'performance pública' é indissociável da penetração progressiva da ideologia gerencial da administração pública: o postulado segundo o qual a gestão pública é analisada sob a ótica do interesse geral e não pode ser medida em termos de eficácia cederá lugar à ideia de que a administração deve ser considerada como uma empresa privada, e de que pode melhorar constantemente sua performance, assim como baixar seus custos"*.[60]

Além da performance da administração pública, há que se mencionar a boa administração, consagrada no artigo 41 da Carta de direitos fundamentais da União Europeia. Não obstante o direito comunitário em geral tenha atribuído à esse direito garantias de ordem processual (direito à imparcialidade, direito de acesso aos documentos, direito à motivação das decisões, etc.), há quem afirme que a ideia de boa administração projeta

---

[57] MORAND-DEVILLER, Jacqueline. "Les performances de la dominialité publique: critères, consistance, utilisations", In: ALBERT, Nathalie (dir.). *Performance et droit administratif.* Paris: Litec, 2010, p. 213.

[58] TAILLEFAIT, Antony. "Sélectivité et performance de la fonction publique", In: ALBERT, Nathalie (dir.). *Performance et droit administratif.* Paris: Litec, 2010, p. 173.

[59] AUBIN, Emmanuel. "Flexibilité et performance dans le déroulement de carrière des fonctionnaires", In: ALBERT, Nathalie (dir.). *Performance et droit administratif.* Paris: Litec, 2010, p. 191.

[60] CHEVALLIER, Jacques. "Rapport de Synthèse", In: ALBERT, Nathalie (dir.). *Performance et droit administratif.* Paris: Litec, 2010, p. 295.

efeitos sobre toda a atuação da administração pública, e não só sobre os procedimentos de defesa e atendimento.

Como já ressaltado acima, interessante conceito é apresentado por RHITA BOUSTA, que define o conteúdo da boa administração como a adaptação equilibrada dos meios de que dispõe a administração[61]. Para DOMENICO SORACE, a administração deve ser considerada boa se e na medida em que é capaz de realizar suas tarefas (seja eficaz), otimizando a utilização dos meios à sua disposição (seja eficiente) e usando com muita prudência os recursos públicos colocados à sua disposição (seja econômica)[62].

§ 2 - A mudança no direito tributário

No direito tributário, a mudança cultural proporcionada pela ideia de performance ainda não se fez sentir com muita intensidade. No entanto, muito autores – com destaque para os americanos[63] – já começam a abordar o que se pode fazer para melhorar a eficiência do sistema tributário (e é essa a grande questão que o presente estudo se propõe a investigar).

Para cumprir as metas de boa administração, o Estado necessita de cada vez mais de recursos, pois a demanda por serviços públicos de qualidade

---

[61] BOUSTA, Rhita. *Essai sur la Notion de Bonne Administration en Droit Public.* Paris: L'Harmattan, 2010, p. 461

[62] *"Se ha da essere strumento per la concreta realizzazione dei diritti dei cittadini in attuazione degli indirizzi della Costituzione e delle leggi, l'amministrazione – infine, ma non certo da ultimo – potrà essere giudicata buona solo se e nella misura in cui riesca ad assolvere realmente il suo compito (sia efficace), ottimizzando l'uso dei mezzi di cui dispone (sia efficiente) e facendo comunque un uso molto oculato delle risorse pubbliche messe a sua disposizione (sia economica). Il "buon andamento ... dell'amministrazione" di cui all'art. 97 Cost. può bem intendersi come (anche se non solo: v. C. Pinelli) prescrizione di un funzionamento delle amministrazioni pubbliche che sia efficace, efficiente ed economico; e dunque la "buona amministrazione" (anche) così intesa è una prescrizione costituzionale la cui osservanza incide radicalmente sulla qualità della vita."* (SORACE, Domenico. "La buona amministrazione e la qualità della vita, nel 60.º aniversario della Costituzione", disponível em www.costituzionalismo.it, acessado em 21/03/2013.

[63] Sobre esse tema, veja-se a excelente obra *Improving Tax Administration In Developing Countries* (Orgs. BIRD, Richard M.; JANTSCHER, Milka Casanegra), Washington: International Monetary Fund, 1992. Merece destaque também o livro *Economics Effects of Fundamental Tax Reform* (Editors: H. J. AARON e W. G. GALE), Washington, DC: Brookings Institutions Press, 1996. Em italiano, confira-se: GARBARINO, Carlo. *Imposizione ed Effettività nel Diritto Tributario.* CEDAM: Milano, 2003. No direito brasileiro: Princípio da eficiência em matéria tributária (coord. MARTINS, Ives Gandra da Silva), São Paulo: Editora Revista dos Tribunais, 2006

e em quantidade suficiente é cada vez maior. Como já abordamos acima, a solução com mais efeitos colaterais e mais simples de ser adotada é o aumento da arrecadação por meio da elevação da alíquota e/ou base de cálculo dos tributos, o que aumenta a carga fiscal já suportada pelos contribuintes e denigre a imagem de políticos. Não obstante os inconvenientes, essa ainda é a opção mais utilizada.

Em nossa opinião, a alternativa mais viável para esse dilema (necessidade de recursos *vs.* respeito aos contribuintes) é, com a estrutura tributária existente (tributos, bases de cálculo, alíquotas, etc.), buscar aumentar a arrecadação sem a necessidade de inovar no plano quantitativo. Sabe-se que a máxima arrecadação possível ocorre quando todos os impostos previstos na legislação são pagos sem atraso e sem evasão, o que representa eficácia de 100%. Assim, o foco da Administração fiscal deve ser obter uma taxa de eficácia o mais próximo possível de 100%, reduzindo as adversidades que levam os contribuintes a deixar de pagar ou pagar com atraso os tributos.

Atualmente, cada país possui estrutura própria para perseguir os contribuintes morosos e os faltosos. Porém, a grande mudança de cultura que se verá em breve é a alteração do foco: a atividade criativa do legislador será substituída pela atividade funcional da Administração fiscal. Em outras palavras, a estrutura fiscal será mantida o mais intacta possível (o que diminui o trabalho do legislador), ao passo que a Administração fiscal terá seu trabalho aumentado com a busca de um alto nível de arrecadação (maximização da eficiência).

§ 3 – A mudança no direito financeiro

Sem dúvida – como já analisado acima –, foi no direito financeiro que mais se sentiu as alterações ideológicas promovidas pela revalorização da performance, que se difundiu pelos cinco continentes, gerando uma onda de alterações legislativas. Trata-se de uma verdadeira revolução no âmbito da gestão de recursos públicos, pois os objetivos trazidos pela ideia de performance, ao projetar efeitos positivos sobre a qualidade do gasto público, traz importantes modificações da realidade econômica, social, ecológica sanitária, cultural, conforme indicado por FRANK MORDACQ[64].

---

[64] MORDACQ, Frank (coord.). *La LOLF: Un nouveau cadre budgétaire pour reformer l'État.* Paris: LGDJ, 2006, p. 63.

CAPÍTULO PRELIMINAR – A MUDANÇA CULTURAL NO DIREITO FINANCEIRO

Na França, por exemplo, a ideia de performance (revitalizada com a LOLF 2001) não apenas trouxe mais racionalidade ao sistema de gestão das finanças públicas, pois – de acordo com MICHEL BOUVIER e ANDRÉ BARILARI, o *"texto se inscreve numa reformulação global de nossa sociedade"*[65]. Para os autores, a LOLF representa uma verdadeira *revolução cultural* que concerne toda a sociedade francesa e, mais especificamente, aqueles que são por ela representados.

A lógica do sistema baseado na performance não é gastar mais ou menos, mas gastar *melhor.* Por meio desse objetivo principal, o cidadão espera do Poder público uma série de vantagens. A melhoria na qualidade do serviço público prestado – ou sua aptidão a satisfazer o usuário – é uma das mais importantes. Como contribuinte, a expectativa mais legítima é a redução do montante pago a título de impostos, objetivo que pode ser alcançado com a redução do custo do serviço público (sem interferência na qualidade), ou ainda com a redução do custo de gestão do imposto.

* * *

Como pudemos ver acima, a variedade semântica com que as questões relacionadas à performance são tratadas, aliada à multiplicidade de abordagens realizadas em diversos sistemas jurídicos, dificultaram sobremaneira a conceituação geral do que se entender por *performance fiscal*, que pode ser enquadrado no âmbito maior de uma performance financeira. Por essa razão, o presente estudo de direito comparado tem como finalidade identificar um conceito de performance fiscal (Primeira Parte) que pode ser utilizado sem limitação geográfica ou temporal, pois não se preocupa com a análise de um determinado sistema jurídico.

Esse importante esforço conceitual – que também envolve o enquadramento da performance dentre as possíveis classes normativas – serve para responder a duas perguntas principais: Para que serve a performance fiscal e como ela pode ser aplicada na atividade de arrecadação fiscal? Em outras palavras, qual seria seu alcance jurídico (Segunda Parte)?

---

[65] BARILARI, André; BOUVIER, Michel. *La LOLF et la nouvelle gouvernance financière de l'État.* 2.ª ed., Paris: LGDJ, 2007, p. 210.

PRIMEIRA PARTE
A DEFINIÇÃO DE PERFORMANCE NO DIREITO TRIBUTÁRIO

"Mas a eficiência é, sobretudo, um desafio a ser vencido, pois, no torvelinho das mudanças que, por vezes, não nos é dado sequer captar em seu sentido pleno, cabe-nos sempre a busca da melhor orientação científica, a mais razoável e a menos conflituosa, jamais ditada por simpatias políticas ou inclinações emocionais, mas pela firme convicção de que o Direito Administrativo deve e pode ser um instrumento orientado para a preservação da liberdade, para a realização dos objetivos fundamentais e para a facilitação do desenvolvimento econômico e social". (MOREIRA NETO, Diogo de Figueiredo. Quatro Paradigmas do Direito Administrativo Pós-Moderno. Legitimidade, Finalidade, Eficiência e Resultados. Belo Horizonte: Fórum, 2008, p. 121/122)

Quando se analisa um objeto científico qualquer, a primeira indagação que deve ser realizada é a seguinte: o que significa ou qual a definição desse objeto? A partir daí, será possível classificar o objeto nas categorias colocadas à disposição pela comunidade científica. Dessa maneira, todos os elementos constitutivos desse objeto, bem como seu enquadramento no mundo científico ficarão à disposição daqueles que pretendem consultá-lo. A lógica dessa ordem de análise se justifica pelo fato de que não é possível saber a natureza do objeto sem saber antes o que ele é. Seguindo essa metodologia básica, pretendemos analisar os elementos do conceito de performance fiscal (Título 1), para em seguida analisarmos sua classificação normativa (Título 2).

Título 1 – O conceito de performance

Inicialmente, vale registrar que parte da doutrina afirma que os termos *noção* e *conceito* não representam a mesma ideia[66]. De acordo com PETER STOCKINGER, *"conceitualização e conceito designam o ato e/ou objeto do pensamento cuja fonte é o sujeito epistêmico que resulta numa representação geral de uma classe determinada de fenômenos"*. Assim, os conceitos são *"compreendidos como representações ou como formas de mediação, eles se distinguem da intuição sensível, concreta e singular, por sua característica abstrata e universal"*[67]. Por outro lado, segundo essa doutrina, se o *conceito* traduz uma ideia geral sobre algum objeto, a *noção* é a representação desse *conceito*, ou melhor, sua transcrição efetiva no direito positivo[68]. Em outras palavras, ao passo que o *conceito*

---

[66] DEROSIER, Jean-Philippe, "Enquête sur la limite constitutionnelle: du concept à la notion", *Revue française de droit constitutionnel*, 2008/4 n.º 76, p. 785/795.

[67] STOCKINGER, Peter, "Concept", In: André-Jean Arnaud (dir.), *Dictionnaire encyclopédique de théorie et de sociologie du droit*, LGDJ, Paris, 2.ª ed., 1993, p. 87. Em sentido semelhante: LADRIÈRE, Jean, "Concept", In: *Encyclopaedia Universalis*, Paris: 2002, vol. 6.

[68] Segundo JEAN-PHILIPPE DEROSIER, *"(...) o conceito jurídico de casamento poderá ser definido como a união celebrada de modo solene entre duas pessoas com intuito de formar uma família. Se se tratar da noção de casamento em direito civil francês, será então necessário precisar que se trata de uma união celebrada por um oficial de estado civil entre duas pessoas do sexo oposto e com certa idade. Por outro lado, a noção de casamento no direito civil holandês não incluirá a necessidade de diferença entre os sexos, ao passo que o conceito de casamento continuará o mesmo."* (DEROSIER, Jean-Philippe, "Enquête sur la limite constitutionnelle: du concept à la notion", *Revue française de droit constitutionnel*, 2008/4 n.º 76, p. 785/795).

não apresenta existência material no direito, dada sua abstração, a *noção* é mais concreta e palpável, realizando na prática o *conceito*[69].

Todavia, para os fins visados pelo presente estudo, a sutil diferenciação proposta pelos respeitados autores citados não terá utilidade. Em primeiro lugar porque pretendemos realizar a análise comparada de diversos ordenamentos jurídicos diferentes, ao mesmo tempo em que analisaremos a teoria geral de direito. Com isso, entendemos que a utilização intercalada dos termos *conceito* e *noção* poderia causar confusão na leitura do texto. Além disso, por opção metodológica, pretendemos eliminar toda diferenciação conceitual sutil sem efeitos práticos evidentes, ou seja, buscamos valorizar a simplicidade e a clareza, em detrimento da pureza conceitual.

Feito esse aparte introdutório, podemos dizer que o conceito de performance surgiu, inicialmente, no âmbito do direito administrativo. A ideia de performance administrativa foi se desenvolvendo ao longo do tempo, à medida que o administrado passou a ter mais acesso ao conhecimento, em decorrência do processo de globalização, que culminou no que MANUEL CASTELLS denominou de *"Era da Informação"*[70]. Como explicado por DIOGO DE FIGUEIREDO MOREIRA NETO, *"os desdobramentos sociais deste fenômeno* [globalização] *explodem, complexos e vertiginosos: as populações passam, sucessivamente, a ter amplo acesso ao conhecimento, e, porque o conhecimento as muda irreversivelmente, a tomar consciência de seus interesses, a reivindicar participação*

---

[69] Sobre o ponto, veja-se a lição de RHITA BOUSTA: *"Mesmo que algumas definições de conceito possam ser aplicadas à noção, o conceito jurídico parece, no entanto, responder a um grau de abstração e de rigidez mais pronunciada que a noção jurídica. Ele é, nesse sentido, mais próximo da concepção ou ainda da teoria. O conceito parece, também, impregnado das ideias de pureza e perfeição. De acordo com Emmanuel Kant, a perfeição de um conceito constitui um critério de sua existência, ao lado da definição de sua unidade e da verdade que pode dele pode derivar imediatamente"*. (BOUSTA, Rhita. *Essai sur la Notion de Bonne Administration en Droit Public*. Paris: L'Harmattan, 2010, p. 34). Ainda sobre a diferença entre *conceito* e *noção*, veja-se: BÉNOIT, Francis-Paul, "Notions et concepts, instruments de la connaissance juridique. Les leçons de la philosophie du droit de Hegel", In: *Droit public. Mélanges en l'honneur du professeur Gustave Peiser*, Grenoble, P.U.G., 1995, p. 25; e RICKERT, Heinrich, *Théorie de la définiton*, (Trad. Carole POMPSY et Marc DE LAUNAY), Paris: Gallimard, coll. Bibliothèque de Philosophie, 1997, p. 256. *"(...) Por contraste, a noção parece apresentar um grau de abstração inferior."*

[70] CASTELLS, Manuel. *A era da informação: economia, sociedade e cultura*. V. 3, Rio de Janeiro: Paz e Terra, 1999, p. 65.

O CONCEITO DE PERFORMANCE

e, como decorrência, a se organizar cada vez mais e a exigir, no final desta cadeia casual, eficiência dos governos no atendimento de suas necessidades"[71].

Ocorre que a posição do administrado é a mesma posição do contribuinte, que – com amplo acesso a informações sobre o montante de arrecadação, montante dos tributos pagos, desvios de verbas públicas, etc. – passou a exigir da Administração um bom atendimento e bons serviços públicos. Paralelamente, essas atividades geram um custo para o Estado, que é suportado pela arrecadação fiscal. Ao passo que os tributos fornecem os recursos para a atividade administrativa, o aparato administrativo fornece os meios para a arrecadação fiscal[72]. Essa relação entre a performance do direito administrativo e do direito financeiro *lato sensu* (que engloba as atividades de arrecadação e gasto) é mesmo evidente. Assim, o direito financeiro desenvolveu seu próprio conceito de performance (Capítulo 2), utilizando instrumentos e conceitos econômicos já utilizados para definir a boa administração ou administração eficiente/eficaz (Capítulo 1).

Capítulo 1 – A gênese do conceito de performance no direito administrativo ou boa administração

Em direito administrativo, é muito comum a utilização da expressão *boa administração* e *eficiência* administrativa. São conceitos que designam a mesma ideia, conforme visto na introdução do presente estudo. HELY LOPES MEIRELLES afirma que o dever de *eficiência* consagrado na Constituição de 1988 corresponde ao dever de *boa administração* da doutrina italiana[73]. No mesmo sentido, DIOGO DE FIGUEIREDO MOREIRA NETO afirma que o *dever de bem administrar* é respaldado na *eficiência* da ação administrativa

---

[71] MOREIRA NETO, Diogo de Figueiredo. *Quatro Paradigmas do Direito Administrativo Pós-Moderno. Legitimidade, Finalidade, Eficiência e Resultados.* Belo Horizonte: Fórum, 2008, p. 100.

[72] A relação entre o performance do aparato administrativo e a performance do direito tributário foi relatada por GUY GEST e GILBERT TIXIER: *"Deve-se insistir, com G. Ardant, sobre a importância fundamental da qualidade do dispositivo administrativo para uma boa aplicação dos textos fiscais".* (GEST, Guy; TIXIER, Gilbert. *Manuel de droit fiscal.* 4.ª ed., Paris: LGDJ, 1986, p. 262)

[73] MEIRELLES, Hely Lopes. *Direito Administrativo Brasileiro.* 20.ª ed., São Paulo: Malheiros, 1995, p. 90.

pública[74]. A mesma opinião é compartilhada por CELSO ANTÔNIO BANDEIRA DE MELLO[75].

O direito administrativo comunitário, por se beneficiar das influências de ordens jurídicas diversas, apresenta notáveis e fundamentais desenvolvimentos sobre o tema (Seção 1). O direito administrativo brasileiro, por seu turno, sob o influxo da onda econômica que invadiu o direito, muito desenvolveu sobre a eficiência (ou performance) da Administração pública (Seção 2), sendo certo que essas contribuições certamente ajudarão na construção de um conceito geral para a performance fiscal.

Seção 1 – A boa administração no direito administrativo comunitário europeu

Em direito administrativo comunitário europeu, há uma extensa e variada doutrina que aborda o conceito de boa administração (§ 1). Parte do conceito proposto por essa doutrina foi adotada pelo legislador europeu, que consolidou – na Carta dos Direitos Fundamentais da União Europeia e nos diversos códigos de boa conduta – o direito à boa administração como um bloco de garantias processuais do administrado (§ 2). A jurisprudência, por seu turno, caminha no sentido de consolidar o conceito estabelecido pelo legislador, mas acabou inovando em algumas de suas manifestações (§ 3).

§ 1 – Considerações doutrinárias sobre o conceito de boa administração

Em excelente tese de doutorado, RHITA BOUSTA faz a seguinte observação preliminar, com a qual concordamos sem restrições: *"a boa administração remete a uma pluralidade de ideias. Ela é utilizada para reagrupar um número*

---

[74] *"(...) resultado de um aplicado trabalho de vanguarda da doutrina jurídica, desenvolvida desde meados do século XX, ostentando nomes como Raffaele Resta e Guido Falzone, no sentido de transcender o conceito de poder-dever de administrar, afirmando pela administração burocrática, empenhada em lograr apenas a eficácia jurídica, para estabelecer como um passo adiante, o dever de bem administrar, que é hoje respaldado pelos novos conceitos gerenciais, voltado à eficiência da ação administrativa pública."* (MOREIRA NETO, Diogo de Figueiredo. *A Lei de Responsabilidade Fiscal e seus Princípios Jurídicos.* In.: *Revista de Direito Administrativo,* Rio de Janeiro, n.º 221, jul./set. de 2000, p. 84).

[75] MELLO, Celso Antônio Bandeira de. *Curso de Direito Administrativo.* 12.ª ed., São Paulo: Malheiros, 1999, p. 92.

indeterminado de princípios, de regras ou ainda de noções já existentes. Seu conteúdo próprio é dificilmente apreendido"[76]. Essa imprecisão relatada pela autora se espraiou pela doutrina, que apresenta diversas abordagens sobre a performance administrativa. Nos primeiros ensaios realizados por MAURICE HARIOU (A), surgiu a ideia de boa administração, relacionada ao princípio da moralidade administrativa. Após o início dos debates doutrinários, cada país seguiu um modelo de boa administração (B), o que diversificou ainda mais as abordagens realizadas, que ora a identificam como um princípio de ordem estrutural (C), ora como um princípio de ordem material (D).

A. Os primeiros ensaios sobre a boa administração

Em termos conceituais, o primeiro autor a abordar direta e indiretamente a questão da *boa administração* foi MAURICE HARIOU – ainda que sem apresentar uma definição concreta –, quando tratou da moralidade administrativa. Diz-se que o autor trata indiretamente do assunto, pois muitas vezes a *boa administração* não é abordada de maneira expressa, o que foi posteriormente esclarecido por HENRY WELTER em sua tese sobre a moralidade administrativa, na qual estudou em profundidade a tese daquele administrativista francês[77].

Nesse sentido, em um de seus primeiros estudos sobre o assunto, MAURICE HARIOU afirmava que a instituição administrativa é dotada de um princípio interno, de uma "alma", que aponta para a consecução do bem comum[78]. De acordo com o Doyen, *"todo ser que possui uma conduta prática realiza uma distinção do bem e do mal"*[79]. No direito administrativo, o *bem* e o *mal* são avaliados em função do objetivo perseguido pela administração (moralidade administrativa).

A ideia do *mal* não necessariamente está relacionada com a violação de uma regra de direito. Como afirmado pelo autor, a conduta orientada para a ideia de *mal* supõe *"a violação não de regras de direito estabelecidas, mas*

---

[76] BOUSTA, Rhita. *Essai sur la Notion de Bonne Administration en Droit Public*. Paris: L'Harmattan, 2010, p. 65.

[77] WELTER, Henry. *Le contrôle juridictionnel de la moralité administrative*. Paris: Recueil Sirey, 1929.

[78] HARIOU, Maurice. *La science sociale traditionnelle*, Paris: Laros et Tenin, 1896, p. 193 et s.

[79] HARIOU, Maurice. *Précis de droit administratif et de droit public*, 12.ª ed., Paris: Dalloz, 2002, p. 57.

de simples diretivas da boa administração"[80]. Percebe-se que na doutrina de Maurice Hariou há uma forte relação entre moralidade administrativa e boa administração, embora infelizmente ele não tenha se ocupado diretamente da definição desse último conceito.

O assunto foi posteriormente desenvolvido pelo autor em sua conhecida *teoria da instituição*[81]. Todavia, percebe-se que Maurice Hariou, muitas vezes, utiliza a expressão *boa administração* como sinônimo de moralidade administrativa, o que fica ainda mais evidente com a tese de Henry Welter, para quem a natureza funcional da ação administrativa constitui a ideia base da *"boa administração ou da moralidade administrativa"*[82]. Todavia, os escritos de Maurice Hariou não deixam claro qual seria a relação exata entre a boa administração e a moralidade administrativa. Muitos autores já analisaram essa relação a partir da extensa doutrina deixada pelo Doyen, mas as conclusões a que chegaram são de ordem variada.

Todavia, não nos interessa o estudo aprofundado dessas manifestações, que não se relaciona com o objeto do presente estudo. O que deve ficar claro aqui é que a ideia de boa administração surgiu das dobras do princípio da moralidade administrativa. Com isso, fica claro que, no início, a questão da boa administração não se relacionava com a violação de regras de direito positivo. A Administração poderia estar agindo de acordo com a lei, mas poderia mesmo assim orientar sua conduta para a promoção do *mal*.

B. Os diferentes tipos de boa administração

O Governo Sueco, num importante esforço conceitual, elaborou um interessante relatório no qual identificou quatro tipos de *boa administração* correspondentes a quatro grupos de estados[83]. Assim, a *boa administra-*

---

[80] HARIOU, Maurice. *Aux sources du droit. Le pouvoir, l'ordre et la liberte*. Université de Caen, Centre de philosophie politique et juridique, Textes et documents, 1986, p. 166

[81] HARIOU, Maurice. "La théorie de l'institution et de la fondation (Essai de vitalisme social)", *Cahiers de la Nouvelle Journée*, 1925, n.º 4: *La Cité moderne et les transformations du droit*, p. 2/45. A *teoria da instituição* foi desenvolvida notadamente em: "L'institution et le droit statutaire", *Recueil de l'Académie de Législation de Toulouse*, 1906, n.º 2, p. 134/182 e *Précis de droit administratif et de droit public*, 6.ª ed., Paris: Recueil Sirey, 1907, p. 2/37.

[82] WELTER, Henry. *Le contrôle juridictionnel de la moralité administrative*. Paris: Recueil Sirey, 1929, p. 8.

[83] Agência do Governo Sueco (*Statskontoret*), *Principles of Good Administration in the Member States of the European Union*, Stockholm, 2005, p. 74/76. Relatório disponível em: www.

O CONCEITO DE PERFORMANCE

ção será definida de maneiras diferentes, de acordo com o grupo ao qual pertence, o que traz importante variedade a ser analisada. O primeiro grupo (*administration-centred tradition*), do qual faz parte a França, funciona como um meio para o governo melhorar sua administração. O segundo grupo (*individual-centred tradition*) é representado pelos países anglo-saxões e faz da *boa administração* uma ferramenta de proteção dos cidadãos diante do Governo.

O terceiro grupo (*legislator-centred tradition*) é o encontrado na Alemanha, onde a lei é o principal instrumento de garantia da *boa administração*. Por fim, o quarto grupo (*ombudsman-centred tradition*) é o que considera a *boa administração* sob o ângulo do compromisso e flexibilidade da ação do *Ombudsman* (que em sueco significa *representante do povo*) do qual fazem parte os países escandinavos.

Esse relatório justifica de certa forma as diferentes análises realizadas sobre a *boa administração*, que pode variar muito de um país para o outro. Sobre cada um desses grupos, autores diversos apresentam definições que, quando não contraditórias e excludentes, podem ser utilizadas na construção de um conceito amplo e genérico que represente efetivamente a *boa administração*. Contudo, vale ressaltar que o referido relatório não traz uma classificação rígida, pois a França, por exemplo, apesar de fazer parte do primeiro grupo (*administration-centred tradition*), também adotou seu *ombudsman*, que é o *Mediador da República*. Da mesma forma, a Alemanha, que se vale do instrumento legislativo para alcançar a performance administrativa, também a considera um instrumento de garantia e efetivação dos direitos individuais[84].

C. A *boa administração* como um princípio estrutural

Alguns autores classificaram a *boa administração* como um princípio de ordem estrutural. Para esses doutrinadores, ela seria definida por meio de outros princípios. É o caso de Denys Simon, para quem a *boa administração* seria um "princípio geral estrutural", assim como o da igualdade,

---

statskontoret.Se/upload/Publikationer/2005/200504.pdf, acessado em 12/01/2012.

[84] ARNDT, Hans-Wolfgang. Praktikabilität und Effizienz: zur Problematik gesetzesvereinfachenden Verwaltungsvollzuges und der "Effektuierung" subjektiver Rechte, 1.ª ed., Köln, Dr. Peter Deubner Verlag. Dr. Otto Schmidt KG, 1983, *apud* DERZI, Misabel de Abreu Machado. *Direito tributário, direito penal e tipo.* 2.ª ed., São Paulo: Revista dos Tribunais, 2007.

solidariedade ou ainda a proporcionalidade[85]. Para esse autor, a *boa administração* não teria uma definição própria, pois, na realidade, englobaria um grupo indeterminado de princípios a ela relacionados e que seriam por ela absorvidos.

Outros autores também classificam a *boa administração* como um princípio geral e estrutural, tal como RÉBECCA-EMMANUÈLA PAPADOPOULOU, que a equipara ao princípio do equilíbrio institucional[86]. JULIE LASSALE, por seu turno, fala em *sobre-princípio*: *"O princípio da boa administração seria então um tipo de sobre-princípio: ele retoma diferentes sub-princípios e se reagrupa para formar uma nova regra"*[87].

Para DENYS SIMON, o "núcleo duro" do princípio da *boa administração* está relacionado com os princípios do tratamento imparcial e igualitário, de diligência e de solicitude[88]. No mesmo sentido, MICHEL FROMONT evoca os "principais princípios da boa administração" em dois tipos de regras: de um lado, os princípios relativos à elaboração da decisão administrativa (audiência prévia, imparcialidade e motivação, por exemplo), do outro lado, os princípios de "fundo" (proporcionalidade, segurança jurídica e responsabilidade, por exemplo)[89].

MARTIN MANKOU reduz o campo de aplicação da boa administração às obrigações de diligência e comunicação dos documentos. Em seguida, ele qualifica de princípios "vizinhos" os de solicitude, de proteção dos direitos de defesa e de transparência[90].

---

[85] SIMON, Denys. *Le système juridique communautaire*, 3.ª ed., Paris, PUF, col. Droit fondamental, série *Droit international et communautaire*, 2001, p. 367/368.

[86] PAPADOPOULOU, Rébecca-Emmanuèla. *Principes généraux du droit en droit communautaire. Origines et concrétisation*. Bruxelles: Bruylant, 1996, p. 127/132.

[87] LASSALE, Julie. *Le principe de bonne administration en droit communautaire*. Tese em direito, Universidade *Panthéon-Assas*, Paris II, 2008, p. 172.

[88] SIMON, Denys. "Le principe de 'bonne administration' ou la 'bonne gouvernance' concrète" In: *Le Droit de l'Union Européenne en principes. Liber amicorum en l'honneur de Jean Raux*, Rennes, Apogée, 2006, p. 164.

[89] FROMONT, Michel. "Le renforcement des garanties de bonne administration et de bonne justice administrative en Europe" In: *En hommage à Francis Delpérée. Itinéraire d'un constitutionnaliste*, Bruxelles, Bruylant, 2007, p. 548.

[90] Cf. MANKOU, Martin, "Du principe de bonne administration ou droit à la bonne administration: contribution à une problématique de la bonne administration en droit communautaire", In: *Cahiers de l'institut de recherche européenne de droit économique, Contributions de droit européen*, Toulouse, Presses de l'Université des sciences sociales de Toulouse, 2002, vol. 2, p. 5/46.

JULIE LASSALE, por sua vez, classifica os "elementos constitutivos" do princípio comunitário de boa administração de três formas diferentes: (i) direito ao tratamento sério dos seus processos; (ii) direito ao exame individualizado do processo; e (iii) obrigação geral de boa conduta. Em seguida, a autora afirma que o "conceito de boa administração" compreende o enquadramento da ação administrativa (princípios da legalidade, da segurança jurídica, de coerência e ponderação) e da boa gestão (princípios da auto-organização e de boa administração das finanças)[91].

Para esses autores, a *boa administração* não tem um conteúdo próprio identificável. Ela seria o somatório de outros princípios conhecidos que, observados conjuntamente, tornariam a administração mais eficiente. No entanto, em nossa opinião, ideia de *boa administração* não deve representar direitos já garantidos por outros princípios consagrados mundialmente (tais como os princípios da legalidade, imparcialidade, ampla defesa), por um simples motivo: se inexistisse o direito à boa administração, aqueles princípios ainda sim teriam eficácia. Em outras palavras, os diversos princípios mencionados já têm força obrigatória e devem ser cumpridos pela administração, independentemente do direito à *boa administração*. Essa constatação faz com que – segundo a doutrina desses respeitados autores – o direito à *boa administração* não tenha muita utilidade.

D. A *boa administração* como um princípio material

Seguindo uma linha diferente, outra parte da doutrina tenta definir o conteúdo material da *boa administração*. Para essa corrente, não se trataria de um sobreprincípio, mas um princípio propriamente dito. Assim, por exemplo, para RHITA BOUSTA, a *boa administração "designa a adaptação equilibrada dos meios dos quais dispõe a administração pública para cumprir seus objetivos. A noção de boa administração não se confunde nem com a ideia de bom resultado nem com a de bom objetivo: ele visa, antes de tudo, a boa utilização dos meios. Essa otimização dos meios é obtida pela ponderação razoável dos elementos em conflito"*[92].

---

[91] LASSALE, Julie. *Le principe de bonne administration en droit communautaire*, Tese em direito, Université *Panthéon-Assas*, Paris II, 2008, p. 115/133.

[92] BOUSTA, Rhita. *Essai sur la Notion de Bonne Administration en Droit Public*. Paris: L'Harmattan, 2010, p. 219.

A noção de *boa administração* apresentada pela autora em muito se assemelha à de *proporcionalidade* – que será analisada oportunamente –, mas com ela não se confunde: "*As noções de boa administração e de proporcionalidade dividem, ao mesmo tempo, as ideias de adaptação (ou de adequação) e de ponderação. Além disso, a proporcionalidade reclama, assim como a boa administração, uma análise fina do funcionamento administrativo: eles se inscrevem numa lógica dialética e não analítica ou dogmática. Se essas noções estão relacionadas, eles continuam independentes, por pelo menos três razões*"[93].

A primeira dessas três razões é que a proporcionalidade se aplica a um campo maior, ao passo que a ideia de *boa administração* se aplica somente à administração pública. A segunda é que a proporcionalidade está mais ligada ao conceito de *má administração*, que não é o antônimo de *boa administração*. Por fim, a ideia de ponderação não versa sobre o mesmo objeto. Enquanto que a proporcionalidade pondera as incidências ou os efeitos do objeto com o meio, a *boa administração* pondera os elementos que constituem o meio. A *boa administração* pondera a pertinência de vários meios. A proporcionalidade analisa a relação de concordância entre dois elementos (objetivo e violação a direito).

Cabe ressaltar que a análise da utilização dos meios disponíveis envolve a avaliação da própria atividade da Administração pública, que possui diversos recursos (humanos, materiais, financeiros, etc.) para atingir seus objetivos. De acordo com o conceito de Rhita Bousta, na realização dos objetivos estabelecidos, a Administração pública deve utilizar os meios da melhor forma possível. Isso inclui a atividade de fundo por ela realizada, tais como a realização de uma obra pública ou a prestação de um serviço de sua competência. Nesse caso, o conceito de *boa administração* não se restringe a garantias processuais – como abordado pela doutrina acima comentada –, mas envolve questões materiais relacionadas à atividade de fundo exercida pela administração.

Há quem entenda também que a ideia de *boa administração* tem reflexos tanto no direito material quando no processual. Denis Galligan, por exemplo, afirma que os princípios da *boa administração* são de ordem processual (*natural justice*) e material (*reasoning process whereby officials reach*

---

[93] *Ibid.*, p. 221.

decisions)[94]. No mesmo sentido, HANNS PETER NEHL afirma que a noção de *boa administração* auxilia na identificação de requisitos processuais e materiais que devem ser observados pela administração moderna. Seguindo essa linha, o Manual *"L'administration et les personnes privées"*, elaborado pelo Conselho da Europa (*Éditions du Conseil de l'Europe*, 1997), distingue os princípios materiais (capítulo 2), dos princípios processuais (capítulo 3) da *boa administração*.

Partindo da ideia de que a eficiência seria uma característica aplicável na prática, os ingleses elaboraram uma lista de casos considerados como *má administração* (*Crossman Catalogue*), tais como: parcialidade, negligência, desatenção, atrasos, falta de competência, inaptidão, arbitrariedade, etc[95]. Em 1993 essa lista foi consideravelmente aumentada por WILLIAM REID, que descreveu casos mais detalhados do que poderia ser considerado ineficiência e ineficácia da administração pública[96]. Esse aporte descritivo foi sucessivamente alterado, ora acrescentando-se casos genéricos que englobam maior número de situações, ora detalhando outros casos[97].

Por fim, deve-se ressaltar que parte da doutrina indica dois modelos de *boa administração*, ora definindo-a por meio de outros princípios, ora dando-lhe contornos específicos.[98] De acordo com DIANA WOODHOUSE, o primeiro modelo está ligado aos ideais de equidade, justiça e razoabilida-

---

[94] GALLIGAN, Denis J. "Judicial review and the textbook writers", In: *Oxford Journal of Legal Studies*, 1982, vol. 2, n.º 2, p. 257/258

[95] 734 HC Official Report, col. 51, 18/10/1966.

[96] REID, William. "Le commissaire parlementaire pour l'administration au Royaume-Uni", *Revue française de droit administratif*, nov./dez. 1992, n.º especial, p. 561. Relatório anual de 1993, H.C. 290 (1993-1994) § 7. Discurso disponível em: www.ombudsman.org.uk. Cf. a lista de casos: *"Comportamento contraditório, comportamento contrário aos bons modos e regras sociais, falta de educação, recusa em reconhecer os direitos do reclamante, recusa em responder às questões formuladas, negligência na informação dada ao reclamante quanto a seus direitos, prestação consciente de informações inadequadas ou enganosas, desconhecimento de conselhos válidos, proposição de meios de reparação desproporcionais, ausência de proposição de reparação, preconceito fundado no sexo, cor ou qualquer outro critério, omissão de notificação de prazo para apresentação de recurso, procedimentos errados, incapacidade de se conformar à lei por meio dos procedimentos adequados, negligência na instrução que visa o tratamento igual, parcialidade, ausência de maleabilidade na aplicação literal da lei quando dela decorre efeitos manifestamente desiguais."*

[97] GREGORY, Roy; HUTCHESSON, Peter. *The Parliamentary Ombudsman. A Study in the Control of Administrative Action*. Londres: Allen & Unwin, 1975.

[98] WOODHOUSE, Diana. *In Pursuit of Good Administration. Ministers, Civil Servants and Judges*. Oxford: Clarendon Press, 1997, p. 67/68.

de. Sua origem é o relatório *Northcote Trevelyan* que anunciou, em 1854, os princípios de recrutamento segundo o mérito, imobilidade e neutralidade política. Esse relatório foi consagrado pelo *Civil Service Order in Council* {Cf. Order in Council (under royal prerogative), publicado em 04/06/1870. Os *Orders in Council* e os *Adminsitrative Fiat* são dois tipos de atos que regulam a função pública e são elaborados pelo Governo sem o controle do Parlamento}. O segundo modelo atribui mais importância à performance, isto é, à utilização adaptada e ótima dos fundos públicos, que será analisada sob a ótica de desempenho financeiro: a administração é "boa" se os objetivos de desempenho são atingidos[99].

Como se observa das considerações acima, não há entendimento pacífico sobre o significado de *boa administração* na doutrina. A maior parte das considerações é muito abstrata, pois relaciona a *boa administração* com quase todos os princípios jurídicos existentes. Destaca-se a doutrina inglesa que, apesar de não identificar positivamente o conteúdo do direito à *boa administração*, procura defini-la negativamente, ou seja, identificando os casos em que a Administração não é "boa".

§ 2 – O conceito retido pelos códigos europeus: o bloco de garantias processuais

O direito à boa administração foi efetivamente consagrado com a Carta dos direitos fundamentais da União Europeia, que mencionou expressamente o direito à boa administração, em seu artigo 41 (A). Essa não é a única manifestação normativa de consagração do referido direito, uma vez que diversas instituições europeias também adotaram seus respectivos códigos de boa conduta administrativa (B). Em todos esses casos, a boa administração foi identificada como um verdadeiro bloco de garantias processuais em favor do administrado.

---

[99] No Reino Unido, a *boa administração* designa o cumprimento de objetivos políticos (*"policy goals of Gouvernement"*) em conformidade com os valores sociais e num prazo razoável. Cf. WOODHOUSE, Diana. *In Pursuit of Good Administration. Ministers, Civil Servants and Judges.* Oxford: Clarendon Press, 1997, p. 97.

A. Carta dos direitos fundamentais da União Europeia

Segundo Loïc AZOULAI, o artigo 41 da Carta dos Direitos Fundamentais da União Europeia associou a boa administração a um certo número de princípios e de direitos de defesa[100]. Veja-se abaixo a transcrição do mencionado dispositivo:

> *"Do direito à boa administração.*
> *1. É assegurado a todo indivíduo o direito de ter seus processos tratados com imparcialidade, igualdade e num prazo razoável pelas instituições e órgãos da União.*
> *2. Esse direito comporta, principalmente:*
> *– o direito individual de ser ouvido antes que seja tomada uma medida que o afeta desfavoravelmente;*
> *– o direito individual de acesso ao processo de seu interesse, respeitando-se os interesses legítimos de confidencialidade e de segredo profissional;*
> *– a obrigação, para a administração, de motivar suas decisões.*
> *3. É assegurado a todo indivíduo o direito de ser reparado pela Comunidade em virtude dos danos causados pelas instituições ou por seus agentes no exercício de suas funções, conforme os princípios gerais comuns aos direitos dos Estados membros.*
> *4. É assegurado a todo indivíduo o direito de se dirigir às instituições da União em uma das línguas dos tratados e de receber uma resposta na mesma língua."*

Algumas críticas são feitas aos diversos enunciados da norma. A mais importante, em nossa opinião, com a qual aderimos, diz respeito à ausência de relação de alguns direitos mencionados no art. 41 com a boa administração. Nesse contexto, a alínea 1 menciona o direito à imparcialidade. Menciona, também, o direito de ter o processo julgado num prazo razoável.

Em teoria geral do direito processual, a imparcialidade do juiz é pressuposto de validade do processo. Havendo parcialidade do juízo, o processo é inteiramente nulo. Além disso, é garantia não só daqueles que possuem relação com a administração pública, mas de todos os que buscam a tutela jurisdicional. Ou seja, a imparcialidade do juiz não é garantia inerente à boa administração ou performance administrativa. Trata-se de um princípio

---

[100] AZOULAI, Loïc. "Le principe de bonne administration", In: AUBY, Jean-Bernard, DUTHEIL DE LA ROCHÈRE, Jacqueline (dir.), *Droit administratif européen*. Bruxelas: Bruylant, 2007, p. 504.

geral de direito processual intrinsecamente relacionado com o princípio geral de justiça[101].

O mesmo não ocorre com o direito ao julgamento em prazo razoável. Em primeiro lugar, porque a administração pública é notoriamente lenta no julgamento de processos em que o administrado postula pelo reconhecimento de um direito perante a própria administração, que é julgadora e parte ao mesmo tempo. Daí a ausência de interesse no julgamento rápido do processo. Em segundo lugar, muitas vezes a demora decorre da falta de organização e/ou pessoal, problemas evidenciados quando a administração é submetida a uma grande quantidade de demandas.

Diante disso, é necessário que se estabeleça um prazo razoável para a duração do processo, sob pena de se lhe retirar a eficácia, tornando-o sem qualquer utilidade para o administrado. Além disso, a duração excessiva do processo pode trazer prejuízos ao próprio Governo, pois a demora no reconhecimento de um direito pode, por exemplo, retardar o recebimento de débitos fiscais ou atrasar a realização de alguma política pública. A duração razoável, dessa forma, é conceito que se amolda perfeitamente ao direito à eficiência administrativa.

Dos direitos mencionados na alínea 2, apenas o primeiro (direito à audiência prévia) se relaciona diretamente com a eficiência administrativa. Isso porque a audiência prévia à formalização do ato administrativo é procedimento que pode evitar transtorno para o administrado e, ao mesmo tempo, ajudar a diminuir o contencioso administrativo, no caso de falha da autoridade administrativa. Dessa forma, no caso em que a administração não avalia corretamente os fatos ou o direito envolvido ou então tem dúvidas sobre eles, a realização de audiência prévia – na qual o administrado terá a oportunidade de apresentar sua versão dos fatos ou a adequação de seu procedimento – poderá evitar transtornos para ambas as partes.

Todavia, o mesmo não ocorre com o direito do administrado de acesso aos documentos que lhe concernem. Trata-se de garantia que não se relaciona nem remotamente com a boa administração. Esse direito possui natureza eminentemente processual, uma vez que estritamente relacionado com os princípios do contraditório e da ampla defesa, direitos fundamentais elencados no ordenamento de inúmeros países. Ora, sem acesso aos documentos que lhe dizem respeito, o cidadão não pode se defender

---

[101] LARENZ, Karl. *Derecho Justo. Fundamentos de Etica Juridica*. Madrid: Civitas, 1985, p. 181 e ss.

adequadamente. Nesse sentido, vale registrar a opinião de JOËL MOLINIER, para quem o direito de ser ouvido e de acesso ao processo *"se relacionam com muito mais legitimidade ao princípio geral de respeito aos direitos de defesa"*[102], do que ao direito à boa administração.

Ao final da alínea 2, encontra-se o dever de motivação das decisões. Curioso notar que o legislador preferiu se referir a um *dever* da administração, ao invés de mencionar um *direito* do administrado, como nos outros direitos acima comentados. Como se sabe, a todo *dever* correspondente um *direito*. O dever de motivação das decisões – dirigido tanto ao Poder judiciário quanto aos órgãos judicantes do Poder executivo –, decorre do direito consubstanciado, ao mesmo tempo, no princípio do contraditório, princípio da ampla defesa e princípio do devido processo legal. Além disso, é também requisito para o sistema de controle das decisões, pois a decisão sem fundamentos mínimos não pode ser revisada pelo órgão superior. Trata-se de direitos constitucionais processuais, portanto, que já são garantidos por outros princípios.

A terceira alínea traz uma regra de responsabilidade civil, estabelecendo que o cidadão europeu tem o direito à reparação pelos danos causados pelas instituições comunitárias ou por seus agentes no exercício de suas funções. A presente alínea, em nossa opinião, é uma nítida influência do direito inglês, que identifica as regras de boa administração (*principles of good administration*) com o respeito ao princípio da legalidade[103]. De acordo com a tradição inglesa, boa é a administração que respeita à lei[104]. Não é essa, todavia, a tradição dos países latinos. O dever de reparar os danos causados a outrem é obrigação que decorre de lei, mas que não se relaciona diretamente com a boa administração. Ao reparar esses danos, a administração está somente respeitando à lei, o que decorre diretamente do estado democrático de direito. Além disso, o dever de reparar os danos

---

[102] MOLINIER, Joël. "Principes généraux", *Rép. Communautaire Dalloz*, agosto de 2008, t. 3, n.º 140.

[103] OLIVER, Down, "Is the ultra vires principle the basis of Judicial Review?" In: *Public Law*, 1987, p. 543.

[104] JOWELL, Jeffrey; LESTER, Anthony, "Beyond Wednesbury: Substantive Principles of Administration Law", In: *Public Law*, 1987, p. 374. Esses autores citam como regras inerentes à boa administração o respeito aos direitos fundamentais, a segurança jurídica e a proporcionalidade. Percebe-se que, para os ingleses, administração boa é aquela que respeita os deveres e obrigações a ela inerentes.

causados a outrem é uma regra universal, ou seja, dirige-se a todos e não está diretamente relacionado com a boa administração.

Por fim, a alínea 4 garante ao cidadão europeu o direito de se expressar e receber respostas em sua mesma língua. Igualmente, entendemos que não se trata de garantia relacionada à boa administração. Trata-se de direito que concerne à acessibilidade dos cidadãos aos órgãos administrativos europeus, uma vez que seria extremamente difícil, senão impossível, obter qualquer tipo de resposta se ao cidadão não for permitido dirigir-se à administração em sua própria língua. Essa é uma qualidade de uma administração acessível, não de uma administração boa.

A conclusão a que se chega é que, diante da falta de uma definição precisa do conceito de boa administração, a Carta dos direitos fundamentais da União Europeia tentou concretizar o direito à boa administração por meio de garantias processuais já consagradas em outros princípios. Em outras palavras, a Carta apenas reiterou, no âmbito administrativo, princípio gerais de defesa já existentes. Em nossa opinião, de todas as garantias elencadas no artigo 41, apenas duas estão diretamente relacionadas com o princípio da eficiência: os direitos à duração razoável do processo e à audiência prévia.

B. Os códigos de boa conduta administrativa das instituições europeias

O início do século XXI foi marcado por uma onda normativa em homenagem à boa administração. O *Parlamento Europeu* foi a primeira instituição a adotar um código de boa conduta, o *Guia das obrigações dos funcionários e agentes do Parlamento* (Jornal Oficial da Comunidade Europeia – JOCE n.º C 97, 05/04/2000), editado antes mesmo da Carta dos direitos fundamentais da União Europeia.

Dividido em três partes, o código de boa conduta do Parlamento estabelece as obrigações gerais; as obrigações de serviço; e, por fim, as regras sobre as relações com os cidadãos. As duas primeiras partes se destinam às obrigações do funcionário público, tais como o dever de discrição, de disponibilidade e de cooperação.

Na parte em que versa sobre as relações com o público, o código se refere expressamente ao dever de transparência, de acessibilidade, de não discriminação, de cortesia, de motivação das decisões, de indicação dos eventuais recursos existentes, assim como o direito de acesso aos documentos do Parlamento europeu e o direito de prestar queixa.

A *Comissão Europeia* foi a segunda instituição a adotar o próprio código de boa conduta (*Código de boa conduta administrativa para as relações dos funcionários da Comissão com o público*, JOCE n.º L 308, 08.12.2000), como meio de garantir o direito à boa administração mencionado no artigo 41 da Carta dos direitos fundamentais da União Europeia.

O código de boa conduta administrativa da *Comissão* menciona como dever institucional a prestação de um serviço de qualidade, assim entendido aquele que é realizado com cortesia, objetividade e imparcialidade. Em seguida, logo após o preâmbulo, encontra-se uma referência ao que o Código denomina de *"princípios gerais de boa administração"*, em especial os princípios da legalidade, igualdade, proporcionalidade e coerência. Após, o Código traz as linhas diretivas para a boa conduta administrativa, citando os deveres de objetividade, imparcialidade e de informação sobre os procedimentos administrativos. O Código também menciona o dever de realização de audiências – quando previstas em lei –, de motivação das decisões, de indicação ao cidadão da existência de eventuais recursos administrativos, de confidencialidade, de envio de respostas na mesma língua em que a demanda foi redigida e outros deveres menos importantes[105].

O *Conselho da União Europeia* foi a terceira instituição europeia a adotar um código de boa conduta administrativa, o *Código de boa conduta administrativa para o secretariado geral do Conselho da União Europeia e de seus funcionários em suas relações profissionais com o público* (JOCE n.º C 189, de 05.07.2001). Dentre outros, o Código menciona o direito à igualdade, lealdade, neutralidade, direito de obter uma resposta a um pedido de informações e na mesma língua utilizada pelo cidadão, bem como o dever de tratar o cidadão com cortesia e de responder aos pedidos de informação em quinze dias.

A *Corte de Justiça da União Europeia* (CJUE) foi a última instituição a adotar um código de boa conduta administrativa. Publicado em 22.09.2007, o *Código de conduta adotada pela Corte de justiça para os membros da CJUE, do TPI e do TPFP* é mais enxuto que os demais e estabelece apenas o dever de integridade (seus membros não podem aceitar qualquer tipo de presente ou agrado) e de imparcialidade.

---

[105] Como, por exemplo, o dever de se identificar ao telefone, responder e-mails com rapidez, etc.

Por fim, visando unificar os códigos das instituições acima, o *Mediador europeu* redigiu o Código Europeu de Boa Conduta Administrativa (CEBCA), aprovado pelo Parlamento em 06/09/2011. Como ainda não foi aprovado pela Comissão, diz-se que não tem valor coercitivo[106].

O CEBCA menciona o dever de respeito ao princípio da igualdade e da proporcionalidade, bem como o dever de imparcialidade, de objetividade, de agir com coerência e com respeito à confiança legítima, dever de prestar informações, de tratar o cidadão com cortesia, de responder cartas e petições na mesma língua do cidadão, dever de endereçar ao órgão correto a carta ou petição com endereçamento errado, dever de motivação das decisões, de indicar eventual existência de recurso, dever de sigilo e o dever de informar o público sobre a existência do CEBCA. Além dos deveres acima, o Código estabelece o direito à audiência, direito a ter seu recurso julgado em prazo razoável, direito de acesso a documentos e direito de prestar queixa ao *Mediador europeu.*

Todavia, em nossa opinião, a imensa maioria dos direitos e deveres mencionados pelos códigos de boa conduta acima analisados não trazem nenhuma ajuda para a definição do conceito de eficiência administrativa ou boa administração. Não obstante o cumprimento e o respeito às regras acima estabelecidas sejam do interesse do cidadão, o mesmo acontece com todas as regras direcionadas à administração pública, pois existe a expectativa de que tais regras sejam respeitadas pelos órgãos públicos. Para ser qualificada de boa, a administração precisa oferecer mais que o mero cumprimento das normas mencionadas pelos códigos acima comentados.

Apenas alguns dos direitos e deveres mencionados nos códigos acima merecem destaque, pois se relacionam diretamente com o direito à boa administração. É o caso do direito a ter um recurso julgado em tempo razoável e o dever de objetividade, que estão intrinsecamente relacionados entre si. Como já afirmado acima, é inegável que o direito à boa administração se relaciona com as ideias de duração razoável do processo e objetividade nas decisões proferidas pela administração.

Além disso, o dever de cortesia – mencionado em alguns dos códigos acima relacionados – é de notável importância para uma administração eficiente. A questão aqui é mais psicológica. A eficiência de um serviço

---

[106] BOUSTA, Rhita. *Essai sur la Notion de Bonne Administration en Droit Public.* Paris: L'Harmattan, 2010, p. 130.

está em grande proporção relacionada com a satisfação do usuário. Se ele é bem tratado, o nível de satisfação aumenta, o que o leva a aceitar melhor as condições de prestação daquele serviço. Por fim, se o usuário aceita as condições em que o serviço lhe será prestado, sua avaliação sobre a eficiência do prestador será positiva.

A questão da cortesia também está relacionada com outra faceta mencionada no código de boa conduta administrativa da *Comissão*: a qualidade do serviço. Aqui a questão sai do âmbito psicológico, pois não importa a percepção que o usuário tem do serviço; se ele é de qualidade, o prestador será qualificado de eficiente. Questão difícil é a de saber o que se considera serviço de qualidade. O código da *Comissão* – como visto acima – deixa entender que o serviço é de qualidade quanto prestado com cortesia, objetividade e imparcialidade.

§ 3 – O conceito de boa administração na jurisprudência da Corte de Justiça da União Europeia (CJUE)

A CJUE, até o presente momento, ainda não se ocupou de maneira mais aprofundada do artigo 41 da Carta dos direitos fundamentais da União Europeia. É certo que muitos precedentes citam o direito à boa administração, sem, todavia, definir seu conteúdo de maneira sistemática. De acordo com LOÏC AZOULAI, *"o termo boa administração é constantemente ambíguo em direito comunitário, indicando não somente uma fonte geral de proteção e um estado ideal de direito, mas designando igualmente uma forma particular de proteção processual"*[107]. A CJUE seguiu essa tendência, ora identificando a boa administração a um estado ideal de direito, que não representa um direito subjetivo efetivo (A), ora como um bloco de garantias processuais (B).

A. Considerações gerais sobre a boa administração

A CJCE, em muitos casos, trata do direito à boa administração no âmbito de outros princípios, seja simplesmente igualando seus conteúdos, seja afirmando que faz parte de outro princípio. Em todos os precedentes, a

---

[107] AZOULAI, Loïc. "Le principe de bonne administration", In: AUBY, Jean-Bernard; DUTHEIL DE LA ROCHÈRE, Jacqueline (dir), *Droit administratif européen*. Bruxelas: Bruylant, 2007, p. 494/495.

ideia de boa administração foi utilizada em prol do administrado, porém daqueles casos que mencionaram o referido direito de maneira genérica, não se pode extrair um direito identificável que pode ser invocado pelo cidadão.

Assim é que, por exemplo, o precedente *Agencja Wydawnicza Technopol c/ OHMI*, julgado em 10 de março de 2011 afirma que os princípios da igualdade e da boa administração devem se conciliar com o respeito à legalidade[108]. Ou seja, segundo a Corte, o direito à boa administração se relaciona diretamente com os princípios da igualdade e da legalidade[109]. Não há, todavia, nenhum esforço no sentido de definir de que modo os referidos princípios devem se conciliar – até porque esse não era o objeto da discussão –, o que só agrava a dificuldade de se definir o verdadeiro âmbito de aplicação do direito a uma boa administração.

Nesse mesmo precedente, a CJUE se refere à boa administração como princípio jurídico que estaria inserido no âmbito da segurança jurídica: *"Além disso, por razões de segurança jurídica e, precisamente, de boa administração, o exame de todo pedido de registro de ser estrito e completo, a fim de evitar que as marcas sejam registradas de modo indevido (acórdãos citados OHMI/Erpo Möbelwerk, ponto 45, e OHMI/BORCO-Marken-Import Matthiesen, ponto 45)"*. Ao que parece, a Corte entende que diversos princípios jurídicos compõem o sobreprincípio da segurança jurídica, sendo um deles o da boa administração.

Desse precedente se extrai que o administrado tem direito a uma análise estrita e completa de seu pedido de registro de uma marca, mas a pergunta que fica sem resposta é: em que medida isso se relaciona com o direito à boa administração? Essa pergunta se justifica, pois entendemos que o dever de analisar adequadamente esse tipo de pedido é um dever *ex lege*, ou seja, que decorre diretamente da lei. Contudo, como ficará mais claro adiante, em nossa opinião, administração boa não é aquela que se restringe ao cumprimento da lei, pois esse cumprimento decorre, antes de mais nada, do estado democrático de direito.

---

[108] CJUE, 1.ª Câmara, 10/03/2011, *Agencja Wydawnicza Technopol sp. z o.o. c/ Office de l'harmonisation dans le marché intérieur [marques, dessins et modèles]*, Processo C-51/10 P.

[109] Direitos ligados à ideia de boa administração: informação e participação, respeito à saúde pública, boa organização de concursos (T.P.I.C.E., 4.ª Câmara, 13/07/2005, *Carlo Scano c/ Commission*, Processo T-5/04), transparência do procedimento e prazo razoável (T.P.I.C.E., 5.ª Câmara, 10/06/2004, *Jean-Paul François c/ Commission*, Processo T-307/01 e T.P.I.C.E., 3.ª Câmara, 13/03/2003, *José Marti Peix, SA c/ Commission*, Processo T-125/01)".

O CONCEITO DE PERFORMANCE

Há também muitos precedentes que tratam do direito à boa administração sempre ao lado do dever de solicitude, como se fossem sinônimos ou complementares. Sobre o dever de solicitude, veja-se ao entendimento da CJUE: *"Convém mencionar que, segundo a jurisprudência pacífica, o dever de solicitude da administração, no que toca seus agentes, reflete o equilíbrio dos direitos e obrigações recíprocas que o estatuto criou nas relações entre a autoridade pública e os agentes do serviço público. Esse dever implica notadamente que, quando se regula a situação de um funcionário, a autoridade leva em consideração o conjunto de elementos que são suscetíveis de determinar sua decisão e que, assim fazendo, ela leva em consideração o interesse do serviço, mas também o interesse do funcionário envolvido (acórdão da Corte, proferido em 23/10/1986, Schwiering/Cour des comptes, 321/85, Rec. p. 3199, pomto 18; acórdão do Tribunal de primeira instância, de 05/02/1997, Ibarra Gil/Commission, T-207/95, RecFP p. I-A-13 e II-31, ponto 75, e eu 06/02/2003, Pyres/Commission, T-7/01, RecFP p. I-A-37 e II-239, ponto 87)"*[110].

Contudo, de acordo com a Corte, o dever de solicitude se agrega ao de boa administração. Nesse sentido, veja-se o trecho a seguir, do mesmo precedente citado no parágrafo anterior: *"Esse princípio [dever de solicitude] se une ao da boa administração, que impõe à Instituição, quando ela trata da situação de um funcionário, de levar em consideração o conjunto de elementos que são suscetíveis de determinar sua decisão e, assim fazendo, ela deve levar em conta não somente o interesse do serviço, mas também o do funcionário (acórdão do Tribunal de primeira instância de 16 de março de 2004, Afari/BCE, T-11/03, RecFP p. I-A-65 et II-267, point 42)".* Do cotejo entre as definições de *dever de solicitude* e *boa administração* apresentadas pela Corte, percebe-se que não há diferença alguma.

Há casos, todavia, em que a CJUE mitiga a força coercitiva do direito à boa administração – mesmo sem lhe dar um conteúdo mais exato –, colocando-o em patamar inferior ao de um regulamento: *"Convém esclarecer que o princípio da boa administração não possui intensidade de força obrigatória superior a de um regulamento (veja, nesse sentido, acórdão do Tribunal de primeira instância de 22/06/1994, Rijnoudt e Hocken/Commission, T-97/92 e T-111/92, RecFP p. I-A-159 e II-511, ponto 104, e de 29/11/2006, Campoli/Commission, T-135/05, RecFP p. I-A-2-297 e II-A-2-1527, ponto 149; acórdão do Tribunal de 23/01/2007, Chassagne/Commission, F-43/05, ainda não publicado, ponto 111). O mesmo ocorre com o dever de solicitude da administração em relação a seus agentes,*

---

[110] CJUE, 2ª Câmara, 13/12/2007, *Paulo Sequeira Wandschneider c/ Commission des Communautés européennes,* Processo F-65/05.

dever que reflete o equilíbrio dos direitos e obrigações recíprocas que o estatuto criou nas relações entre autoridade pública e agentes do serviço púbico e que, desde então, encontra sempre seu limite no respeito das normas em vigor (veja, nesse sentido, acórdão do Tribunal de primeira instância de 27/03/1990, Chomel/Commission, T-123/89, Rec. p. II-131, ponto 32)"[111].

O que fica claro aqui é que muitos precedentes da CJUE não contribuem para o estabelecimento de um conceito do direito à boa administração. Além disso, deve-se chamar a atenção para o fato de que os precedentes acima listados não investem o cidadão europeu de nenhuma garantia objetiva que possa ser invocada contra a Administração pública.

B. A boa administração como um bloco de garantias

Não obstante os precedentes genéricos e fluidos analisados acima – que não identificam claramente o conteúdo do direito à boa administração –, a CJUE já proferiu algumas decisões identificando direitos efetivos. No entanto, os direitos inerentes à boa administração são de natureza processual, ou seja, são aplicados somente nos procedimentos litigiosos existentes entre administração e administrado.

A primeira menção ao artigo 41 da Carta ocorreu no precedente *Max. mobil Telekommunikation*, em 30 de janeiro 2002, a propósito do tratamento diligente e imparcial de uma queixa. Segundo a Corte, esse princípio *"encontra seu reflexo no direito a uma boa administração"*[112]. Ora, a boa administração foi evocada sob o ângulo da diligência e da imparcialidade, princípios gerais comuns às tradições constitucionais dos Estados membros.

Vale ainda ressaltar que os deveres de imparcialidade e diligência são tidos, no acórdão acima mencionado, como corolários da *obrigação geral de vigilância* que incumbe à Comissão, nos termos das regras de concorrência. A identificação do direito a uma boa administração ao dever de diligência ocorre em outros precedentes mais atuais, como exemplifica o precedente *Masdar (UK) Ltd.* julgado em 16 de dezembro de 2008: *"Essa obrigação de*

---

[111] CJUE, 2ª Câmara, 30/09/2010, *Javier Torijano Montero c/ Conseil de l'Union européenne*, Processo F-76/05. Nesse mesmo sentido, veja-se ainda: CJUE, 2ª Câmara, 30/09/2010, *Gudrun Schulze c/ Commission européenne*, Processo F-36/05.

[112] T.P.I.C.E., 2ª Câmara, 30/01/2002, *Max.mobil Telekommunikation Service GmbH c/ Commission*, Processo T-54/99, rec. 2002, p. II-313, pt. 48.

diligência é inerente ao princípio da boa administração. Ela se aplica de maneira geral à ação da administração comunitária em suas relações com o público[113].

Muitos outros precedentes relacionam o direito à boa administração ao cumprimento de prazos estabelecidos para a administração pública. No precedente *OHMI c/ Kaul GmbH et Bayer*, julgado em 13/03/2007, a Corte afirma que o princípio da boa administração, bem como a necessidade de assegurar o bom desenvolvimento e a eficácia dos procedimentos impõe sejam os prazos estabelecidos devidamente cumpridos: *"Por um lado, é para atender ao princípio da boa administração, bem como à necessidade de assegurar o bom andamento e a eficácia dos procedimentos que as partes devem respeitar os prazos que lhe são impostos pela OHMI para fins de instruir um processo"*[114].

A CJUE também entende que o direito à boa administração se relaciona com o direito à confidencialidade a que faz jus o funcionário público alvo de acusações graves, o que é uma verdadeira inovação, posto que esse direito não é garantido pelo artigo 41 da Charte des droits fondamentaux de l'Union européenne.

Nesse sentido: *"A jurisprudência determina que, diante de acusações graves sobre a honra de um funcionário, cabe à administração evitar a publicação de acusações que não são estritamente necessárias (acórdão da Corte, proferido em 11/07/1974, Guillot/Commission, 53/72, Rec. p. 791, pontos 3 a 5). Foi igualmente decidido que, em virtude do dever de solicitude e do dever de boa administração, a Instituição deve evitar que um funcionário seja objeto de declarações que possam manchar sua honra profissional. Consequentemente, em princípio, a administração deve, por um lado, evitar dar à imprensa informações que possam causar um prejuízo ao funcionário e, por outro lado, tomar todas as medidas necessárias para prevenir, no seio da Instituição, toda forma de difusão de informações que possam ter caráter*

---

[113] CJUE, Grande Câmara, 16/12/2008, *Masdar (UK) Ltd c/ Commission des Communautés européennes*, Processo C-47/07 P.

[114] CJUE, Grande Câmara, 13/03/2007, *Office de l'harmonisation dans le marché intérieur [marques, dessins et modèles] c/ Kaul GmbH et Bayer AG*, Processo C-29/05 P. No mesmo sentido : *"É certo que, após a abertura do procedimento de exame, no mês de abril de 1996, incumbia à Comissão, de acordo com o princípio da boa administração, adotar uma decisão definitiva num prazo razoável a contar do recebimento das observações do Estado membro envolvido, das partes interessadas e, eventualmente, dos outros Estados membros. Com efeito, a duração excessiva de um processo de exame pode aumentar, para o Estado em causa, a dificuldade de refutar os argumentos da Comissão e violar, com isso, seus direitos de defesa (veja-se, principalmente, a propósito do procedimento pré-contencioso previsto no artigo 226 CE, acórdão de 21/01/1999, Commission/Belgique, C-207/97, Rec. p. I-275, ponto 25)."* (CJUE, 2.ª câmara, 15/05/2004, *Royaume d'Espagne c/ Commission des Communautés européennes*, Processo C-501/00)

difamatório (veja ordenação do presidente do Tribunal de primeira instância, de 12/12/1995, Connolly/Commission, T-203/95 R, Rec. p. II-2919, ponto 35)"[115].

Ocorre que esse direito já é garantido pelo artigo 8.º, parágrafo 2.º, do Regulamento (CE) n.º 1073/1999 do Parlamento Europeu e do Conselho[116], bem como pelo princípio geral da presunção de inocência, como reconhecido pela Corte: *"Essas considerações se impõem ainda mais, particularmente, em vista do direito individual à presunção de inocência"*. Assim, serviria o princípio da eficiência apenas para reforçar um direito já previsto expressamente no ordenamento jurídico? Além disso, qual seria então a utilidade / necessidade do direito à boa administração nesse caso específico?

Por fim, deve-se ressaltar também alguns precedentes isolados em que a Corte de Justiça menciona o princípio da *boa administração* em situações não muito convencionais, *i.e.*, situações nas quais o Tribunal geralmente não invoca o mencionado princípio. Nesse sentido, a CJUE, *v.g.*, já decidiu que o direito à boa administração proíbe que, por conta de um mero descumprimento de prazo, um operador econômico que age de boa-fé seja sancionado, quando a própria administração também perde o prazo para análise dos documentos entregues: Segundo a Corte, *"o princípio da boa administração veda que a administração aplique uma sanção, pelo desrespeito a regras processuais, a um operador econômico que age de boa-fé, quando esse desrespeito decorre do próprio comportamento da referida administração"*[117].

Nesse caso específico, um exportador apresentou um pedido de restituição com documentação incompleta. Todavia, o exportador apresentou a documentação suplementar somente após o prazo para a referida regularização, o que ensejaria a redução ou até mesmo a devolução do valor indevidamente restituído, acrescido de juros. Ocorre que a administração somente verificou que a documentação apresentada estava irregular após o prazo previsto para regularização. Assim, se a própria administração perdeu o prazo para

---

[115] CJUE, 3ª câmara, 02/05/2007, *Jean-Louis Giraudy c/ Commission des Communautés européennes*, Processo F-23/05. No precedente julgado pela CJUE, 2ª câmara, em 30/09/2010, *Gudrun Schulze c/ Commission européenne*, Processo F-36/05, o dever de boa administração também sempre aparece ao lado do dever de solicitude.

[116] *"As informações comunicadas ou obtidas no âmbito de pesquisas internas, sob quaisquer formas, são cobertas pelo segredo profissional e são beneficiadas pela mesma proteção dada pelos dispositivos aplicáveis às instituições das Comunidades europeias".*

[117] CJUE, 8ª câmara, 21/06/2007, *Firma Laub GmbH & Co. Vieh & Fleisch Import-Ex c/ Hauptzollamt Hamburg-Jonas*, Processo C-428/05.

verificação da documentação, a CJUE entendeu que a perda de prazo por parte do exportador não deveria acarretar-lhe tão severa sanção.

Em nossa pesquisa, encontramos apenas um caso em que a CJUE não identifica a boa administração a um direito processual, o que constitui uma verdadeira exceção. No precedente *Jean-François Vivier c/ Commission européenne*, julgado em 30/09/2010, a CJUE dispõe sobre a necessidade de contratação temporária. Segundo a Corte, quando o interesse público recomendar, a contratação temporária de funcionários atende ao princípio da boa administração: *"em particular, a autoridade competente pode, de acordo com o princípio da boa administração e mais precisamente no interesse do serviço, recrutar agentes temporários em nível superior ao nível de base da categoria ou do grupo de funções (...)"*[118].

Nesse caso, o direito à boa administração não aparece como um direito subjetivo do contribuinte que pode ser invocado no âmbito de um procedimento administrativo, porém decorre da preocupação com a satisfação do administrado em relação a determinado serviço público, que não pode deixar de ser prestado em virtude da falta de funcionários públicos.

Concordamos com RHITA BOUSTA quando afirma que *"a evocação jurisprudencial do 'direito a boa administração' não veio acompanhada de um esclarecimento de seu conteúdo"*. Ainda de acordo com a autora, esse fato decorre, sem dúvida, da finalidade da Carta. *"Diante da divergência entre pontos de vista dos Estados membros, a jurisprudência visa com mais vigor consagrar a fundamentalidade dos direitos do que determinar seu conteúdo. Seu emprego na jurisprudência tem, principalmente, uma função confirmatória"*[119].

Seção 2 – A *eficiência* no direito administrativo brasileiro

No direito Brasileiro – como já tivemos oportunidade de ver – vingou a expressão *eficiência administrativa*, que foi incorporada no Texto constitucional em 1998. Não obstante, conforme indicado por autorizada doutrina, a eficiência administrativa tal qual desenhada em nosso sistema teve nítida influência da *buona amministrazione* do direito italiano. Apesar de todas as

---

[118] CJUE, 2.ª câmara, 30/09/2010, *Jean-François Vivier c/ Commission européenne*, Processo F-29/05. Sobre as condições adequadas para o trabalho do estagiário, cf.: CJUE, 2.ª câmara, 18/10/2007, *Erika Krcova c/ Cour de justice des Communautés européennes*, Processo F-112/06.

[119] BOUSTA, Rhita. *Essai sur la Notion de Bonne Administration en Droit Public*. Paris: L'Harmattan, 2010, p. 94.

discussões semânticas que o assunto pode suscitar, entendemos que as ambas as expressões (às quais deve ser incluída a expressão *performance*) possuem o mesmo significado.

A dever de eficiência administrativa foi incluído no artigo 37, *caput* e inciso XXII, da Constituição de 1988, modificado pela Emenda Constitucional n.º 19, de 04 de junho de 1998: *"Art. 37. A administração pública direta e indireta de qualquer dos Poderes da União, dos Estados, do Distrito Federal e dos Municípios obedecerá aos princípios de legalidade, impessoalidade, moralidade, publicidade e eficiência (...)"*[120].

Essa alteração suscitou importantes debates sobre o conceito e os meios de realização da eficiência administrativa. Contudo, assim como ocorre no direito administrativo comunitário, a doutrina se revelou mais profícua na abordagem da eficiência administrativa (§ 1), ao passo que a jurisprudência tem sido, até o presente momento, mais parcimoniosa e assistemática (§ 2), trazendo poucas contribuições.

§ 1 – Aporte doutrinário

Uma parte menor da doutrina se preocupou em descrever as principais características do dever de eficiência administrativa, bem como suas possíveis classificações (A). Contudo, a maior parte – sem dúvida – se dedicou à definição desse dever (B).

A. As características e classificações da eficiência

ALEXANDRE DE MORAES afirma que o dever de eficiência administrativa apresenta oito características essenciais[121]. A primeira é a *orientação da*

---

[120] A eficiência da administração também é diretamente mencionada no texto da Constituição de 1988, no inciso XXII do artigo 37 (*"as administrações tributárias da União, dos Estados, do Distrito Federal e dos Municípios, atividades essenciais ao funcionamento do Estado, exercidas por servidores de carreiras específicas, terão recursos prioritários para a realização de suas atividades e atuarão de forma integrada, inclusive com o compartilhamento de cadastros e de informações fiscais, na forma da lei ou convênio"*) e no artigo 52, inciso XV (*"Compete privativamente ao Senado Federal: avaliar periodicamente a funcionalidade do Sistema Tributário Nacional, em sua estrutura e seus componentes, e o desempenho das administrações tributárias da União, dos Estados e do Distrito Federal e dos Municípios"*).
[121] MORAES, Alexandre de. *Reforma administrativa – Emenda constitucional n.º 19/98*. 2.ª ed., São Paulo: Atlas, 1999, p. 30 e ss.

atividade e serviços para efetividade do bem comum, na medida em que o artigo 3.º, inciso IV da Constituição brasileira de 1988 estabelece como finalidade da República a promoção do *"bem de todos"*. A segunda é a *imparcialidade*, característica que proporciona uma atuação independente de interesses alheios, evitando as interferências indevidas. Em seguida, a *neutralidade*, pois o Estado é eficiente somente se na resolução dos conflitos age sem olhar os próprios interesses.

A quarta é a *transparência*: é preciso combater a ineficiência formal, com a adoção de condutas positivas contra a prática de corrupção e tráfico de influência. A quinta característica é a *participação e aproximação dos serviços públicos da população*. Trata-se de colocar em prática um tipo de gestão participativa, privilegiando a soberania popular e a democracia representativa. A sexta é a *eficácia*, que, segundo o autor, significa a necessidade de a administração cumprir as finalidades que lhe são atribuídas. A sétima é a *desburocratização*. A última e oitava característica é a *busca de qualidade*, entendida como a realização satisfatória dos fins que são constitucionalmente atribuídos à administração.

Abordagem semelhante é realizada por JOSEPH P. HARRIS, que se debruçou sobre a questão da organização e administração das atividades realizadas pelos funcionários públicos, que mantém estreita relação com a eficiência, e afirma que os princípios de organização relacionados ao ideal de eficiência e boa administração são: princípio de escalonamento do pessoal (que serve para facilitar a programação, a coordenação e a especialização para otimização do pessoal); o princípio da base funcional (necessidade de estruturação da organização, tendo em vista a função que será realizada); princípio da divisão das atividades consultivas e executivas; princípio da unidade de comando (é preciso saber exatamente quem é a autoridade final de comando, assim como a responsabilidade inerente ao exercício da função); princípio da definição clara das funções (precisão e boa definição das atribuições); e princípio da especialização (atribuição correta das funções, de acordo com a especialização do pessoal)[122].

---

[122] HARRIS, Joseph P. *Dinamica della pubblica amministrazione nello estato contemporâneo*. Bolonha: Zanichelli, 1957, p. 33 e ss. Para uma definição mais completa de *boa administração* na doutrina italiana, cf. FALZONE, Guido. *Il dovere di buona amministrazione*. Milan: Giuffrè, 1953; ANDREANI, Antonio. *Il principio costituzionale di buon andamento della publica amministrazione*. Padova: Cedam, 1979; LANDI, Guido; POTENZA, Giuseppe; ITALIA, Vittorio. *Manuale di*

Por seu turno, EMERSON GABARDO – com base na doutrina espanhola – menciona outras classificações interessantes[123]. O autor identifica sete *espécies* diferentes de eficiência, salientando não se tratar de classificação taxativa: *"eficiência operativa"* (elaboração de um planejamento ou uma boa formulação de finalidades); *"eficiência adaptativa"* (boa capacidade de reformular as finalidades); *"eficiência técnica"* (boa relação entre os custos e o valor dos resultados); *"eficiência econômica por consignação"* (distribuição ótima dos recursos disponíveis); *"eficiência econômica produtiva"* (maior rendimento da utilização dos recursos ou minimização dos custos); e *"eficiência moral"* (busca da eficiência condicionada por valores morais).

Como afirmado acima, essa parte da doutrina realiza uma interessante análise da eficiência administrativa. Trata-se de análise mais voltada para sua realização prática, pois busca identificar em que situações a eficiência será realizada, bem como quais são suas características intrínsecas.

B. O que é a eficiência administrativa?

A discussão sobre a noção de eficiência no direito brasileiro apresenta notável desenvolvimento e grande amplitude. A primeira discussão iniciada logo que o termo *eficiência* foi inserido no texto da Constituição brasileira de 1988 foi sobre a (in)existência de novidade na alteração do texto constitucional. Muito se questionou sobre a utilidade da explicitação do dever de eficiência. A partir daí, a doutrina empreendeu grande esforço para tentar delimitar qual seria o conteúdo do dever de eficiência. Por fim, uma vez traçado esse conteúdo, passou-se a questionar como e se poderia o Poder Judiciário exercer um controle de cumprimento desse dever, ou se somente poderia haver o controle interno da própria administração.

Segundo a maior parte da doutrina, o dever de eficiência já existia implicitamente no ordenamento jurídico. Esse entendimento decorre do fato de que não é plausível imaginar que antes da inclusão do mencionado dever no texto da Constituição – o que ocorreu somente em 1998 –, a administração poderia ser ineficiente ou não deveria se preocupar com a eficiência de

---

diritto amministrativo. 11.ª ed., Milan: Dott. A. Giuffrè, 1999; GALATERIA, Luigi; STIPO, Massimo. *Manuale di diritto amministrativo.* 2.ª ed., Torino: Utet, 1995.

[123] GABARDO, Emerson. *Princípio constitucional da eficiência administrativa.* São Paulo: Dialética, 2002, p. 30.

O CONCEITO DE PERFORMANCE

seus atos. Muito antes disso, já em 1967, o Decreto lei n.º 200, mencionou claramente o dever de eficiência administrativa (artigo 26, inciso III, e artigo 100)[124]. Segundo ALEXANDRE DE MORAES, o legislador inseriu no artigo 37 da Constituição brasileira a ideia de eficiência justamente para terminar com a discussão doutrinária e jurisprudencial sobre a existência implícita do princípio no Texto constitucional[125].

Esse discurso, todavia, não convenceu alguns prestigiados autores brasileiros. Há quem afirme que a reforma constitucional, ao inserir a eficiência como dever da administração pública, foi completamente inútil e nada alterou da situação então vigente. É o caso de LÚCIA VALLE FIGUEIREDO, que assim expressa seu ceticismo: *"É de se perquirir o que muda com a inclusão do princípio da eficiência, pois, ao que se infere, com segurança, à Administração Pública sempre coube agir com eficiência em seus cometimentos. Na verdade, no novo conceito instaurado de Administração Gerencial, de "cliente", em lugar de administrado, o novo "clichê" produzido pelos reformadores, fazia-se importante, até para justificar perante o país as mudanças constitucionais pretendidas, trazer ao texto o princípio da eficiência. Tais mudanças, na verdade, redundaram em muito pouco de substancialmente novo, e em muito trabalho aos juristas para tentar compreender figuras emprestadas sobretudo do Direito Americano, absolutamente diferente do Direito brasileiro"*[126].

No mesmo sentido é a doutrina de ANTÔNIO CARLOS CINTRA DO AMARAL, que assim se manifesta: *"Ao dizer-se que o agente administrativo deve ser eficiente, está-se dizendo que ele deve agir, como diz Trabucchi, com 'a diligência do bom pai de família'. E aí não há como evitar uma indagação: se esse é o 'significado objetivo' do princípio da eficiência, será que foi de alguma utilidade sua explicitação no texto constitucional, ou ele é, como diz Celso Antônio Bandeira de Mello, 'um adorno agregado ao art. 37'?"*[127].

---

[124] *"Art. 26. No que se refere à Administração Indireta, a supervisão ministerial visará a assegurar, essencialmente: III – A eficiência administrativa". "Art. 100. Instaurar-se-á processo administrativo para a demissão ou dispensa de servidor efetivo ou estável, comprovadamente ineficiente no desempenho dos encargos que lhe competem ou desidioso no cumprimento de seus deveres."*

[125] MORAES, Alexandre de. *Constituição do Brasil Interpretada*. São Paulo: Atlas, 2002, p. 796.

[126] FIGUEIREDO. Lúcia Valle. *Curso de Direito Administrativo*. 5.ª ed., São Paulo: Malheiros, 2001, p. 63.

[127] AMARAL, Antônio Carlos Cintra do. "O Princípio da Eficiência no Direito Administrativo", In.: *Revista Diálogo Jurídico*, n.º 13, jun./ago./2002, Salvador, CAJ – Centro de Atualização Jurídica, p. 6

Celso Antônio Bandeira de Mello, por seu turno, afirma ser inútil a inclusão do dever de eficiência no texto constitucional, uma vez que a administração não passaria a ser eficiente apenas para cumprir a nova regra constitucional: *"Inicialmente cabe referir que a eficiência, ao contrário do que são capazes de supor os procederes do Poder Executivo Federal, jamais será princípio da Administração Pública, mas sempre terá sido – salvo se deixou de ser em recente gestão pública – finalidade da mesma Administração. Nada é eficiente por princípio, mas por conseqüência, e não será razoável imaginar que a Administração, simplesmente para atender a lei, será doravante eficiente, se persistir a miserável remuneração de grande contingente de seus membros, se as injunções políticas, o nepotismo desavergonhado e a entrega de funções do alto escalão a pessoas inescrupulosas ou de manifesta incompetência não tiver um paradeiro".*[128]

Contudo, guardado o devido respeito, discordamos da posição dos ilustres autores. Apesar de ser um princípio implícito, a reforma constitucional de 1998 veio apenas a eleger a *eficiência* ou *performance* como um valor a ser buscado pelo Estado como um objetivo, tal como a *igualdade* ou a *legalidade*. Em outras palavras, a inclusão da eficiência no texto constitucional apenas deixou claro que ela passa a ser considerada como um *estado ideal das coisas*, um fim visado pelo Estado. A explicitação da eficiência na Carta Política deu-lhe uma dimensão axiológica que até então não existia.

A partir da reforma constitucional, a eficiência deixou de ser apenas um dever de otimização dirigido à administração, para ser um dos fundamentos de *legitimação* dos atos estatais, inclusive do sistema tributário. Em outras palavras, a legitimidade do ato administrativo passou a depender de sua eficiência. Assim como o ato é legitimado quando ele respeita os princípios da igualdade e da legalidade, ele também passa a ser legítimo quando for eficiente. Em nossa opinião, essa foi a inovação trazida pela reforma constitucional de 1998[129]. A eficiência ou performance veio preencher o déficit de legitimidade proporcionado apenas pelo princípio de legalidade e da igualdade.

Nesse ponto, vale destacar a doutrina de Hely Lopes Meirelles, que concebeu o dever de eficiência de maneira diversa da dos autores acima

---

[128] MELLO, Celso Antônio Bandeira de. *Curso de Direito Administrativo*. 12.ª ed., São Paulo: Malheiros, 1999, p. 92.

[129] Essa relação entre gestão e legitimidade já foi apontada pelos franceses, conforme será visto oportunamente, no texto abaixo. A propósito do assunto, veja-se: BURLAUD, Alain; LAUFER, Romain. *Management public. Gestion et légitimité*. Paris: Dalloz, 1980

citados, ressaltando sua modernidade e destacando seu papel de elevada importância no nosso sistema jurídico: *"O princípio da eficiência exige que a atividade administrativa seja exercida com presteza, perfeição e rendimento funcional. É o mais moderno princípio da função administrativa, que já não se contenta em ser desempenhada apenas com legalidade, exigindo resultados positivos para o serviço público e satisfatório atendimento das necessidades da comunidade e de seus membros"*[130].

Além do papel legitimador da eficiência, de acordo com PAULO MODESTO, ela também possui outro de fundamental importância: permitir o controle da atividade da administração pública. De acordo com o autor: *"O princípio da eficiência, embora não seja novo em nosso sistema jurídico, merece ser revigorado. Sobre uma adequada consideração desse princípio podem ser renovados diversos institutos do direito público. Ele permite oferecer nova legitimação à aplicação abrangente e geral do direito público na disciplina da administração pública e permitir um controle mais efetivo da competência discricionária de agentes públicos. (...) É equivocado pensar que apenas o direito privado e os entes privados possam assegurar e impor padrões de eficiência nos serviços oferecidos ao cidadão e que a exigência de atuação eficiente não tenha sentido jurídico. No direito público, mudam a natureza dos resultados pretendidos e a forma de realização da atividade, mas a necessidade de otimização ou obtenção da excelência no desempenho da atividade continua a ser um valor fundamental e um requisito da validade jurídica da atuação administrativa"*[131].

Ultrapassada a questão sobre a importância do dever de eficiência administrativa, muitos autores fazem uma abordagem científica do seu conceito. Sobre esse ponto, destaca-se o conceito científico e de grande valia explorado por HUMBERTO ÁVILA. De acordo com o autor, para saber o significado da eficiência no que concerne a atividade administrativa, é preciso responder a algumas questões: Deve a administração obter o *"melhor resultado"* ou simplesmente *"um resultado satisfatório"*? Por outro lado, deve a administração escolher sempre a medida que apresenta o mais baixo custo, ou o custo financeiro é apenas um dentre os vários elementos que devem ser ponderados antes da escolha da medida?

---

[130] MEIRELLES, Hely Lopes. *Direito Administrativo Brasileiro*, 28.ª ed., São Paulo: Malheiros, 2003, p. 94.
[131] MODESTO, Paulo. "Notas para um debate sobre o princípio constitucional da eficiência". *Revista Diálogo Jurídico 1 (2)*: 8, 2001, p. 10

O referido custo administrativo pode ser considerado sob dois pontos de vista diferentes: de *maneira absoluta*, o que significa dizer que a medida que apresenta menor custo é a que deve ser escolhida, mesmo se as outras medidas apresentam outras vantagens; e de *maneira relativa*, no sentido de que a medida menos cara deve ser adotada somente no caso em que as vantagens proporcionadas pelas outras opções não ultrapassem a vantagem financeira.

Segundo o autor, a ordem jurídica brasileira é compatível somente com a consideração do custo de maneira relativa[132]. Com efeito, a administração não pode entender como mais eficiente a compra de equipamentos eletrônicos somente porque apresentam o menor custo. É preciso considerar, por exemplo, a durabilidade, os serviços de assistência técnica, a praticidade de sua utilização, etc. A avaliação de todos os fins administrativos impõe o dever de não considerar o custo financeiro sem levar em conta o exame dos outros fins. Dessa forma, o menor custo é somente um dentre os vários elementos que a administração deve considerar.

Assim, em princípio, a administração não é obrigada a escolher sempre a medida menos custosa, sem olhar os outros fatores. Ela será obrigada a fazê-lo se e somente se a restrição dos direitos dos cidadãos e o grau de realização dos fins administrativos for imutável (*ceter paribus*)[133].

Como se percebe, HUMBERTO ÁVILA descreve o dever de eficiência administrativa assim como RHITA BOUSTA, ou seja, como a boa utilização dos meios. Esse mesmo entendimento é partilhado por JOSÉ AFONSO DA SILVA, para quem a *"eficiência administrativa é atingida pelo melhor emprego dos recursos e meios (humanos, materiais e institucionais), para melhor satisfazer às necessidades coletivas num regime de igualdade dos usuários"*[134].

Acreditamos que a boa utilização dos meios é de fundamental importância para a elaboração da noção de eficiência administrativa, mas ela por si só não é suficiente. Diversos outros autores ultrapassam essa análise e buscam conferir conteúdo mais amplo à noção de eficiência. Os autores franceses, quando analisam a *performance* na gestão de bens públicos, ultrapassam a boa utilização dos meios e fazem uma criteriosa avaliação dos

---

[132] ÁVILA, Humberto. *Sistema constitucional tributário*. 2.ª ed., São Paulo: Saraiva, 2006, p. 433.
[133] *Ibid.*, p. 434.
[134] SILVA, José Afonso, *Curso de Direito Constitucional Positivo*. 18.ª ed., São Paulo: Malheiros, 2000, p. 655/656

resultados esperados da atuação do Poder Público. Em outras palavras, a Administração pública não possui apenas obrigação de meio (necessidade de utilizar os meios da melhor forma possível), mas obrigações de resultado (necessidade de se atingir um resultado estabelecido).

Para MARIA SYLVIA ZANELLA DI PIETRO, o princípio da eficiência apresenta dois aspectos: pode ser considerado em relação ao modo de atuação do agente público, que deve desempenhar suas atividades da melhor forma possível; pode também ser considerado em relação ao modo de organizar, estruturar e disciplinar a administração pública, visando melhores resultados na prestação do serviço público[135]. Todavia, segundo a autora, o princípio da eficiência é princípio que se soma aos demais princípios, não devendo se sobrepor jamais ao princípio da legalidade, sob pena de risco à segurança jurídica e ao Estado de Direito.

Seguindo a linha do direito comunitário europeu, ALEXANDRE DE MORAES relaciona o dever de eficiência com a imparcialidade, neutralidade, transparência, dentre outros. Por oportuna, transcreve-se sua lição: *"Assim, princípio da eficiência é o que impõe à administração pública direta e indireta e a seus agentes a persecução do bem comum, por meio do exercício de suas competências de forma imparcial, neutra, transparente, participativa, eficaz, sem burocracia e sempre em busca da qualidade, primando pela adoção dos critérios legais e morais necessários para melhor utilização possível dos recursos públicos, de maneira a evitar--se desperdícios e garantir-se uma maior rentabilidade social. Note-se que não se trata da consagração da tecnocracia, muito pelo contrário, o princípio da eficiência dirige-se para a razão e fim maior do Estado, a prestação dos serviços públicos sociais essenciais à população, visando a adoção de todos os meios legais e morais possíveis para a satisfação do bem comum"*[136].

Muitos autores brasileiros, seguindo o modelo de eficiência administrativa adotado na Alemanha, centrado no legislador (*legislator-centred tradition*), afirmam que o dever de eficiência está relacionado com o cumprimento da lei. É o caso de VLADIMIR DA ROCHA FRANÇA: *"O princípio da eficiência administrativa estabelece o seguinte: toda ação administrava deve ser*

---

[135] DI PIETRO, Maria Sylvia Zanella. *Direito Administrativo*. 2ª ed., São Paulo: Atlas, 2000, p. 83.
[136] MORAES, Alexandre de. *Direito Constitucional*. 5ª ed., São Paulo: Atlas, 1999, p. 293.

orientada para concretização material e efetiva da finalidade posta pela lei, segundo os cânones jurídico-administrativos"[137].

Por outro lado, PAULO MODESTO atribui ao dever de eficiência um conteúdo jurídico mais amplo que o simples respeito à legislação. Afirma o autor: *"Diante do que vem de ser dito, pode-se definir o princípio da eficiência como a exigência jurídica, imposta aos exercentes de função administrativa, ou simplesmente aos que manipulam recursos públicos vinculados de subvenção ou fomento, de atuação idônea, econômica e satisfatória na realização de finalidades públicas assinaladas por lei, ato ou contrato de direito público"*[138].

Além do respeito à lei, a administração pública deve atuar de maneira *satisfatória*. Certamente, deixar o cidadão satisfeito exige mais que o mero cumprimento das disposições legais. As necessidades do cidadão, assim, foram incluídas no conteúdo jurídico do dever de eficiência. Nesse sentido, o entendimento de UBIRAJARA COSTODIO FILHO: *"Observando esses dois aspectos (interno e externo) da eficiência na Administração Pública, então, poder-se-ia enunciar o conteúdo jurídico do princípio da eficiência nos seguintes termos: a Administração Pública deve atender o cidadão na exata medida da necessidade deste com agilidade, mediante adequada organização interna e ótimo aproveitamento dos recursos disponíveis"*[139].

Além dos aspectos gerais sobre a eficiência, a doutrina também aborda a questão do controle de sua observância. JOSÉ DOS SANTOS CARVALHO FILHO diz que, com a Emenda Constitucional n.º 19/98, pretendeu o Governo conferir *direitos* aos usuários dos diversos serviços públicos prestados pela administração ou por seus delegados, bem como estabelecer *obrigações* efetivas aos prestadores[140].

Se existem direitos a serem resguardados e obrigações a serem cumpridas, é preciso que se estabeleça mecanismos para o controle da observância do dever de eficiência por parte da administração pública. Todavia, como

---

[137] FRANÇA, Vladimir da Rocha. "Eficiência administrativa". In: *Revista de Direito Administrativo*. Rio de Janeiro: Renovar, n.º 220, abr./jul. 2000, p. 168.

[138] MODESTO, Paulo. "Notas para um debate sobre o princípio constitucional da eficiência". In.: *Revista Diálogo Jurídico 1 (2):* 8, 2001, p. 10

[139] COSTODIO FILHO, Ubirajara. "A Emenda Constitucional 19/98 e o Princípio da Eficiência na Administração Pública", In.: *Cadernos de Direito Constitucional e Ciência Política*, São Paulo: Revista dos Tribunais, n.º 27, p. 210/217, abr./jul. 1999, p. 214

[140] CARVALHO FILHO, José dos Santos. *Manual de Direito Administrativo*. 21.ª ed., Rio de Janeiro: Lúmen Júris, 2009, p. 27.

se trata de uma atividade discricionária, há autores que acreditam que o controle do dever de eficiência não pode ser exercido pelo Poder Judiciário, devendo ser exercido internamente ou por meio dos Tribunais de Contas.

Nesse sentido, VLADMIR DA ROCHA FRANÇA entende que, apesar de expressamente prevista no artigo 37 da Constituição brasileira de 1988, o Poder Judiciário não pode controlar integralmente a eficiência da atividade administrativa, que é objeto do controle interno de cada poder e do controle legislativo, com o auxílio do Tribunal de Contas. De acordo com o autor: *"Na apreciação dos critérios técnicos indicados pela autoridade administrativa, o juiz necessariamente terá que recorrer a técnicos e especialistas para aferir, tão-somente, sua legalidade, seu respeito à isonomia e sua compatibilidade ética, jamais sua eficiência para fins de invalidação"*[141].

JOSÉ DOS SANTOS CARVALHO FILHO também se preocupa do problema relacionado ao *controle* da observância do princípio da eficiência. Em sua opinião, não há questionamento quanto à legitimidade do controle interno da administração com base nos artigos 70 e 74, da Constituição Brasileira de 1988[142]. Todavia, tratando-se de controle judicial, há sérias limitações, uma vez que o Poder Judiciário não pode determinar à administração

---

[141] FRANÇA, Vladmir da Rocha. "Eficiência Administrativa na Constituição Federal". *Revista de Direito Administrativo*, n.º 220, abr./jun. 2000, p. 173/174.

[142] *"Art. 70. A fiscalização contábil, financeira, orçamentária, operacional e patrimonial da União e das entidades da administração direta e indireta, quanto à legalidade, legitimidade, economicidade, aplicação das subvenções e renúncia de receitas, será exercida pelo Congresso Nacional, mediante controle externo, e pelo sistema de controle interno de cada Poder.*

Parágrafo único. Prestará contas qualquer pessoa física ou jurídica, pública ou privada, que utilize, arrecade, guarde, gerencie ou administre dinheiros, bens e valores públicos ou pelos quais a União responda, ou que, em nome desta, assuma obrigações de natureza pecuniária."

"Art. 74. Os Poderes Legislativo, Executivo e Judiciário manterão, de forma integrada, sistema de controle interno com a finalidade de:

I – avaliar o cumprimento das metas previstas no plano plurianual, a execução dos programas de governo e dos orçamentos da União;

II – comprovar a legalidade e avaliar os resultados, quanto à eficácia e eficiência, da gestão orçamentária, financeira e patrimonial nos órgãos e entidades da administração federal, bem como da aplicação de recursos públicos por entidades de direito privado;

III – exercer o controle das operações de crédito, avais e garantias, bem como dos direitos e haveres da União;

IV – apoiar o controle externo no exercício de sua missão institucional.

§ 1.º – Os responsáveis pelo controle interno, ao tomarem conhecimento de qualquer irregularidade ou ilegalidade, dela darão ciência ao Tribunal de Contas da União, sob pena de responsabilidade solidária.

§ 2.º – Qualquer cidadão, partido político, associação ou sindicato é parte legítima para, na forma da lei, denunciar irregularidades ou ilegalidades perante o Tribunal de Contas da União."

quais medidas devem ser tomadas para que a eficiência seja realizada[143]. Nesse mesmo sentido, Lúcia Valle Figueiredo afirma que o controle de eficiência da administração pública somente pode ser realizado pelo Tribunal de Contas[144].

Não obstante as respeitáveis opiniões, acreditamos que a discricionariedade administrativa não pode se transformar numa blindagem da administração contra a apreciação do Poder Judiciário. Assim fosse, o princípio da eficiência seria destituído de eficácia normativa, tendo natureza apenas de recomendação ou sugestão aos órgãos públicos, o que não se coaduna com a moderna hermenêutica constitucional.

Como destacado por Celso Antônio Bandeira de Mello: *"Violar um princípio é muito mais grave que transgredir uma norma qualquer. A desatenção ao princípio implica ofensa não apenas a um específico mandamento obrigatório mas a todo o sistema de comandos. É a forma mais grave de ilegalidade ou inconstitucionalidade, conforme o escalão do princípio atingido, porque representa insurgência contra todo o sistema, subversão de seus valores fundamentais, contumélia irremissível a seu arcabouço lógico e corrosão de sua estrutura mestra"*[145].

Além disso, vale lembrar a doutrina de Hely Lopes Meirelles, com apoio em M. S. Marienhoff, segundo a qual não existe discricionariedade técnica[146]. Ou seja, quando o ato administrativo se basear numa premissa técnica ou científica, ele será, quanto ao seu conteúdo, um ato não discricionário, pois não cabe à administração decidir por critério leigo quando há critério técnico sobre o assunto ou medida. Nesse caso, a violação ao dever de eficiência é nítida e pode ser afastada sem nenhum problema pelo Poder Judiciário.

Como se percebe, o grande obstáculo para o controle da atividade administrativa pelo Poder Judiciário, no que tange ao dever de eficiência, é

---

[143] *Ibid.*, p. 29/30.

[144] *"Todavia, acreditamos possa extrair-se desse novo princípio constitucional outro significado aliando-o ao art. 70 do texto constitucional, que trata do controle do Tribunal de Contas. Deveras, tal controle deverá ser exercido não apenas sobre a legalidade, mas também sobre a legitimidade e economicidade; portanto, praticamente chegando-se ao cerne, ao núcleo, dos atos praticados pela Administração Pública, para verificação se foram úteis o suficiente ao fim a que se preordenavam, se foram eficientes."* (FIGUEIREDO, Lúcia Valle. *Curso de Direito Administrativo.* 4.ª ed., São Paulo: Malheiros, 2000, p. 60).

[145] MELLO, Celso Antônio Bandeira de. *Curso de Direito Administrativo.* 12.ª ed., São Paulo: Malheiros, 1999, p. 630

[146] MEIRELLES, Hely Lopes. *Direito Administrativo Brasileiro,* 28.ª ed., São Paulo: Malheiros, 2003, p. 103.

a Teoria da Separação dos Poderes, segundo a qual cada um dos poderes não pode interferir na atividade do outro. Contudo, nos dias de hoje, esse "dogma" – chamado por VIRGÍLIO AFONSO DA SILVA de "o mito de Montesquieu" – vem perdendo força. Vejamos o que diz o referido autor: *"Mas o que é compreendido como a "teoria da separação de poderes" é, no entanto, uma simples visão enviesada das idéias de Montesquieu, aplicada a um regime presidencialista, em uma sociedade que é infinitamente mais complexa do que aquela que Montesquieu tinha como paradigma"*[147].

Diante da crescente importância que o dever de eficiência vem adquirindo, principalmente por conta de seu viés legitimador da atividade administrativa, acreditamos que o desenvolvimento dos mecanismos de observância e controle é apenas uma questão de tempo.

§ 2 – O aporte limitado da jurisprudência

A jurisprudência não foi tão criativa como a doutrina ao tratar da eficiência em direito administrativo. Os tribunais brasileiros, assim como a CJUE, não procuraram traçar um conteúdo jurídico delimitado à regra da boa administração, dando-lhe maior efetividade. A análise das poucas decisões sobre o tema demonstra que a eficiência é aplicada em alguns casos isolados, sem maior rigor metodológico (A). Mas em sua grande maioria, as decisões mencionam a eficiência quando tratam do descumprimento de prazo legal por parte da administração (B), o que também é feito, em menor proporção, pela CJUE.

A. A eficiência em casos isolados

Como afirmado acima, a eficiência já existia no sistema jurídico brasileiro antes da alteração realizada pela Emenda Constitucional n.º 19/1998.

---

[147] SILVA, Virgílio Afonso da. "O Judiciário e as políticas públicas: entre transformação social e obstáculo à realização dos direitos sociais", In.: NETO, Cláudio Pereira de Souza; SARMENTO, Daniel. *Direitos sociais: fundamentação, judicialização e direitos sociais em espécies*, Rio de Janeiro: Lumen Juris, 2008, p. 589. Ainda segundo o autor: *"Não se pode esquecer que a chamada "teoria da separação de poderes", atribuída a Montesquieu, baseia-se sobretudo em um capítulo de seu "Espírito das Leis", no qual Montesquieu "descreve" o sistema político inglês por volta de meados do século XVIII, e que isso tem muito pouco em comum com as democracias presidencialistas contemporâneas. Cf. Montesquieu, De l'esprit des lois, XI, 6."*

O Supremo Tribunal Federal (STF), por exemplo, analisou o tema da eficiência, ainda que rapidamente, em decisão datada de 1954: "*O controle administrativo do ensino público permite a interferência oficial na direção dos educandários particulares, para afastar os diretores sem eficiência. Não constitui diminuição moral esse afastamento, pois nem todo cidadão ilibado tem competência para dirigir e administrar*"[148]. Em outras palavras, o Tribunal entende que à administração pública é permitido analisar a eficiência de seus agentes.

Todavia, o STF começou a abordar a eficiência como um princípio constitucional somente após a referida reforma constitucional de 1998. Em julgamento proferido na Ação Declaratória de Constitucionalidade (ADC) n.º 12-MC/DF[149], a Corte decidiu que o nepotismo viola o princípio da eficiência. De acordo com o Tribunal, é preciso levar em conta, quando da indicação para uma função administrativa de confiança, a capacidade técnica da pessoa indicada, sua qualificação para o exercício de atividades públicas, dentre outras características orientadas para a realização satisfatória da atividade pública. Além disso, a indicação de um membro da família dificulta ou mesmo impede o controle de qualidade do trabalho, de assiduidade, por exemplo, ou o estabelecimento de punições exemplares, uma vez que o nepotismo significa a fusão do ambiente doméstico com o espaço público[150].

No julgamento do Recurso Extraordinário – Questão de Ordem (RE-QO) 413.478/PR[151], o STF decidiu que o direito de greve é um instrumento de realização do princípio da eficiência, tendo em vista que a única razão pela qual os funcionários do Estado pleiteiam melhores condições de trabalho é a melhor realização do serviço público, em conformidade com o princípio em tela.

No que concerne à jurisprudência do Superior Tribunal de Justiça (STJ), observa-se que a eficiência administrativa já era reconhecida, mesmo antes da entrada em vigor da Emenda Constitucional n.º 19/98. Nesse sentido: "*O controle dos atos administrativos pelo Poder Judiciário está vinculado a perseguir a atuação do agente público em campo de obediência aos princípios da legalidade, da*

---

[148] STF, RMS n.º 2.201/DF, Tribunal Pleno, Rel. Min. ABNER DE VASCONCELOS, DJ 22.07.1954.

[149] STF, ADC n.º 12-MC/DF, Tribunal Pleno, Rel. Min. CARLOS AYRES DE BRITTO, DJ 01.09.2006.

[150] No mesmo sentido de que o nepotismo viola o princípio da eficiência, cf.: STF, RE n.º 579.951/RN, Tribunal Pleno, Rel. Min. RICARDO LEWANDOWSKI, DJe 22.10.2008.

[151] STF, RE-QO n.º 413.478/PR, Tribunal Pleno, Rel. Min. ELLEN GRACIE, DJ 04.06.2004.

moralidade, da eficiência, da impessoalidade, da finalidade e, em algumas situações, o controle do mérito"[152]. Em sentido semelhante: "*A Administração Pública é regida por vários princípios: Legalidade, Impessoalidade, Moralidade e Publicidade (Const., art. 37). Outros também se evidenciam na Carta Política. Dentre eles, o princípio da eficiência*"[153].

O STJ, por meio do julgamento proferido no REsp n.º 608.918/RS, menciona o dever de eficiência em outra situação. Foi decidido que a qualidade do atendimento ao público colocado à disposição dos cidadãos deve estar em conformidade com o referido dever. De acordo com a decisão: "*É dever da Administração Pública primar pelo atendimento ágil e eficiente de modo a não deixar prejudicados os interesses da sociedade. Deve ser banida da cultura nacional a ideia de que ser mal atendido faz parte dos aborrecimentos triviais do cidadão comum, principalmente quando tal comportamento provém das entidades administrativas. O cidadão não pode ser compelido a suportar as conseqüências da má organização, abuso e falta de eficiência daqueles que devem, com toda boa vontade, solicitude e cortesia, atender ao público*"[154].

Como se nota, o STJ reconhece, no precedente acima, a preservação dos interesses e satisfação dos contribuintes como objetivo relacionado com o dever de eficiência. O tratamento dispensado pela administração aos administrados não pode prescindir do mínimo de respeito e cortesia, dever cuja inobservância tornou-se crônica no país, como bem assinalado na decisão.

O STJ aplica também o princípio da eficiência em litígios que versam sobre a admissão em cargo público, apesar de o art. 37, II, da Constituição de 1988 já disciplinar a obrigação de instituição de concurso público. Nesse sentido: "*O preceito fundamental da igualdade exprime o consectário da exigência de concurso público para seleção dos melhores candidatos ao ingresso nos quadros da Administração Pública Direta e Indireta em todos os níveis governamentais, à luz da legalidade, impessoalidade, moralidade, publicidade e eficiência (caput do art. 37 da Constituição), que devem ser simultaneamente conjugados em concomitância com os incisos I e II do aludido dispositivo. Nesse sentido, o § 3.º do art. 236 do Constituição de 1988 dispõe que 'O ingresso na atividade notarial e de registro depende de concurso*

---

[152] STJ, REsp n.º 169.876/SP, 1.ª Turma, Rel. Min. José Delgado, DJ 21.09.1998.
[153] STJ, RMS n.º 5.590/DF, 6.ª Turma, Rel. Min. Luiz Vicente Cernicchiaro, DJ 10.06.1996.
[154] STJ, REsp n.º 608.918/RS, 1.ª Turma, Rel. Min. José Delgado, DJ 21.06.2004.

público de provas e títulos, não se permitindo que qualquer serventia fique vaga, sem abertura de concurso de provimento ou de remoção, por mais de seis meses'. (...)[155].

Do mesmo modo, a Corte entende que a instituição de testes físicos, quando se trata de atividade pública que demanda aptidões corporais (bombeiro, policial, por exemplo) respeita o princípio em debate. Confira-se: *"A previsão em edital de realização do teste de aptidão física, além de cumprir a disposição legal expressa no art. 11 da Lei n.º 6.218/83, que instituiu o Estatuto dos Policiais Militares do Estado de Santa Catarina, harmoniza-se com os princípios da razoabilidade e da eficiência"*[156].

B. A eficiência e o cumprimento de prazos legais

Arte da jurisprudência brasileira relaciona o princípio da eficiência administrativa com o cumprimento dos prazos estipulado em lei[157] ou com a

---

[155] STJ, RMS n.º 28.041/GO, 1.ª Turma, Rel. Min. BENEDITO GONÇALVES, DJe 03.09.2009. No mesmo sentido: RMS n.º 21.471/PR, 1.ª Turma, Rel. Min. JOSÉ DELGADO, DJ 04.10.2007; RMS n.º 26.408/SE, 5.ª Turma, Rel. Min. NAPOLEÃO MAIA NUNES FILHO, DJe 23.06.2008; RMS n.º 18.843/MG, 5.ª Turma, Rel. Min. LAURITA VAZ, 29.08.2005; RMS n.º 28.905/RS, 1.ª Turma, Rel. Min. Teori ALBINO ZAVASCKI, DJe 13.08.2009; RMS n.º 18.401/PR, 6.ª Turma, Rel. Min. PAULO MEDINA, DJ 02.05.2006.

[156] STJ, RMS n.º 22.629/SC, 6.ª Turma, Rel. Min. CARLOS FERNANDO MATHIAS, DJ 15.10.2007.

[157] A título de exemplo, veja-se os arts. 45 e 50, da Portaria n.º 256, de 22.06.09, que aprovou o Regimento Interno do Conselho Administrativo de Recursos Fiscais (CARF), órgão administrativo federal responsável pelo julgamento de processos fiscais: *"Art.45. Perderá o mandato o conselheiro que: (...)*
II – retiver, reiteradamente, processos para relatar por prazo superior a 6 (seis) meses, contado a partir da data do sorteio, permitida a prorrogação, quando requerida, justificadamente, antes do fim do prazo, e autorizada pelo presidente da Câmara ou da CSRF;
III – retiver processos, reiteradamente, ou procrastinar a prática de atos processuais, além dos prazos legais ou regimentais;
IV – deixar de praticar atos processuais, após ter sido notificado pelo Presidente do CARF, da Seção ou da Câmara, no prazo improrrogável de 30 (trinta) dias;
V – deixar de entregar voto para o qual foi designado redator no prazo de 2 (dois) meses, contado da data na qual recebeu a cópia, em meio eletrônico, do relatório e voto do relator originário, bem como o processo, se solicitado".
"Art. 50. No prazo máximo de 6 (seis) meses, contado da data do sorteio, o relator deverá incluir em pauta os processos a ele destinados."
No mesmo sentido, veja-se o art. 24, da Lei n.º 11.457, de 16.03.2007: *"Art. 24. É obrigatório que seja proferida decisão administrativa no prazo máximo de 360 (trezentos e sessenta) dias a contar do protocolo de petições, defesas ou recursos administrativos do contribuinte".*

demora excessiva para proferir uma resposta solicitada pelo administrado. Com efeito, apesar de a lei ter criado inúmeros prazos, seja para realização de um ato, decisão ou resposta a uma consulta, criou-se no Brasil uma cultura segundo a qual a administração não deve sofrer nenhuma consequência no caso de descumprimento dos prazos estabelecidos, por conta de problemas estruturais do serviço público, relacionados com a tradicional *"tolerância cultural com a ineficiência do setor público"*, segundo expressão de Diogo de Figueiredo Moreira Neto[158].

É justamente essa ideia que o STJ, em louvável iniciativa, buscou modificar. Nesse sentido, veja-se o entendimento do Tribunal, sobre o prazo para apreciação de processo administrativo: *"O STJ, em homenagem aos princípios da eficiência e moralidade previstos na Constituição Federal, tem admitido, na falta de previsão legal, a possibilidade de se estabelecer prazo para o encerramento da instrução do processo administrativo quando sua apreciação se mostrar morosa e injustificada. Precedentes. Não está o Poder Judiciário apreciando o mérito administrativo, apenas dando interpretação sistemática ao ordenamento jurídico, daí não se há falar em ofensa ao princípio da separação de poderes"*[159].

Igualmente, os arts. 49 e 59, da Lei n.º 9.784, de 29.01.1999: *"Art. 49. Concluída a instrução de processo administrativo, a Administração tem o prazo de até trinta dias para decidir, salvo prorrogação por igual período expressamente motivada"; "Art. 59. (...) § 1o Quando a lei não fixar prazo diferente, o recurso administrativo deverá ser decidido no prazo máximo de trinta dias, a partir do recebimento dos autos pelo órgão competente. § 2o O prazo mencionado no parágrafo anterior poderá ser prorrogado por igual período, ante justificativa explícita."*
Veja-se ainda o art. 4.º, do Decreto n.º 70.235, de 06.03.1972: *"Art. 4.º Salvo disposição em contrário, o servidor executará os atos processuais no prazo de oito dias".*
[158] MOREIRA NETO, Diogo de Figueiredo. *Quatro Paradigmas do Direito Administrativo Pós-Moderno. Legitimidade, Finalidade, Eficiência e Resultados.* Belo Horizonte: Fórum, 2008, p. 109.
[159] STJ, AgRg no REsp n.º 1.143.129/ES, 2.ª Turma, Rel. Min. Humberto Martins, DJe 25.11.2009. No mesmo sentido: MS n.º 13.584, 3.ª Seção, Rel. Min. José Mussi, DJe 26.06.2009; REsp n.º 1.091.042/SC, 2.ª Turma, Rel. Min. Eliana Calmon, DJe 21.08.2009; REsp n.º 1.062.390/RS, 1.ª Turma, Rel. Min. Benedito Gonçalves, DJe 26.11.2008; REsp n.º 983.077/SC, 2.ª Turma, Rel. Min. Eliana Calmon, DJe 27.11.2008; REsp n.º 1.006.191/PI, 2.ª Turma, Rel. Min. Castro Meira, DJe 18.12.2008; MS n.º 13.545/DF, 3.ª Seção, Rel. Min. Maria Thereza Assis Moura, DJe 07.11.2008; MS n.º 13.322/DF, 1.ª Seção Rel. Min. José Delgado, DJe 16.06.2008; REsp n.º 1.044.158/MS, 2.ª Turma, Rel. Min. Castro Meira, 06.06.2008; REsp n.º 1.031.533/MS, 2.ª Turma, Rel. Min. Castro Meira, DJe 16.05.2008; MS n.º 12.847/DF, 3.ª Seção, Rel. Min. Hamilton Carvalhido, DJe 05.08.2008; REsp n.º 983.659/MS, 1.ª Turma, Rel. Min. José Delgado, DJe 06.03.2008; REsp n.º 980.271/SC, 1.ª Turma, Rel. Min. José Delgado, DJe 03.03.2008; MS n.º 12.376/DF, 1.ª Seção Rel. Min. Herman Benjamin, DJe 01.09.2008; REsp n.º 687.947/MS, 2.ª Turma, Rel. Min. Castro Meira, DJ 21.08.2006;

Como se nota, as decisões dos tribunais brasileiros superiores não são muito esclarecedoras quanto ao conteúdo da eficiência administrativa. Tal como ocorre na jurisprudência europeia sobre o assunto, a eficiência é relacionada, principalmente, com o cumprimento dos prazos dirigidos à administração. Há situações também em que a eficiência administrativa é invocada em casos singulares. Contudo, também não há na jurisprudência brasileira um conceito sistemático da eficiência, como acontece, por exemplo, com o princípio da capacidade contributiva, cuja delimitação conceitual decorre também de importante contribuição pretoriana.

Vale, todavia, ressaltar que o aporte jurisprudencial não é totalmente desprovido de importância, por dois motivos. O primeiro é que algumas dessas manifestações casuísticas estão de fato relacionadas com o conceito de eficiência que se pretende propor no presente trabalho. O segundo é que, não obstante a jurisprudência brasileira ainda não tenha se debruçado com veemência sobre o tema, é certo que ela deixa claro que a eficiência é um direito que pode ser aplicado em situações práticas.

Capítulo 2 – A retomada do conceito de performance pelo direito financeiro

Como vimos acima, foi com o direito administrativo que se trouxe para o mundo jurídico alguns instrumentos econômicos fundamentais para o conceito de performance do direito financeiro (principalmente as ideias de *eficiência* e *eficácia*). Essa influência foi sentida tanto no direito orçamentário – que se preocupa com a gestão dos recursos públicos – (Seção 1), quanto no direito fiscal – que se preocupa com a obtenção dos recursos públicos – (Seção 2).

Seção 1 – A performance do sistema financeiro

A preocupação com a eficiência é certamente mais antiga no direito financeiro, em relação ao direito tributário. No Reino Unido, o *Relatório Fulton*

MS n.º 10.792/DF, 3.ª Seção, Rel. Min. HAMILTON CARVALHIDO, 21.08.2006; REsp n.º 579.020/AL, 1.ª Turma, Rel. Min. JOSÉ DELGADO, DJe 05.11.2008; REsp n.º 690.811/RS, 1.ª Turma, Rel. Min. JOSÉ DELGADO, DJ 19.12.2005.

de 1968 lançou as bases dessas exigências de desempenho financeiro[160]. Ele inspirou a criação do *National Consumer Council* em 1975 e do *Efficiency Unit* em 1979, responsáveis, respectivamente, pela qualidade do serviço público e por sua eficiência. Essa preocupação com a boa gestão de fundos públicos atingiu o apogeu quando da criação do *Financial Management Initiative*, inspirado no programa *Reyner*, que transforma os funcionários em administradores diretamente responsáveis pela gestão financeira.

Contudo, a cultura de performance se concretizou na Inglaterra por meio do *Relatório Next Steps*[161] e sua versão cidadã: a *Citizen's Charter*. Em seguida, o *Committee on Standards in Public Life* (CSPL) e o *Committee of Public Account* (PAC) foram criados. O relatório *Falconer* de 1997 insiste também na boa formação de seus administradores. O *New Public Management* é assim um tipo de gestão que transpõe os princípios de uma boa gestão privada para a administração pública.

Todavia, são dois pontos do direito financeiro que interessam diretamente ao estudo da performance fiscal. O primeiro é a influência que o gasto público exerce na concretização de um sistema fiscal eficiente (§ 1). Trata-se de um ponto no qual o direito financeiro e o tributário mantém íntima relação e não podem ser separados sem prejuízo da compreensão do conceito de performance fiscal.

O segundo ponto interessante é a Lei Orgânica Relativa às Leis de Finanças (LOLF) 2001, lei orgânica que renovou a importância do conceito de performance para do direito financeiro francês (§ 2). Com efeito, não é a primeira vez que se pensou na performance do gasto público. Mas certamente foi a primeira em que se procurou desenvolver meios práticos para se mensurá-la, por meio de instrumentos como os *indicadores de performance* e de *controle*.

§ 1 – A influência da performance financeira

A relação entre direito financeiro e tributário sempre foi de juridicidade duvidosa. Não faltam autores que sustentem a posição de que um não se

---

[160] BARRON, Anne; SCOTT, Colin, "The Citizen's Charter Programme", In.: *Modern law Review*, vol. 55, 1992, p. 545/546.
[161] CABINET OFFICE, *Improving Management in Government: The Next Steps*, London: H.M.S.O., 1988.

comunica com o outro, sob o argumento de que tratam de matérias diversas, cada uma com seu âmbito de estudo e aplicação. A principal razão da separação entre direito financeiro e direito tributário reside num aspecto que poderíamos designar de *temporal*. Ao passo que o direito tributário se importa com a incidência e a cobrança do imposto, o direito financeiro se importa com a gestão da utilização do produto arrecadado.

Assim, de acordo com essa doutrina clássica, a partir do momento em que o imposto foi arrecadado, deixa-se o âmbito do direito tributário, passando a viger as regras de direito financeiro. A linha que determina a atuação do direito tributário seria bem delimitada e separa o início da atuação do direito financeiro[162].

Contudo, de acordo com JOSÉ SOUTO MAIOR BORGES, essa ideia vem sendo gradativamente afastada[163]. Tal assertiva é comprovada uma vez analisados os efeitos fiscais produzidos com a aplicação do princípio da não afetação de receitas, que integra – ao lado do princípio da não compensação – o *princípio da universalidade financeira*. Em outras palavras, a observância ou não dessa determinação de ordem financeira (vinculação ou não da receita) possui consequências fiscais que comprovam o erro do argumento segundo o qual direito tributário e financeiro não se comunicam (A). Assim, ultrapassada essa barreira interposta por parte da doutrina, o que

[162] *"O tributo é o objeto da prestação jurídica. Uma vez efetuada a prestação, a relação jurídica tributária se extingue. O que acontece depois com o bem que dava consistência material ao tributo, acontece em momento posterior e em outra relação jurídica".* (BECKER, Alfredo Augusto. *Teoria Geral do Direito Tributário*. São Paulo: Saraiva, 1963, p. 261)

[163] *"O estudo da utilização dos recursos públicos oriundos do cumprimento das obrigações tributárias é interdito ao jurista especializado. Problema de Direito Financeiro, extratributário, portanto. Com a extinção da obrigação, instaura-se uma outra e diversa relação, a de Direito Financeiro, inexpugnável pela doutrina do Direito Tributário. Sob esse aspecto, todo jurista que estuda o tributo será um não especialista em Direito Financeiro. E reciprocamente: todo especialista em Direito Financeiro será um não especialista em Direito Tributário. Com esse paradigma redutor, a doutrina do Direito Tributário se demitiu do dever que lhe incumbe – hoje fundamentalíssimo – de investigar criticamente a aplicação dos recursos públicos. Embora justamente indignada com os desvios de recursos públicos, a doutrina nada pode contra essas práticas, sendo-lhe vedado manifestar-se sobre elas. Em sentido diverso, a doutrina deve identificar e analisar criticamente como vêm sendo aplicados os recursos públicos e contribuir para a utilização correta da receita tributária. Em síntese: propugnar pela instauração de fórmulas adequadas da gestão pública. Rastrear assim a utilização da receita tributária incumbe ao jurista especializado. Mas, quem só o descreve e explica não pode ir além: criticar o ordenamento jurídico-positivo".* (BORGES, José Souto Maior. "Sobre Novos Rumos para o Direito Tributário no campo das Obrigações", *Revista do Advogado. Temas Atuais de Direito Tributário*, dezembro/2012, n.º 118, p. 85)

se verifica atualmente é uma relação muito estreita entre a performance fiscal e financeira, sendo uma o pressuposto da outra (B).

A. Os efeitos fiscais do princípio da universalidade financeira

Em resumo, tem-se duas situações diferentes: o produto arrecadado com determinado tributo deve obediência ao princípio da não afetação (caso dos impostos), o que faz com que a exação criada com destinação específica seja anulada (1); e o produto arrecadado com determinado tributo deve ser destinado a um fim específico (caso das taxas e da contribuição social), o que pode ou não anular a exação que não cumpre a determinação (2).

1. As exações sem afetação determinada pela lei

No Brasil – assim como em muitos países –, vige o princípio universal da não afetação da receita obtida com o imposto ou princípio da universalidade financeira (artigo 167, IV, da Constituição de 1988). De acordo com JEAN-CLAUDE MARTINEZ e PIERRE DI MALTA, o princípio em tela impõe que "*o montante de uma receita dada não deve ser consagrado à cobertura de uma despesa determinada. O conjunto de receitas forma uma só massa, utilizada indistintamente para realizar todas as despesas públicas*"[164].

A pergunta que se impõe aqui é a seguinte: o que ocorre com a exação criada em desobediência ao princípio da não afetação de receita, ou seja, a exação que nasce com o produto da receita vinculado a um fim determinado? São duas as possíveis respostas. Em primeiro lugar, a receita obtida pode ser reincorporada à massa financeira do Estado, o que não gera nenhum efeito fiscal. O dever de pagar o imposto permanece intacto[165] e o que deve ser anulado é apenas a regra financeira de afetação da receita, cujo produto continua com o Governo, de maneira reintegrada à massa financeira.

---

[164] MARTINEZ, Jean-Claude; DI MALTA, Pierre. *Droit budgétaire. Budget de l'État. Budgets locaux. Budget de la sécurité sociale. Budget européen*. 3.ª ed., Paris: Litec, 1999, p. 553.

[165] Nesse sentido é lição de ALFREDO AUGUSTO BECKER: "*A invalidade da regra jurídica administrativa que disciplina a destinação do tributo não acarreta a invalidade da regra jurídica tributária que disciplina a receita do tributo*". (BECKER, Alfredo Augusto. *Teoria Geral do Direito Tributário*. São Paulo: Saraiva, 1963, p. 261)

A segunda é a anulação da exação criada, ficando o contribuinte desobrigado ao pagamento. Nesse último caso, o efeito fiscal é nítido, pois – por conta da não observância de uma regra financeira (afetação do produto arrecadado) – o contribuinte não pode ser constrangido a pagar a exação criada. Consequentemente, o Governo não poderá contar com essa receita. No Brasil, STF entendeu – após caloroso debate entre os ministros – que o imposto criado em desacordo com o princípio da universalidade financeira deve ser anulado, ficando o contribuinte desobrigado de seu pagamento.

No caso em tela – que versava sobre a destinação do produto arrecadado com um acréscimo do ICMS criado para custear uma entidade beneficente de assistência social –, prevaleceu a opinião divergente do então Ministro Moreira Alves, que registrou: *"A meu ver, desde que o acréscimo seja criado em lei com destinação específica, que é inconstitucional, a destinação específica contamina o próprio acréscimo. (...) Assim, no meu entender, se a finalidade é inconstitucional, o acréscimo criado para atender a esta finalidade também o será"*[166]. Registre-se que essa não foi uma posição isolada do Tribunal Constitucional, pois o entendimento foi ratificado em outras oportunidades[167].

Como visto, não se pode ignorar a finalidade que é dada ao imposto, pois ela tem um verdadeiro papel legitimador. Em outras palavras, a finalidade dada ao imposto o legitima e, caso seja criado um imposto com finalidade inconstitucional, haverá um rompimento dessa legitimidade, cuja consequência só pode ser o afastamento do próprio imposto. Portanto, conclui-se que a destinação do imposto (regra financeira) projeta seus efeitos na relação tributária, pois sua violação tem o condão de afastar o pagamento do tributo.

2. As exações com afetação determinada por lei

A Constituição brasileira criou algumas exceções ao princípio universal da não afetação, pois o produto arrecadado com as contribuições especiais[168] – que têm natureza tributária – deve ser utilizado na finalidade

---

[166] STF, RE n.º 97.718/SP, Tribunal Pleno, Min. Soares Munoz, DJ 24.06.1983.
[167] STF, RE n.º 183.906/SP, Tribunal Pleno, Min. Marco Aurélio, DJ 30.04.1998; No mesmo sentido: STF, RE n.º 172.153/SP, Segunda Turma, Min. Maurício Corrêa, DJ 27.02.1998.
[168] No Brasil, há três tipos de *contribuições especiais*: contribuições sociais (destinadas à seguridade social), as contribuições interventivas (destinadas à intervenção no domínio econômico)

O CONCEITO DE PERFORMANCE

para a qual foi criada (art. 149 da Constituição de 1988)[169]. O mesmo ocorre com a taxa cobrada em virtude da prestação de um serviço público e do exercício do poder de polícia (fiscalização).

A criação de uma contribuição especial tem pressupostos específicos para sua validade, dentre as quais se destaca a destinação do produto de sua arrecadação. A necessária destinação da arrecadação dessa modalidade de tributo, como condição constitucionalmente estabelecida para sua validade, é sustentada por diversos autores, sendo de destacar-se MARCO AURÉLIO GRECO: *"Em suma, o destino do produto da arrecadação das contribuições é elemento essencial à sua constitucionalidade. Não apenas a previsão abstrata, mas a sua aplicação efetiva"*[170]. Dito de outra forma, não se pode utilizar o

---

e as contribuições corporativas (destinadas a custear a atividade de fiscalização de atividades profissionais ou econômicas).

[169] Vale registrar que essa tendência no sentido de mitigar o princípio da não afetação é observável em outros lugares. Na França, de acordo com os autores citados acima, o princípio da não afetação de receitas vem sofrendo um enfraquecimento. Assim como no Brasil, o referido princípio não se aplica às contribuições sociais. Com efeito, o Conselho constitucional francês decidiu em 28 de dezembro de 1990 que a Contribuição Social Geral (CSG) é um recurso destinado a um estabelecimento público. Consequentemente, de acordo com o Tribunal, o princípio da não afetação a ela não se aplica, pois é destinado apenas às receitas do Estado. De acordo com JEAN-CLAUDE MARTINEZ, *"o Conselho constitucional conheceu o princípio de não-afetação quando da criação da CSG pela lei de finanças para 1991. Na decisão de 28/12/1990, o Conselho observou que a CSG constitui um recurso de um estabelecimento público. Consequentemente, a não-afetação, prevista no art. 18 da ordenação, aplicando-se apenas às receitas do Estado, não concerne aquelas dos estabelecimentos públicos".* (MARTINEZ, Jean-Claude; DI MALTA, Pierre. *Droit budgétaire. Budget de l'État. Budgets locaux. Budget de la sécurité sociale. Budget européen.* 3.ª ed., Paris: Litec, 1999, p. 553).

A fórmula encontrou certo sucesso, pois uma grande vantagem da afetação de receita é o apaziguamento com os contribuintes, uma vez que *"uma receita afetada é, com efeito, psicologicamente mais bem aceita pelos contribuintes"* (MARTINEZ, Jean-Claude; DI MALTA, Pierre. *Droit budgétaire. Budget de l'État. Budgets locaux. Budget de la sécurité sociale. Budget européen.* 3.ª ed., Paris: Litec, 1999, p. 555).

Em 1996, foi criada a Caixa de amortização da dívida social (CADES), que é regulamentada pelo Decreto de 24/04/1996. Seus recursos – que também não seguem o princípio da não afetação – são constituídos basicamente pelo RDS ou Contribuição ao Reembolso da Dívida Social. Atualmente, as exceções ao princípio da não afetação estão reguladas pelo artigo 16 da LOLF 2001 (*"Algumas receitas podem ser diretamente afetadas a certas despesas. Essas afetações assumem a forma de orçamentos anexos, de conta especiais ou de procedimentos contábeis particulares no âmbito do orçamento geral"*).

[170] GRECO, Marco Aurélio. *Contribuições (uma figura "Sui Generis")*, São Paulo: Dialética, 2001, p. 241.

produto arrecadado com a contribuição destinada à seguridade social em outras finalidades escolhidas pelo Governo.

Dessa forma, percebe-se que o exame da destinação do produto da arrecadação é da maior relevância e faz parte da própria natureza dos tributos com destinação específica constitucionalmente estabelecida. Nesse sentido, o autorizado magistério de MISABEL DE ABREU MACHADO DERZI: *"A Constituição de 1988, pela primeira vez, cria tributos finalisticamente afetados, que são as contribuições e os empréstimos compulsórios, dando a destinação que lhe é própria relevância não apenas do ponto de vista do Direito Financeiro ou Administrativo, mas igualmente do Direito Tributário"*[171].

No direito brasileiro, a doutrina e a prática nos ensinam que há três maneiras de descumprir a determinação constitucional de afetação da receita obtida com as contribuições especiais: (i) a primeira é quando a lei que cria a contribuição especial determina expressamente que o produto arrecadado será aplicado integral ou parcialmente em outra finalidade que não aquela para a qual foi instituída; (ii) a segunda é quando a lei dispõe corretamente, com a previsão de afetação da receita à finalidade para a qual a contribuição foi criada, porém a lei orçamentária não procede à correta destinação da verba arrecadada; (iii) a terceira e última é quando a lei dispõe corretamente, com a previsão de afetação da receita à finalidade para a qual a contribuição foi criada, porém o administrador – na prática – utiliza o produto arrecadado para outro fim.

Em qualquer uma dessas situações a contribuição especial será inconstitucional, podendo o contribuinte se opor ao pagamento e, caso já o tenha realizado, fica autorizado a requerer a devolução do valor. Sobre esse ponto, MISABEL DE ABREU MACHADO DERZI consigna que: *"O contribuinte pode opor-se à cobrança de contribuição que não esteja afetada aos fins, constitucionalmente admitidos; igualmente poderá reclamar a repetição do tributo pago, se, apesar da lei, houver desvio quanto à aplicação dos recursos arrecadados (...) A destinação constitucional que afeta as contribuições e os empréstimos compulsórios integra o estatuto do contribuinte, cabendo-lhe a repetição diante da prova de comprovada predestinação nos tributos finalísticos"*[172].

---

[171] DERZI, Misabel de Abreu Machado. *Limitações Constitucionais ao Poder de Tributar*. 7.ª ed., Rio de Janeiro: Forense, 2006, p. 598.
[172] *Ibid*, p. 598.

O professor RICARDO LOBO TORRES, que também é partidário da inconstitucionalidade nesses casos, averba que: "*O princípio da solidariedade, de dimensão constitucional, vincula a cobrança das contribuições sociais, que passam a exibir natureza causal. Se não houver os laços de solidariedade entre os que pagam o ingresso e os que recebem o benefício estatal e, conseguintemente, se inexistir a contraprestação estatal em favor do grupo, será inconstitucional a cobrança da contribuição social*"[173].

Para JOSÉ SOUTO MAIOR BORGES, vive-se atualmente uma verdadeira mudança de paradigma, pois o tributarista não deve mais fechar os olhos para as questões de direito financeiro. "*Não mais estará o jurista tributário condenado a assistir passivamente ao desvio de receita pública, sob alegação de que é problema de... Direito Financeiro, ou, mais especificamente, de Direito Penal Financeiro*"[174]. Isso porque: "*Numa época de desvios de recurso públicos, tão escandalosos quanto repulsivos, não há atitude mais nociva de alienação teórica do jurista especializado em Direito Tributário*"[175].

Essa valorização atribuída à finalidade dada ao produto da arrecadação fiscal reflete o que DANIEL GUTMANN muito bem denominou de *justiça dos fins*, grande renegada dos Séculos XX e XXI. A propósito, veja-se a lição do autor: "*Avaliar a justiça fiscal não é como avaliar a justiça de uma regra de direito comum. Não há como, por exemplo, legitimar filosoficamente um imposto sob a simples constatação de que o procedimento democrático foi respeitado. A justiça processual não tem lugar em matéria de filosofia do imposto, pois o espírito é como que magnetizado pela justiça substancial. Ora, essa justiça substancial é apreendida através de um duplo prisma: o dos fins (os objetivos perseguidos pelo tributo), e o dos meios (as modalidades de repartição e de cobrança). O prisma é frágil, sem dúvida: por exemplo, o imposto limita a liberdade (é o sacrifício) para aumentar a liberdade (é uma aposta filosófica). Os meios do imposto entretêm, assim, uma relação complexa com seus fins. A complexidade, todavia, não impede a distinção. A justiça dos fins, tão evidente, é a grande ausente na maior parte dos debates sobre o imposto. No entanto, a justiça dos meios não garante, em nenhum caso, a justiça dos fins. Suponhamos, por exemplo, que um tributo obrigatório progressivo permita gravar*

---

[173] TORRES, Ricardo Lobo. *Tratado de Direito Constitucional Financeiro e Tributário. Valores e Princípios Constitucionais Tributários*. Rio de Janeiro: Renovar, 2005, v. II, p. 586.

[174] BORGES, José Souto Maior. "Sobre Novos Rumos para o Direito Tributário no campo das Obrigações", *Revista do Advogado. Temas Atuais de Direito Tributário*, dezembro/2012, n.º 118, p. 87.

[175] *Ibid.*, p. 86.

mais pesadamente as altas rendas que as baixas rendas, e que nisso se veja uma forma de justiça tributária. Não obstante, esse tributo não seria justo se tivesse por finalidade o financiamento do terrorismo (finalidade injusta) ou atividade de luxo (pois o tributo não seria realmente distributivo)"[176].

O debate sobre a justiça dos fins é particularmente importante no Brasil, país onde a corrupção e o desvio de receitas, nos dias de hoje, se tornou um dos problemas sócioeconômicos mais graves da história. E, certamente, o imposto cuja receita é desviada por causa de corrupção é tão ilegítimo quanto aquele usado para financiar o terrorismo.

Houve tempo em que se considerou fora do mundo jurídico tributário a destinação do produto da arrecadação, como já mencionado acima. Trata-se agora de enxergar nesse elemento – a destinação do tributo – a chave da legitimação e de interpretação do sistema tributário. Se a vigente Constituição de 1988 insistiu em acolher a finalidade como fundamento da instituição de contribuições, não é mais razoável excluir esse aspecto do âmbito do direito tributário.

B. A relação direta entre a eficiência financeira e eficiência fiscal

Ao abordar o que seria um sistema tributário eficiente, IVES GANDRA DA SILVA MARTINS manifesta sua preocupação com a aplicação dos recursos públicos, posição com a qual aderimos sem restrições. Nesse sentido, veja-se as palavras do autor: *"Falar em princípio da eficiência na cobrança dos tributos e princípio da ineficiência no gastá-lo é, à evidência, cuidar do princípio da ineficiência na política tributária. Em outras palavras, só há, de rigor, princípio da eficiência na política tributária de um país, se houver o mesmo princípio na política dispenditiva desses recursos. O princípio da eficiência, que abrange, no direito brasileiro, toda a Administração Pública, deve informar tanto a capacidade de obter receitas como de criar despesas públicas. Não há, pois, princípio de eficiência na política tributária impositiva, se não houver a mesma eficiência na política dispenditiva do Estado. Não há eficiência parcial. Ou uma política é integralmente eficiente, ou é claramente ineficiente. Ou se tem os dois, ou não se tem nenhum, não havendo eficiência na política tributária, se não houver eficiência na política dispenditiva. Se essa for perdulária, incorreta, corrupta, automaticamente exigir-se-á da sociedade*

---

[176] GUTMANN, Daniel. "Du droit à la philosophie de l'impôt". In: *L'impôt. Tome 46. Archives de philosophie du droit*. Paris: Dalloz, 2002, p. 9.

mais do que deveria pagar para receber serviços públicos e a carga desmedida, por melhor que seja o sistema, consagrará o oposto do princípio da eficiência"[177].

Além disso, IVES GANDRA DA SILVA MARTINS afirma que a ausência de eficiência nas despesas públicas leva à ilegitimidade da tributação[178], entendimento partilhado por RICARDO LOBO TORRES, que afirma ser a legitimidade da tributação dependente do controle das despesas públicas[179]. Além disso, vale ressaltar que essa ideia não existe apenas no Brasil. A questão da eficiência financeira suscitou na doutrina espanhola o mesmo debate sobre a legitimidade do tributo no caso de má aplicação dos recursos públicos. CESAR ALBIÑANA afirma no prólogo da obra de S. FERNÁNDEZ-VICTORIO Y CAMPS: *"Assim que surgiu a reforma em nosso sistema tributário surgiram vozes que negam toda base – jurídica e moral – ao imposto por não existir um controle eficaz do gasto público ou pela falta de produtividade do mesmo"*[180].

A Constituição brasileira de 1988, seguindo o modelo espanhol de eficiência financeira (Constituição espanhola de 1978, artigo 31, 2), previu também a mesma ideia no artigo 74, inciso II, como se observa de sua transcrição: *"Os Poderes Legislativo, Executivo e Judiciário manterão, de forma integrada, sistema de controle interno com a finalidade de: comprovar a legalidade e avaliar os resultados, quanto à eficácia e eficiência, da gestão orçamentária, financeira e patrimonial nos órgãos e entidades da administração federal, bem como da aplicação de recursos públicos por entidades de direito privado"*[181].

A consequência da falta de legitimidade ocasionada pela ausência de eficiência, segundo FABIO BRUN GOLDSCHMIDT e ANDREI PITTEN VELLOSO, é

---

[177] MARTINS, Ives Gandra da Silva. "Princípio da eficiência em matéria tributária". In: Princípio da eficiência em matéria tributária (coord. MARTINS, Ives Gandra da Silva), São Paulo: Editora Revista dos Tribunais, 2006, p. 46/47.

[178] *Ibid.*, p. 45.

[179] TORRES, Ricardo Lobo. "Princípio da eficiência em matéria tributária". *In: Princípio da eficiência em matéria tributária* (coord. MARTINS, Ives Gandra da Silva), São Paulo: Editora Revista dos Tribunais, 2006, p. 75.

[180] ALBIÑANA, Cesar. Prólogo. *In* S. Fernández-Victorio Y Camps. *El control externo de la actividad financeira de la Aminitración Publica.* Madri: Instituto de Estudios Fiscales, 1977, n. 32, p. XIII.

[181] Veja-se que, ao consolidar o dever de eficiência no texto constitucional, o legislador também mostrou uma preocupação com o sistema tributário e financeiro. Basta observar que um dos objetivos traçados na exposição de motivos da reforma é justamente *"contribuir ao equilíbrio das despesas públicas".* Uma especial atenção é dada também ao *"controle definitivo da crise fiscal".* (Jornal Oficial do Senado Federal brasileiro, de 02.12.1997, p. 26.481)

a exoneração total ou parcial do contribuinte. Assim, se a prestação de um serviço público realizado de maneira eficiente custa 100, porém a administração cobra do contribuinte 300, tendo em vista que ela não se preocupa com a minimização dos custos, o contribuinte não pode ser obrigado a suportar a diferença[182].

Do lado oposto, contra essa doutrina que projeta na tributação os efeitos negativos da ineficiência da execução financeira, HUGO DE BRITO MACHADO afirma que o direito tributário não se confunde com o direito financeiro. Assim, a irregularidade no campo de ação financeira não contaminaria o imposto[183]. Segundo o autor, orientação contrária conduziria a afirmar que toda e qualquer ilegalidade na aplicação dos recursos do Estado anularia o tributo. As ilegalidades praticadas no campo de ação financeira devem ser objetos de sanções específicas. A mesma opinião é partilhada por OCTAVIO CAMPOS FISCHER[184].

Assim, nota-se que a performance financeira se tornou pressuposto da performance fiscal, motivo pelo qual devem ser analisadas conjuntamente. O grande problema que se põe é como pode ser estimulada e/ou controlada a performance financeira, ou seja, a performance no gasto do dinheiro público, uma vez que se trata de matéria eminentemente política. Há dois grandes meios de se estimular e desenvolver o controle da performance financeira: o primeiro é o *orçamento participativo* – do qual voltaremos a falar oportunamente – e o segundo é o desenvolvimento de indicadores, cuja análise será realizada no parágrafo abaixo.

§ 2 – O aporte da Lei orgânica relativa às leis de finanças (LOLF) 2001

Na França foi a Lei orgânica n.º 2001-692 de 1.º/08/2001 relativa às leis de finanças (LOLF 2001) que inovou no cenário do direito financeiro. Alguns

---

[182] GOLDSCHMIDT, Fabio Brun; VELLOSO, Andrei Pitten. "Princípio da eficiência em matéria tributária". In: *Princípio da eficiência em matéria tributária* (coord. MARTINS, Ives Gandra da Silva), São Paulo: Editora Revista dos Tribunais, 2006, p. 209.

[183] MACHADO, Hugo de Brito. "Princípio da eficiência em matéria tributária". In: *Princípio da eficiência em matéria tributária* (coord. MARTINS, Ives Gandra da Silva), São Paulo: Editora Revista dos Tribunais, 2006, p. 67.

[184] FISCHER, Octavio Campos. "Princípio da eficiência em matéria tributária". In: *Princípio da eficiência em matéria tributária* (coord. MARTINS, Ives Gandra da Silva), São Paulo: Editora Revista dos Tribunais, 2006, p. 272.

autores afirmam que a LOLF 2001 formulou um *"novo contrato social para as finanças públicas"*[185], uma vez que alterou profundamente a filosofia do gasto público com uma série de princípios e valores novos. Não obstante as ideias inovadoras, o debate sobre o sucesso da LOLF 2001 é caloroso, havendo respeitadas vozes que colocam em evidência o insucesso da iniciativa (revelado com o colapso das finanças na França).

Contudo, a LOLF 2001 trouxe dois importantes aspectos que podem ser úteis para o conceito de eficiência fiscal. O primeiro é a revalorização da ideia de performance (A), que põe em evidência a necessidade de se desenvolver a mesma ideia no âmbito tributário, dada a ligação entre esses dois ramos do direito. O segundo é a revalorização dos instrumentos de controle dessa performance, ou seja, o desenvolvimento da cultura dos indicadores (B).

A. A revalorização da ideia de performance

Dentre as alterações mais importantes trazidas pela LOLF 2001, pode-se mencionar o rompimento das amarras impostas pela Ordenação de 1959 (antiga lei orçamentária francesa) ao Parlamento (cujo papel era bastante limitado), recolocando a discussão financeira no centro do debate democrático. Com efeito, a Constituição francesa de 1958 e seu braço financeiro de 1959 diminuíram os poderes do Parlamento em matéria de autorização e discussão financeira, no quadro do que se denominou de "parlamentarismo racionalizado"[186].

Além disso, a LOLF 2001 alterou o conceito de despesa pública, que deixou de ser uma decisão puramente jurídica para ser também uma decisão econômica.[187] Por fim, a LOLF recalibrou princípios antigos, como a performance, a transparência financeira e a responsabilidade dos agentes, dando-lhes valor destacado.

Na realidade, a noção de performance ou eficiência financeira surgiu na França com a *Racionalização das Escolhas Financeiras* (RCB – *Rationalisation des Choix Budgétaires*), criada pela Portaria de 13/05/1968, inspirada

---

[185] BARILARI, André; BOUVIER, Michel. *La LOLF et la nouvelle gouvernance financière de l'État.* 2.ª ed., Paris: LGDJ, 2007, p. 10.
[186] MORDACQ, Frank (coord.). *La LOLF: Un nouveau cadre budgétaire pour reformer l'État.* Paris: LGDJ, 2006, p. 2.
[187] *Ibid*, p. V.

na técnica americana do *Planning Programming Budgeting System* (PPBS). De acordo com Jean-Claude Martinez e Pierre Di Malta, *"a essência do método consiste em identificar os objetivos, em definir os meios para que sejam atingidos e em selecionar as mais rentáveis entre as mais eficazes"*[188].

A RCB pode ser dividida em duas fases diferentes, nas quais se encontra sempre a preocupação com a performance: (i) a escolha do programa e (ii) sua realização. A primeira fase é subdividida em três etapas (*planning, programming* e *budgeting*). Na primeira etapa são definidos indicadores que permitem a avaliação dos *graus de realização* dos objetivos escolhidos. Já na etapa do *programming*, a avaliação dos programas é realizada com instrumentos emprestados do cálculo analítico, como a *análise custo-benefício*, que impõe a escolha do programa que permita obter o maior grau de realização do objetivo pelo menor custo, bem como a análise *custo-vantagem*. Quanto ao *budgeting*, trata-se do estabelecimento da previsão, na respectiva lei orçamentária, dos créditos necessários para realização dos programas estabelecidos[189].

Outro instrumento fornecido pela RCB é a *análise de sistema*. De acordo com Jean-Claude Martinez e Pierre Di Malta, *"trata-se de um método para auxiliar os 'decisores' a escolher uma solução após um exame sistemático dos objetivos perseguidos e uma comparação quantitativa de custo, da eficácia e dos riscos associados a cada uma das alternativas possíveis"*[190]. Segundo os autores, o presente método é o instrumento que permite a melhor utilização dos meios disponíveis.

Todavia, foi com LOLF 2001 que a noção de performance, juntamente com as de transparência financeira, foi revalorizada, passando a integrar a filosofia de uma nova constituição financeira do Estado. Um dos objetivos mais destacados pela nova ordem financeira é a aplicação das ideias de eficiência e eficácia nos gastos públicos, que poderá ser alcançada por conta do aumento das "margens de manobras" de realização das políticas públicas, graças aos princípios da globalização e da fungibilidade dos créditos de determinado programa específico. Nesse sentido, Frank Mordacq afirma que: *"essas margens de manobra devem lhes permitir utilizar melhor os meios dos*

---

[188] MARTINEZ, Jean-Claude; DI MALTA, Pierre. *Droit budgétaire. Budget de l'État. Budgets locaux. Budget de la sécurité sociale. Budget européen.* 3.ª ed., Paris: Litec, 1999, p. 313 e ss.

[189] *Ibid.*, p. 314.

[190] *Ibid.*, p. 322.

O CONCEITO DE PERFORMANCE

quais eles dispõem, em vista de melhorar a eficácia das despesas públicas ou, dito de outra forma, de 'gastar melhor'"[191].

Não se trata, contudo, de um objetivo genérico e abstrato a ser perseguido pelos agentes financeiros, com força de mera sugestão ou recomendação. A busca da performance no gasto público envolve três categorias diferentes de objetivos: (i) performance socioeconômica; (ii) qualidade do serviço; e (iii) performance da gestão.

A performance socioeconômica é voltada para o atendimento das expectativas do cidadão ou da sociedade, em termos de modificação da realidade econômica, social, ecológica, sanitária, cultural que podem resultar da atividade financeira. Não se trata do que a administração faz com o dinheiro público, mas os impactos de sua atuação. Quanto à qualidade do serviço, trata-se – como o próprio nome indica – de buscar atender as expectativas dos contribuintes no que concerne a excelência da prestação do serviço público. Por fim, a performance da gestão versa sobre a otimização do emprego dos meios disponíveis, no que se refere à utilização dos produtos ou à atividade de emprego dos recursos públicos.

No Brasil, a questão da responsabilidade no gasto público é tratada pela Lei Complementar n.º 101, de 4 de maio de 2000, conhecida como Lei de Responsabilidade Fiscal (LRF). A referida lei estabelece critérios para a concessão de benefícios fiscais, veda a renúncia de receitas, cria regras para as despesas obrigatórias de caráter continuado e despesas com pessoal, estabelece metas orçamentárias, dentre várias outras disposições.

Em Portugal, a responsabilidade política, financeira, civil e criminal do agente administrativo é tratada, genericamente, no art. 70 da Lei n.º 52, de 13/10/2011 (Lei de Enquadramento Orçamental)[192]. O art. 71 dispõe sobre a responsabilidade financeira do agente, que é efetivada pelo Tribunal de Contas, nos termos da legislação própria. Por seu turno, a Lei n.º 98, de 26/08/1997 (Lei de Organização e Processo do Tribunal de Contas), trata no Capítulo V da "efetivação de responsabilidades financeiras", cuja disciplina se inicia no art. 57. Apesar de minuciosa e muito bem redigida,

---

[191] MORDACQ, Frank (coord.). *La LOLF: Un nouveau cadre budgétaire pour reformer l'État.* Paris: LGDJ, 2006, p. 61 e ss.

[192] *"1 – Os titulares de cargos políticos respondem política, financeira, civil e criminalmente pelos atos e omissões que pratiquem no âmbito do exercício das suas funções de execução orçamental, nos termos da Constituição e demais legislação aplicável, a qual tipifica as infrações criminais e financeiras, bem como as respectivas sanções, conforme sejam ou não cometidas com dolo."*

ao que tudo indica, ela não é aplicada na prática para responsabilizar os agentes, cuja sanção reside no voto que o cidadão pode lhe retirar.

Nesses dois países, o culto à performance – tão necessário à legitimação do Estado enquanto administrador das verbas públicas – ainda vem se desenvolvendo aos poucos. Essa performance da gestão pública, privilegiada pela LOLF 2001, é a característica que mais interessa ao presente estudo, uma vez que está diretamente relacionada com as ideias de eficácia e eficiência, nos termos utilizados por FRANK MORDACQ: *"Dando mais liberdade aos gestores, o Parlamento espera uma gestão pública nova, que privilegia a eficácia e a eficiência dos serviços públicos, para assegurar uma melhor alocação dos recursos públicos. Trata-se de medir a eficácia da administração e não somente sua atividade, de passar da lógica do 'gastar mais' para a do 'gastar melhor' com os mesmos meios ou de 'gastar menos' com a mesma eficácia"*[193].

Essa mesma ideia é partilhada por MICHEL BOUVIER e ANDRE BARILARI, para quem a *performance* buscada pela LOLF 2001 possui três eixos: o primeiro seria o impacto ou resultado final da ação pública (eficácia); o segundo seria a melhora da relação entre os meios disponíveis e as realizações (eficiência); por fim, a qualidade do serviço prestado ao cidadão[194].

Historicamente, a ideia de performance está relacionada com a de legitimidade do papel do Estado. Na década de oitenta, ALAIN BURLAUD e ROMAIN LAUFER desenvolveram uma tese segundo a qual os conceitos de gestão e de performance públicas se difundiram entre as administrações quando o direito não era mais suficiente para assegurar ao Estado a legitimidade[195]. Assim, a busca por uma nova legitimidade representou uma resposta a essa inquietude.

Além de legitimador do Estado, a performance tem papel psicológico ativo no quesito satisfação do usuário de serviços públicos[196]. Muitas vezes, a prestação do serviço público garante um direito fundamental, de maneira que nada é mais coerente que verificar se esse serviço público está sendo

---

[193] MORDACQ, Frank (coord.). *La LOLF: Un nouveau cadre budgétaire pour reformer l'État.* Paris: LGDJ, 2006, p. 11.

[194] BARILARI, André; BOUVIER, Michel. *La LOLF et la nouvelle gouvernance financière de l'État.* 2.ª ed., Paris: LGDJ, 2007, p. 210.

[195] BURLAUD, Alain; LAUFER, Romain. *Management public. Gestion et légitimité.* Paris: Dalloz, 1980.

[196] POLI, Raphaël. "Les indicateurs de performance de la dépense publique", *Revue Française de Finances Publiques,* n.º 82, junho/2003, p. 110.

prestado de modo satisfatório e se, com isso, o direito fundamental está sendo respeitado.

Como bem sublinhado por BERNARD ABATE, o cumprimento das metas estabelecidas não pode mais ser confiado tão somente na supervisão realizada pelos superiores hierárquicos[197]. O que se espera hoje em dia do Estado é a *gestão de resultados*. Essa foi uma importante alteração trazida pela LOLF 2001: a orientação para o resultado[198].

B. A revalorização dos instrumentos de controle: os indicadores de performance

Para que os objetivos de performance sejam atingidos – o que é de fundamental importância –, estabeleceu-se um *controle operacional de gestão* que se resume no estabelecimento de: (i) estratégia; (ii) objetivos; e (iii) indicadores. Resumidamente, o controle operacional de gestão se fundamenta em alguns princípios práticos, como o controle técnico do programa financeiro realizado pela comissão de finanças do Parlamento, utilização dos créditos somente para objetivos específicos, instituição de indicadores de performance (criação de metas específicas, para fins de comparação), dentre vários outros[199].

Atualmente, ainda não há no direito brasileiro nenhum indicador de performance para medição do cumprimento das metas e objetivos estabelecidos. A Lei Complementar n.º 101/2000 cria alguns instrumentos de transparência (artigos 48 e seguintes), bem como regulamenta a publicação do *relatório resumido da execução orçamentária* previsto no artigo 165, §3.º, da Constituição de 1988 (arts. 52 e seguintes).

As regras sobre a prestação de contas de cada um dos três Poderes (Legislativo, Judiciário e Executivo), assim como do Ministério Público, estão dispostas nos arts. 56 a 58. Por fim, o art. 59 dispõe que a fiscalização do cumprimento do disposto na Lei de Responsabilidade Fiscal, inclusive das metas por ela estabelecidas, cabe ao Poder Legislativo, diretamente

---

[197] ABATE, Bernard. "La réforme budgétaire: un modèle de rechange pour la gestion de l'État?", *Revue Française de Finances Publiques*, n.º 82, junho/2003, p. 45.

[198] MATHIEUX, Sophie. "La nouvelle constitution budgétaire et les méthodes de controle", *Revue Française de Finances Publiques*, n.º 82, junho/2003, p. 60.

[199] BOUVIER, Michel; BARILARI, André. *La LOLF et la nouvelle gouvernance financière de l'État*. Paris: LGDJ, 2007, p. 26 e ss.

ou com a ajuda do Tribunal de Contas, bem como ao controle interno de cada Poder e do Ministério Público. Nada mais que isso.

Com efeito, todas as considerações sobre performance financeira são inúteis se não houver um instrumento de medição de resultados. Sem a utilização de indicadores, as metas estabelecidas se transformam em simples sugestões. Assim, os indicadores são de fundamental importância para que os sistemas financeiro e tributário sejam otimizados, tornando--se eficientes na prática. Há, contudo, algumas características essenciais que o indicador deve observar para que seja efetivo (1). Alguns exemplos práticos servirão para ilustrar as nossas considerações (2).

1. As características principais

Estabelecida a importância dos indicadores, deve-se analisar as características necessárias para que realmente sejam instrumentos de medição da realização dos objetivos, bem como de que maneiras devem ser aplicados na prática. De acordo com FRANK MORDACQ: *"um indicador é um instrumento de medida, uma representação numérica da realização de um objetivo. Ele apresenta um dado quantitativo diretamente mensurável ou um dado qualitativo marcado numa escala de valores. Um indicador pode ter dois valores importantes: um representado por um objetivo que traduz o nível de ambição do objetivo fixado; outro que traduz o nível de realização do objetivo".*[200]

Para que possam ser úteis, os indicadores devem ser coerentes com o objetivo. O indicador deve possuir uma forte ligação lógica com o objetivo estabelecido, de maneira que permita medir especificamente sua realização. Além da relação lógica com o objetivo, o indicador deve permitir apreciar a melhora da situação visada pelo objetivo, bem como medir especificamente o desempenho visado.

Dessa forma, deve-se manusear com prudência os indicadores em valor absoluto. Isso porque esse tipo de indicador dependerá da manutenção de um contexto que pode ser alterado. Assim, não se pode pretender que o número de declarações do imposto sobre a renda apresentadas dentro do prazo legal aumente tão somente porque o número total de declarações também aumentou. Ora, o número total de declarações apresentadas pode

---

[200] MORDACQ, Frank. *La LOLF: Un nouveau cadre budgétaire pour reformer l'État*. Paris: LGDJ, 2006, p. 76.

muito bem ter diminuído, ao passo que o número de declarações apresentadas dentro do prazo aumentou. Essa comparação não permite aferir a eficiência do sistema. Para tanto, é preciso saber o *percentual* de declarações apresentadas no prazo legal.

Por outro lado, quando não for possível evitar o indicador em valor absoluto, é preciso buscar uma escala de valores, para que o indicador seja observado em perspectiva[201]. Assim, por exemplo, o número de autuações realizadas pela fiscalização, por si só, não quer dizer nada, pois sequer permite saber se o número é ou não elevado. Por outro lado, esse número se torna útil quando comparado com a média dos anos anteriores.

Para FRANK MORDACQ, deve-se preferir os indicadores de *dispersão* aos indicadores em *valor médio*[202]. Isso quer dizer que, para se medir a melhora da administração no cumprimento de prazos, a proporção de casos nos quais o prazo excede uma duração julgada anormal é mais representativo da qualidade do serviço prestado que o prazo médio de tratamento do pedido do usuário, por exemplo.

Devem ser evitados os indicadores compostos obtidos por meio da ponderação de diferentes variáveis ou aplicados sobre hipóteses e modelos complexos, pois eles apresentam uma série de dificuldades quando de sua aplicação prática, para aqueles que não são especialistas. Seria inutilizável, por exemplo, o indicador de mal-estar social dos jovens em regiões pobres que consiste em calcular a média ponderada da taxa de delinquência, da taxa de reprovação escolar e da taxa de desemprego dos jovens, pois esse tipo de indicador não é imediatamente compreensível[203]. A simplicidade do indicador é uma característica que lhe torna operacional, como bem sublinhado por RAPHAËL POLI[204].

Para que possa ser útil na prática, o indicador, ainda segundo FRANK MORDACQ deve ter algumas características essenciais. Em primeiro lugar, o indicador deve se relacionar a um aspecto substancial do resultado visado. O indicador que se relacionar a um aspecto marginal do objetivo estabelecido indicará apenas parcialmente se ele foi ou não atingido.

---

[201] *Ibid.*, p. 80.

[202] *Ibid.*, p. 81.

[203] *Ibid.*, p. 81.

[204] POLI, Raphaël. "Les indicateurs de performance de la dépense publique", *Revue Française de Finances Publiques*, n.º 82, junho/2003, p. 112.

Além disso, o indicador não deve induzir a comportamentos que melhorem o próprio indicador, em detrimento do resultado visado. Em outras palavras, o indicador não pode ser um fim em si mesmo. Para evitar essa situação, basta associar ao primeiro um segundo indicador que permita equilibrar o conjunto. Por exemplo, se se pretende reduzir a duração dos processos judiciais, a *duração média de processos findos durante o ano* é um indicador que pode trazer efeitos perversos. Isso porque esse indicador poderia levar os tribunais a ignorarem os processos antigos, dando atenção apenas aos processos que estão "em cima da pilha". É preciso, então, aplicar um segundo indicador: "antiguidade média dos processos em curso em 31 de dezembro".

O indicador deve permitir sejam realizadas comparações no tempo e no espaço. As comparações são essenciais para apreciar os resultados obtidos, seja no tempo (cotejo com outros anos, mandatos, etc.), seja no espaço (cotejo com outros bairros, municípios, estados, países, etc.).

A alteração dos governantes não pode alterar o modo de coleta e de avaliação dos indicadores. É preciso que o indicador seja mantido nesses casos, sob pena de inutilizar ou alterar profundamente a estrutura do indicador.

É preciso também evitar contagens manuais efetuadas em conjunto com as atividades operacionais da administração. Além de pouco confiável, essa prática atrapalharia a realização das atividades normais. Sempre que possível, o indicador deve ser extraído automaticamente de um sistema de gestão ou, ainda, resultar de enquetes realizadas por órgãos internos ou externos especializados.

Outra característica é o valor despendido com a elaboração e utilização do indicador. Ele deve ser elaborado a um custo razoável, proporcional à utilidade das informações que oferece. O indicador cujo custo é desproporcional perde sua utilidade e deixa de ser atrativo, podendo, inclusive, influenciar negativamente os indicadores de gestão econômica.

Por fim, segundo FRANK MORDACQ, o indicador deve ser muito bem documentado[205]. Isso quer dizer que é preciso haver uma ficha técnica ou algo do tipo, no qual estejam disponíveis informações importantes, como, por exemplo, data de coleta das informações, modo de coleta, modalidade de consolidação dos dados, eventuais critérios de ponderação, etc.

---

[205] POLI, Raphaël. "Les indicateurs de performance de la dépense publique", *Revue Française de Finances Publiques*, n.º 82, junho/2003, p. 83.

De acordo com RAPHAËL POLI, as autoridades inglesas também desenvolveram qualidades inerentes ao indicador de performance, que deve ser: *smart*, ou seja, inteligente; *measurable* ou imediatamente mensurável; *achieavale*, pois de nada serve um indicador que não se pode realizar; *relevant*, para que não se perca tempo; e *timed*, de modo que seja possível medir a evolução no tempo. Nos Estados Unidos, os indicadores devem possuir duas características básicas: *reliability*, para que seja garantida a fiabilidade técnica das informações que os constituem; e *relevancy*, de maneira que seja assegurada a pertinência da medida em relação ao objetivo visado[206].

2. Alguns exemplos concretos

Na França, em 1999, ainda existiam muito poucos indicadores de *resultado* e de *meio*, conforme destacado várias vezes no *Relatório do grupo de trabalho sobre a eficácia da despesa pública e controle parlamentar*, de 27/01/1999, presidido por LAURENT FABIUS[207]. Essa realidade foi alterada, principalmente em virtude da alteração de mentalidade promovida pela LOLF 2001 e atualmente a administração desenvolveu diversos indicadores – que sempre estão associados aos objetivos estabelecidos – para avaliar a eficiência do sistema. Seguem alguns exemplos.

1) Tipo de indicador: Dados Estatísticos Obtidos do Sistema de Gestão Fiscal:
   (a) Objetivo: Desenvolver o civismo fiscal, estimulando o cumprimento voluntário das obrigações fiscais pelos contribuintes.
   (b) Indicador: Percentual de contribuintes que pagam os impostos devidos no prazo legalmente estabelecido.
2) Tipo de indicador: Nível de satisfação dos usuários da administração pública:
   (a) Objetivo: Melhorar a qualidade do atendimento dispensado aos cidadãos pela administração pública.
   (b) Indicador: Taxa de contribuintes que se declaram satisfeitos com as condições de atendimento.

---

[206] *Ibid.*, p. 112.
[207] Disponível em: http://www.assemblee-nationale.fr/dossiers/depense/rapport.asp, acessado em 22/05/2012.

3) Tipo de indicador: Parâmetros objetivos de qualidade do serviço prestado (prazo, disponibilidade, etc.):
   (a) Objetivo: Melhorar a qualidade das respostas dadas aos usuários.
   (b) Indicadores: (i) Percentual de usuários que recebem uma resposta num prazo inferior ao estabelecido; (ii) Percentual de usuários que receberam uma resposta precisa numa ligação telefônica.
4) Tipo de indicador: Medidor da eficiência da gestão de pessoal:
   (a) Objetivo: Assegurar uma gestão de pessoal eficiente.
   (b) Indicador: Média do gasto realizado por funcionário público.
5) Tipo de indicador: Medidor da orientação dos meios ou atividades realizadas sobre as prioridades do programa:
   (a) Objetivo: Reforçar a luta contra a fraude fiscal.
   (b) Indicador: Porcentagem das fiscalizações realizadas com a finalidade de reprimir as fraudes fiscais mais graves.

Seção 2 – A performance do sistema tributário

Muito já se falou sobre a eficiência e a eficácia no direito administrativo (ideia de boa administração) e no direito orçamentário (ideia de performance), mas poucos autores realizaram uma análise mais extensa da aplicação desses conceitos no direito tributário, com algumas exceções. Nesse ponto, destaca-se o avanço das doutrinas americana e inglesa – marcadas pelo pragmatismo –, bem como o atraso da doutrina brasileira, ainda muito confusa e genérica. Para que essas questões fiquem claras, analisaremos na presente seção, em primeiro lugar, algumas dessas manifestações doutrinárias mais importantes (§ 1). Em seguida, vamos expor a nossa proposta para o conceito de performance fiscal (§ 2).

§ 1 – O aporte da doutrina

As manifestações doutrinárias sobre a eficiência fiscal são bem variadas. Parte da doutrina faz considerações gerais e filosóficas sobre o tema (A), ao passo que outra parte se preocupa com questões mais práticas (B).

A. Considerações gerais e filosóficas sobre a performance fiscal

Essa parte da doutrina não se preocupa com os aspectos práticos da performance no âmbito fiscal. Ela aborda as questões conceituais que dão o suporte filosófico para a sua concretização. Existem três principais manifestações: em primeiro lugar, o conceito de performance fiscal (1). Em seguida, as relações entre performance fiscal e a complexidade do sistema tributário (2). Por fim, as relações entre performance fiscal e justiça (3).

1. O conceito de eficiência tributária proposto pela doutrina

IVES GANDRA DA SILVA MARTINS, seguindo a terminologia adotada pelo direito brasileiro, considera que a *eficiência fiscal* deve ser analisada de acordo com três aspectos diferentes. O primeiro é o que o autor denomina de *capacidade dispenditiva do estado*, isto é, a capacidade de criar despesas públicas. Assim, uma tributação eficiente é aquela ligada a uma correta utilização dos recursos públicos em prol da comunidade. Em seguida, o autor afirma que para ser eficiente, a tributação deve ser justa e gerar o desenvolvimento econômico e social.

O último aspecto de uma tributação eficiente é a existência de um combate eficaz à fraude fiscal, de maneira a privilegiar a competitividade. Diante dessas considerações, o autor define a eficiência como a adoção de política tributária com mecanismos e instrumentos legais capazes de gerar desenvolvimento e justiça fiscal, sendo, pois, a arrecadação, mera consequência natural e necessária, para que, sem ferir a capacidade contributiva, gere serviços públicos à comunidade proporcionais ao nível impositivo[208].

Igualmente interessante é a definição de eficiência de RICARDO LOBO TORRES, para quem "*a eficiência é um princípio de legitimação ou de justificação por ser vazia, destituída de conteúdo material, cabendo-lhe equilibrar e harmonizar os outros princípios constitucionais da tributação e os próprios valores presentes do direito tributário, como a liberdade, a justiça e a segurança jurídica*"[209]. Em seguida,

---

[208] MARTINS, Ives Gandra da Silva. "Princípio da eficiência em matéria tributária". In.: *Princípio da eficiência em matéria tributária* (coord. MARTINS, Ives Gandra da Silva), São Paulo: Editora Revista dos Tribunais, 2006, p. 31.

[209] TORRES, Ricardo Lobo. "Princípio da eficiência em matéria tributária". In.: *Princípio da eficiência em matéria tributária* (coord. MARTINS, Ives Gandra da Silva), São Paulo: Editora Revista dos Tribunais, 2006, p. 69.

o autor afirma que a eficiência fiscal tem íntima relação com os princípios da razoabilidade, ponderação, igualdade, praticabilidade, simplificação, concorrência, economicidade e transparência. Nesse mesmo sentido Humberto Ávila afirma ser a eficiência um postulado específico que estrutura a aplicação de princípio e regras[210].

Marilene Talarico Martins Rodrigues conceitua o princípio da eficiência em matéria tributária como a atuação da administração que respeita direitos e garantias do contribuinte, com uma política tributária justa que respeita a capacidade contributiva do cidadão, com soluções adequadas no exame das questões tributárias, sem burocracia, com maior celeridade na solução de controvérsias, sempre respeitando o ordenamento jurídico[211].

Como se nota, no Brasil – cuja doutrina é fortemente influenciada pelos alemães –, o conceito de *eficiência fiscal* é tratado no âmbito da corrente doutrinária adotada na Alemanha (*legislator-centred tradition*), que identifica a eficiência ao respeito à lei. O combate à fraude, o respeito aos princípios da capacidade contributiva, da igualdade, da transparência, etc., são comportamentos que decorrem do cumprimento da lei.

Contudo, esse conceito é muito fluido e vago. Mesmo que não existisse a ideia de eficiência, esses princípios ainda sim deveriam ser cumpridos pelo Poder Público. Ao que parece, essa parte da doutrina deposita no princípio da eficiência a esperança de que todos esses outros princípios sejam efetivamente respeitados, mas sob um ponto de vista econômico. Em outras palavras, existe um mandamento legal ou constitucional para que esses princípios (capacidade contributiva, legalidade, proporcionalidade, transparência, etc.) sejam cumpridos.

Com a eficiência, também passa a existir um mandamento econômico. Em nossa opinião, entretanto, essa conceituação não é a que melhor se adéqua ao princípio da eficiência, que apresenta conteúdo e valores próprios – conforme será oportunamente demonstrado.

Vale ainda apresentar a definição de Hugo de Brito Machado, que se distancia da orientação dos autores acima mencionados. Segundo o autor: *"O princípio da eficiência em matéria tributária consiste na realização da atividade*

---

[210] ÁVILA, Humberto. "Moralidade, razoabilidade e eficiência na atividade administrativa", *Revista Eletrônica de Direito do Estado*, p. 24, acessado em 1.º/03/2013.

[211] RODRIGUES, Marilene Talarico Martins. "Princípio da eficiência em matéria tributária". In.: *Princípio da eficiência em matéria tributária* (coord. MARTINS, Ives Gandra da Silva), São Paulo: Editora Revista dos Tribunais, 2006, p. 107.

de tributação de forma a propiciar o máximo resultado, vale dizer, a maior arreca-
dação, sem prejuízo para a realização do objetivo essencial do Estado que consiste
na preservação do ordenamento jurídico como instrumento de realização do bem
comum, e com o mínimo de sacrifício para os contribuintes. Os limites materiais do
princípio, portanto, consistem nos outros princípios, em especial nos princípios da
legalidade e da isonomia"[212].

Veja-se que, para HUGO DE BRITO MACHADO, o núcleo da eficiência tributária é a máxima arrecadação, observados os limites legais e constitucionais (capacidade contributiva, *v.g.*), com um mínimo de sacrifício para os contribuintes. Além disso, o princípio da igualdade e da legalidade seriam verdadeiros limites ao princípio da eficiência fiscal. Dito de outra forma, o administrador e o legislador, na busca pelo sistema tributário eficiente, não podem atropelar esses dois princípios jurídicos importantes.

Essa definição é muito próxima da proposta por RUTH YAMILE SALCEDO YOUNES e ALIX ADRIANA LLANES ARENAS, que – em nossa opinião – é um dos melhores conceitos já propostos. Para os autores, a eficiência determina a arrecadação de impostos com o menor custo administrativo e o menor gasto com a elaboração de declarações e outros atos do contribuinte. De acordo com esse conceito, os autores chamam a atenção para a necessidade de consideração de dois tipos de custos: o incorrido pelo fisco (no manejo e administração dos tributos) e o incorrido pelos contribuintes e pelos terceiros (nos trabalhos relacionados com o pagmento dos impostos e retenção na fonte)[213].

A doutrina espanhola, conforme noticia JULIO ROBERTO PIZA RODRÍGUEZ, é bastante desenvolvida sobre o tema. Para esse autor, a eficiência deve ser analisada sob dois ângulos diferentes. O primeiro é o do Estado, cujo interesse é arrecadar recursos públicos da maneira mais ágil possível e com o maior rendimento. Da perspectiva do contribuinte, o sistema

---

[212] MACHADO, Hugo de Brito. "Princípio da eficiência em matéria tributária". In.: *Princípio da eficiência em matéria tributária* (coord. MARTINS, Ives Gandra da Silva), São Paulo: Editora Revista dos Tribunais, 2006, p. 54/55.

[213] YOUNES, Ruth Yamile Salcedo; ARENAS, Alix Adriana Llanes. "Principios tributarios de rango constitucional. Principio de reserva de ley y de irretroactividade", In.: VEGA, Mauricio A. Plazas (Coord.). *Del Derecho de la Hacienda Pública al Derecho Tributario. Estudios en honor a Andrea Amatucci*, vol. 3, Bogotá / Napoli: Editorial Temis S.A. – Jovene Editore, 2011, p. 202.

tributário deve permitir o cumprimento de suas obrigações sem maiores esforços[214].

Por seu turno, a jurisprudência espanhola já abordou um interessante conceito de eficiência fiscal. Para a Corte constitucional, a eficiência fiscal é realizada com a observância de dois dos quatros princípios da Fazenda Pública formulados por ADAM SMITH: o da economia de tributos, segundo o qual a administração deve arrecadar os tributos com o menor custo administrativo possível, a fim de que a quantidade de dinheiro retirada do contribuinte seja quase igual à que ingressa nos cofres públicos; e o princípio da comodidade, segundo a qual toda contribuição deve ser arrecadada na época e forma que mais convenha ao contribuinte[215].

Em precedente datado de 2006, a Corte constitucional analisou a eficiência fiscal sob diferentes pontos de vista. Em primeiro lugar, afirmou que o imposto eficiente é o que gera poucas distorções econômicas. Em seguida, afirmou que eficiente é a administração fiscal que logra arrecadar o máximo de recursos possível de acordo com as normas vigentes. Além disso, deve a tributação gerar o menor custo possível para o contribuinte (financeiro e social). Por fim, a Corte entende que o sistema tributário eficiente é o que controla adequadamente a evasão e a elisão fiscais[216].

2. A relação entre performance e complexidade

Para uma parte da doutrina, elemento integrante do conceito de eficiência fiscal é o binômio simplicidade/complexidade. Há, inclusive, quem defina a eficiência fiscal como a prática de atos céleres e eficazes pela administração fazendária, como é o caso de JOSÉ EDUARDO SOARES DE MELO[217]. De acordo com a maioria dos autores, a complexidade é em geral

---

[214] RODRÍGUEZ, Julio Roberto Piza. "Los principios y su función en el ordenamiento jurídio tributario", In.: VEGA, Mauricio A. Plazas (Coord.). *Del Derecho de la Hacienda Pública al Derecho Tributario. Estudios en honor a Andrea Amatucci*, vol. 2, Bogotá / Napoli: Editorial Temis S.A. – Jovene Editore, 2011, p. 144.

[215] Sent. C-445 de 1995 (M. P. Alejandro Martínez Cabalerro). No mesmo sentido, veja-se a Sent. C-419 de 1995 (M. P. Antonio Barrera Carbonell)

[216] Sent. C-773 de 2006.

[217] DE MELO, José Eduardo Soares. "Princípio da eficiência em matéria tributária". In: *Princípio da eficiência em matéria tributária* (coord. MARTINS, Ives Gandra da Silva), São Paulo: Editora Revista dos Tribunais, 2006, p. 138.

incompatível com a eficiência. Segundo IVES GANDRA DA SILVA MARTINS, quanto mais complexo o sistema tributário, menos eficiente ele é[218]. HUGO DE BRITO MACHADO afirma que o *"excesso de obrigações tributárias acessórias, bem como a grande quantidade de incidências tributárias, são incompatíveis com o princípio da eficiência (...)"*[219]. RICARDO LOBO TORRES sustenta que o excesso de obrigações tributárias e a complexidade do sistema tributário conduzem à ineficiência do sistema tributário brasileiro[220].

Outros autores consideram que a complexidade dos sistemas fiscais não os torna necessariamente ineficientes. É o caso OSWALDO OTHON DE PONTES SARAIVA FILHO: *"Não se pode afirmar juridicamente que as obrigações fiscais estipuladas em lei, a complexidade do sistema tributário e o número de tributos são incompatíveis com a eficiência"*[221]. FABIO BRUN GOLDSCHMIDT e ANDREI PITTEN VELLOSO, com apoio em KLAUS TIPKE, consideram que a complexidade é uma característica inerente aos sistemas fiscais contemporâneos. Para esses autores: *"Embora TIPKE reconheça que em todo o mundo se denuncie o 'tax chaos' e se exija a 'tax simplification' – 'the demand for tax simplification has become universal' – conclui que, por 'desgraça', não há de se esperar que em um futuro próximo se aprovem grandes reformas tributárias, que sistematizem e simplifiquem notavelmente o direito tributário"*[222].

De acordo com CELINA SOUZA, o problema da eficiência no Brasil se relaciona com a quantidade de impostos pagos pelo contribuinte; com as diversas alíquotas existentes para um mesmo imposto (*v.g.*, ICMS e ISS); com a complexidade da legislação; e com a carga tributária que se impõe

---

[218] MARTINS, Ives Gandra da Silva. "Princípio da eficiência em matéria tributária". In.: *Princípio da eficiência em matéria tributária* (coord. MARTINS, Ives Gandra da Silva), São Paulo: Editora Revista dos Tribunais, 2006, p. 39.

[219] MACHADO, Hugo de Brito. "Princípio da eficiência em matéria tributária". In.: *Princípio da eficiência em matéria tributária* (coord. MARTINS, Ives Gandra da Silva), São Paulo: Editora Revista dos Tribunais, 2006, p. 60.

[220] TORRES, Ricardo Lobo. "Princípio da eficiência em matéria tributária". In.: *Princípio da eficiência em matéria tributária* (coord. MARTINS, Ives Gandra da Silva), São Paulo: Editora Revista dos Tribunais, 2006, p. 74.

[221] FILHO, Oswaldo Othon de Pontes Saraiva. "Princípio da eficiência em matéria tributária". In: *Princípio da eficiência em matéria tributária* (coord. MARTINS, Ives Gandra da Silva), São Paulo: Editora Revista dos Tribunais, 2006, p. 304.

[222] GOLDSCHMIDT, Fabio Brun; VELLOSO, Andrei Pitten. "Princípio da eficiência em matéria tributária". In: *Princípio da eficiência em matéria tributária* (coord. MARTINS, Ives Gandra da Silva), São Paulo: Editora Revista dos Tribunais, 2006, p. 197.

aos contribuintes, principalmente as empresas, que perdem competitividade no cenário internacional[223]. Para a autora, a onda de informatização que invadiu o Brasil nos últimos anos tem reflexos positivos na eficiência fiscal, uma vez que facilitou o pagamento de impostos, bem como a atividade de fiscalização.

A doutrina, brasileira e estrangeira, diaboliza frequentemente a complexidade do sistema tributário. Esse tipo de crítica já se tornou lugar comum. Na maioria dos casos, os autores a criticam sem, contudo, realizar uma análise mais aprofundada nem oferecer soluções. É o caso, por exemplo, de ANDRÉ L. COSTA-CORRÊA, como se observa do seguinte trecho: *"No tocante ao sistema tributário, a sua mera adjetivação como 'complexo' indica, de pronto, a sua não compatibilidade com o princípio da eficiência tributária, o qual indica a necessidade de que as normas tributárias sejam racionais, eficazes, neutras e de pouca complexidade"*[224].

Todavia, é preciso observar a complexidade sob dois ângulos diferentes. Com efeito, existem duas definições possíveis para a complexidade[225]: a primeira, como a característica daquilo que reúne vários elementos diferentes; a segunda, sinônimo de algo difícil, confuso, obscuro. EDWARD J. McCAFFERY aponta para três tipos de complexidade[226]: "complexidade técnica", que se refere ao nível de compreensão da legislação; "complexidade estrutural", que se refere ao modo pelo qual as leis são interpretadas e aplicadas; e, por fim, *"compliance complexity"* (entendida como a complexidade no cumprimento das regras fiscais), relacionada com a manutenção de registros fiscais, preenchimento de formulários, etc.

O direito tributário da maior parte dos países ocidentais pode ser classificado de complexo, tendo em vista a quantidade de normas, tributos e obrigações acessórias existentes. Ora, a tributação acompanha os progressos da

---

[223] SOUZA, Celina. "Es Sistema Tributario Brasileño y los Dilemas de la Reforma de las Políticas", Disponível em: http://www.focal.ca/pdf/Brazil_Souza-FOCAL_Brazil%20Tax%20System%20Reform%20Dilemmas_February%202005_FPP-05-02_s.pdf, acessado em 30/06/2012.

[224] COSTA-CORRÊA, André L. "Princípio da eficiência em matéria tributária". In: *Princípio da eficiência em matéria tributária* (coord. MARTINS, Ives Gandra da Silva), São Paulo: Editora Revista dos Tribunais, 2006, p. 245.

[225] Versão Eletrônica do Dicionário Aurélio da Língua Portuguesa, verbete: *complexo*.

[226] MCCAFFERY, Edward J. "The Holy Grail of Tax Simplification", *Wisconsin Law Review*, 1990, p. 1269/1273.

economia e das relações sociais de forma geral. Se estas são complexas, no sentido de apresentar vários elementos ou fatores, a tributação também o será. Todavia, essa complexidade não significa necessariamente ineficiência. Nesse sentido, vale relembrar a advertência de MAURICE LAURÉ: *"É frequente, senão constante, a alegação segundo a qual a complexidade da tributação se deve ao grande número e impostos assim como à extensão dos textos (...). O grande número de impostos não gera complexidade, assim como uma pequena quantidade de impostos não constitui uma garantia de simplicidade"*[227].

Assim, um sistema tributário com um grande número de impostos e obrigações, porém no qual as regras são suficientemente claras e de fácil manipulação (que elas sejam codificadas), pode ser classificado de complexo no primeiro sentido, sem ser ineficiente. Por outro lado, um sistema com poucos tributos e obrigações acessórias, porém que apresenta regras de difícil compreensão pode ser qualificado de complexo no segundo sentido, bem como de ineficiente, uma vez que o contribuinte terá enormes dificuldades para cumprir suas obrigações, principais e acessórias.

A complexidade que deve ser tida como alvo é aquela entendida como característica de um objeto de difícil compreensão, algo obscuro, ou, para utilizar a expressão de JOÃO RICARDO CATARINO, a "complexidade desnecessária"[228]. A doutrina brasileira se preocupa muito frequentemente com o número de tributos, sem identificar a fonte real da complexidade. A simplificação tributária por meio da redução do número de impostos é, segundo MAURICE COZIAN[229], um *mito*.

O senso de complexidade que afeta mais diretamente a eficiência é o da ausência de clareza. Pode-se dizer que a incompreensão de uma lei é muito mais grave que o grande número de obrigações fiscais. Estas podem ser facilmente cumpridas quando há no sistema tributário regras de fácil compreensão e execução. Assim, conhecida a tendência mundial dos

---

[227] LAURÉ, Maurice. *Traité de politique fiscale.* Paris: Presses Universitaires de France, 1956, p. 350/351.

[228] CATARINO, João Ricardo. *Redistribuição Tributária. Estado Social e Escolha Individual.* Coimbra: Almedina, 2008, p. 508. Veja-se, a propósito, a excelente análise do autor sobre os efeitos da complexidade tributária nos sistemas norte-americano e europeu (p. 512 e ss.).

[229] COZIAN, Maurice. *Précis de fiscalité des entreprises.* 32.ª ed, Paris: Litec, 2008, p. 10.

sistemas tributários[230], o objetivo do legislador não deve ser a utopia da simplificação fiscal, mas a sistematização da complexidade.

Afinal, a origem da complexidade dos sistemas tributários reside em problema contra o qual não se pode lutar. Segundo MAURICE LAURÉ, a fonte principal da complexidade, no sentido de dificuldade, do sistema tributário é o *gosto pelo privilégio*. Trata-se, na realidade, de um problema social de origem psicológica, que contribui em grande escala para tornar complexo o sistema tributário: "*O privilégio, isto é, uma vantagem particular no âmbito de aplicação do imposto, é o que os contribuintes buscam em todos os lugares. O sentimento trazido pelo benefício de um privilégio torna mais suportável o peso da tributação. Contudo, os privilégios são necessariamente exceções, que complicam ao mesmo tempo a legislação e a base de cálculo do imposto. A complicação resulta não somente do enunciado das exceções, mas também da adaptação que é preciso fazer nas disposições gerais, pretéritas ou futuras, para levar em considerações esses privilégios*"[231].

Na parábola do imposto sobre guarda-chuvas, MAURICE COZIAN demonstra com precisão o modo como o gosto pelos privilégios torna um sistema tributário complexo[232]. É quando cada indivíduo ou grupos sociais estruturados reclamam para si um tratamento diferenciado, por conta de sua situação diferente em relação aos demais, é que o sistema se torna inaceitavelmente complexo.

Por outro lado, há que se ressaltar que o sistema tributário extremamente simples também pode colidir com a equidade, conforme destacado por PARTHASARATHI SHOME[233]. Isso porque as deduções, isenções e alíquotas progressivas, por exemplo, são instrumentos que trazem equidade ao sistema, pois ajudam a respeitar as diferenças entre os contribuintes,

---

[230] Demonstrando se tratar de um mal mundial, JOÃO RICARDO CATARINO afirma sobre o caso de Portugal: "*A legislação fiscal é ininteligível para os agentes econômicos em geral, revela péssima técnica legislativa, não é estável, não permite a sua assimilação a cabal compreensão. Essa ininteligibilidade revela-se no facto de ser de difícil compreensão até mesmo para os nela mais versados, que também tem dificuldades na sua interpretação e aplicação.*" Cf. CATARINO, João Ricardo. *Para uma Teoria Política do Tributo*. 2.ª ed., Lisboa: Centro de Estudos Fiscais, 2009, p. 446. Ainda segundo o autor, essa complexidade é um dos grandes fatores de perda de eficiência (p. 450).

[231] LAURÉ, Maurice. *Traité de politique fiscale*. Paris: Presses Universitaires de France, 1956, p. 352.

[232] COZIAN, Maurice. *Précis de fiscalité des entreprises*. 32.ª ed., Paris: Litec, 2008, p. 10.

[233] SHOME, Parthasarathi. "Tax Policy and the Design of a Single Tax System', In.: *Bulletin for International Fiscal Documentation*, IBFD, March/2003, v. 57, n.º 3, p. 101.

mas deixam o sistema tributário inegavelmente mais complexo, devido à existência de múltiplas regras. Assim, é preciso buscar o equilíbrio entre complexidade e equidade, uma vez que o desenvolvimento de apenas um deles levará, inevitavelmente, à deficiência do outro, o que não é desejável.

A busca pela simplicidade do sistema tributário não pode ser um fim em si mesmo, pois, conforme destacado por JOEL SLEMROD, *"não há como simplificar um sistema tributário sem que a equidade e a eficiência econômica também sejam afetados"*[234].

3. A relação entre a performance e a justiça tributária

A relação entre justiça e performance fiscal é bem delicada. O grande princípio legitimador dos sistemas fiscais ao longo do século XX foi a capacidade contributiva, que é o reflexo do princípio da igualdade ou equidade no direito tributário. Em outras palavras, para ter legitimidade, o sistema tributário deveria se pautar em tributos que respeitam a capacidade contributiva, pois a ideia geral de igualdade que se construiu no âmbito fiscal é a de que os impostos deveriam gravar o patrimônio dos cidadãos na medida de sua disponibilidade, ficando vedada a tributação do mínimo gasto para a sobrevivência.

Ocorre que a observância das características individuais torna a legislação fiscal muito mais difícil de ser aplicada, na medida em que deverá haver uma grande quantidade de normas com previsão de situações muito diversas. Assim, a estrita observância das condições pessoais de todos contribuintes – que é uma utopia – gera uma situação de contrariedade com a performance fiscal, pois a gestão e a aplicação de todas essas normas sempre são tarefas muito difíceis. Essa relação de contrariedade foi notada por ALBERT CASAMIGLIA, para quem existe uma relação inversa (*trade-off*) entre esses dois conceitos (*justiça* e *performance*), pois quando o sistema for equitativo, a performance será prejudicada e quando o sistema privilegiar a performance, poderá haver resultados injustos[235].

---

[234] SLEMROD, Joel. "Which is the Simplest Tax System of Them All?". In: *Economics Effects of Fundamental Tax Reform* (Editors: H. J. AARON e W. G. GALE), Washington, DC: Brookings Institutions Press, 1996, p. 357. Em outro trecho, o autor afirma que: *"Simplification should be one criterion on which tax system are judged, but it should not be the only one. There are important trade-offs between simplicity and fairness"*. (*Ibid.*, p. 382).

[235] CASAMIGLIA, Albert. "Eficiencia y Derecho", *Doxa*, n.º 4, 1987, p. 271.

Outros autores também remarcaram essa contradição. Em língua portuguesa, destaca-se o artigo de Gustavo Caldas Guimarães de Campos, sobre os possíveis conflitos e convergências entre o princípio da capacidade contributiva e as normas de simplificação fiscal – normas que estão a serviço do princípio de eficiência. Em seu artigo, o autor deixa claro que o sistema tributário cuja aplicação da norma seja demasiadamente simplificada, por imperativos de eficiência, torna-se injusto.[236]

O autor exemplifica com o caso brasileiro das presunções do valor de venda de mercadorias. No Brasil, o legislador estabeleceu que, para fins de simplificação do sistema fiscal, o preço das mercadorias seria estabelecido por meio de uma pauta de valores, estabelecida pelo próprio Governo. Dessa forma, o vendedor de uma mercadoria já antecipa – com base nesse valor presumido – o ICMS devido nas operações posteriores. No caso em que o valor presumido é maior que o preço de mercado – e a prática mostra que essa é quase que a regra –, fica vedada a restituição do imposto pago a maior, pois a verificação individual do preço praticado seria impraticável e tornaria o sistema ineficiente. Nesse caso, o imperativo de eficiência suplantou o de justiça individual, não obstante o caloroso debate que o tema suscitou na doutrina de norte a sul do Brasil.

O dilema entre performance e igualdade também é tema de debate na doutrina em língua inglesa. Boris I. Bittker chama atenção para o fato de que, tradicionalmente, a equidade tem sido o princípio utilizado pelos teóricos na estruturação do imposto de renda americano. Segundo o autor, atualmente, os imperativos de eficiência e eficácia – como objetivo de política econômica – têm suplantado a equidade no sistema tributário aplicado nos EUA.

Em outras palavras, o legislador tem privilegiado a construção de um sistema eficiente e eficaz em detrimento da estrita observância ao *princípio da igualdade*[237]. Inúmeros autores americanos têm discutido a conveniência da manutenção de benefícios fiscais diversos – criados para que as indivi-

---

[236] DE CAMPOS, Gustavo Caldas Guimarães. "O princípio da capacidade contributiva e as normas de simplificação do sistema fiscal: conflitos e convergências", In.: DE CAMPOS, Diogo Leite (org.). *Estudos de Direito Fiscal*, Coimbra: Almedina, 2007, p. 103 e ss.

[237] *"Traditionally, equity has been the standard applied by tax theorists to the structural details of the federal income tax. (...) Equity is now being supplemented, even supplanted, by efficiency as the goal of economic policy"* (BITTKER, Boris I. "Equity, Efficiency, and Income Tax Theory: Do Misallocations Drive Out Inequities?", In.: *The Economics of Taxation* (AARON, Henry J.; BOSKIN, Michael J., editors), Washington, DC: Brookings Institutions Press, 1984, p. 19)

O CONCEITO DE PERFORMANCE

dualidades dos contribuintes sejam observadas. Essas forças opostas representadas pelos objetivos de performance e justiça também são analisadas por LOUIS KAPLOW, sob a ótica da complexidade do sistema tributário[238].

De acordo com JAMES BUCHANAN e GEOFFREY BRENNAN, para uma reforma tributária legítima, as considerações sobre a performance são eticamente superiores e politicamente mais práticas do que os argumentos baseados na equidade[239]. E essa nova orientação decorre também da vontade dos próprios contribuintes – conforme assinalado por DENNIS J. VENTRY JR. –, que se tornaram muito mais propícios às considerações de eficiência[240]. Ainda de acordo com o referido autor, não se trata de nenhuma novidade, pois o pêndulo fiscal vem oscilando das considerações sobre equidade às considerações de performance fiscal nas duas últimas gerações[241].

Em língua francesa, C. HEADY aponta para a existência de uma contradição entre os objetivos de equidade e performance, principalmente no que diz respeito ao número de alíquotas do imposto de renda[242]. A existência de diversas faixas pode assegurar uma maior igualdade entre os cidadãos – pois os mais ricos serão tributados com alíquotas progressivamente maiores –, mas essa política inegavelmente deixa o sistema tributário menos eficiente. Segundo o autor, o mesmo tipo de problema ocorre na tributação da renda familiar, por conta das inúmeras regras existentes. Por seu turno,

---

[238] KAPLOW, Louis. "How tax complexity and enforcement affect the equity and efficiency of the income tax", *National Tax Journal*, v. XLIX, março 1996, p. 135 e ss.

[239] *"In fact, efficiency considerations allow ample scope for legitimate tax reform, and arguably they are ethically superior and politically more pratical than arguments based on equity considerations"* {BUCHANAN, James; BRENNAN, Geoffrey. "Tax Reform without Tears" In.: *The Economics of Taxation* (AARON, Henry J.; BOSKIN, Michael J., editors), Washington, DC: Brookings Institutions Press, 1984, p. 35.}

[240] *"While experts have become slightly more amenable to equity considerations, the taxpaying public has become more sensitive to efficiency concerns, particulary the costs of high marginal tax rates."* (VENTRY JR., Dennis J. "Equity versus Efficiency and the U.S. Tax System in Historical Perspective", *Tax Justice*, The Urban Institute Press, Washington D.C., p. 62)

[241] *"Over the last two generations, however, the tax pendulum has swung from equity to efficiency concerns."* (VENTRY JR., Dennis J. "Equity versus Efficiency and the U.S. Tax System in Historical Perspective", *Tax Justice*, The Urban Institute Press, Washington D.C., p. 26)

[242] HEADY, C. "La contradiction entre les objectifs d'équité et d'efficacité dans la conception des systèmes d'impôt sur le revenu des personnes physiques" In: *Le Rôle de la Réforme Fiscale dans les Économies d'Europe Centrale et Orientale*, Les Éditeurs de l'OCDE, Paris, 1991, p. 91.

P. STEPANEK põe em evidência a contradição entre o objetivo de justiça fiscal o de performance fiscal na Tchecoslováquia[243].

Cabe notar que a prevalência do objetivo de performance ao de estrita igualdade ocorre nos sistemas influenciados pela denominada análise econômica do direito, como é o caso dos EUA. Essa análise econômica do direito tributário tem desempenhado papel importantíssimo na legitimação do sistema tributário, figurando ao lado de importantes princípios constitucionais de legitimação. Obviamente, um sistema tributário reconhecidamente eficiente e eficaz goza de uma aceitação muito maior do que o sistema falho, corrompido, com problemas estruturais, que reverte em favor da sociedade uma contrapartida pobre, com serviços públicos de baixa qualidade.

Para CARLO GARBARINO, a análise econômica do direito tributário demonstra que a performance do sistema fiscal pode ser utilizada para integrar a noção de equidade / legalidade[244]. Assim, uma decisão proferida pela administração pode ser motivada em termos de performance. Em outras palavras, além dos laços formais da argumentação jurídica tradicional orientada apenas para valores de justiça, a decisão da administração pode ser *justificada* também levando em consideração os aspectos de avaliação da relação custo-benefício e não só os aspectos da avaliação de equidade.

A análise econômica do direito tributário também mostra que o objetivo de performance pode direcionar a intervenção normativa e, por conseguinte, estabelecer formas eficazes para responder à demanda de proteção do contribuinte. A introdução de procedimentos que tornem possível a participação do contribuinte na determinação do conteúdo da obrigação tributária, responde à necessidade de assegurar proteção, bem

---

[243] STEPANEK, P. "Contradiction entre l'objectif de justice fiscale et celui d'efficience: L'éxpérience de la RFTS", In: *Le Rôle de la Réforme Fiscale dans les Économies d'Europe Centrale et Orientale*, Les Éditeurs de l'OCDE, Paris: 1991, p. 103.

[244] *"Essa [analisi economica del diritto tributario] dimonstra che il criterio dell'efficienza può essere utilizzato per integrare nozione di equità/legalità: ed infatti le decisioni dell'Amministrazione finanziaria che agisce in sede giustiziale possono essere motivate anche in termini di efficienza, nel senso che una certa decisione potrà essere considerata come 'giustificata' considerando anche aspetti di valutazione costi-benefici (in relazione ad interessi interni), oltre che i nessi formali di derivazione logica dell'argomentazione giuridica tradizionali orientata solo ai valori di giustizia."* (GARBARINO, Carlo. *Imposizione ed Effettività nel Diritto Tributario.* CEDAM: Milani, 2003, p. 24)

como o respeito ao dever de performance, sem oferecer qualquer alteração substancial da legalidade da tributação[245].

Não existe, contudo, uma relação de exclusividade entre performance e igualdade fiscal. A visão de que não se pode ter um sistema tributário minimamente performante e igualitário é errada. Como assinalado por ROBERT HOWARD e JASON WAYWOOD, os sistemas tributários não são absolutamente eficientes/eficazes nem absolutamente justos, de modo que é possível haver um meio termo entre os dois objetivos[246], posição com a qual aderimos sem restrições.

B. Considerações práticas sobre a performance tributária

Muitos estudiosos se preocuparam com a parte mais prática do conceito de performance fiscal, ou seja, de que maneira o sistema tributário pode se tornar de fato performante. Essa doutrina menciona basicamente os meios que podem desenvolver e aumentar a arrecadação fiscal (1) e os meios que podem melhorar a atividade administrativa (2).

1. O aumento das receitas fiscais

A arrecadação fiscal pode ser aumentada de duas maneiras diferentes. A primeira – sem aumentar o valor dos tributos já existentes –, consiste em desenvolver uma política que favoreça o cumprimento voluntário das obrigações fiscais pelos contribuintes (a). Além disso, é preciso investir contra a evasão fiscal (b). A segunda consiste no aumento do valor dos tributos já instituídos, medida de duvidosa utilidade no atual cenário político-econômico. Contudo, é preciso ter cuidado para que essa política não

---

[245] GARBARINO, Carlo. *Imposizione ed Effettività nel Diritto Tributario*. CEDAM: Milani, 2003, p. 24/25. *"L'analisi economica del diritto tributario mostra infatti che l'efficienza di regole in determinati contesi può indirizzare gli interventi normativi, e che quindi introducano forme efficienti per rispondere alla domanda di tutela del contribuente (le tutele giustiziale) sono de jure condendo auspicabili, nella misura in cui non confliggano con altri interessi primari. La introduzione di procedure che rendano possibile per il contribuente di concordare il contenuto dell'obbligazione tributaria risponde dunque all'esigenza di attribuire tutela e contemperare equità ed efficienza e non è, di per sé, una sostanziale alterazione della legalità dell'imposizione."*
[246] *"The stylized facts are that a single-rate tax is necessarily more efficient than a multiple-rate tax, and that a multiple-rate tax is necessarily more equitable than a single-rate tax"*. (HOWARD, Robert; Jason Waywood. "Optimal Taxation: The Equity-Efficiency Trade-Off in the Personal Income Tax", *Tax Notes International*, v. 27, n.º 10, 2 septembre 2002, p.1228)

gere efeito contrário, ou seja, a diminuição das receitas fiscais, o que ocorre quando não se observa as ponderações explícitas na Curva de Laffer (c).

a. O cumprimento voluntário das obrigações fiscais

O sistema tributário que apresenta um alto grau de cumprimento voluntário das obrigações fiscais é – sem dúvida – o mais eficiente. De acordo com ÁNGEL RUBÉN TONINELLI, por cumprimento voluntário se entende a atitude adotada pelo contribuinte frente suas obrigações fiscais, correspondente ao pagamento da dívida sem controle ou sanção da Administração fiscal[247]. Em outras palavras, o contribuinte se mantém em dia com suas obrigações sem nenhuma intervenção da administração. RUBEM OSCAR PANTANALI afirma que esse é um dos grandes objetivos da Administração fiscal, uma vez que se traduz num menor esforço arrecadatório e um aproveitamento mais eficiente dos recursos da administração[248]. No mesmo sentido, CARLOS A. SILVANI afirma que o objetivo principal da Administração fiscal deve ser desenvolver o cumprimento voluntário das obrigações e não perseguir contribuintes fraudadores ou aplicar multas[249].

Do outro lado, o sistema tributário com baixo índice de cumprimento voluntário é ineficiente, uma vez que a Administração fiscal deverá percorrer longo caminho até receber efetivamente o valor devido pelo contribuinte, o que resulta numa grande perda de recursos (tempo e dinheiro).

---

[247] "Denominamos cumplimiento voluntario (CV) a la actitud que adopta cada contribuyente frente a sus obligaciones tributarias, más allá de los mecanismos coercitivos que puede llegar a utilizar la Administración para forzar su cumplimiento. Es una medida de su propensión a cumplir, aun cuando no existiese ningún tipo de control o sanción. Normalmente obedece a convicciones y motivaciones que se sustentan en los valores que privilegia cada individuo y que guían su conducta como ciudadano". (TONINELLI, Ángel Rubén. "Administración Tributaria. Enfoque sistémico", In: DÍAZ, Vicente O. (dir.) Tratado de tributación. Política y economía tributaria, Tomo II, vol. 2, p. 359)

[248] "El segundo gran objetivo de la Administración es lograr el cumplimiento voluntario de las obligaciones fiscales, lo cual se traducirá en un menor esfuerzo recaudatorio y un aprovechamiento más eficiente de los recursos de la Administración, los que – en general – resultan siempre escasos, al menos en los países latinoamericanos" (PANTANALI, Rubem Oscar. "La función de recaudación", In: DÍAZ, Vicente O. (dir.) Tratado de tributación. Política y economía tributaria, Tomo II, vol. 2, p. 442)

[249] "The goal of tax administration is to foster voluntary compliance. Penalizing tax evaders or going after delinquent taxpayers are not in themselves the object of tax administration." {SILVANI, Carlos A. "Improving Tax Compliance", In: Improving Tax Administration In Developing Countries (Orgs.: BIRD, Richard M.; JANTSCHER, Milka Casanegra), Washington : International Monetary Fund, 1992, p. 274}

O quadro abaixo demonstra bem a estreita relação entre cumprimento voluntário e o nível de atividade administrativa.

GRÁFICO SOBRE VINCULAÇÃO ENTRE CUMPRIMENTO
VOLUNTÁRIO E NÍVEL DE ATIVIDADE ADMINISTRATIVA

Em primeiro lugar, é preciso ter em mente que apenas um sistema de sanções para o não cumprimento voluntário das obrigações fiscais não é suficiente, a menos que se estabeleça sanções mais severas que se permite numa sociedade democrática[250]. Conforme ressaltado por OLIVER OLDMAN, o contribuinte sentirá uma obrigação moral de pagar o imposto devido se houver três condições reunidas. Em primeiro lugar, se a imagem que ele tem do governo for satisfatória; em seguida, se ele está de acordo com a política de gasto público adotada pelo governo; por fim, se ele entende que o peso da tributação é dividido de forma justa entre os contribuintes[251].

A política de gasto público e distribuição do peso da tributação estão fora do âmbito da atividade exercida pela Administração fiscal. Com relação à imagem que o contribuinte tem das repartições fiscais, é preciso

---

[250] "*It should be noted at the outset, however, that fear of sanctions will not be sufficient by itself to assure compliance unless the sanctions are far more severe than would be contemplated in a democratic society*". (OLDMAN, Oliver. "Controlling Income Tax Evasion", In: *Problems of Tax Administration in Latin America*, Joint Tax Program, 1965, p. 300)

[251] "*A taxpayer will feel a moral obligation to comply with income tax laws if his image of the government satisfies him, if he is in general accord with the expenditure polices of the government, and if he thinks that the burdens of taxation relative to the expenditure policies are fairly distributed among the population by the tax laws and by the manner in which they are administered*". (OLDMAN, Oliver. "Controlling Income Tax Evasion", In: *Problems of Tax Administration in Latin America*, Joint Tax Program, 1965, p. 300)

levar em conta uma série de fatores. Em regra, a maioria dos contribuintes somente estabelece contato com a Administração fiscal na época em que o imposto sobre a renda deve ser pago. São nessas visitas aos órgãos da fazenda que o contribuinte forma sua imagem.

Se a repartição fiscal for luxuosa, o contribuinte poderá entender que há desperdício do dinheiro público. Se a repartição vive superlotada, é desconfortável, e o contribuinte é mal atendido, o contribuinte pode achar que a administração é ineficiente. Se os funcionários o tratam como sonegador potencial, o contribuinte pode pensar que o governo é tirano. Se o funcionário perde horas no atendimento, abordando assuntos não relevantes para o caso do contribuinte, ele pode entender que inexiste um senso de responsabilidade[252]. Por isso, a questão do atendimento dispensado ao contribuinte é de fundamental importância.

Para que o contribuinte tenha uma boa imagem da Administração fiscal, RUBEM OSCAR PANTANALI sugere algumas medidas. A primeira delas seria a contratação de funcionários capacitados para o atendimento ao público, que trabalhem de maneira ágil e precisa – sem perda de tempo para ambas as partes. É importante ressaltar que o funcionário que tem contato com o contribuinte é o espelho da Administração fiscal. Muitas vezes se observa a tendência em colocar funcionários menos capacitados (geram um custo menor para a administração) para realizar o atendimento ao público. Contudo, essa prática é perigosa, pois o funcionário mal preparado pode induzir o contribuinte a erro, trazendo prejuízos para a própria Administração.

A Administração fiscal deve manter uma página na *web* permanentemente atualizada e de rápido acesso. O contribuinte deve poder encontrar nessa página a maioria dos serviços que ele busca nas instalações da repartição fiscal, principalmente a emissão do documento necessário para

---

[252] *"The taxpayer's image of government is determined by many things, from the personality of political leaders to the way in which he is treated when he visits a government tax office. For many persons, their only close contact with government is through the taxing process, and it is thus that their image of government may be formed. If the tax office is lavish, a taxpayer may assume his government is wasting money. If the office is overcrowded, uncomfortable, and has no satisfactory place for the taxpayer to wait his turn or to confer about his tax affairs, then he may assume the government is inefficient and incapable of carrying out the public's wishes. If tax officials treat him too brusquely and as he's a crook, he may suspect the government of being tyrannical. If officials spend hours with him 'shooting the bull', he may assume there's little feeling of responsibility among officials."* (OLDMAN, Oliver. "Controlling Income Tax Evasion", In: *Problems of Tax Administration in Latin America*, Joint Tax Program, 1965, p. 300)

o pagamento da dívida fiscal. Alternativamente, a Administração fiscal deve manter meios de atendimento alternativos, como telefone e e-mail diretos. Alguns sistemas – como é o caso do Brasil – disponibilizam na *web* o serviço de entrega de declarações, o que também facilita muito o trabalho das repartições fiscais.

Para os sistemas fiscais nos quais ainda vige a declaração em papel, é preciso que haja adequada disponibilidade dos formulários em estoque. Para os sistemas informatizados, é preciso um sistema que comporte uma grande demanda de *download* de formulários, principalmente nas épocas próximas ao prazo para entrega das declarações. O mesmo ocorre com a entrega, sendo necessário um sistema que comporte o envio de um grande número de declarações, pois é comum o sistema ficar indisponível nas proximidades do prazo de envio.

Além disso, é preciso que a recepção das declarações e pagamentos não seja condicionada a nenhum tipo de requisito. Conforme destacado por Rubem Oscar Pantanali, alguns países da América Latina condicionavam, no passado, a recepção de declarações ou realização de pagamento ao cumprimento de requisitos impostos por outros órgãos não relacionados com a Administração fiscal, bem como ao pagamento de débitos anteriores não quitados. Essa limitação não existe mais hoje em dia e ao contribuinte é facultado pagar o imposto junto com a declaração ou não, ficando a seu critério.

É preciso também reduzir ao mínimo o tempo requerido para efetuar todo tipo de trâmite, padronizando no que for possível os procedimentos administrativos. A informatização dos serviços é um excelente meio para se alcançar esse resultado, mas isso depende dos recursos disponíveis. No caso em que não seja possível informatizar o sistema tributário – pelo menos no curto-médio prazo –, é preciso aumentar os pontos de recebimento das declarações e pagamentos com a utilização da rede bancária. Além de contar com pessoal capacitado para tanto, a rede bancária goza de uma distribuição geográfica importante para garantir o acesso do contribuinte com domicílio distante dos principais centros.

No caso dos sistemas em que o contribuinte tem que se dirigir à repartição fiscal para tirar dúvidas e cumprir suas obrigações, é necessário minimizar as filas de espera. Uma possível maneira seria a utilização de terminais de autoatendimento com a função de recebimento das declarações fiscais e fornecimento de informações básicas ao contribuinte.

Outra principal maneira de se ganhar a confiança do contribuinte é permitir que o pagamento seja realizado de diversas maneiras diferentes, desde o dinheiro em espécie, passando pelo cheque e pelo uso do cartão de crédito. Além disso, se a Administração fiscal investisse no uso de débito automático, certamente o número de atrasos por esquecimentos ou falta de organização seria diminuído. Deve-se deixar o contribuinte muito à vontade para que ele tenha liberdade de escolher qual a forma de pagamento que mais lhe agrada.

Não se trata de nenhuma novidade, pois ADAM SMITH já tinha estipulado como a terceira das suas conhecidas quatro máximas que *"todo o imposto deve ser lançado no tempo ou modo mais provável de ser conveniente para o contribuinte o pagar. Um imposto sobre a renda da terra ou das casas, pagável no mesmo prazo em que tais rendas são geralmente liquidadas, é lançado na altura em que é mais provável de satisfazer as conveniências do contribuinte"*.

Outra medida importante é a *ajuda educacional*, nos termos utilizados por OLIVER OLDMAN. Ao ajudar o contribuinte – pessoa física ou jurídica – com dificuldades no cumprimento da obrigação acessória, a Administração fiscal consegue ao mesmo tempo evitar erros e controlar as atividades do contribuinte, bem como instruí-lo como se deve proceder corretamente[253]. Esse procedimento é realizado na França, por meio dos *Centros de Gestão Aprovados*.

b. Combate à evasão fiscal

Inicialmente, deve-se esclarecer que o termo *evasão* não é utilizado aqui somente como sinônimo de fraude, mas também como resultado de todos os erros que levam ao não cumprimento das obrigações fiscais, tais como ignorância (principalmente em relação às pessoas físicas), erros de fato ou de direito (erros cometidos pelos assessores – advogados ou contadores – de pessoas jurídicas) ou simples negligência.

O combate eficaz à evasão fiscal está inteiramente relacionado com o aumento das receitas fiscais, motivo pelo qual FABIO BRUN GOLDSCHMIDT e ANDREI PITTEN VELLOSO, com apoio em KLAUS TIPKE, inserem-no no

---

[253] OLDMAN, Oliver. "Controlling Income Tax Evasion", In: *Problems of Tax Administration in Latin America*, Joint Tax Program, 1965, p. 304.

núcleo do conceito de eficiência fiscal[254]. O combate à evasão fiscal somente se relaciona com o dever de performance na medida em que favorece o aumento de receita. O fato de a política que privilegia o combate à evasão também favorecer o adequado cumprimento à lei e ao princípio da igualdade não tem relação com a realização da performance fiscal, pois essas outras finalidades são independentes.

Quando se fala de combate à fraude, o meio mais indolor, rápido e eficiente é o sistema de retenção na fonte. Com isso, evita-se o desgaste e o longo caminho da execução do contribuinte, que traz prejuízos a ambas as partes. Sobre essa questão, vale registrar a opinião de OLIVER OLDMAN, que afirma ser o sistema de retenção a *última palavra* em termos de arrecadação fiscal[255]. Isso porque, ao retirar do contribuinte a responsabilidade e o fardo de ter que pagar o imposto por iniciativa própria, também se retira a tentação da possibilidade de não pagar ou pagar menos. Com isso, o sistema tributário cuja retenção na fonte é largamente utilizada torna-se mais eficiente, sob o ponto de vista de diminuição da evasão fiscal.

Outra sugestão que se encontra em doutrina é a publicação de uma lista com o nome dos devedores. De acordo com OLIVER OLDMAN, muitos países disponibilizam essa lista como meio de coação moral dos contribuintes devedores[256]. Os detalhes das declarações dos contribuintes são mantidos em sigilo, porém sua situação de devedor é divulgada em listas oficiais.

Além das sanções de efeito psicológico, menciona-se também as sanções de efeito econômico. Alguns países estabelecem vedações econômicas para os contribuintes em débito com a Administração fiscal. Esses contribuintes, por exemplo, não podem realizar determinadas atividades econômicas,

---

[254] *"Como explica Tipke, aludindo à aplicação do princípio da eficiência à administração tributária (...), as autoridades devem garantir que os impostos não sejam objeto de evasão."* (GOLDSCHMIDT, Fabio Brun; VELLOSO, Andrei Pitten. "Princípio da eficiência em matéria tributária". In: *Princípio da eficiência em matéria tributária* (coord. MARTINS, Ives Gandra da Silva), São Paulo: Editora Revista dos Tribunais, 2006, p. 193/194)

[255] *"The ultimate in efficient collection processes would be a means whereby a third hand, the tax administration or its agent, was present at every economic transaction to extract then and there the correct amount of tax (sales tax as well as income tax) in such a manner that no one would ever have to file a tax return."* (OLDMAN, Oliver. "Controlling Income Tax Evasion", In: *Problems of Tax Administration in Latin America*, Joint Tax Program, 1965, p. 306)

[256] *"It is confidently expected that the psychological impact of this measure, in combination with the economic penalty, will help to combat evasion"* (OLDMAN, Oliver. "Controlling Income Tax Evasion", In: *Problems of Tax Administration in Latin America*, Joint Tax Program, 1965, p. 392).

principalmente as relacionadas à contratação com o setor público. Em outras palavras, esses contribuintes devedores não podem participar de licitações, em cuja participação se exige a apresentação de uma certidão negativa de débitos (*tax clearance certificate*).[257]

Um sistema de imposição de multas proporcionais também ajuda no combate à evasão. A multa deve ser compatível com a intenção do agente, pois o contribuinte desatento não pode ser penalizado da mesma forma que o fraudador. A pena máxima – que é a pena de prisão – deve ser aplicada apenas aos contribuintes que agem com a intenção de fraudar os fatos (sonegação), o que já é praticado em diversos países. O simples descumprimento do dever fiscal jamais deve ensejar a prisão do contribuinte. É preciso também que a administração invista no marketing da efetividade de suas sanções, pois o contribuinte deve saber que o não cumprimento das obrigações fiscais será efetivamente descoberto e punido[258].

c. A Curva de Laffer

A outra alternativa para o aumento das receitas fiscais é o aumento do imposto devido, política fiscal que se verifica hoje em dia em alguns países europeus, principalmente por conta da crise financeira instalada. A única observação que deve ser feita a essa política diz respeito ao aumento demasiado das alíquotas dos tributos, o que pode ter o efeito contrário, conforme demonstrado por ARTHUR LAFFER em teoria que, por se fundamentar num gráfico onde se destaca uma parábola, ficou conhecida como Curva de Laffer.

A Curva de Laffer assumiu papel relevante no meio acadêmico e no imaginário político após a ascensão do grupo de economistas conhecidos como "*supply-side*" (em uma tradução literal, economistas do lado da oferta), postos em destaque no governo norte-americano na década de oitenta. Para este grupo, uma boa maneira de se estimular a economia seria a redução de alíquotas tributárias e que tal medida poderia levar a aumentos na arrecadação. Embora a ideia em si seja bem anterior a proposição da Curva, as evidências

---

[257] MOISÉS-BEATRIZ, Alfonso. "Comments to Oliver Oldman paper's", In: *Problems of Tax Administration in Latin America*, Joint Tax Program, 1965, p. 393.

[258] SILVANI, Carlos A. "Improving Tax Compliance", In: *Improving Tax Administration In Developing Countries* (Orgs.: BIRD, Richard M.; JANTSCHER, Milka Casanegra), Washington: International Monetary Fund, 1992, p. 274.

empíricas eram escassas, podendo-se citar apenas a aplicação em corte de tarifas de importação[259] e de tributos sobre a renda do trabalho[260].

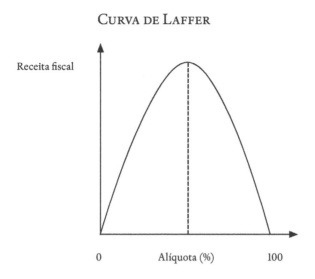

CURVA DE LAFFER

A Curva de Laffer é uma representação teórica da relação entre o valor arrecadado com um imposto às diferentes taxas. É usada para ilustrar o conceito de "elasticidade da receita taxável". Para se construir a curva, considera-se o valor obtido com as alíquotas de 0% e 100%. É óbvio que uma alíquota de 0% não traz receita tributária, mas a hipótese da Curva de Laffer afirma que uma alíquota de 100% também não gerará receita, uma vez que não haverá incentivo para o sujeito passivo da obrigação tributária receber ou conseguir qualquer valor.

Se ambas as taxas – 0% e 100% – não geram receitas tributárias, conclui-se que deve existir uma alíquota na qual se atinja o valor máximo. A Curva de Laffer é tipicamente representada por um gráfico estilizado em parábola que começa em 0%, eleva-se a um valor máximo em determinada alíquota intermediária, para depois cair novamente a 0 com uma alíquota de 100%.

Um resultado potencial da Curva de Laffer é que aumentando as alíquotas além de certo ponto torna-se improdutivo, à medida que a receita

---

[259] CAVES, Richard E.; JONES, Ronald. W. *World trade and payments. An introduction*. Boston: Little, Brown, 1973, p. 60.
[260] FULLERTON, D. "On the possibility of an inverse relationship between tax rates and government revenues", *Journal of Public Economics*, v. 19, n. 4, 1982, p. 22.

também passa a diminuir. Uma hipotética Curva de Laffer para cada economia pode apenas ser estimada, frequentemente apresentando resultados controversos. Mas não se nega a ideia de que o aumento excessivo das alíquotas gerais tem como consequência a diminuição das receitas fiscais, o que não se coaduna com o conceito de performance fiscal.

2. A melhora na atividade da Administração tributária

A outra parte da doutrina sobre o conceito de performance aborda os meios que podem melhorar a atividade da Administração fiscal. Essa doutrina menciona, basicamente, a organização do trabalho (a); a possibilidade de privatização de atividades da Administração fiscal (b) e o princípio da praticidade ou simplificação na aplicação das leis fiscais (c).

a. Organização do trabalho

A boa organização do trabalho realizado pela Administração fiscal é um pressuposto para a performance na cobrança de tributos. Em alguns países em desenvolvimento, o problema da falta de organização leva a um problema crônico de perda de receitas. Funcionários mal preparados trabalhando em repartições desorganizadas ou propensas à corrupção é a receita para o fracasso da arrecadação fiscal.

Independentemente da política arrecadatória adotada – que pode variar muito de acordo com a orientação política do partido da situação –, o nível da arrecadação está diretamente relacionado com a competência e o profissionalismo dos agentes da administração. GLENN P. JENKINS informa que a Administração fiscal de diversos países sofre de um problema generalizado de ausência de profissionalismo[261]. Segundo o autor, os baixos salários tradicionalmente pagos por essas administrações têm um duplo efeito perverso: de um lado, torna difícil o recrutamento e a manutenção de talentos; do outro, favorece a corrupção dos agentes, problema endêmico que traz os mais diversos efeitos negativos, que vão desde a diminuição

---

[261] JENKINS, Glenn P. "Modernization of Tax Administrations: Revenue Boards and Privatization as Instruments for Change", In: *Bulletin for International Fiscal Documentation*, IBFD, v. 48, n.º 2, 1994, p. 76.

O CONCEITO DE PERFORMANCE

da credibilidade da administração pública, até a diminuição da própria arrecadação.

Em alguns países, a contratação de funcionários faz parte de uma política patronal onde a remuneração principal do agente advém de sua habilidade de extrair compensações por favores distribuídos ou, ainda, de sua habilidade de usar informações obtidas no trabalho em benefício próprio. Em outras palavras, o sistema "informal" de pagamentos pode se tornar institucionalizado, tornando possível uma diminuição de custos com pessoal, bem como, muitas vezes, garantindo ao agente da Administração fiscal uma remuneração digna. Esse sistema foi aceito durante muito tempo, mas não é mais praticado em nenhum país civilizado com um mínimo de desenvolvimento[262].

Além de atribuir à Administração fiscal uma imagem de ineficiência, incompetência e corrupção generalizada, esse sistema de remuneração diminui a aptidão do contribuinte para o cumprimento voluntário de suas obrigações fiscais, aumenta os custos de pagamento do tributo (*compliance costs*) – suportados pelos contribuintes –, e diminui consideravelmente a arrecadação tributária, parcialmente desviada para os agentes fiscais.

Para evitar esse tipo de problema – que pode representar perda substancial de arrecadação –, a Administração fiscal deve se profissionalizar. De acordo com GLENN P. JENKINS, o profissionalismo *"é de longe o fator mais importante na determinação da eficiência tributária"*[263]. O autor enumera cinco características de uma Administração fiscal profissional: (a) remuneração adequada e proporcional à responsabilidade assumida pelo profissional,

---

[262] Até o início da década de oitenta, inclusive, havia autores que afirmavam existir um efeito positivo na corrupção praticada por agentes fiscais. PATRICK LOW menciona alguns autores que defendem a ideia de que a corrupção *"pode ser considerada, em algumas circunstâncias, uma ajuda ao desenvolvimento"*, pois pode corrigir alguns efeitos distorcidos gerados pela implementação de uma política errada (*the view of corruption as facilitator*). (LOW, Patrick. "Preshipman Insepction Services', In: *World Bank Discussion Papers*, n.º 278, Washington, 1995, p. 98). Contudo, como esclarece PATRICK LOW, com o apoio de diversos autores, esse ponto de vista não merece prosperar, pois parte do pressuposto da existência de uma distorção sistêmica. Além disso, a corrupção tem alto custo social, político e econômico – que é o que mais interessa no presente capítulo. De acordo com o mesmo autor, *"the economic costs of failing to collect the revenue are palpable"* (*Ibid.*, p. 99).

[263] JENKINS, Glenn P. "Modernization of Tax Administrations: Revenue Boards and Privatization as Instruments for Change", In: *Bulletin for International Fiscal Documentation*, IBFD, v. 48, n.º 2, 1994, p. 76.

variável de acordo com sua performance e capacidade; (b) clara definição da responsabilidade de cada cargo; (c) estabilidade do cargo assumido pelo funcionário, que deve permanecer tempo suficiente para justificar um treinamento adequado, possibilitando a realização de um serviço de alta qualidade; (d) a existência de um recrutamento com parâmetros mínimos de qualificação para o cargo disponível e, em alguns casos, testes objetivos de conhecimento e capacidade; e, por fim, (e) treinamento compatível com o nível do cargo disponível.

Em linhas gerais, esses são os requisitos essenciais para a formação de um quadro profissional satisfatório. Mas somente isso não basta, pois há o problema da correta utilização desse quadro. Para evitar que o *staff* seja mal utilizado, é necessária a distribuição e divisão das tarefas de maneira eficiente, o que GUY GEST e GILBERT TIXIER denominaram de *"eficiência da ação fiscal"*[264]. Segundo os autores, a ideia que orienta a estrutura do Centro de Impostos francês é *"a organização racional do trabalho"*, de modo que as tarefas mais simples e repetitivas sejam realizadas separadamente em relação às mais complexas.

Para tanto, é preciso que sejam observados alguns princípios de organização ligados ao ideal de eficiência e boa administração, descritos por JOSEPH P. HARRIS[265]: princípio de repartição de pessoal, que serve para facilitar a programação, a coordenação e a especialização para uma utilização ótima do pessoal; e o princípio da base funcional, que orienta a ação administrativa para a necessidade de estruturação da organização, de acordo com a função que ela vai realizar.

É claro que esse objetivo depende necessariamente da estrutura de cada país. Todavia, há considerações gerais que podem orientar na busca por essa profissionalização da Administração fiscal. OCTAVIO CAMPOS FISCHER, ao comentar o princípio de repartição de pessoal, afirma que não se pode designar um funcionário público com elevada capacidade intelectual, voltada para preocupações teóricas, para realizar tarefas que não aproveitem tal potencial. Do mesmo modo, não se pode utilizar um

---

[264] GEST, Guy; TIXIER, Gilbert. *Manuel de droit fiscal.* 4.ª ed., Paris: LGDJ, 1986, p. 266/267.
[265] HARRIS, Joseph P. *Dinamica della pubblica amministrazione nello estato contemporâneo.* Bolonha: Zanichelli, 1957, p. 33 e ss.

agente fiscal especialista em tributação da renda de pessoas físicas para cuidar de casos de impostos sobre o consumo[266].

O dever de performance impõe o melhor e mais adequado aproveitamento técnico e funcional dos servidores públicos. ALDO SCHELMENSON informa que não se trata de tarefa fácil. A correta utilização do potencial dos funcionários deve levar em conta três variáveis: (a) a habilidade individual; (b) a natureza do trabalho que deve ser realizado; e (c) a compensação que o funcionário recebe (em termos financeiros e de perspectiva de crescimento)[267]. Somente a conjugação satisfatória dessas variáveis fará com que o funcionário permaneça no posto selecionado de acordo com suas habilidades.

Um dos problemas que mais se observa no plano profissional em diversas administrações públicas é a dificuldade em deixar o funcionário estimulado com o trabalho. Muitas vezes, o funcionário não almeja somente um salário fixo e a estabilidade no emprego, mas ele busca também uma oportunidade de crescimento dentro da administração pública. Todavia, grande parte das administrações não dispõe de um plano de carreira bem definido, onde a promoção do funcionário é realizada pelo mérito. O que se observa muito frequentemente é a promoção por indicação política, dada àquele funcionário bem relacionado com os superiores hierárquicos.

Contudo, como indicado por ALDO SCHELMENSON, é preciso estabelecer níveis diferenciados de salários para todas as funções. Os funcionários que exercem aquela mesma função e que se destacaram em termos de performance, devem ganhar mais que aqueles que cumprem o simples trabalho do dia a dia[268]. É preciso encorajar os funcionários que trazem mais resultados. Essa retribuição pela performance não precisa ser ne-

---

[266] FISCHER, Octavio Campos. "Princípio da eficiência em matéria tributária". In: *Princípio da eficiência em matéria tributária* (coord. MARTINS, Ives Gandra da Silva), São Paulo: Editora Revista dos Tribunais, 2006, p. 270.

[267] SCHELMENSON, Aldo. "Organizational Structure and Human Resources in Tax Administration", In: *Improving Tax Administration In Developing Countries* (Orgs. BIRD, Richard M.; JANTSCHER, Milka Casanegra), Washington : International Monetary Fund, 1992, p. 343.

[268] *"It is necessary to define a salart scale that establishes pay differences in keeking with the various levels. To do this, all postos must be adequately categorized. For each level, it should be possible to reward differences in performance among employees at the same level"*. {SCHELMENSON, Aldo. "Organizational Structure and Human Resources in Tax Administration", In: *Improving Tax Administration In Developing Countries* (Orgs. BIRD, Richard M.; JANTSCHER, Milka Casanegra), Washington : International Monetary Fund, 1992, p. 361}.

cessariamente em dinheiro, pode ser em prêmios também, tais como o pagamento de cursos de especialização, dias de folga, aumento do tempo de férias, etc.

Não basta somente a correta distribuição de potenciais profissionais dos funcionários, pois, de acordo com ALDO SCHELMENSON – também se faz importante uma correta distribuição de responsabilidades[269]. É preciso que a responsabilidade de cada funcionário público seja perfeitamente identificada, evitando lacunas e sobreposição de responsabilidades funcionais. Isso facilita na identificação de erros, bem como o estabelecimento de punições.

Enfim, não adianta a existência de um sistema tributário baseado em critérios justos e eficientes se os funcionários da Administração tributária são despreparados e incapazes de cumprir o disposto em lei. Ou ainda, se parte da arrecadação é indiretamente desviada para os próprios agentes, quando estes não dispõem de um salário compatível com a função desempenhada. Sem investimento na profissionalização da Administração fiscal, a performance do sistema fica seriamente comprometida, prejudicando o nível de arrecadação.

b. A privatização

A privatização de algumas atividades relacionadas com a cobrança de débitos fiscais, na verdade, não é nenhuma novidade nos debates acadêmicos. GLENN P. JENKINS, por exemplo, conta que o Serviço Interno de Renda dos Estados Unidos da América vem realizando a privatização da cobrança de débitos de pouca importância, justamente pela falta de recursos para cobrá-los. Alguns estados norte-americanos, já utilizam a terceirização para cobrança de parte de seus créditos fiscais[270]. Além disso, muitas outras

---

[269] *"Delineating the responsabilities of each area and its constituent roles and correctly defining the interrelationships among these toles facilitates harmonious operation and allows the entire organization to work toward a common goal. The confusion generated when the responsabilities of the various roles are poorly defined impairs the functioning of the organization."* {SCHELMENSON, Aldo. "Organizational Structure and Human Resources in Tax Administration", In: *Improving Tax Administration In Developing Countries* (Orgs. BIRD, Richard M.; JANTSCHER, Milka Casanegra), Washington : International Monetary Fund, 1992, p. 343}.

[270] JENKINS, Glenn P. "Modernization of Tax Administrations: Revenue Boards and Privatization as Instruments for Change." In: *Bulletin for International Fiscal Documentation*, IBFD, v.

atividades também vêm sendo privatizadas. Em vários países, os bancos são responsáveis pelo recebimento de pagamentos e declarações fiscais, em troca de uma contrapartida do Governo, privatização silenciosa que não suscita nenhum debate.

Não obstante as inúmeras vantagens apresentadas pela privatização de alguns segmentos do sistema tributário (*v.g.* descongestionamento das atividades da Administração fiscal e do Poder judiciário, celeridade e profissionalização na cobrança, etc.), há quem contra ela levante argumentos pretensamente irrefutáveis. Entretanto, tais argumentos não nos parecem procedentes. O estudo da privatização de atividades relacionadas à cobrança de débitos fiscais é de fundamental importância para o estudo da performance fiscal, motivo pelo qual será analisada detalhadamente na segunda parte da presente tese.

c. O princípio da praticidade ou simplificação da aplicação das leis fiscais

O princípio da praticidade ou dever de simplificação das regras é o princípio que impõe a economicidade dos atos da Administração fiscal. Com efeito, a Administração fiscal deve aplicar a legislação em massa, isto é, para um grande número de contribuintes. Assim, é preciso haver mecanismos que facilitem o seu trabalho, que não dispõe de meios para averiguar a situação individual de cada contribuinte. São nessas circunstâncias que a Administração faz uso de presunções, ficções, dentre os mecanismos postos à sua disposição. Com esse tipo de mecanismo, o Fisco consegue agir com maior performance, pois a aplicação da norma fiscal a um imenso número de contribuinte deixa de ser um problema intransponível.

Na doutrina brasileira, há muitos autores que relacionam a performance fiscal diretamente com o princípio da "praticidade" ou dever de simplificação das regras Há, inclusive, autores que confundem o conceito de eficiência com o da praticidade, como é o caso de OCTAVIO CAMPOS FISCHER[271]. Como será visto no primeiro capítulo do título 1 da segunda

---

48, n.º 2, 1994, p. 78/79. É de se ressaltar as inúmeras vantagens, citadas no artigo, que podem ser geradas com a privatização da arrecadação e em outros setores, como a elaboração de programas de informática, controle alfandegário (armazenamento, logística, avaliação de importações, etc.), armazenamento de documentos, identificação de pagamentos, dentre outros.

[271] FISCHER, Octavio Campos. "Princípio da eficiência em matéria tributária". In: *Princípio da eficiência em matéria tributária* (coord. MARTINS, Ives Gandra da Silva), São Paulo: Editora

parte do presente estudo, o dever de simplificação das regras fiscais tem conceito próprio e não se confunde com a performance fiscal, embora auxilie na sua realização prática.

§ 2 – Proposta de conceitualização de performance fiscal

Todas as considerações doutrinárias e jurisprudenciais acima tratadas são de fundamental importância para o presente parágrafo. A amplitude dos conceitos e exemplos propostos nos serviram de matéria-prima para a construção de um conceito geral de eficiência fiscal (A), no qual se destaca dois grandes atores: de um lado, é o Estado quem se situa como protagonista e ocupa o centro do conceito de performance (B); do outro lado, quem ocupa a referida posição é o contribuinte (C).

A. A definição e conteúdo da ideia de performance fiscal

Como já afirmamos na parte introdutória, o conceito de performance importado pelo direito público em geral representa o somatório das ideias de eficiência e eficácia desenvolvidas pelas ciências da economia e da administração. Dessa forma, para sabermos exatamente qual é a definição e o conteúdo da performance aplicada ao direito tributário, devemos analisar o que significa eficiência e eficácia fiscal.

Para se analisar a eficiência de um ato qualquer, deve-se analisar a multiplicidade de meios disponíveis, pois ela mede o grau de realização de um objetivo. Por exemplo, um objetivo estabelecido pode ser a construção de uma escola pública, com 50 salas de aula e um complexo esportivo com características determinadas. Os valores disponibilizados pelo orçamento representam os meios variáveis (o Governo dispõe de até R$ X milhões para essa finalidade). Assim, o Governo será considerado eficiente se conseguir atingir o resultado estabelecido com os menores recursos possíveis. Em termos comparativos, se o município A constrói a escola com R$ 50 milhões e o município B constrói a mesma escola com apenas R$ 20 milhões, então o município B é mais eficiente.

A transposição do conceito de eficiência para o direito tributário impõe seja identificado um objetivo principal e os meios disponíveis para atingir

Revista dos Tribunais, 2006, p. 268.

esse objetivo. Em nossa opinião, o objetivo primordial da Administração fiscal é arrecadar os recursos que vão financiar as atividades do Estado. Os meios disponíveis podem ser divididos em dois grupos: o primeiro é representado pelos recursos utilizados na própria atividade de arrecadação (recursos materiais do próprio Estado); o segundo é representado pelos valores que podem ser demandados do contribuinte. Com isso, tem-se que eficiente é a administração que consegue atingir o objetivo estabelecido (arrecadar recursos suficientes) retirando o menor valor possível dos contribuintes e gerando o menor custo possível para o Estado.

Naturalmente, quanto maior for a necessidade de recursos para a atuação do Estado, mais a Administração deverá arrecadar dos contribuintes para atingir o objetivo estabelecido. Por mais eficiente que a Administração fiscal seja, se a necessidade de recursos financeiros demandados pelo Estado é grande, maior será a contribuição demandada. Um exemplo ajudará a esclarecer esse ponto. Imagine-se o país A com uma população de X cidadãos, cuja necessidade financeira do Estado seja de 10.000 unidades de moeda. Em outras palavras, o Estado precisa de 10.000 unidades de moeda para prestar os serviços públicos que a população demanda. A Administração fiscal desse país, que é extremamente eficiente, consegue arrecadar 2 unidades de moeda de cada contribuinte para atingir seu objetivo principal. No país B, cuja população também é de X cidadãos, a necessidade financeira do Estado é de 20.000 unidades de moeda. Sua Administração fiscal consegue arrecadar 4 unidades de moeda de cada contribuinte para atingir seu objetivo.

Diante desse exemplo, pergunta-se: os dois sistemas são igualmente eficientes? A análise dos números indicados sugere que sim, pois ambas as administrações atingiram seus objetivos com a menor sobrecarga possível do contribuinte. Contudo, a resposta a essa indagação deve ser negativa. Isso porque os interesses do contribuinte não podem ser excluídos da equação entre necessidade do Estado e obtenção de recursos ou arrecadação. Nesse ponto, entra a questão da performance na gestão dos recursos públicos, que buscará fazer o máximo de ações com o mínimo de recursos. Se o país A consegue satisfazer as necessidades dos X contribuintes que lá vivem com 10.000 unidades de moeda, ao passo que o país B necessita de 20.000 unidades para satisfazer as necessidades do mesmo número de contribuintes, não há dúvida que o primeiro é o mais eficiente. Esses exemplos servem para demonstrar que a análise da eficiência do sistema fiscal não pode ser realizada separadamente da análise da performance do sistema de gasto público, conforme visto detalhadamente acima.

Por outro lado, a análise da eficácia do sistema tributário é um pouco diferente. Relembrando o que já foi dito acima, para se analisar a eficácia de um ato, é preciso que o meio disponível seja estabelecido e os graus de realização do objetivo sejam variáveis. Para continuar com o nosso exemplo, suponha-se que dois municípios disponham de R$ 20 milhões para construir uma escola. Se o município A consegue – com esse valor – construir uma escola com 60 salas de aula e um amplo complexo esportivo, ao passo que o município B – com esse mesmo valor – constrói uma escola com 20 salas de aula e um pequeno complexo esportivo, então o município A foi mais eficaz que o B.

Da mesma forma, para que esse conceito de eficácia seja transposto para o direito tributário, é preciso identificar um meio fixo e os graus de realização de um objetivo. Em nossa opinião, o meio fixo de que a Administração fiscal dispõe é a legislação fiscal vigente (na qual está previsto todos os tributos, todas as alíquotas, bases de cálculos, isenções, etc.). Os resultados variáveis são os níveis de arrecadação que a Administração consegue com a aplicação da legislação fiscal. Assim, eficaz é a Administração fiscal que consegue arrecadar o máximo de tributos possível com a legislação vigente.

Diante de todas essas considerações, podemos afirmar que a Administração fiscal performante – entendida como aquela que consegue ser ao mesmo tempo eficiente e eficaz – é aquela que consegue arrecadar os recursos necessários para o Estado realizar suas funções, com o mínimo de gastos (de recursos e esforços) possível, causando o menor incômodo possível para os contribuintes – tanto no que diz respeito à intervenção em seu patrimônio, quanto ao esforço gerado pelo cumprimento das obrigações – e na qual os interesses e a satisfação dos contribuintes sejam preservados ao máximo[272].

---

[272] Curiosa é a definição proposta por MAURICE LAURÉ, que, tendo por base o discurso de um ministro das finanças da Inglaterra, resumiu a performance fiscal numa frase ao mesmo tempo caricatural e realista, segundo a qual é preciso considerar a tributação como *"a arte de tirar o máximo de rendimento de um mínimo de descontentamento"*. Afirma o autor que essa é uma política que muitos técnicos fiscais franceses traduzem, numa linguagem bem menos nobre, segundo a qual é preciso *"depenar a galinha sem fazê-la gritar muito"*. Todavia, tal política, seguindo o objetivo de garantir ao cidadão o máximo de satisfação com o mínimo de esforços, *"ignora frequentemente a preocupação com a igualdade e a justiça: de acordo com sua aptidão de gritar,*

No conceito acima, destacam-se os quatro elementos a seguir: (a) nível de *arrecadação*; (b) menor *gasto* (de recursos e esforços) com a arrecadação de tributos; (c) menor *incômodo* financeiro e obrigacional possível para os contribuintes; e (d) *preservação* dos interesses e satisfação dos contribuintes.

É certo que a preocupação em definir o sistema tributário performante – apesar da falta de abordagem sistematizada da doutrina mais atual – não é novidade no meio acadêmico. ADAM SMITH sem dúvida foi o primeiro economista a apontar a importância da eficiência no sistema tributário em seu famoso trabalho de 1776:

> *"Todo o imposto deve ser arquitetado tão bem que tire o mínimo possível do bolso das pessoas para além do que traz para o erário público. Um imposto pode tirar ou afastar do bolso das pessoas muito mais do que arrecada para o tesouro público das quatro maneiras seguintes:*
>
> *– Em primeiro lugar, o seu lançamento poderá requerer um grande número de oficiais.*
>
> *– Em segundo lugar, pode obstruir a iniciativa das pessoas e desencorajá-las de se aplicarem em certos ramos de negócio.*
>
> *– Em terceiro lugar, pela confiscação e outras sanções em que incorrem esses infelizes, tentando, sem êxito, evadir-se dos impostos, pode muitas vezes levá-los à ruína.*
>
> *– Em quarto lugar, ao sujeitar o povo a frequentes inspeções e ao exame odioso dos cobradores de impostos, pode expô-lo a desnecessárias dificuldades, vexames e opressões.*
>
> *É por uma ou outra dessas quatro maneiras diferentes que os impostos são frequentemente onerosos para o povo, numa proporção infinitamente mais forte do que eles são proveitosos ao soberano".*[273]

Não obstante a atualidade do conceito de performance fiscal que ora propomos – fundado também em critérios jurídicos –, o fundamento do conceito continua o mesmo daquele antevisto por ADAM SMITH: eficiente é o sistema que garante um mínimo de arrecadação, gerando o menor número de efeitos colaterais, tanto para o próprio governo, como também

---

as *'galinhas' são depenadas vivas ou poupadas"*. LAURÉ, Maurice. *Traité de politique fiscale*. Paris: Presses Universitaires de France, 1956, p. 299/300.

[273] SMITH, Adam. *Recherches sur la nature et les causes de la richesse de nations*. Éditions Gallimard: Paris, 1976, p. 403/404.

para o contribuinte[274]. A originalidade do conceito proposto por ADAM SMITH reside justamente em trazer o contribuinte para a cena, dando-lhe papel importante na realização da performance fiscal.

Segundo ADAM SMITH, a performance fiscal impõe a neutralidade do tributo (cf. a 2.ª proposição da transcrição acima), uma vez que sua ausência pode ocasionar tanto uma interferência social ou econômica desmedida, quanto a diminuição das receitas por meio da abstenção da prática do ato visado pelo tributo. Além disso – nos termos da 4.ª proposição –, ao ocasionar um incômodo desmedido para o contribuinte, a cobrança do tributo poderá estimular a fuga do contribuinte, reduzindo a performance do sistema. Essas duas máximas – que se mantêm até os dias de hoje – são direcionadas para o contribuinte.

B. O Estado no centro do conceito de performance fiscal

Há dois elementos do conceito de performance ora proposto que se relacionam diretamente com a atividade do Estado, colocando-o em posição de destaque: o sistema tributário performante presume um alto nível de arrecadação (1), aliado a um menor *gasto* (de recursos e esforços) com a arrecadação de tributos (2). São duas variáveis que devem manter uma relação de equilíbrio.

1. O nível do montante de receitas fiscais

Como já destacado, o objetivo primordial de uma Administração fiscal é captar os recursos necessários para o financiamento das atividades públicas. Como analisamos acima, há duas maneiras principais de se aumentar a arrecadação. A primeira é o aumento dos tributos devidos, o que – se não realizado com base em um estudo econômico – pode gerar o efeito inverso, que é a diminuição das receitas fiscais por conta do aumento da evasão[275]. A outra maneira foca na cobrança dos tributos já estabelecidos

---

[274] De acordo com SIMON R. JAMES e CHRISTOPHER NOBES, modernamente, as quatro máximas de ADAM SMITH podem ser reclassificadas em três grupos: excesso de carga fiscal (*excess burden of taxation*), custo administrativo do imposto (*administrative costs*) e custo para o cumprimento de obrigações acessórias (*compliance costs*). (cf.: JAMES, Simon R.; NOBES, Chistopher. "Taxation and Efficiency" In: *The Economics of Taxation*, Fiscal Studies, 2008, p. 20/21)

[275] Sobre esse ponto, veja-se as considerações acima sobre a Curva de Laffer.

no sistema fiscal, o que representa maior eficácia. Esse segundo meio, sem sombra de dúvida, gera uma resistência menor do contribuinte, pois, em tese, não representa o aumento do valor a pagar.

De acordo com FRANCESCO FORTE *et al.*, a performance fiscal tem um lado eminentemente técnico, denominado pelos autores de *eficiência econômico-política*[276]. Para compreender a diferença entre *eficiência técnica* e *eficiência econômico-política*, deve-se ter em mente a diferenciação peculiar que os autores fazem entre os conceitos de *eficiência* e *eficácia*: *"Em termos gerais, a eficiência consiste em render o máximo resultado com os meios dados ou em minimizar os custos atingindo o mesmo resultado; a eficácia consiste na capacidade de alcançar de maneira precisa e rápida os objetivos consignados"*.[277] Segundo os mesmos autores, a *eficiência técnica* pode ser expressa de acordo com a seguinte fórmula:

$$C / T_a$$

onde C seria o custo de arrecadação e T_a a arrecadação tributária. Assim, quanto menor o custo, em percentual sobre T_a, mais eficiente será a Administração fiscal, pois maior será a arrecadação obtida.

Por outro lado, para se compreender a *eficiência econômico-política*, é necessário aplicar o conceito de eficácia à fórmula acima. Para tanto, adota-se como indicador da eficácia um coeficiente que varia entre 0 e 1, sendo 1 a eficácia máxima (que ocorre quando a administração consegue arrecadar o máximo possível). Em outras palavras, a máxima eficácia ocorre quando:

$$T_a = 1$$
que significa que a Administração fiscal conseguiu
arrecadar o máximo de tributos possível.

De acordo com FRANCESCO FORTE *et al.*, $T_a = 1$ somente quando a lei é aplicada no tempo e modo previstos, sem evasão fiscal e atraso no pagamento, utilizando-se uma interpretação justa, que não crie obstáculos para

---

[276] FORTE, Francesco; BONDONIO, Piervicenzo; CELESIA, Lionello Jona. *Trattato di Economia Pubblica. V. 5. Il Sistema Tributario*. Milano: Giuffrè, 1987, p. 118/119.

[277] *Ibid.*, p. 119.

o Fisco nem para o contribuinte[278]. Se todos os tributos previstos em lei são devidamente pagos, sem nenhuma evasão e no prazo previsto em lei, sem que isso desrespeite o contribuinte ou crie obstáculos ao Fisco, então a Administração fiscal atingiu o grau máximo de *eficiência econômico-política*.

Em Portugal, o "Relatório sobre o Combate à Fraude e Evasão Fiscais", elaborado em janeiro de 2006 pelo Ministério das Finanças e da Administração Pública, também traz um interessante coeficiente para mensuração da eficiência tributária no país: a relação entre o crescimento da arrecadação e o crescimento do PIB[279], que pode ser representada da seguinte forma:

$$\Delta T_a / \Delta PIB$$

(leia-se: relação entre a variação da arrecadação tributária e a variação do PIB).

Trata-se de um coeficiente dinâmico que pode revelar diversas e interessantes facetas do comportamento da arrecadação tributária. Ele deixa claro que o aumento da arrecadação com os tributos, por si só, não é um dado confiável como indicador de melhora do sistema fiscal. Se a variação do aumento da arrecadação for menor que a variação do aumento do PIB, em princípio, o sistema tributário não acompanhou o avanço da economia, o que não é bom indício. Esse indicador demonstra que não necessariamente o aumento da arrecadação, isoladamente considerado, constitui indício de incremento da performance fiscal.

Além disso, de acordo com SIMON R. JAMES e CHRISTOPHER NOBES, a análise do desperdício fiscal (*tax expenditure*) também é relevante para o estudo da performance fiscal[280]. Isso ocorreria quando alguma vantagem fiscal é atribuída a algum grupo de pessoas ou a uma determinada atividade,

---

[278] FORTE, Francesco; BONDONIO, Piervicenzo; CELESIA, Lionello Jona. *Trattato di Economia Pubblica. V. 5. Il Sistema Tributario.* Milano: Giuffrè, 1987, p. 119.

[279] Disponível em: http://www.portais.gov.pt/NR/rdonlyres/0CA9F8C1-BB25-41BD-83E1-6D48E5117451/0/Relatorio_Sintese_Combate_Fraude_Evasao_Fiscal.pdf, acessado em 30/06/2012.

[280] *"This occurs when some fiscal advantage is conferred on a group of individuals, or a particular activity, by reducing tax liability rather than by direct cash subsidy"*. (JAMES, Simon R.; NOBES, Chistopher. "Taxation and Efficiency" In: *The Economics of Taxation*, Fiscal Studies, 2008, p. 42).

O CONCEITO DE PERFORMANCE

por meio de uma redução de imposto (créditos, isenções, deduções, etc.), ao invés de subsídios financeiros diretos.

Esse desperdício de receita gera três grandes problemas. O primeiro e mais importante é a diminuição do valor total que será arrecadado. Nesse caso, o nível máximo de arrecadação representado pela fórmula $T_a = 1$ ainda será baixo se comparado com um sistema onde o nível de *tax expenditure* é menor. Além disso, aponta-se para o aumento da carga fiscal em relação aos grupos de pessoas ou atividades diversas daquelas beneficiadas pela vantagem fiscal.

Em outras palavras, os grupos de pessoas ou atividades não beneficiados pagarão mais imposto, para compensar a queda de arrecadação. O terceiro problema consiste em que esses benefícios, muitas vezes, não são facilmente detectáveis, o que torna difícil o cálculo do nível de desperdício[281]. Além disso, não sendo facilmente identificável, a despesa representada por esse desperdício fiscal dificilmente estará em harmonia com o orçamento do governo.

A conclusão a que chegam SIMON R. JAMES e CHRISTOPHER NOBES sobre esse assunto é que a utilização de vantagens e benefícios com a finalidade de estimular determinadas atividades ou grupo de pessoas é pior que o sistema de pagamento em espécie (*cash payments*). Ou seja, seria melhor incentivar determinado setor com a aplicação de recursos em espécie do que com a concessão de benefícios fiscais.

Todavia, para os autores, o sistema de *tax expenditures* não mudará. Isso porque os representantes do povo preferem não passar a impressão de estarem gastando ou distribuindo o dinheiro público, por questões de preservação da imagem e, portanto, de sobrevivência política. Por essa razão, as vantagens e benefícios são preferencialmente concedidos por trás do "*véu da tributação*"[282]. Pelos mesmos motivos, os destinatários das vantagens e benefícios também preferem evitar o recebimento em dinheiro. Assim,

---

[281] Para um estudo detalhado do assunto, cf.: SANDFORD, Cedric Thomas. *Hidden Costs of Taxation*. London: Institute for Fiscal Studies, 1973, 208p. RICHARD HERD e CHIARA BRONCHI contam que, nos Estados Unidos da América, um orçamento anual contendo uma estimativa das *tax expenditures* é apresentado ao Congresso (HERD, Richard; BRONCHI, Chiara. "Increasing Efficiency and Reducing Complexity in the Tax System in the United States", In: *OECD Economics Departement Working Papers*, 2001, n.º 313, OECD Publishing, p. 13).

[282] JAMES, Simon R.; NOBES, Chistopher. "Taxation and Efficiency" In: *The Economics of Taxation*, Fiscal Studies, 2008, p. 43/44.

ainda de acordo com os autores, a expansão do sistema tributário moderno tem ocorrido de tal forma que a utilização das *tax expenditures* é um instrumento conveniente para aqueles que desejam manipular a economia.

Em nossa opinião, para que se chegue ao objetivo de maior arrecadação possível ($T_a = 1$), é preciso desenvolver uma política de aumento do nível de cumprimento voluntário das obrigações fiscais, bem como uma política adequada de combate à evasão fiscal, como já explicado acima. Além disso, é preciso poder contar com um quadro de funcionários altamente especializado e uma estrutura administrativa equipada para a cobrança dos tributos, como igualmente analisado acima.

Por fim, é necessário que se desenvolva uma política efetiva de controle do desperdício fiscal, sendo de fundamental importância o controle orçamentário dessa renúncia, para que não os objetivos de performance fiscal não sejam fraudados. No Brasil, as autoridades federais e os tribunais não conseguem controlar a distribuição de favores fiscais por parte dos estados federados, que estão vencendo a batalha conhecida como "guerra fiscal". Isso decorre, em parte, de um processo criativo, pois para cada benefício que se proíbe, os Estados conseguem inventar outros benefícios disfarçados e difíceis de serem controlados.

2. Os custos de arrecadação do imposto

No que diz respeito ao custo gerado pela existência do sistema tributário (*cost of the existing tax system*), há variados estudos. De maneira geral, a análise do custo administrativo inclui a despesa incorrida com a arrecadação de impostos, bem como o custo gerado pelos mecanismos de redução da sonegação e evasão fiscal[283], que é bastante expressivo.

Para Simon R. James e Christopher Nobes, o *custo administrativo* pode ser medido com facilidade. Além de incluir todo o custo despendido pelo setor público para administrar todos os tipos de tributos, o *custo administrativo* inclui também as remunerações e salários, bem como o custo de acomodação e material utilizado pelos funcionários. Esses custos não são de difícil identificação, pois devem constar no orçamento do Governo.

---

[283] SLEMROD, Joel. "Which is the Simplest Tax System of Them All?". In: *Economics Effects of Fundamental Tax Reform* (Editors: H. J. AARON e W. G. GALE), Washington, DC: Brookings Institutions Press, 1996, p. 358.

Contudo, de acordo com os autores, há que se considerar também os serviços recebidos de outros departamentos e não pagos[284], o que começa a dificultar a identificação dos custos da tributação. Ainda segundo os referidos autores, a maneira mais útil de apresentar o *custo administrativo* é com a porcentagem da arrecadação. Assim, para medir a eficiência de um sistema tributário – em termos de custos gerados pelo processo de arrecadação –, basta que se utilize a seguinte fórmula:

$$\sum \text{custos} / T_a$$

onde o numerador (representado por "$\sum$ custos") é a soma dos principais custos incorridos pela administração na atividade de arrecadação: gasto com instalações + gastos com pessoal + gasto com material utilizado; e o denominador (representado por T_a") indica o total de arrecadação, considerado no mesmo período que o numerador (mês, ano, etc.)

CHRIS EVANS afirma que há custos administrativos indiretos, como o custo legislativo para criação das normas fiscais, bem como o custo judicial do contencioso gerado pela Administração fiscal[285]. Mas esses tipos de custo são de difícil mensuração e apenas contribuem para dificultar a efetiva identificação dos custos gerados. Além disso, entendemos que o contencioso administrativo e judicial não gera um custo diferente para a administração, pois a cobrança de um débito por esses meios gerará custos que são enquadráveis nos itens já mencionados: gasto com pessoal; gasto com instalações; e gasto com materiais.

De acordo com FRANCESCO FORTE *et al.*, a complexidade da legislação[286] constitui um ponto de estrangulamento da performance fiscal, pois gera um custo alto para a administração, principalmente no que diz respeito à utilização de um número maior de funcionários para aplicá-la[287].

---

[284] JAMES, Simon R.; NOBES, Chistopher. "Taxation and Efficiency" In.: *The Economics of Taxation*, Fiscal Studies, 2008, p. 39.

[285] EVANS, Chris. "Counting the costs of taxation: an exploration of recent developments", In.: *London School of Economics Capital Markets seminar series*, October 2006, p. 2.

[286] Por legislação deve-se compreender não só as leis, mas todos os atos infralegais e a própria jurisprudência administrativa e judicial.

[287] ALLAIS, Maurice. *L'impôt sur le capital et la réforme monétaire.* Paris: Hermann, 2008, p. 49.

Como alertado por JAMES M. BUCHANAN, a existência de variedade de alíquotas aplicáveis em pessoas ou fontes diversas torna necessário o trabalho de identificação e classificação que traz custos excessivos para a Administração fiscal, além de alterar a neutralidade econômica da tributação[288]. Diante disso, o autor propõe, para a tributação sobre a renda, a adoção de uma só alíquota (*flat tax*) para todas as rendas auferidas pelo contribuinte, sem dedução, exclusão ou isenção[289]. No caso da tributação sobre o consumo, a alíquota deve ser uniforme para todos os itens de consumo[290].

Em nossa opinião, não há dúvidas de que a diversificação, obscuridade e falta de integração da legislação fiscal se torna um obstáculo à sua aplicação, o que prejudica a arrecadação fiscal, na medida em que diminui o índice de cumprimento voluntário das obrigações fiscais, abre espaço para o contribuinte e seus assessores buscarem um planejamento que visa diminuir o valor a ser pago, além de estimular o contencioso fiscal. Todavia, esse custo é de difícil senão impossível determinação, motivo pelo qual ele não foi incluído na fórmula acima descrita.

---

[288] "*A second related, but much more familiar, source of relative inefficiency in discriminatory as compared with general taxation is located in the necessary administrative costs that are imposed both on government as tax collector and on the individual as taxpayer. With differentials in rates of tax on different persons and/or different sources, identification and classification become necessary; complex enforcement schemes become essential if individual response patterns include efforts to reduce liabilities to tax. Taxpayers, on the other hand, undergo costs in these same efforts to limit liabilities for tax. The ancient precept for simplicity in taxation is increasingly violated as the structure moves away from generality.*" (BUCHANAN, James M. "The Political Efficiency of General Taxation", *National Tax Journal*, vol. 46, n.º 4, December/1993, p. 406)

[289] Para uma análise histórica e atual da *flat tax*, cf.: CATARINO, João Ricardo. *Redistribuição Tributária. Estado Social e Escolha Individual.* Coimbra: Almedina, 2008, p. 590 e ss.

[290] "*In sum, the general tax system that would meet criteria for political efficiency would, in income taxation, closely correspond to the Hall – Rabushka (1983) flat tax proposal advanced in the early 1980s, with was introduced into the 1992 primary campaign by Jerry Brown, who seemed to understand the basic argument based on political efficiency. The politically efficient system of income taxation would involve a flat rate, proportional tax on all sources of income, without deduction, exclusion, or exemption. And if taxation of goods and services is required, the rate of tax would be levied uniformly over all potentially eligible items.*" (BUCHANAN, James M. "The Political Efficiency of General Taxation", In.: *National Tax Journal*, vol. 46, n.º 4, December/1993, p. 408)

C. O contribuinte no centro do conceito de performance fiscal

As duas outras facetas do conceito de performance que trazem o contribuinte para o centro do palco são: menor *incômodo* financeiro e obrigacional possível para os contribuintes (1); e *preservação* dos interesses e satisfação dos contribuintes (2).

1. O menor incômodo possível

GÉRARD BÉLANGER afirma que a análise econômica do direito tributário distingue dois aspectos dos custos da tributação[291]. O primeiro é a transferência do poder de compra dos cidadãos para o governo, que não deixa de ser uma característica intrínseca a qualquer sistema tributário. Apesar de não poder ser evitado, seu estudo é importante para o desenvolvimento de mecanismos que possam conter a insatisfação gerada pelo peso excessivo da tributação. Há dois conhecidos estudos sobre a *perda marginal de bem-estar*, gerado por um dólar suplementar de imposto[292]. O objeto desses estudos é a análise da perda de bem-estar do contribuinte quando ele é obrigado a entregar uma parcela maior do seu poder de compra para o governo[293].

O segundo aspecto é denominado por GÉRARD BÉLANGER de *custo excedente do tributo*, que compreende tanto o custo gerado com a alteração da neutralidade econômica, quanto o custo administrativo de arrecadação suportado pelo governo (*administrative costs*) – já foram analisados no item acima – e de pagamento do imposto (*compliance costs*), suportado pelo contribuinte[294]. Resumidamente, quando se analisa o custo da tributação

---

[291] BÉLANGER, Gérard. "Les utopies fiscales des économistes et la recherche de l'efficacité", *Revue Française de Finances Publiques*, 1989, n.º 25, p. 61 e ss.

[292] BALLARD, C.-I.; SHOVEN, J.-B.; WHALLEY, J. "General Equilibrium Computation of the Marginal Welfare Costs of Taxes in the United States", *The American Economic Review*, 1985, vol. 75, n.º 1, p. 128/138; HANSSON, I. "Marginal Costs of Public Funds for Different Tax Instruments and Government Expenditures", *Scandinavian Journal of Economics*, 1984, vol. 86, n.º 2, p. 115/130.

[293] Para os Estados Unidos, a título de exemplo, a *perda marginal de bem estar* para os consumidores representado por um dólar a menos em suas receitas e entregue para o governo se situa entre 34 e 68 centavos.

[294] SANDFORD, Cedric Thomas *et al. Administrative and Compliance Costs of Taxation*. London: Fiscal Publications, 1989.

A PERFORMANCE NO DIREITO TRIBUTÁRIO

sob a ótica do contribuinte, há dois principais fatores que devem ser abordados. O primeiro fator é representado pelos *compliance costs*. O segundo é a ausência de neutralidade ocasionada pelos tributos.

Para CHRIS EVANS, os *compliance costs* são os custos incorridos pelos contribuintes ou terceiros no cumprimento de todas as condições estabelecidas pelo Fisco[295]. Para o autor, os *compliance costs* incluem: (a) o custo do trabalho / horas consumidas para o cumprimento das obrigações fiscais; (b) o custo gerado pelo trabalho de especialistas (contadores, advogados, etc.); e (c) despesas incidentais incorridas para o cumprimento das obrigações fiscais, tais como: programas de computador, custos de postagens, viagens, etc. Ainda de acordo com CHRIS EVANS, é preciso considerar não apenas os custos financeiros. Os custos psicológicos (*v.g.* estresse, ansiedade e frustração) não são negligenciáveis[296]. Apesar de não serem diretamente mensuráveis em valor, para SIMON R. JAMES e CHISTOPHER NOBES eles equivalem a quanto o cidadão estaria disposto a pagar para ser dispensado da obrigação que lhe causa transtorno[297].

Interessante notar que, para JEAN DUBERGÉ, os custos psicológicos acessórios (relacionados com os "traumatismos" gerados pelo cumprimento das obrigações fiscais) são mais pesados que o custo psicológico principal (relacionado com a soma que o contribuinte versa ao Estado)[298]. Isso torna evidente a necessidade de se focar na análise dos custos gerados pelo cumprimento das diversas obrigações dirigidas ao contribuinte, pois ele não é sensível apenas à mordida financeira que leva, mas também a todos os inconvenientes gerados pelo excesso de obrigações acessórias.

Não obstante sua importância em termos de valor, os *compliance costs* são muito mais difíceis de serem calculados, se comparados com o custo administrativo da tributação. A expressão "custos ocultos" (*hidden costs*)

---

[295] EVANS, Chris. "Counting the costs of taxation: an exploration of recent developments", *London School of Economics Capital Markets seminar series*, October 2006, p. 3.

[296] No mesmo sentido: JAMES, Simon R.; NOBES, Chistopher. "Taxation and Efficiency" In: *The Economics of Taxation*, Fiscal Studies, 2008, p. 40. "*The mental costs to taxpayers of any anxiety suffered as a result of the operation of the tax must also be included.*"

[297] JAMES, Simon R.; NOBES, Chistopher. "Taxation and Efficiency" In: *The Economics of Taxation*, Fiscal Studies, 2008, p. 40.

[298] DUBERGÉ, Jean. *Les Français face à l'impôt. Essai de psychologie fiscale.* Paris: LGDJ, 1990, p. 167.

adotada por CEDRIC THOMAS SANDFORD[299] em uma de suas conhecidas obras ficou famosa na literatura jurídica anglo-saxônica exatamente por isso. O problema gerado pela dificuldade na identificação dos *compliance costs* é que os governos tendem a não lhes dar muita atenção.

Após analisar diversos estudos elaborados em diferentes países, CHRIS EVANS conclui que os *compliance costs* possuem extrema relevância atualmente[300]. Além disso, ainda segundo o autor, os *compliance costs* são extremamente regressivos, pois, em geral, as pequenas empresas suportam esse tipo de custo de maneira desproporcionalmente maior em relação às empresas maiores. Por fim, não obstante sejam objeto de crescente atenção por parte dos governos, os *compliance costs* não estão reduzindo ao longo do tempo – pelo contrário, aumentam cada vez mais –, o que é preocupante[301].

Para CHRIS EVANS, há dois principais motivos para o incremento dos *compliance costs*[302]: o primeiro é a mudança frequente na legislação ou a introdução de nova legislação. O sistema tributário cuja legislação é estável e antiga gera menores custos para os contribuintes, que já estarão adaptados ao cumprimento das obrigações fiscais. O relatório apresentado pela KPMG em 2006[303] confirma que a "*frequency of change*" é um fator de incremento dos *compliance costs*, pois dificulta a interação que ocorre entre contribuinte e autoridade fiscal.

O segundo principal motivo – e o mais importante –, como não poderia deixar de ser, é a complexidade do sistema tributário. De acordo com o relatório apresentado pela KPMG[304], dos três tipos de complexidade men-

---

[299] SANDFORD, Cedric Thomas. *Hidden Costs of Taxation*. London: Institute for Fiscal Studies, 1973.

[300] EVANS, Chris. "Counting the costs of taxation: an exploration of recent developments", London School of Economics Capital Markets seminar series, October 2006, p. 9. "*For example, the studies suggests that compliance costs of such taxes are typically anywhere between 2% and 10% of the revenue yield from those taxes; up to 2,5% of GDP; and usually a multiple (of between two and six) of administrative costs*".

[301] No mesmo sentido, apontando para um rápido crescimento das *compliance costs*, cf.: HERD, Richard; BRONCHI, Chiara. "Increasing Efficiency and Reducing Complexity in the Tax System in the United States", In: *OECD Economics Departement Working Papers*, 2001, n.º 313, OECD Publishing, p. 47.

[302] EVANS, Chris. "Counting the costs of taxation: an exploration of recent developments", *London School of Economics Capital Markets seminar series*, October 2006, p. 11.

[303] KPMG, *Administrative Burdens – HMRC Measurement Project*, KPMG LLP, March 2006.

[304] *Ibid.*

cionados por EDWARD J. MCCAFFERY e já comentados acima (complexidade técnica, estrutural e *compliance complexity*)[305], esta última – que se refere às declarações que devem ser apresentadas, formulários a serem preenchidos e livros de registros que devem ser guardados – é a que mais afeta os contribuintes, principalmente as empresas, no seu dia-a-dia.

Ainda de acordo com CHRIS EVANS, há uma íntima relação entre a equidade e os *compliance costs*, relação essa que já foi examinada acima[306]. Segundo CHRIS EVANS, os *compliance costs* são *"ironicamente, o produto da política fiscal e do sistema tributário concebido para oferecer escolha ao contribuinte. A escolha colocada a sua disposição pode ajudar a reduzir a carga fiscal, além de contribuir para formar um sistema tributário mais justo em relação àquele em que ao contribuinte não é dado exercer nenhum tipo de escolha"*[307]. Certamente, essas escolhas são instituídas por meio de diversas normas, exercitáveis por meio do preenchimento de diversos formulários, condicionadas ao registro contábil de todas as operações, o que contribui para o desenvolvimento dos *compliance costs*.

O segundo fator relacionado com o *incômodo* gerado aos contribuintes é a ausência de neutralidade do sistema tributário. Há, inclusive, autores que relacionam diretamente a neutralidade do tributo com a eficiência fiscal[308]. Durante muito tempo e sob a influência do neokeynesianismo, os economistas analisaram o impacto da tributação sobre o equilíbrio econômico,

---

[305] MCCAFFERY, Edward J. "The Holy Grail of Tax Simplification", *Wisconsin Law Review*, 1990, p. 1269/1273.

[306] Sobre essa questão, cf.: SHOME, Parthasarathi. "Tax Policy and the Design of a Single Tax System', In: *Bulletin for International Fiscal Documentation*, IBFD, March/2003, v. 57, n.º 3, p. 101; e SLEMROD, Joel. "Which is the Simplest Tax System of Them All?". In: *Economics Effects of Fundamental Tax Reform* (Editors: H. J. AARON e W. G. GALE), Washington, DC: Brookings Institutions Press, 1996, p. 357.

[307] EVANS, Chris. "Counting the costs of taxation: an exploration of recent developments", *London School of Economics Capital Markets seminar series*, October 2006, p. 12.

[308] *"Efficiency effects of business taxes refer to the various ways in which these taxes distort business decisions, and hence the overall allocation of resources in the economy. In raising revenues, business taxes inevitably change the allocation of resources in the economy, since business decisions are affected in various ways. The result is that the allocation of resources in the economy (...) is affected. The issue for tax reformers is to design a business taxation system that meets their broad policy objectives (such as various forms of neutrality and tax fairness – however defined), while minimizing the social costs associated with the inefficiencies inflicted by the business tax regime".* (WHALLET, John. "Efficiency Considerations in Business Tax Reform", In: *Working Paper 97-8 Prepared for the Technical Committee on Business Taxation*, October 1997, p. 1)

considerando apenas seus efeitos sobre a *demanda global de bens e serviços*[309]. Posteriormente, passou-se a olhar também para o impacto sobre a *oferta global*, ou seja, a influência direta que exerce o sistema tributário de um país sobre o *estímulo dos agentes para o trabalho, investimento e produção*.

É célebre a descrição efetuada por ADAM SMITH dos efeitos da tributação imobiliária em vigor na Inglaterra dos séculos XVII e XVIII sobre o aspecto exterior dos prédios. É o caso do chamado "imposto de janela", que era estabelecido em função da existência de janelas e que aumentava gradualmente com o número destas (atingia um máximo de dois xelins no caso de imóveis com 25 janelas ou mais). A reação lógica dos contribuintes foi a redução do número de janelas dos edifícios então construídos, o que passou a constituir uma característica da arquitetura da época.

É evidente que não era este o objetivo do legislador, cuja preocupação era estabelecer um imposto sobre o patrimônio, sendo o número de janelas de cada habitação um mero indicador aproximado do valor venal do imóvel (imóveis com muitas janelas, em tese, são imóveis maiores); contudo o efeito colateral foi a diminuição da luminosidade das habitações, o que tornou as casas mais escuras.

Outro exemplo clássico de interferência indevida da tributação pode ser encontrado na tributação da renda familiar nos Estados Unidos, onde vige a sistemática a divisão de rendas do casal (*income-splitting*), segundo a qual se divide o total de renda auferido pelo casal por dois, para fins de determinação da alíquota aplicável.

A complexidade e a diversidade das regras previstas por essa sistemática faz com que, não raro, o casal casado se divorcia ao se darem conta que estão pagando mais imposto pelo simples fato do casamento, continuando, porém, a viver juntos. Foi o que aconteceu com O. DRUCKER e sua esposa, JOAN (*Drucker v. Commissioner*, 461 U.S. 957, 1983). Igualmente, há casos em que contribuintes sem afinidade conjugal se casam com a finalidade única de economizarem impostos[310].

---

[309] FOURÇANS, André. "Une fiscalité moderne pour une économie moderne", *Revue Française de Finances Publiques*, 1983, n.º 1, p. 30.

[310] Nesse sentido, cf. GRAETZ, Michael J; SCHENK, Deborah H. *Federal Income Taxation. Principles and Policies*. 5.ª ed., New York: Foundation Press, 2005, p. 454; e COHEN, Stephen B. *Federal Income Taxation. A Conceptual Approach*. Westbury, New York: The Foundation Press, 1989, p. 767/768. Sobre a tributação da renda familiar nos EUA, confira-se nosso artigo:

É evidente que todo sistema tributário cria distorções na medida em que influencia naturalmente na escolha das pessoas, que são levadas a adaptar seus comportamentos. Esse é, aliás, o fundamento da tributação extrafiscal, por meio da qual o Governo busca obter determinado comportamento da sociedade. Essa distorção, todavia, deve ser controlada e não deve, num sistema tributário eficiente, gerar importantes efeitos colaterais, como os exemplificados acima.

Além da neutralidade *horizontal*, isto é, a ausência de efeitos indesejados para os contribuintes em geral, há também a neutralidade *vertical*, que se refere à ausência de efeitos indesejados entre os contribuintes. Em outras palavras, a neutralidade *horizontal*, partindo do pressuposto que os contribuintes são tratados de maneira uniforme, garante que a tributação não irá alterar as decisões que seriam tomadas em sua ausência (salvo se esse comportamento é objeto de determinada política fiscal), ao passo que a neutralidade *vertical* garante que um determinado contribuinte ou grupo de contribuintes sejam tratados de forma diferente em relação aos demais, o que altera o princípio da livre concorrência[311]. Atualmente, os estudos sobre a neutralidade do sistema tributário focam mais na questão da livre concorrência, cuja garantia tem sido enaltecida no atual contexto econômico.

Para a determinação dos custos suportados pelo contribuinte para o cumprimento de suas obrigações fiscais, não há uma fórmula específica, não obstante seu estudo deva abranger todos os itens mencionados acima. Um levantamento dessa natureza abrangerá muitas variáveis diferentes, conforme o país analisado. Por essa e outras razões, não há estudo oficial desse tipo de custo. Não se sabe também até que ponto uma iniciativa do Governo nesse sentido seria bem recebida, pois o estudo não seria realizado com a imparcialidade que se exige.

Em outras palavras, não se sabe até que ponto um governo seria tentado a utilizá-lo como instrumento de marketing. O que se observa, na prática, é que esse tipo de estudo é realizado com frequência pelas grandes companhias de auditoria. São estudos sérios, geralmente voltados para

---

FILIPPO, Luciano Gomes. "Tributação da Renda Familiar", *Revista Brasileira de Direito Tributário e Finanças Públicas*, Vol. 25, Mar./Abr. 2011, p. 138/163.

[311] *"A igualdade perante o imposto é, em suma, a neutralidade do imposto"* (ALLAIS, Maurice. *L'impôt sur le capital et la réforme monétaire*. Paris: Hermann, 2008, p. 39)

esclarecer o custo que será suportado por uma empresa que deseja instalar num dado país.

2. A preservação dos interesses e da satisfação do contribuinte

Além da questão do menor *incômodo* financeiro e obrigacional que o sistema tributário deve gerar, a outra faceta da performance tributária que põe o contribuinte no centro da cena é a *preservação* de seus interesses, bem como a busca de sua satisfação. De maneira geral, pode-se dizer que os *interesses do contribuinte* são preservados quando os recursos arrecadados são utilizados em seu benefício direto ou indireto. Todo desvio ou desperdício de recursos, dessa forma, vai de encontro ao objetivo em tela. A *satisfação do contribuinte,* por outro lado, confere-lhe uma posição menos passiva, no sentido de que não basta que se lhe incomode o mínimo possível com a tributação, porém é preciso atender suas necessidades, com os meios e recursos para os quais ele concorreu.

Não obstante os dois objetivos estejam relacionados, deve-se notar que eles podem ser atingidos individualmente. Os recursos arrecadados podem ser utilizados no interesse do contribuinte, sem que isso importe na satisfação de suas necessidades. A construção de apenas um único hospital público, por exemplo, para toda uma cidade, apesar da abundância de verbas públicas, é um exemplo. Não houve desvio, não houve corrupção, mas a política de gasto público não satisfez a sociedade. Por outro lado, se mesmo após a construção de tantos hospitais quanto bastem para atender as necessidades da população, o governo gasta o dinheiro público em atividades sem qualquer interesse público, apenas um dos objetivos está sendo atingido.

Veja-se que nesse ponto a performance fiscal – tal qual defendida no presente estudo – muito se aproxima da questão da *moralidade administrativa.* Com o apoio de KLAUS TIPKE, a professora e magistrada REGINA HELENA COSTA afirma que a exigência de um mínimo ético foi difundida sob a visão de que a tributação atua como instrumento para a realização de uma justiça distributiva, na linha proposta por JOHN RAWLS, fundamentada nos princípios da isonomia e da capacidade contributiva[312].

---

[312] COSTA, Regina Helena. *Praticabilidade e Justiça Tributária.* São Paulo, Malheiros, 2007, p. 151.

Sobre o assunto, REGINA HELENA COSTA pontifica: "*A nosso ver, impende pensar-se numa ética tributária, assim entendida como o conjunto de princípios e regras que devem ser observados pelo legislador e pelo administrador tributários e que lhes impõem, mais que a estrita obediência às leis, o prestígio aos valores de probidade, lealdade, boa-fé, decência e justiça, enfim.*"

De acordo com SÉRGIO ANDRÉ R. G. DA SILVA, a ética tributária se preocupa tanto do aspecto moral da obtenção de recursos pelo Estado (ética tributária em sentido estrito), bem como com aqueles relacionados com os gastos públicos (ética financeira), entre nós, objeto da lei de responsabilidade fiscal[313]. Pode-se dizer, com isso, que a Administração fiscal ética tem mais condições de se tornar eficiente e eficaz que aquela corrupta. Conforme ressaltado por RICHARD POSNER, analisada sob a ótica da análise econômica do direito, a recíproca também é verdadeira: ético é o Governo eficiente e eficaz, preocupado em maximizar as riquezas da nação. De acordo com o autor, um ato do governo é qualificado de ético se for considerado mais eficiente e eficaz do que as outras alternativas[314].

Assim, a aplicação correta dos recursos públicos obtidos por meio da tributação – com a *preservação dos interesses* e da *satisfação dos contribuintes* –, respeita, ao mesmo tempo, a moralidade tributária e a performance fiscal.

---

[313] DA SILVA, Sérgio André R. G. "Ética, Moral e Justiça Tributária", *Revista Tributária e de Finanças Públicas*, n.º 51, p.120.

[314] "*Richard A. Posner, an American jurist and prolific author on law and economics, takes the position that morality and efficiency are consistent. (...) He states that 'the criterion for judging whether acts and institutions are just or good is whether they maximize the wealth of society'. If these views are to be reconciled, one might say that an act or policy or institution is ethical if it is more efficient than any other alternative. Otherwise, it is unethical. Thus, if the act or policy results in the misallocation of resources, it is unethical because it reduces efficiency.*" MCGEE, Robert W. "Is it Unethical to Evade The Estate Tax?", In: *Journal of Accounting, Ethics & Public Policy*, v. 2, n.º 2, 1999, p. 266/285.

Título 2 – A classificação jurídica da performance fiscal: a diversidade das análises doutrinárias propostas

A classificação das normas sempre foi uma preocupação constante da doutrina. A distinção entre *regras* e *princípios* já foi objeto de longa e diversificada abordagem científica[315]. No início, o modelo tradicional de classificação das normas em *regras* e *princípios* foi largamente adotado pela doutrina brasileira. Desenvolvida principalmente na Inglaterra[316] e na Alemanha[317] entre o fim dos anos 60 e início dos anos 80, tal modelo não respondia mais às interrogações da doutrina brasileira atual, que encontrava problemas para classificar principalmente algumas das normas instituídas pela Constituição de 1988.

Nesse contexto, HUMBERTO ÁVILA desenvolveu em 2003 (*Teoria dos princípios. Da definição à aplicação dos princípios jurídicos*, São Paulo, Ed. Malheiros) uma nova teoria dos princípios, por meio da qual introduziu uma terceira categoria, denominada *"postulado"*, às duas já existentes. O rigor científico e a utilidade prática dessa nova teoria lhe deu uma grande aceitação na doutrina brasileira destinada ao direito público em geral.

---

[315] Para um histórico dessas doutrinas, cf.: GRAU, Eros Roberto. *Ensaio e discurso sobre a interpretação / aplicação do direito.* 3.ª ed., São Paulo: Malheiros, 2005. Na doutrina alemã: ALEXY, Robert. *Teoría de los derechos fundamentales.* 2.ª ed., Madrid: Centro de Estudios Políticos y Constitucionales, 2007, p. 63 e ss.

[316] DWORKIN, Ronald. *The model of rules.* University of Chicago Law Review, n.º 35, 1967, p. 14 e ss; DWORKIN, Ronald. "Is law a system of rules?", *In*: DWORKIN, Ronald. *The Philosophy of Law.* Oxford, Oxford University Press, 1977.

[317] ALEXY, Robert. *Op. Cit.*, p. 63 e ss.

Por outro lado, se a doutrina brasileira aborda excessivamente a questão principiológica do direito, trata-se de uma discussão pela qual a doutrina francesa não demonstrou grande interesse. Em geral, no que concerne às categorias de normas constitucionais, a jurisprudência e os autores franceses identificam as *regras, princípios, objetivos* e *exigências* de valor constitucional. Entretanto, segundo MARIE-ANNE COHENDET, tais categorias não são facilmente identificáveis: *"A identificação desses princípios não é sempre fácil, pois o Conselho emprega termos relativamente fluidos e em movimento, talvez, justamente para evitar que se faça desses princípios ou de alguns deles uma categoria clara e autônoma. E isso talvez para manter um poder criativo real, impedindo uma identificação clara das normas cujo poder é a expressão. Pode-se também imaginar que se trata de uma simples falta de rigor, mas isso seria mais inquietante"*[318].

O sistema de controle de constitucionalidade da lei historicamente adotado pelo Brasil desenvolveu a importância e o papel atribuído aos princípios de tal forma, que se fala atualmente de um *estado principiológico*[319]. E é exatamente graças a importância atribuída aos princípios que os esforços para sua classificação foram desenvolvidos pela doutrina. Todavia, não se trata de um esforço teórico destituído de interesse prático ou acadêmico. Pelo contrário, o pragmatismo é uma característica bem presente dessa doutrina.

Assim, para que seja corretamente determinada a natureza jurídica da eficiência (§ 2), é preciso fazer uma breve análise das principais manifestações doutrinárias sobre a classificação das normas (§ 1).

Capítulo 1 – As possíveis classificações

É antiga a preocupação com a classificação das normas. A mais conhecida é a classificação binária, que distingue entre *regras* e *princípios jurídicos*. Todavia, muitas dessas manifestações são inconsistentes e ultrapassadas ou podem simplesmente ser complementadas, motivo pelo qual faz-se necessária uma breve análise crítica das principais (Seção 1). Visando complementar e corrigir os eventuais erros dessa classificação binária,

---

[318] COHENDET, Marie-Anne. *Droit constitutionnel*. 3.ª ed., Paris, Montchrestien: 2006, p. 58.
[319] ÁVILA, Humberto. *Teoria dos princípios. Da definição à aplicação dos princípios jurídicos*. 6.ª ed., São Paulo: Malheiros, 2006, p. 23.

a doutrina desenvolveu uma classificação ternária, dividida em regras, princípios e postulados (Seção 2), adotada para os fins que o presente trabalho se propõe.

Seção 1 – A classificação jurídica binária: regras e princípios

Como já afirmado acima, muitos autores já se manifestaram sobre a classificação das normas jurídicas. Sobre esse assunto, vale ressaltar o extenso estudo realizado por NORMA CABALLERO sobre os princípios de direito tributário codificados[320]. Todavia, para que a abordagem das principais manifestações doutrinárias (§ 1) não perca a objetividade e a utilidade para a presente tese, cada uma dessas manifestações será analisada criticamente (§ 2) de modo que suas inconsistências fiquem em evidência.

§ 1 – As principais manifestações

As principais manifestações doutrinárias sobre as diferenças entre regras e princípios jurídicos são de JOSEF ESSER e KARL LARENZ (A), CLAUS-WILHELM CANARIS (B), RONALD DWORKIN (C) e, por fim, ROBERT ALEXY (D).

A. JOSEF ESSER e KARL LARENZ

Segundo JOSEF ESSER, a diferença entre as regras e os princípios seria de natureza qualitativa[321]. Para o autor, princípios são as normas que trazem os fundamentos para uma decisão, ou seja, são as normas que têm a função de servir como fundamento normativo para a tomada de decisão.

Na mesma linha, KARL LARENZ afirma que os princípios jurídicos são normas importantes para a "*formação do sistema jurídico*"[322]. Isso porque trazem os fundamentos normativos para a interpretação e a aplicação do direito, dos quais decorrem, direta ou indiretamente, normas de comportamento. Assim, como lhes falta o caráter formal de proposição jurídica

---

[320] CABALLERO, Norma. *Les codes des impôts en droit comparé. Contribution à une théorie de la condification fiscale*. Paris: L'Harmattan, 2011, p. 414.

[321] ESSER, Josef. *Grundsatz un Norm in der richterlichen fortbildung des Privatrechts*. 4.ª tir, Tübingen, Mohr, Siebeck, 1990, p. 51, *apud* ÁVILA, Humberto. *Teoria dos princípios. Da definição à aplicação dos princípios jurídicos*. 6.ª ed., São Paulo: Malheiros, 2006, p. 35.

[322] LARENZ, Karl. *Metodología de la Ciencia del Derecho*. Barcelona: Ariel Derecho, 1994, p. 465.

(hipótese de incidência → consequência jurídica), os princípios, ao contrário das regras, não são suscetíveis de aplicação prática, e sim pensamentos diretivos de uma regulação jurídica, uma vez que indicariam a direção em que se encontra a regra que deverá ser aplicada[323]. Além disso, para o autor, um traço distintivo entre princípios e regras é que aqueles também teriam a função de fundamento normativo para a tomada de decisão.

B. CLAUS-WILHELM CANARIS

Já para CLAUS-WILHELM CANARIS, os princípios com as regras não se confundem por dois motivos. O primeiro é a existência de um nítido conteúdo axiológico nos princípios, o que impede a sua concretização na prática, pois são destituídos de "conteúdo material próprio"[324]. Em outras palavras, os princípios trazem em si um valor escolhido pelo legislador (liberdade, segurança, etc.), ao passo que as regras seriam destituídas desse conteúdo valorativo.

O segundo motivo é o diferente modo de interação desses dois tipos de normas com outras normas, pois, ao contrário das regras, os princípios receberiam seu conteúdo de sentido somente por meio de um processo de interpretação[325]. Dito de outra forma, o conteúdo de um princípio jurídico somente é revelado por meio de um processo de interpretação. Veja que não há um conteúdo prévio delimitado do que consiste o princípio da segurança jurídica, que só é revelado por meio de uma interpretação que poderá variar de acordo com o tempo e o local do intérprete. Isso não ocorre com as regras, cuja aplicação não depende de interpretação, mas de simples aplicação.

C. RONALD DWORKIN

A contribuição dada por RONALD DWORKIN para o estudo da natureza das regras foi de fundamental importância. De acordo com o autor inglês, as regras são aplicadas ao modo *tudo ou nada* (*all-or-nothing*). Assim, uma vez

---

[323] LARENZ, Karl. *Derecho Justo. Fundamentos de Etica Juridica*. Madrid: Civitas, 1985, p. 32/33.

[324] CANARIS, Claus-Wilhelm. *Pensamento Sistemático e Conceito de Sistema na Ciência do Direito*. 2.ª ed., Lisboa: Fundação Calouste Gulbenkian, 1996, p. 88.

[325] *Ibid.*, p. 88 e 96 e ss. Para o autor, os princípios *"precisam, para a sua realização, de uma concretização através de sub-princípios e valores singulares, com conteúdo material próprio"*.

verificada a ocorrência do fato previsto na hipótese de incidência, impõe-se a situação prevista no consequente normativo, a menos que seja considerada inválida. A hipótese de incidência, uma vez ocorrida no plano dos fatos, seria o "gatilho" para o surgimento do consequente normativo, com todos os efeitos jurídicos dele provenientes. Por outro lado, no caso de colisão entre as regras, uma delas deve simplesmente ser considerada inválida[326].

Já os princípios conteriam somente fundamentos que devem ser conjugados com outros fundamentos provenientes de outros princípios. Ao contrário das regras, os princípios conteriam uma dimensão de peso, que fica clara no caso de colisão entre os princípios, uma vez que o princípio com peso maior se sobrepõe ao princípio com peso menor, sem que nenhum deles perca sua validade, o que não ocorre com as regras. Nesse caso, uma das regras em conflito com a outra simplesmente é afastada do mundo jurídico.

Veja-se que RONALD DWORKIN não realiza uma distinção de grau. A diferenciação por ele proposta diz respeito à estrutura lógica das normas, mais especificamente ao seu modo de aplicação e ao relacionamento que os princípios e regras mantêm entre si.

D. ROBERT ALEXY

Por fim, outro autor que trouxe aporte considerável para a doutrina sobre o tema debatido foi ROBERT ALEXY. Segundo esse autor, os princípios jurídicos são normas que criam "deveres de otimização", ou seja, que determinam que algo seja realizado da melhor maneira possível. De acordo com sua lição, "*o ponto decisivo para a distinção entre regras e princípio é que os princípios são normas que ordenam que algo seja realizado na maior medida possível, dentro das possibilidades jurídicas e reais existentes. Portanto, os princípios são mandados de otimização, caracterizados pela possibilidade de serem cumpridos em graus diferentes, bem como pelo fato de que a medida de seu cumprimento não depende das possibilidades fáticas e jurídicas (...). Por outro lado, as regras são normas que somente podem ser cumpridas ou não*"[327].

---

[326] DWORKIN, Ronald. *Taking Rights Seriously*, London: Duckworth, 1991, p. 26.

[327] ALEXY, Robert. *Teoría de los derechos fundamentales*. 2.ª ed., édition, Madrid: Centro de Estudios Políticos y Constitucionales, 2007, p. 67/68.

Além disso, para ROBERT ALEXY, no caso de colisão entre os princípios, não existe a prevalência de um sobre o outro, como afirma RONALD DWORKIN (para quem o princípio de mais importância ou de maior peso prevalece). Nesse caso, os princípios em choque devem ser ponderados, para saber, no caso concreto, qual deles deve prevalecer. Para o autor, não se pode estabelecer aprioristicamente qual seria o princípio de maior peso, pois essa análise dependerá sempre do caso concreto.

Se a preponderância de um princípio sobre o outro pudesse ser estabelecida previamente – nos termos da doutrina de RONALD DWORKIN –, então os princípios também são aplicados ao modo *tudo ou nada* (*all-or--nothing*), de forma que a distinção proposta por RONALD DWORKIN, acima resumida, estaria errada.

Segundo ROBERT ALEXY, a distinção entre princípios e regras não poderia ser o critério do *tudo ou nada*, ela deve se resumir a dois fatores: *diferença quanto à colisão*, uma vez que os princípios em choque têm sua realização normativa limitada reciprocamente, ao passo que a colisão entre as regras é solucionada com a declaração de invalidade de uma delas; e a *diferença quanto à obrigação que instituem*, uma vez que os princípios instituem obrigações relativas (pois podem ser superadas ou derrogadas por outros princípios colidentes), ao passo que as regras criam obrigações absolutas (não são superadas por outras normas colidentes).

§ 2 – Análise crítica das distinções propostas

Todas as doutrinas acima resumidas foram de fundamental importância para a compreensão da natureza das normas. De acordo com HUMBERTO ÁVILA, elas apontam para a existência de quatro critérios de distinção entre as regras e princípios[328]. Em primeiro lugar, o *critério hipotético condicional* (A), que se fundamenta no fato de que as regras se revestem do caráter hipotético condicional, enquanto que os princípios apenas indicam o fundamento a ser utilizado pelo aplicador na busca da regra que será aplicada ao caso concreto.

Em segundo lugar, haveria o *critério do modo final de aplicação* (B), segundo o qual as regras são aplicadas no modo *tudo ou nada* (*all-or-nothing*),

---

[328] ÁVILA, Humberto. *Teoria dos princípios. Da definição à aplicação dos princípios jurídicos.* 6.ª ed., São Paulo: Malheiros, 2006, p. 39 e ss.

enquanto que os princípios seriam aplicados de maneira gradual. Em terceiro lugar, o *critério do relacionamento normativo* (C), que se sustenta no fato de o conflito entre as regras ser solucionado com a declaração de invalidade de uma delas, ao passo que o conflito entre os princípios é solucionado com a ponderação que atribui uma dimensão de peso para cada um deles. O autor aponta também para o critério do *fundamento axiológico* (considera os princípio, ao contrário das regras, como fundamentos axiológicos para a decisão a ser tomada), porém não o aborda em sua obra.

A. O critério hipotético-condicional

Dentre as críticas que HUMBERTO ÁVILA faz ao *critério hipotético condicional*, destaca-se o fato de os princípios também poderem ser descritos do mesmo modo *hipotético condicional* que supostamente seria um dos traços peculiares das regras.

É o que demonstram os seguintes exemplos: "*Se* o poder estatal for exercido, *então* deve ser garantida a participação democrática" (princípio democrático). Ou: "*Se* for desobedecida a exigência de determinação da hipótese de incidência de normas que instituem obrigações, *então* o ato estatal será considerado inválido" (princípio da tipicidade). Dessa forma, conclui-se que não é seguro diferenciar as regras dos princípios com base tão somente no modo de formulação da norma.

B. O critério do modo final de aplicação

O mesmo ocorre com o *critério do modo final de aplicação*. Como demonstra HUMBERTO ÁVILA, há casos em que a aplicação de determinada regra é afastada diante das particularidades de casos específicos e excepcionais.[329]

A título de exemplo, o referido autor cita o caso de uma pequena fábrica de sofás, situada no Brasil, que ingressou no programa de pagamento simplificado de tributos federais. Com efeito, a lei criou uma regra para a fruição desse benefício: a empresa não mais poderia importar produtos do exterior. Não obstante, a referida fábrica de sofás importou quatro pés de sofá, para apenas um sofá.

---

[329] ÁVILA, Humberto. *Teoria dos princípios. Da definição à aplicação dos princípios jurídicos.* 6.ª ed., São Paulo: Malheiros, 2006, p. 45 e ss.

Diante disso, a Administração fiscal excluiu a empresa do programa de pagamento simplificado, uma vez que a regra restritiva de importação foi violada. Todavia, o ato de exclusão foi posteriormente anulado pelo tribunal, por violação ao princípio da razoabilidade. Isso porque o intuito da regra restritiva era estimular a produção nacional, finalidade que não foi obstruída por conta da importação de meros quatro pés de sofás, para um único sofá. Ora, de acordo com a *interpretação dentro do razoável*, a interpretação deve ser realizada *"em consonância com aquilo que, para o senso comum, seria aceitável perante a lei"*[330].

Nesse caso, a regra incidiu, mas o efeito nela previsto (exclusão do programa) não foi aplicado, por conta de circunstâncias particulares do caso analisado.

Assim, não estaria correto dizer que a diferença entre as regras e os princípios reside no tipo de obrigação (se absoluta ou relativa) criada pelo consequente da norma, pois há casos – como o exemplo acima – em que as consequências normativas criadas pelas regras não surgem automaticamente, nem são absolutamente aplicáveis.

Por outro lado, há também casos em que a consequência prevista numa determinada norma pode ser aplicada, sem que estejam preenchidas as condições de fato previstas na hipótese. É o caso da aplicação analógica das regras. Veja-se o diz Humberto Ávila sobre esse ponto: *"Nesses casos, as condições de aplicabilidade das regras não são implementadas, mas elas são, ainda assim, aplicadas, porque os casos não regulados assemelham-se aos casos previstos na hipótese normativa que justifica a aplicação da regra"*[331]. Disso decorre que também não se pode afirmar que as regras são normas cuja aplicação é certa somente quando as suas premissas são preenchidas.

Diante de tudo o que foi exposto, conclui-se que o critério do *tudo ou nada* não é seguro o suficiente para fundamentar, por si só, a distinção entre regras e princípios.

---

[330] Processo n.º 13003.000021/99-14, 2.ª Conselho de Contribuintes, 2.ª Câmara, sessão de 18/10/2000.

[331] ÁVILA, Humberto. *Teoria dos princípios. Da definição à aplicação dos princípios jurídicos.* 6.ª ed., São Paulo: Malheiros, 2006, p. 50.

C. O critério da relação normativa

Críticas também são direcionadas ao *critério do conflito normativo*. Como visto acima, alguns autores apresentam o modo como o conflito entre duas ou mais normas é solucionado como traço distintivo entre regras e princípios. A maior crítica que se faz a esse critério é que a ponderação não é um método aplicável somente aos princípios. O exemplo a seguir é bastante elucidativo: o Código de Ética Médica brasileiro estabelece a regra segundo a qual o médico deve dizer toda a verdade para o seu paciente, sobre sua doença. Outra regra estabelece que o médico deve utilizar todos os meios disponíveis para curar o paciente. No caso em que a comunicação de uma doença grave pode abalar emocionalmente o paciente, fica instalado o conflito entre as duas regras, sem que seja necessário declarar a invalidade de uma delas.

Outro exemplo é o caso da regra que proíbe a concessão de medidas urgentes (liminares) que obriguem a Administração pública brasileira a fornecer medicamentos a quem deles necessite e que esgote o objeto litigioso (art. 1.º da Lei n.º 9.494/97). Em outras palavras, se o paciente ajuizou ação judicial para obtenção de medicamento essencial para seu tratamento, a lei proíbe que o medicamento seja entregue antes do final do processo, por meio de uma medida urgente concedida pelo juiz ainda no curso do litígio. Todavia, há outra regra que determina ao Estado o fornecimento, inclusive por meio de medidas urgentes (liminares), de remédios excepcionais pelo sistema público de saúde, a pessoas que não puderem pagar pelo remédio (art. 1.º da Lei n.º 9.908/93 do Estado do Rio Grande do Sul). De acordo com HUMBERTO ÁVILA:

> *"Embora essas regras instituam comportamentos contraditórios, uma determinando o que a outra proíbe, elas ultrapassam o conflito abstrato mantendo sua validade. Não é absolutamente necessário declarar a nulidade de uma das regras, nem abrir uma exceção a uma delas. Não há a exigência de colocar uma regra dentro e outra fora do ordenamento jurídico. O que ocorre é um conflito concreto entre as regras, de tal sorte que o julgador deverá atribuir um peso maior a uma das duas, em razão da finalidade de preservar a vida do cidadão, ou se sobrepõe a finalidade de garantir a intangibilidade da destinação já dada pelo Poder Público às suas receitas".*[332]

---

[332] ÁVILA, Humberto. *Teoria dos princípios. Da definição à aplicação dos princípios jurídicos.* 6.ª ed., São Paulo: Malheiros, 2006, p. 53.

Seção 2 – A classificação jurídica ternária: regras, princípios e postulados

De acordo com HUMBERTO ÁVILA, no que concerne à aplicabilidade prática, as normas presentes num sistema jurídico não se situam necessariamente no mesmo plano. Por conta disso, elas podem ser classificadas como normas jurídicas de primeiro grau, uma vez que imediatamente aplicáveis às situações práticas, ou seja, são normas objeto da aplicação (§ 1) e normas jurídicas de segundo grau, entendidas como aquelas que não se aplicam imediatamente, uma vez que servem apenas para orientação e aplicação de outras normas (§ 2).

§ 1 – As normas de primeiro grau

Constituem normas de primeiro grau os princípios e regras, categorias já largamente analisadas pela doutrina, como vimos acima. Contudo, diante das inconsistências apontadas nas classificações anteriormente propostas, adotaremos para os fins do presente trabalho, o estudo de HUMBERTO ÁVILA, que de fato propôs nova diferenciação entre regras (A) e princípios (B), que nos parece metodologicamente mais correta.

A. As regras

Nos termos da doutrina de HUMBERTO ÁVILA, as regras são normas *imediatamente descritivas*, *primariamente retrospectivas* e *preliminarmente decisivas e abrangentes* para cuja aplicação se exige a avaliação da correspondência, sempre centrada na finalidade que lhes dá suporte ou nos princípios que lhes são axiologicamente sobrejacentes, entre a construção conceitual da descrição normativa e a construção conceitual dos fatos[333].

Quanto ao comportamento descrito pelas regras, diz-se que elas são "imediatamente descritivas", pois estabelecem obrigações, permissões e proibições mediante a *descrição* da conduta a ser adotada. Diz-se que as regras são "primariamente retrospectivas" (*past-regarding*), na medida em que descrevem uma situação de fato conhecida pelo legislador, ao contrário dos

---

[333] ÁVILA, Humberto. *Teoria dos princípios. Da definição à aplicação dos princípios jurídicos*. 6.ª ed., São Paulo: Malheiros, 2006, p. 78.

princípios, que determinam um estado de coisas a ser construído (caráter prospectivo). Isso porque, para se aplicar as regras, foca-se na análise conceitual dos fatos já existentes. Diz-se que são "preliminarmente decisivas e abrangentes", uma vez que as regras têm pretensão de abranger todos os aspectos relevantes para a tomada de decisão e, por isso, também têm a pretensão de gerar uma solução específica para a questão.

B. Os princípios jurídicos

Ao passo que as regras contêm uma dimensão imediatamente comportamental, os princípios são normas jurídicas imediatamente finalistas (estabelecem um fim que deve ser perseguido). Em outras palavras, os princípios estabelecem sempre um *estado ideal das coisas* que, para ser alcançado, é necessária a adoção de alguns comportamentos. Esse *estado ideal das coisas* pode ser definido como um *valor* escolhido pelo legislador ou pela constituição. Os princípios são as normas jurídicas que contêm esses valores.

Ainda de acordo com HUMBERTO ÁVILA: *"Os princípios são normas imediatamente finalísticas, primariamente prospectivas e com pretensão de complementaridade e de parcialidade, para cuja aplicação se demanda uma avaliação da correlação entre o estado de coisas a ser promovido e os efeitos decorrentes da conduta havida como necessária à sua promoção"*[334].

Quanto ao comportamento descrito pelos princípios, diz-se que são normas "imediatamente finalísticas", uma vez que estabelecem um fim a ser atingido. Diz-se que são "primariamente prospectivas" (*future-regarding*), pois determinam um estado de coisas a ser construído. Isso porque, para se aplicar os princípios, foca-se na análise do fim que se almeja alcançar. Diz-se que têm "pretensão de complementaridade e de parcialidade", pois, ao contrário das regras, os princípios não têm a pretensão de gerar uma solução para o caso concreto, mas sim de contribuir para a tomada de decisão.

Como exemplo, pode-se citar o princípio da dignidade da pessoa humana, positivado no artigo 1.º, III, da Constituição brasileira de 1988. Trata-se de norma que não descreve nenhum comportamento imediato, porém

---

[334] ÁVILA, Humberto. *Teoria dos princípios. Da definição à aplicação dos princípios jurídicos.* 6.ª ed., São Paulo: Malheiros, 2006, p. 78.

orienta o legislador, *v.g.*, a não estabelecer a pena de tortura ou tributar o mínimo vital.

Enfim, cumpre ressaltar que regras e princípios são tratados como normas de primeiro grau tendo em vista que se situam no nível das normas que podem ser diretamente aplicados na prática[335].

§ 2 – As normas de segundo grau

As normas de segundo grau são os postulados[336] normativos, categoria até então pouco explorada pelos doutrinadores de uma forma geral, mas que trouxe notável contribuição para as pesquisas metodológicas do direito. Assim, para se compreender bem essas normas de segundo grau, analisaremos o conceito de postulado normativo (A) e, em seguida, a sua aplicação limitada no âmbito prático (B).

A. Os postulados normativos

De acordo com RUDOLF EISLER, a interpretação de qualquer objeto cultural submete-se a algumas condições essenciais, sem as quais o objeto não pode ser sequer apreendido. A essas condições essenciais dá-se o nome de postulados[337]. O postulado normativo não se ocupa do dever de promover a realização de um estado de coisas, papel já desempenhado pelos princípios. Por isso, diz-se que os postulados normativos se situam num segundo grau, pois estabelecem a estrutura de aplicação de outras normas (princípios e regras). Segundo HUMBERTO ÁVILA, *"superou-se o âmbito das normas para adentrar o terreno as metanormas"*[338]. O postulado não visa promover a realização de um fim (tal como os princípios), nem descreve nenhum tipo de comportamento (como as regras).

---

[335] ÁVILA, Humberto. *Sistema constitucional tributário.* 2.ª ed., São Paulo: Saraiva, 2006, p. 79.

[336] De acordo com HUMBERTO ÁVILA, o termo "postulado" serve para indicar uma norma que estrutura a aplicação de outras normas (ÁVILA, Humberto. *Teoria dos princípios. Da definição à aplicação dos princípios jurídicos.* 6.ª ed., São Paulo: Malheiros, 2006, p. 125).

[337] EISLER, Rudolf. *Kant-Lexikon.* Hidelshimen: Georg Olms Verlag, 1994, 1994, p. 427, *apud* ÁVILA, Humberto. *Sistema constitucional tributário.* 2.ª ed., São Paulo: Saraiva, 2006, p. 41.

[338] ÁVILA, Humberto. *Teoria dos princípios. Da definição à aplicação dos princípios jurídicos.* 6.ª ed., São Paulo: Malheiros, 2006, p. 121/122.

É preciso, contudo, tomar cuidado para não confundir o postulado normativo com qualquer norma que fundamenta a aplicação de outras normas, como, por exemplo, o sobreprincípio do estado de direito ou do devido processo legal, que se situam no mesmo nível das normas que são objeto de aplicação. Em outras palavras, os sobreprincípios não são normas de segundo grau, tal como os postulados. Nesse sentido, veja-se a definição de sobreprincípios dada por HUMBERTO ÁVILA:

> *"O estado ideal de coisas cuja busca ou preservação é imposta pelos princípios pode ser mais ou menos amplo e, em razão disso, abranger uma extensão maior de bens jurídicos que compõem o seu âmbito. Há princípios que se caracterizam justamente por impor a realização de um ideal mais amplo, que englobam outros ideais mais restritos. Esses princípios podem ser denominados de sobreprincípios. Por exemplo, o princípio do Estado de Direito impõe a busca de um ideal de juridicidade, de responsabilidade e de previsibilidade da atuação estatal ao mesmo tempo que exige segurança, protetividade e estabilidade para os direitos individuais. Esse fim maior engloba outros fins mais restritos, já estabelecidos por outros princípios, como pelos princípios da segurança jurídica, da separação dos poderes, da legalidade, da irretroatividade e da boa-fé. Exatamente por isso, o princípio mais amplo exerce influência na interpretação e aplicação do princípio mais restrito. Daí denominar-se o princípio, cujo ideal é mais amplo, de sobreprincípio e o princípio, cujo ideal unidirecional é mais restrito, de subprincípio"*[339].

Contudo, é importante ressaltar que os postulados não são regras com aplicabilidade prática. Ao contrário do que acontece com as regras e princípios (inclusive os sobreprincípios), o postulado visa somente *orientar* a aplicação de outras normas, ou seja, são normas sobre a aplicação de outras normas (metanormas).

Além disso, ao passo que as regras e princípios são dirigidos ao Poder Público e aos contribuintes, os postulados são diretamente dirigidos ao intérprete e ao aplicador do direito. Assim, de acordo com HUMBERTO ÁVILA, *"só elipticamente é que se pode afirmar que são violados os postulados"*[340].

---

[339] ÁVILA, Humberto. *Sistema constitucional tributário*. 2.ª ed., São Paulo: Saraiva, 2006, p. 39/40.

[340] *Ibid.*, p. 122.

B. A aplicação limitada dos postulados

Como já afirmado, tratando-se de normas jurídicas que estruturam a aplicação de regras e princípios, os postulados podem apenas ser violados excepcionalmente. Alguns casos práticos demonstram tal assertiva. É o caso do postulado da *proporcionalidade*, assim descrito por HUMBERTO ÁVILA: "*O exame de proporcionalidade aplica-se sempre que houver uma* medida concreta *destinada a realizar uma* finalidade. *Nesse caso devem ser analisadas as possibilidades de a medida ser a menos restritiva aos direitos envolvidos dentre aquelas que poderiam ter sido utilizadas para atingir a finalidade (exame da necessidade) e de a finalidade pública ser tão valorosa que justifique tamanha restrição (exame da proporcionalidade em sentido estrito)*"[341].

O postulado da proporcionalidade, dessa forma, impõe três exames: é preciso saber se a medida é *adequada* (ela promove a finalidade desejada?); se a medida é *necessária* (dentre as disponíveis, a medida escolhida é a que restringe menos os direitos individuais?); se ela é *proporcional em sentido estrito* (as vantagens que a medida proporciona superam as desvantagens provocadas?).

HUMBERTO ÁVILA oferece como exemplo a decisão proferida pelo STF, na qual foi anulada a obrigação de realização de exame hematológico de paternidade imposta ao pai presumido de uma criança[342]. Com efeito, o pai presumido não pode ser obrigado a fazer o exame, se ele não o deseja, sob pena de violação a sua integridade física.

Como se nota, não é a proporcionalidade que foi violada no caso em tela, mas o princípio da dignidade da pessoa humana, como reconhecido pelo STF. A medida se mostrava desproporcional, tendo em vista que se tratava de mera "prova de reforço", pois já constava nos autos o exame de DNA do pai, da mãe e do menor. A submissão forçada ao exame hematológico, dessa forma, não era *necessária*.

Em outro caso, o STF declarou a inconstitucionalidade de uma lei que estabelecia a obrigação de as empresas distribuidoras de gás portarem, em seus veículos de transporte, uma balança especial a fim de pesar, na frente

---

[341] ÁVILA, Humberto. *Teoria dos princípios. Da definição à aplicação dos princípios jurídicos.* 6.ª ed., São Paulo: Malheiros, 2006, p. 150.

[342] STF, HC n.º 76.060/SC, 1.ª Turma, Rel. Min. SEPÚLVEDA PERTENCE, DJ 15.05.1998.

dos contribuintes, todas as unidades vendidas[343]. Nesse caso, o Tribunal decidiu que a medida era *desnecessária* (a fiscalização por amostragem seria bem menos restritiva) e *desproporcional em sentido estrito* (as desvantagens – por exemplo, aumento do preço do gás, deslocamento do contribuinte até o veículo transportador, exigência de investimento pelas empresas – foram consideradas superiores às vantagens, no caso a proteção aos consumidores).

Da mesma forma, não é a proporcionalidade que foi violada, mas o princípio da livre iniciativa (artigo 170 da Constituição de 1988), como reconhecido pelo próprio Tribunal.

A *proibição do excesso* é outro exemplo de postulado. De acordo com HUMBERTO ÁVILA, a proibição do excesso orienta a aplicação dos princípios fundamentais de modo que não sejam atingidos em seu núcleo essencial, compreendido como a parte do conteúdo de um direito sem a qual ele perde sua eficácia mínima, deixando de ser, por isso, reconhecido como um direito fundamental. Nesse sentido, aplicando o postulado da proibição do excesso, o STF decidiu que a lei que aumentou a taxa judiciária em 827% restringiu *excessivamente* o direito de acesso ao Poder Judiciário de uma grande parcela da população[344]. No caso em tela, o postulado da proibição do excesso levou à conclusão de que a restrição ao *direito de petição* foi excessiva, violando seu núcleo essencial[345].

Em conclusão, pode-se afirmar que o postulado normativo, por se situar no nível das normas que orienta a aplicação de outras, não possui utilidade prática imediata, ou seja, não pode ser aplicado no plano dos fatos. Isso não quer dizer que o postulado seja desprovido de utilidade, mas sua utilidade reside em outro plano, no âmbito de aplicação de outras normas jurídicas.

---

[343] STF, ADI n.º 855-2/PR, Tribunal Pleno, Rel. Min. OCTAVIO GALLOTTI, DJe 27.03.2009.

[344] STF, Rp. n.º 1.077/RJ, Tribunal Pleno, Rel. Min. MOREIRA ALVES, DJ 28.09.1984.

[345] ÁVILA, Humberto. *Sistema constitucional tributário*. 2.ª ed., São Paulo: Saraiva, 2006, p. 396/397.

Capítulo 2 – A dúplice natureza jurídica da performance: princípio e postulado

Alguns autores já se manifestaram sobre a natureza da performance. Uns a classificam como princípio, outros como postulado. Todavia, como restará abaixo demonstrado, a performance pode ser classificada como postulado (Seção 1) e também como princípio jurídico (Seção 2), com conteúdo material identificável e aplicação prática.

Seção 1 – A classificação da performance como postulado

A maior dificuldade que se encontra quando da classificação da performance são as diferenças e similitudes que ela possui com o postulado da proporcionalidade (§ 1). A análise dessa questão, no entanto, deixa claro que a performance pode ser classificada como um verdadeiro postulado normativo (§ 2).

§ 1 – As diferenças e semelhanças entre a proporcionalidade e a performance como postulado

É curioso notar que o que se convencionou chamar de performance (ou eficiência) em alguns países (como Brasil e Espanha, por exemplo) já é realizado pelo postulado da proporcionalidade em outros. Contudo, é fácil verificar que, apesar dessa diferença na nomenclatura (performance em alguns países, proporcionalidade em outros), a ideia que as duas expressões passam é a mesma, tanto nos países anglo saxões, quanto no resto do mundo.

No direito anglo saxão (Inglaterra e EUA), a aplicação limitada da proporcionalidade, por razões históricas e jurídicas, levou a doutrina e os tribunais a depositarem na performance a importância atribuída àquele postulado (A). Todavia, nesses dois países (Inglaterra e EUA), a eficiência desempenha o mesmo papel que a proporcionalidade já desempenha em vários outros países (B).

A. A *eficiência* no direito anglo-saxão

Ao propor uma definição para a eficiência, HUMBERTO ÁVILA afirma que: *"O dever de eficiência estrutura o modo como a administração deve atingir os seus fins e qual deve ser a intensidade da relação entre os meios que ela adota e os fins que ela persegue"*[346]. Essa definição apresenta duas ideias diferentes. Trata a primeira do modo pelo qual a administração deve atingir seus objetivos. Diz respeito à escolha dos meios que permitem a realização dos fins perseguidos. A segunda versa sobre a intensidade da relação entre os meios que ela adota e os objetivos visados.

Em outro trecho, HUMBERTO ÁVILA assevera: *"A eficiência exige mais do que mera adequação. Ela exige satisfatoriedade na promoção dos fins atribuídos à administração. Escolher um meio adequado para promover um fim, mas que promove o fim de modo insignificante, com muitos efeitos negativos paralelos ou com pouca certeza, é violar o dever de eficiência administrativa"*[347]. Aqui, percebe-se claramente a relação do conceito de eficiência com a ideia de *adequação* e de *intensidade da relação meio-fim*.

Contudo, a relação entre eficiência e escolha do meio adequado para concretização de um fim, bem como com a intensidade de realização desse objetivo não é novidade. Conforme já indicamos na introdução, DENNIS JAMES GALLIGAN propôs uma interessante distinção entre a efetividade *(effectiveness)* e a eficiência *(efficiency)*: *"(...) eficiência pertence ao relacionamento entre recursos e resultados, enquanto que a efetividade se refere à realização de objetivos"*[348].

Ao detalhar o que seria o dever de eficiência, DENNIS JAMES GALLIGAN afirma que a administração deve sempre analisar se um resultado semelhante, ou ainda melhor, poderia ser obtido com menor dissipação de recursos[349]. Já no que se refere à efetividade, aduz: *"A efetividade de uma decisão estratégica é determinada pelo nível de realização dos objetivos, considerando-se os recursos utilizados, bem como os efeitos colaterais da estratégia"*[350]. DENNIS JAMES GALLIGAN adverte, todavia, que o emprego de um meio simplesmente

---

[346] ÁVILA, Humberto. *Sistema constitucional tributário*. 2.ª ed., São Paulo: Saraiva, 2006, p. 432.
[347] *Ibid.*, p. 437.
[348] GALLIGAN, Dennis James. *Discretionary powers. A legal study of official discretion*. Oxford: Clarendon Press, 1986, p. 129.
[349] *Ibid.*, p. 130.
[350] *Ibid.*, p. 171.

A PERFORMANCE NO DIREITO TRIBUTÁRIO

adequado para a realização de objetivos estabelecidos não se adapta ao conceito de efetividade[351].

Vale ainda notar que a definição de DENNIS JAMES GALLIGAN, acima descrita, é bem próxima do conceito *rawlsiano* de eficiência – ou do *princípio de eficácia dos meios* –, que leva em consideração exatamente a relação entre os meios disponíveis e objetivos perseguidos. Segundo JOHN RAWLS:

> *"Suponhamos um objetivo particular e que todas as opções disponíveis sejam meios para alcançá-lo, todo o resto sendo neutro. O princípio [de eficácia dos meios] impõe que seja escolhida a opção que realize o objetivo da melhor maneira. O que, desenvolvendo a ideia, significa que, tendo sido fixado o objetivo, é preciso alcançá-lo economizando ao máximo os meios (quaisquer que sejam), ou que, tendo os meios sido fixados, é preciso alcançar o objetivo com a maior taxa de êxito possível"*[352].

Deve-se ressaltar que JOHN RAWLS, no conceito acima, parte do pressuposto de que todas as medidas disponíveis são meios para se alcançar o objetivo particular, ou seja, que são meios *adequados*. Dessa forma, percebe-se que, assim como DENNIS JAMES GALLIGAN, JOHN RAWLS também ressalta o papel da *adequação* para a definição do conceito de eficiência.

Dessa forma, pode-se dizer que os conceitos de eficiência e efetividade elaborado pela doutrina inglesa apresenta os seguintes elementos: (i) o meio deve ser adequado para a realização do objetivo escolhido; (ii) a escolha de um meio meramente adequado não significa que a medida será eficiente ou eficaz; (iii) a relação entre recursos empregados e os resultados obtidos deve ser satisfatória; (iv) o grau de realização de um objetivo deve ser levado em consideração.

A análise desses elementos permite afirmar que a eficiência e a eficácia, tal como definidas pelos referidos autores, assemelham-se bastante com o postulado da proporcionalidade. Com efeito, a eficiência e a eficácia apresentadas por DENNIS JAMES GALLIGAN e JOHN RAWLS contêm as ideias de adequação e de exame da relação entre recursos e resultados, bem como de grau de realização do objetivo.

Vale notar que, ao contrário do que ocorre na maioria dos países europeus, o postulado da proporcionalidade não é tradicionalmente aplicado

---

[351] *Ibid.*, p. 130.
[352] RAWLS, John. *Théorie de la justice*. Paris: Éditions de Seuil, 1987, p. 452.

nos países da *commom law*. No que diz respeito ao direito inglês, veja-se o que diz ROBERT THOMAS: *"A proporcionalidade é 'desconhecida' pelo Direito Inglês. Os juízes ingleses não costumam justificar suas decisões com referência na proporcionalidade (...). Esse princípio carece de uma 'presença autoritária' na tradição legal inglesa"*[353].

O mesmo ocorre no direito norte-americano, onde o exame de proporcionalidade é aplicado quase que exclusivamente no campo do direito criminal[354]. No que diz respeito às ações governamentais, sua aplicação encontra severas limitações. Nesse sentido, E. THOMAS SULLIVAN e RICHARD S. FRASE apontam duas razões fundamentais para a aplicação limitada do exame da proporcionalidade: em primeiro lugar porque a intensidade da sua aplicação pelo Poder judiciário possui estreita relação com a clareza com a qual o exame da proporcionalidade é definido[355], sendo certo que a doutrina norte-americana ainda não se aprofundou no sobre o tema; em

---

[353] THOMAS, Robert. *Legitimate Expectations and Proportionality in Administrative Law*. Oregon: Hart Publishing, 2000, p. 85. Sabe-se que o exame de proporcionalidade passou a ser um instrumento mais utilizado, nos tempos atuais, pelas Cortes inglesas. Tal fato se deve, principalmente, após a jurisprudência da Corte de Justiça da União Européia (CJUE) ter reconhecido expressamente a proporcionalidade como um princípio geral de direito. Nesse sentido, cf.: HOFFMANN, Leonard (Lord). "The Influence of the European Principle of Proportionality upon UK Law". In: *The Principle of Proportionality in the Laws of Europe* (Coord. ELLIS, Evelyn), Oregon: Hart Publishing, 1999, p. 107.

[354] Mais recentemente, o exame da proporcionalidade tem sido aplicado no que a doutrina norte-americana convencionou chamar de doutrina da guerra justa (*just war doctrine*), tanto na análise da decisão de declarar a guerra (*jus in bellum*), quanto na condução da guerra (*jus in bello*), como método para distinguir a barbaridade do uso da força como elemento necessário para a soberania política. Nesse sentido, o princípio da proporcionalidade foi expressamente codificado no artigo 51(5)(b), do Protocolo Adicional I, incorporado à Convenção de Genebra de 1949, exercendo papel fundamental na prevenção contra a perda de vidas civis. Assim, a princípio da proporcionalidade tem sido utilizado pelas cortes internacionais como uma "balança" que considera tanto o êxito dos objetivos militares com a menor taxa de perda dos combatentes, quanto a proteção da população civil. A título de exemplo, veja-se o precedente da Corte Internacional de Justiça, *The Gabcikovo-Nagymaros Project* (Hung./Slovk.), 1997, I.C.J. 7 (Feb. 5).

[355] No mesmo sentido: *"Obviously, the more accurately the principle of proportionality is defined, the more intensive the judicial review effected thereby will be."* {GERVEN, Walter van. "The Effect of Proportionality on The Actions of Member States of the European Community: National Viewpoints from Continental Europe". In: *The Principle of Proportionality in the Laws of Europe* (Coord. ELLIS, Evelyn), Oregon: Hart Publishing, 1999, p. 61}

segundo lugar, a forte preocupação com os valores veiculados pelo federalismo e pela democracia.

Por esse motivo, segundo os autores, *"as Cortes americanas e os políticos falharam na implementação do exame de proporcionalidade numa escala maior"*[356]. Em resumo, tanto os Tribunais estaduais, como a Suprema Corte não aplicam o exame da proporcionalidade aos atos discricionários da administração pública[357]. Assim, ao que tudo indica, inexistindo no direito anglo-saxônico o postulado da proporcionalidade, quem lhe substitui é o dever de eficiência e eficácia (performance).

O que se conclui é que o conteúdo do dever de eficiência e eficácia apresentado pelas doutrinas americana e inglesa é muito próximo do conteúdo do postulado da proporcionalidade. No Brasil, onde esse postulado encontrou ampla aceitação no meio acadêmico, alguns autores buscam diferenciá-lo da eficiência, porém sem sucesso. É o caso de HUMBERTO ÁVILA, que tentou apresentar uma diferenciação entre eficiência e proporcionalidade, sem, contudo, lograr êxito[358].

B. A proporcionalidade no mundo

Na Alemanha, por exemplo, KLAUS TIPKE e JOACHIM LANG afirmam que a proporcionalidade (*verhältnismäßigkeit*) serve para atribuir *"racionalidade à relação meio-fim"*[359]. Para que tal racionalidade seja atingida, é preciso realizar os mesmos três exames acima mencionados: exame de adequação (*geeignetheit*), exame de necessidade (*erforderlichkeit*) e o exame de proporcionalidade em sentido estrito (*zumutbarkeit*).

No que concerne o primeiro exame (adequação), KLAUS TIPKE e JOACHIM LANG afirmam: *"A autoridade fiscal não pode tomar nenhuma medida,*

---

[356] SULLIVAN, E. Thomas; FRASE, Richard S. *Proportionality Principles in American Law. Controlling Excessive. Government Actions.* New York: Oxford University Press, 2009, p. 9.

[357] *"In contrast to the practice of the foreign jurisdictions described in part I, American jurisprudence has made only limited use of the term 'proportionality' in the evaluation of government conduct. Proportionality is rarely mentioned as an underlying basis of constitutionals decisions". Ibid.,* p. 51.

[358] ÁVILA, Humberto. *Sistema constitucional tributário.* 2.ª ed., São Paulo: Saraiva, 2006, p. 434/437.

[359] TIPKE, Klaus; LANG, Joachim. *Direito tributário (Steuerrecht).* Porto Alegre: Sergio Antonio Fabris Editor, 2008, p. 270 e ss. Segundo os autores, o princípio da proporcionalidade é outra denominação da proibição do excesso.

com a qual o fim desejado não possa ser alcançado"[360]. Sobre a necessidade: *"A autoridade fiscal é obrigada, dentre as várias medidas apropriadas a tomar apenas aquela que onere o* mínimo possível *o atingido"*[361]. Ainda segundo os autores, mesmo uma medida que afeta o menos possível os direitos dos cidadãos pode ter consequências que estão em desproporção com o fim desejado (proporcionalidade em sentido estrito).

O mesmo postulado é também largamente utilizado na França. A expressão *proporcionalidade* foi utilizada pela primeira vez pelo Conselho Constitucional na Decisão n.º 84-181 DC, de 11.10.1984[362]. Outras decisões mais recentes se referem ao *controle de proporcionalidade*[363]. O objetivo de tal controle é bem definido por MARIE-ANNE COHENDET: *"Assim como o juiz administrativo, o juiz constitucional aprecia a adequação entre o objetivo do legislador e os meios que ele utiliza para alcançá-lo. Ele verifica se essas modalidades não são manifestamente inapropriadas para realizar o fim visado"*[364].

Como princípio geral de direito, o controle de proporcionalidade é adotado também pelo direito comunitário, tendo sido introduzido na ordem jurídica comunitária por meio da jurisprudência da CJUE[365]. Tal jurisprudência, corroborando o princípio da subsidiariedade positivado

---

[360] *Ibid.*, p. 270.

[361] *Ibid.*, p. 271.

[362] *"A imprecisão dos termos da lei dá um poder ilimitado de investigação sobre o patrimônio dos acionistas e sobre a gestão da empresa que é incompatível com a regra do segredo da vida privada e do segredo dos negócios, implicando uma estrita* proporcionalidade *entre os meios de informação e dos fins perseguidos".*

[363] Decisão n.º 98-404 DC, de 18.12.1998: *"O que o Conselho realiza, atualmente, é um* controle de proporcionalidade, *não se contentando com a existência de um motivo de interesse geral, mas exigindo, além disso, que tal motivo seja 'suficiente', no que diz respeito à violação dos direitos dos contribuintes, para justificar a retroatividade."*; Decisão n.º 2002-465 DC, de 13.01.2003: *"Nota-se, atualmente, que o Conselho Constitucional foi levado a realizar um controle de proporcionalidade, como se nota da Decisão de 18.12.1998 (Decisão n.º 98-404 DC, de 18.12.1998, item 5). (...) No caso em tela, deve-se admitir que nenhum interesse geral é suficiente para legitimar o questionamento de acordos coletivos realizados em conformidade à legislação precedente. As explicações contraditórias e imprecisas dadas tanto pelo autor da emenda quanto pelo Sr. Ministro, provam que o artigo 16 possui eficácia retroativa, o que não se justifica nem por uma questão de interesse geral, levando, ainda, a um questionamento desproporcional dos acordos em vigor."*

[364] COHENDET, Marie-Anne. *Droit constitutionnel.* 3.ª ed., Paris: Montchrestien, 2006, p. 67.

[365] Acórdãos de 17.12.1970, Köster, Berodt & Co. (25/70, Rec. 1970, p. 1161, itens 21 e ss); de 18.11.1987, Maizena e.a. (137/85, Rec. 1987, p. 4587, item 15); de 13.11.1990, Fedesa e.a. (C-331/88, Rec. 1990, p. I-4023, item 13); de 07.09.2006, Espanha/Conselho (C-310/04, Rec. 2006, p. I-7285, item 97) e de 17.01.2008, Viamex Agrar Handel (C-37/06 et C-58/06, Rec. 2008, p. I-69, item 33).

no Tratado de Maastricht[366], fixou o entendimento segundo o qual: *"(...) os atos das instituições comunitárias não devem ultrapassar os limites do que é apropriado e necessário à realização dos objetivos legítimos perseguidos pela regulamentação em causa, ficando entendido que, quando se deve escolher entre várias medidas apropriadas, convém recorrer a menos restritiva, e que os inconvenientes causados não devem ser desmedidos em relação aos fins visados"*[367].

No conceito proposto pela CJUE, pode-se identificar facilmente os mesmos três exames a que se refere a doutrina brasileira e alemã: o *exame de adequação* (é preciso que a medida seja apropriada); o *exame de necessidade* (o dever de escolher o meio menos constrangedor); e o *exame de proporcionalidade em sentido estrito* (é preciso que os inconvenientes gerados por este meio não sejam desproporcionais em relação aos fins visados).

O direito administrativo francês também aplica o postulado em questão. O controle de proporcionalidade, conhecido também como *balanço custo-benefício*, foi introduzido nesse ramo do direito por meio do Acórdão CE 28.05.1971, *"Ville Nouvelle-Est"*, diante da necessidade de se introduzir um melhor exame das condições nas quais intervêm as declarações de utilidade pública que precedem as desapropriações. Na prática, o controle consiste em realizar um balanço dos inconvenientes e dos benefícios. Segundo JACQUELINE MORAND-DEVILLER, o controle de proporcionalidade: *"(...) é realizado em três tempos e três questões sucessivas: a operação projetada possui um interesse público? (...) a expropriação é necessária? (...); enfim, a expropriação não trará violações à ordem social, financeira, violações ao direito à propriedade privada e a outros interesses públicos?"*[368].

No direito suíço, igualmente, a proporcionalidade, inicialmente considerada como princípio geral de direito administrativo e posteriormente aplicado ao direito tributário, é configurada pela doutrina de modo semelhante. Nesse sentido, XAVIER OBERSON assim descreve o exame de proporcionalidade: *"O princípio da proporcionalidade se decompõe em três sub-princípios: (i) o Estado deve utilizar apenas meios próprios para atingir o fim visado (adequação); (ii) dentre as diversas medidas adequadas, ele deve escolher a que causa*

---

[366] De acordo com o referido princípio: *"A ação da Comunidade não pode exceder o necessário para que os fins estabelecidos no presente tratado sejam atingidos"*.

[367] CJUE, 5ª câmara, 02/10/2003, Processo C-147/01, Weber's Wine World Händel-GmbH e. a: Rec. CJUE 2003, I, p. 11365; Europe 2003, comm.. 378, obs. D. SIMON.

[368] MORAND-DEVILLER, Jacqueline. *Cours de droit administrative.* 5.ª ed., Paris: Montchrestien, 1997, p. 282.

menos violação aos interesses privados (necessidade); (iii) enfim, a gravidade dos efeitos da medida deve ser pesada com o impacto esperado em função do interesse público (proporcionalidade em sentido estrito)"[369].

Assim, não obstante as variações com que o exame da proporcionalidade se apresenta nos diversos sistemas jurídicos acima referidos, nota-se que sua substância mantém-se a mesma: a racionalidade da relação entre meio e fim. E é justamente essa mesma relação que é o objeto do exame da eficiência. Em outras palavras, o dever de eficiência se assemelha de tal forma ao postulado da proporcionalidade, que a diferenciação entre ambos é tarefa difícil, senão impossível.

Com isso, tem-se que a performance também exerce importante papel na aplicação e interpretação dos princípios jurídicos, justamente por se tratar de norma de segundo grau.

§ 2 – A performance fiscal como postulado na doutrina

Uma parte relevante da doutrina nacional já se posicionou quanto à classificação da eficiência. De acordo com HUMBERTO ÁVILA, o dever de performance (ou eficiência, como o autor a ela se refere) deve ser enquadrado como postulado, não como um princípio. Segundo o autor, o referido dever orienta a administração pública na busca da medida que seja a mais satisfatória para promover os fins que lhe são atribuídos. Em outras palavras, a performance orienta o administrador a buscar uma solução ideal na interação entre meios e fins colocados à sua disposição.

Partilhando da mesma opinião de HUMBERTO ÁVILA, RICARDO LOBO TORRES afirma que a performance, sendo vazia e destituída de conteúdo material, deve *"equilibrar e harmonizar os outros princípios constitucionais"*[370]. De acordo com RICARDO LOBO TORRES, a performance será importante no momento da aplicação dos princípios e regras dotadas de conteúdo e que estão ligados à liberdade, justiça e segurança[371].

Da mesma forma, PAULO MODESTO, não obstante afirmar que se trata de um princípio, afirma também que, sendo um *princípio instrumental*, a

---

[369] OBERSON, Xavier. *Droit fiscal suisse*. 3.ª ed., Bâle: Helbing & Lichtenhahn, 2007, p. 48.

[370] TORRES, Ricardo Lobo. "Princípio da eficiência em matéria tributária". *In: Princípio da eficiência em matéria tributária* (coord. MARTINS, Ives Gandra da Silva), São Paulo: Editora Revista dos Tribunais, 2006, p. 69.

[371] *Ibid.*, p. 70.

performance é desprovida de *valor substancial*[372]. Trata-se de contrassenso, uma vez que se é princípio, então deve haver necessariamente um valor substancial. A afirmação de que a performance não contém um valor substancial indica que o autor teria feito melhor se a classificasse como postulado, o que acreditamos tenha sido sua intenção.

Há também a doutrina de EDUARDO AZEREDO RODRIGUES, para quem o dever de performance se classifica como postulado: "*É, exatamente, na interação entre meios e os fins (e não na simples identificação dos objetivos a serem buscados (eficácia) ou na pura análise dos meios (economicidade com mera economia de custos) que a eficiência vai funcionar, à luz da Teoria dos Princípios, como um postulado normativo*"[373].

Há ainda quem afirme que a performance pode ser classificada tanto como postulado quanto como princípio. Nesse sentido, ANDRÉ RODRIGUES CYRINO afirma que: "*(...) a cláusula geral de eficiência é ao mesmo tempo: (i) um postulado aplicativo das normas constitucionais que demandem escolhas que envolvam custos, e (ii) um princípio indicativo de um estado de coisas na estrutura de funcionamento do Estado, que deverá atender às finalidades constitucionais da maneira apropriada, rápida e menos custosa, tanto internamente, como também quando estiver regulando as relações entre os particulares*"[374].

Da mesma forma, FERNANDO LEAL entende que a performance se enquadra nas duas espécies normativas. De acordo com esse autor, há uma ligação entre a performance e o exame de *necessidade*, "*(...) já que ambos envolvem uma consideração da relação horizontal das medidas em xeque e uma única finalidade ou um grupo de finalidades que estão apontando em um único sentido*"[375].

---

[372] MODESTO, Paulo. "Notas para um debate sobre o princípio constitucional da eficiência". *Revista Diálogo Jurídico 1 (2)*: 8, 2001, p. 8 Disponível em "www.direitopublico.com.br", acessado em 28/04/2009.

[373] RODRIGUES, Eduardo Azeredo. *O princípio da eficiência à luz da teoria dos princípios*, Rio de Janeiro: Lumen Juris, 2012, p. 73.

[374] CYRINO, André Rodrigues. *Direito Constitucional Regulatório*. Rio de Janeiro: Renovar, 2010, p. 161 e ss.

[375] LEAL, Fernando. "Propostas para uma abordagem teórico metodológica do dever constitucional de eficiência". *Revista Brasileira de Direito Público*, n.º 14, 2006, p. 163.

Seção 2 – A performance como princípio

Há também uma parte da doutrina que defende a classificação da performance como princípio (§ 1), o que lhe traz uma dimensão prática muito importante. Essa dimensão prática da performance é observável quando se nota o surgimento de uma *nova filosofia* da administração pública (§ 2).

§ 1 – A eficiência como princípio na doutrina

Parte da doutrina classifica a performance como um princípio jurídico. JEFFERSON APARECIDO DIAS, por exemplo, adotando expressamente a teoria de ROBERT ALEXY, afirma que a performance é um princípio. Para tanto, afirma que todos os princípios destinados à administração pública são concebidos como *"mandados de otimização"*[376]. O mesmo ocorre com EMERSON GABARDO[377].

Sendo um princípio, o que se deve perquirir é qual o *valor* ou o estado ideal de coisas que a performance busca proteger. JOAQUÍN RODRÍGUEZ-TOUBES MUÑIZ assevera que *"os princípios jurídicos podem ser descritos como normas que perseguem, na maior medida possível, a realização de valores, entendidos em sentido amplo. Os valores são o objetivo normativo dos princípios"*[378]. De acordo com WALTER CLAUDIUS ROTHENBURG, o princípio jurídico é a *"expressão dos valores principais de uma dada concepção do Direito, naturalmente abstratos e abrangentes"*[379].

A título de exemplo, veja-se que o princípio da legalidade, ao coibir um governo tirano e opressor, privilegia a liberdade como valor. O princípio da não retroatividade, ao vedar que sejam criados impostos com vigência para o passado, concretiza o valor segurança jurídica. O princípio da concorrência elege o crescimento econômico como um valor buscado pela sociedade. No caso do princípio da performance, o valor buscado é a própria

---

[376] DIAS, Jefferson Aparecido. *Princípio da eficiência e moralidade administrativa.* 2.ª ed., Curitiba: Juruá, 2008, p. 33.

[377] GABARDO, Emerson. *Princípio constitucional da eficiência administrativa.* São Paulo: Dialética, 2002, p. 86.

[378] MUÑIZ, Joaquín Rodríguez-Toubes. *Princípios, fines y derechos fundamentales.* Madrid: Dykinson, 2000, p. 42.

[379] ROTHENBURG, Walter Claudius. *Princípios constitucionais.* Porto Alegre: Sergio Antonio Fabris Editor, 2003, p. 18.

performance. Dito de outra forma, a performance é um valor buscado pela sociedade e que foi positivado como princípio que leva o mesmo nome.

O estudo que fizemos acima sobre a relação entre performance e justiça – mais precisamente, entre performance e equidade – revela que, enquanto valor, a performance tem importância semelhante à da igualdade. Basta relembrar que muitos sistemas fiscais têm privilegiado a performance em detrimento do princípio da igualdade ou equidade.

A performance se tornou um valor legitimador de várias ações da Administração pública. Inclusive, há casos em que uma medida injusta, que não considera as individualidades do contribuinte é legitimada por imperativos de performance (como é o caso do ICMS-Substituição). Um sistema fiscal pode não ser inteiramente justo, mas se ele for eficiente e eficaz, então está legitimado. Essa nova concepção de legitimação do sistema fiscal é praticada nos EUA, conforme relatado por BORIS I. BITTKER[380]. Esse autor, como já mencionado acima, informa que, atualmente, a performance tem suplantado a equidade como objetivo de política econômica norte-americana.

A natureza principiológica da performance fica ainda mais clara se observarmos a sua *eficácia negativa*. Resumidamente, a *eficácia positiva* ocorre quando a norma investe o cidadão do direito de pleitear algo; é norma que veicula um direito subjetivo. Todavia, alguns princípios são destituídos dessa eficácia, pois são dirigidos ao legislador. Existiria *eficácia positiva* se o legislador pudesse ser obrigado a editar alguma norma, o que não ocorre nos países com tradição democrática.

O princípio da segurança jurídica, por exemplo, não confere ao cidadão nenhum direito subjetivo, pois é dirigido ao legislador (que fica vedado, por exemplo, de criar normas retroativas). A *eficácia negativa* atribui à norma uma eficácia jurídica limitada (não possui a mesma extensão da *eficácia positiva*), pois se algum ato lhe for contra, ele deverá ser afastado.

O princípio da performance não investe o contribuinte de nenhum direito subjetivo, mas se o administrador realizar algum ato que o viole, então esse ato poderá ser afastado. Nesse sentido, veja-se a lição de VLADIMIR DA ROCHA FRANÇA: *"A eficiência administrativa pode ser aceita como princípio*

---

[380] BITTKER, Boris I. "Equity, Efficiency, and Income Tax Theory: Do Misallocations Drive Out Inequities?", In: *The Economics of Taxation* (AARON, Henry J.; BOSKIN, Michael J., editors), Washington, DC: Brookings Institutions Press, 1984, p. 19

na medida em que viabilize a invalidação de qualquer ato do Estado atentatório aos seus ditames"[381].

Diz-se também que os princípios sem *eficácia positiva* são normas programáticas, que são espécies normativas que traçam linhas diretoras, metas, que servem de orientação para os poderes públicos. Não quer dizer que sejam destituídas de eficácia, pois todas as normas constitucionais possuem essa qualidade, como ensina LUÍS ROBERTO BARROSO: *"Sem embargo, seria errôneo supor que as regras programáticas não sejam dotadas de qualquer valia. Calha relembrar que José Afonso da Silva demonstrou, à exaustão, que não há norma constitucional alguma destituída de eficácia jurídica, ainda quando esta irradiação de efeitos nem sempre seja plena, comportando uma graduação. Afirmada sua eficácia, isto é, de se alcançarem os objetivos da edição da norma, confira-se-lhe a perspectiva de efetividade, de real concretização do preceito no mundo fático"*[382].

§ 2 – A nova filosofia da Administração pública

Os efeitos práticos da valorização gradual que vem sendo dispensada ao princípio da performance são notáveis. Nota-se que as administrações estão cada vez mais preocupadas com a qualidade de seu serviço. Umas investiram mais que outras, mas o fato é que já se deram conta da importância de uma administração performante como condição para o aumento da arrecadação fiscal, sem que isso suscite um grande nível de contestação. Por essa razão, decidimos falar de uma *nova filosofia*, que serve para colocar em evidência o fato de que as administrações não se preocupam mais apenas com a relação nível de arrecadação *v.* custos gerados por essa atividade, mas também se preocupam com o contribuinte.

Com isso, houve uma verdadeira *quebra de paradigma*, com a superação do que se pode denominar de "antigo regime" administrativo (A), no qual a Administração pública, em seus objetivos, olhava apenas para os limites de sua estrutura. Atualmente, o "novo regime" administrativo representa um regime que procura não identificar mais seus problemas internos como limitações naturais da contraprestação dada ao contribuinte. Pelo contrário,

---

[381] "FRANÇA, Vladmir da Rocha. "Eficiência Administrativa na Constituição Federal". *Revista de Direito Administrativo*, n.º 220, abr./jun. 2000, p. 167.

[382] BARROSO, Luís Roberto. *O Direito Constitucional e a Efetividade de suas Normas. Limites e Possibilidades da Constituição Brasileira*. 7.ª ed., Rio de Janeiro: Renovar, 2003, p. 120/121.

tenta colocar o contribuinte na mesma posição que o "cliente" ocupa em relações comerciais (B), buscando investir na referida contraprestação.

A. A queda do "antigo regime" administrativo

Existe um dado atual que é determinante para a compreensão da queda do que denominamos "antigo regime" administrativo: a atuação do Estado está em crise, seja como prestador de serviço público, seja como agente econômico. Devido ao agigantamento do Estado, que passou a realizar serviços antes realizados pela iniciativa privada, a contraprestação estatal (serviços públicos) deixou de ser satisfatória em termos de qualidade, por questões relacionadas à falta de infraestrutura. A prestação de serviços públicos e a realização de determinadas atividades passaram a ser mera obrigação decorrente de lei. Em outras palavras, o Estado se agigantou de tal forma que não mais conseguia prestar serviços públicos de qualidade.

Esse agigantamento do Estado é um dos principais culpados por outra crise: a crise mundial da dívida pública, já projetada fortemente sobre os países europeus e mais recentemente deflagrada no Brasil. Pode-se dizer que o problema de arrecadação fiscal deficiente aliado à presença ostensiva do Estado na economia foram fatores decisivos para o desencadeamento da atual crise que a Europa vive. No caso do Brasil, ainda deve ser somada o alto nível de corrupção.

Essa não é a primeira crise pela qual passam os serviços públicos. No passado, o serviço público passou por uma crise de natureza diametralmente oposta à que se vive hoje em dia. Nesse sentido, ANDRÉ BUTTGENBACH afirmou, em meados do século passado, que *"a noção de serviço público perdeu um pouco da sua precisão e da sua utilidade original, não porque ela está em vias de desaparecer, mas, ao contrário, porque ela está em expansão"*[383]. Com essa expansão, o Estado deixou de prestar apenas serviços públicos, passando a se imiscuir na exploração de atividades econômicas privadas. Basta lembrar que, na França, o acórdão proferido pelo Conselho do Estado que constituiu o marco inicial da teoria dos serviços públicos foi sobre a

---

[383] BUTTGENBACH, André. *Théorie générale des modes de gestion des services publics en Belgique.* Bruxelles: Maison Ferdinand Larcier, 1952, p. 13.

responsabilidade civil do Estado em razão de um acidente causado por um transportador de tabaco[384].

Essa "invasão" do Estado nas atividades econômicas privadas foi marcante no século passado, sobretudo após a Segunda Grande Guerra, com o que se generalizou a ideia do *serviço público industrial e comercial*[385], definido pelo Conselho de Estado francês como o serviço explorado pelo Estado nas mesmas condições que o particular (TC, 22/01/1921, Acórdão Bac d'Eloka)[386].

No Brasil, foi notável a presença do Estado em setores como o de telecomunicações, energia, gás canalizado, dentre outros, em cuja prestação a administração pública utilizou mecanismos de direito privado tais como sociedades de economia mista e empresas públicas[387].

Em razão dessa onda de crescimento do papel desempenhado pelo Estado na economia que se pode observar em diversos países, a Administração pública também se agigantou, para dar conta da organização dessas atividades econômicas. Com isso, cresceu também a folha de pagamento, bem como os gastos públicos com a realização dessas diversas atividades. Naturalmente, levando em consideração que o Estado rarissimamente exerce uma atividade econômica com a mesma performance que uma empresa particular, o exercício dessas diversas atividades incrementou o déficit público, que se fez notável em diversos países europeus no final do século passado, com fortes resquícios no presente.

Além disso, deve-se ressaltar que a atuação do Estado como agente econômico está relacionada também com a garantia de direitos de cunho eminentemente social, dentre os quais se encontra a modicidade dos preços, o que termina por aumentar o déficit com a realização de algumas atividades econômicas[388]. Ora, muitas vezes, o Estado não pode cobrar

---

[384] Conselho de Estado, Tribunal des Conflits, 08/02/1873, Acórdão *Blanco*.

[385] Sobre os serviços públicos industriais e comerciais na França, cf.: DEVOLVÉ, Pierre. *Droit public de l'économie*. Paris: Dalloz, 1998, p. 597/602.

[386] COMADIRA, Julio Rodolfo. "El servicio público como título jurídico exorbitante", *Revista de Direito Administrativo e Constitucional*, n.º 15, 2004, p. 89.

[387] ARAGÃO, Alexandre dos Santos. "O Serviço Público e suas Crises", In: BARROSO, Luís Roberto, (Org.) *A Reconstrução Democrática do Direito Público no Brasil*. Rio de Janeiro: Renovar, 2007, p. 617.

[388] ARAGÃO, Alexandre dos Santos. "O Serviço Público e suas Crises", In: BARROSO, Luís Roberto, (Org.) *A Reconstrução Democrática do Direito Público no Brasil*. Rio de Janeiro: Renovar, 2007, p. 624.

pela prestação de um serviço ou fornecimento de um bem da mesma forma que o empreendedor particular, o que induz à realização de uma atividade deficitária.

Com o agigantamento da Administração pública para dar conta da prestação dos serviços de caráter público e da realização das atividades econômicas, perdeu-se em qualidade e controle e ganhou-se em burocracia, estigmas que perturbam seu funcionamento até os dias de hoje. O direito tributário e a Administração fiscal não foram indiferentes a essa herança. Com efeito, a atuação forte do Estado na economia não pode existir sem grandes custos, financiados principalmente pela arrecadação de tributos. E para gerir e administrar essa grande arrecadação, uma poderosa máquina foi desenvolvida.

Assim como a realização das atividades estatais (serviços públicos + atividade econômica) demonstrou uma grande deficiência, o serviço público ligado à arrecadação seguiu a mesma sorte. Em decorrência disso, há algumas décadas, observa-se em diversos países uma Administração fiscal que não responde aos anseios mínimos dos contribuintes, que se deparam com obstáculos variados.

Esse "antigo regime" administrativo vem passando por uma profunda alteração, que está intrinsecamente relacionada com o redimensionamento da presença do Estado como prestador de serviços públicos e como agente econômico. O redimensionamento do Estado representa uma verdadeira mudança de regime, pois a história mostra que a figura do serviço público possui um caráter mítico – para usar a expressão de DIOGO DE FIGUEIREDO MOREIRA NETO –, decorrente do misticismo hegeliano existente em relação ao próprio Estado[389]. E é exatamente essa mudança de regime que irá permitir uma mudança na filosofia dos serviços e atividades que restaram sob o manto do Estado.

Foi no final do século passado, especificamente na década de oitenta, que o Brasil e alguns países europeus passaram por uma onda de *liberalização*,[390] que representou a devolução de alguns setores à iniciativa

---

[389] MOREIRA NETO, Diogo de Figueiredo. "Mito e realidade do serviço público", *Revista de Direito da Procuradoria Geral do Estado do Rio de Janeiro*, n.º 53, p. 143/144.

[390] *"A liberalização é o conceito que compreende qualquer operação de entrega ou devolução ao âmbito da livre iniciativa, introduzindo a concorrência na relação entre os agentes econômicos."* (MARTÍN, Áurea Roldán. "Los nuevos contornos del servicio público", In: *Cadernos de Derecho Judicial XII – Derecho Administrativo Económico*, 2000, p. 27)

privada, mas com a manutenção de um forte poder regulatório que, de acordo com Alexandre dos Santos Aragão, provocou o que o ficou conhecido como a "Segunda Crise dos Serviços Públicos"[391].

Para Áurea Roldán Martín: *"A segunda crise do serviço público é aparentemente mais grave que a primeira, já que, à diferença das controvérsias envolvidas nesta (centradas doutrinariamente sobre a 'noção' ou categoria dogmática do serviço público), agora o debate também se instala na própria razão de ser da 'instituição' do serviço público, como justificadora e informadora da atividade pública. Não apenas se está diante de uma fuga da Administração para fora do Direito Público, como diante de um autêntico recuo da sua atividade prestacional"*[392].

A Segunda Crise dos Serviços Públicos também foi sentida nos países europeus, como nos dá conta Giorgio Berti[393]. Ao passo que a Primeira Crise esteve relacionada com o englobamento, pelo Estado, de atividades antes dissociadas do conceito de serviço público que então prevalecia, a Segunda Crise se refere à perda de identidade do serviço público.

Todavia, o que sob um ponto de vista representou uma crise, sob outro representou uma grande oportunidade: a possibilidade de prestar um serviço adequado ao administrado. Sem o tamanho comentado linhas acima, o Estado agora pode se concentrar em serviços verdadeiramente essenciais – dentre os quais se inclui a atividade realizada pela Administração fiscal. É por essa razão que se fala atualmente em dar ao contribuinte o mesmo tratamento que a empresas dão a seus clientes, conforme será detalhado abaixo.

B. O contribuinte como "cliente" da administração pública

Como já destacado, parte da doutrina afirma que a fonte de inspiração do princípio da performance, tal como desenhado na Constituição de 1988 (onde consta com a denominação de eficiência), foi o *"bom andamento"* ou

---

[391] ARAGÃO, Alexandre dos Santos. "O Serviço Público e suas Crises", In: BARROSO, Luís Roberto, (Org.) *A Reconstrução Democrática do Direito Público no Brasil.* Rio de Janeiro: Renovar, 2007, p. 618.

[392] MARTÍN, Áurea Roldán. "Los nuevos contornos del servicio público", In: *Cadernos de Derecho Judicial XII – Derecho Administrativo Económico*, 2000, p. 24.

[393] BERTI, Giorgio. *Introduzione* à obra coletiva *Pubblica amministrazione e modelli privatistici* (a cura di Giorgio Berti; con scritti di Vittorio Angiolini *et al.*; cura redazionale di Susanna Bacci). Bologna: Mulino, 1993, p. 16.

simplesmente a *"boa administração"* do direito italiano[394]. De acordo com VINCENZO CERULLI IRELLI, no ordenamento moderno, a exigência de bom andamento significa que a administração deve ser concebida e disciplinada exclusivamente para agir visando os interesses da coletividade, do melhor modo possível[395].

Assim, percebe-se que o princípio da performance se alinha tanto com a racionalidade da relação meio-fim, como com a busca pela satisfação dos interesses da sociedade e do cidadão individualmente considerado, parte fundamental do conceito de performance. A administração eficiente e eficaz busca prestar os serviços públicos da melhor forma possível, visando à satisfação do administrado, tal qual a empresa se preocupa com o cliente.

Trata-se de uma nova orientação da administração tributária, resultado da mudança de filosofia e de valores tradicionais para uma concepção anglo-saxônica do imposto. Nesse sentido, a lição de MICHEL BOUVIER sobre a atual realidade da administração francesa: *"A administração tem ido mais longe, nesses últimos anos, assimilando-se doravante a uma empresa. Seus dirigentes não hesitam em utilizar essa imagem que faz deles os garantidores dos interesses dos 'acionistas' contribuintes, também chamados de 'clientes'. É então em referência a esse modelo que a administração desenvolve um processo de* rentabilização de sua gestão, de profissionalização de seus agentes, de busca da eficiência, de fazer com que o imposto seja melhor aceito, de prevenir a

---

[394] IRELLI, Vincenzo Cerulli. *Corso di Diritto Amministrativo.* Torino: G. Giappichelli Editore, 2001, p. 390: *"Il principio di buon andamento, sul piano dell'attività deve intendersi come esigenza di buona amministrazione"*. No mesmo sentido: FALZONE, Guido. *Il dovere di buona amministrazione.* Milan: Giuffrè, 1953, p. 118: *"Tale principio che, già esistente nell'ordinamento giuridico trova ora la sua formale consacrazione, à quello del 'buon andamento dell'amministrazione' o melgio della 'buona amministrazione'."*

[395] IRELLI, Vincenzo Cerulli. *Corso di Diritto Amministrativo.* Torino: G. Giappichelli Editore, 2001, p. 391. Para esse autor, os interesses da coletividade ou interesses públicos também se relacionam com o princípio da economicidade: *"Circa l'economicità, essa esprime l'esigenza che l'azione amministrativa raggiunga i suoi scopi, produca i risultati di cura degli interessi pubblici assegnati dalla legge, con il minore dispendio o impiego di mezzi: ciò che va inteso non solo e non tanto nel senso di mezzi economici (minore dispendio pubblico danaro), che per altro è oggeto di apposite disciplina (c.d. contabilità pubblica), ma anche e soprattutto nel senso di mezzi procedurali." "Ed è cosa diversa dalla efficienza, che indica una nozione assai più ampia in quanto riferita al funzionamento complessivo degli apparati amministrativi o di alcuni di essi."* (IRELLI, Vincenzo Cerulli. *Corso di Diritto Amministrativo.* Torino: G. Giappichelli Editore, 2001, p. 424)

evasão fiscal, de isolar os fraudadores, mas também de prestar o melhor serviço ao melhor custo"[396].

O modelo tradicional de administração provedora de serviços básicos e de baixa qualidade; representada por meio de repartições onde prevalece uma gigantesca burocracia, na qual o contribuinte é tratado sem o mínimo de cortesia; repleta de funcionários preocupados eternamente com a estabilidade, o salário e com o cumprimento do horário estabelecido, não mais se coaduna com o senso de administração profissional e moderna.

Assim, é exatamente esse quadro de ineficiência crônica que a mudança de filosofia e de valores, acima referida, visa alterar. O objetivo é a criação de uma administração profissional que ofereça ao contribuinte o mesmo tipo de tratamento presente nas relações comerciais privadas, i.e., a relação empresa-cliente. Veja-se a título de exemplo o investimento realizado pelo Brasil para desenvolver um sistema de informática que coloca à disposição do contribuinte uma série de serviços que antes somente poderiam ser realizados na repartição fiscal. Por meio desse sistema o contribuinte pode preencher e enviar suas declarações, consultar o status da restituição do imposto de renda, imprimir boletos para pagamento, consultar sua situação fiscal, obter certidões negativas de débitos, dentre vários outros serviços.

Obviamente, não se trata de um serviço perfeito – pois ainda pode ser melhorado em inúmeros aspectos –, porém é evidente que essa preocupação em disponibilizar bons serviços ao contribuinte é fruto dessa nova filosofia, concretizada no maior respeito com que o contribuinte vem sendo tratado.

Conclusão da primeira parte

O que buscamos demonstrar com essa primeira parte é que o direito público dos diferentes países analisados importou e adaptou – das ciências da administração e da economia – os instrumentos de análise econômica denominados de *eficiência* e *eficácia*. Essas ideias foram utilizadas particularmente pelo direito administrativo, tributário e financeiro, ramos dedicados à disciplina da arrecadação e do gasto do dinheiro público.

---

[396] BOUVIER, Michel. "Les transformations de la légitimité de l'impôt dans la société contemporaine". *Revista Internacional de Direito Tributário*, v. 1, n. 2, julho/dezembro 2004, p. 374/375.

As ideias de eficiência e eficácia, devidamente adaptados à ciência jurídica, foram recebidas com diferentes nomes. Há casos em que os termos eficiência e eficácia foram diretamente transpostos para a legislação (Brasil e Espanha, por exemplo). Em outros casos (direito administrativo de diversos países europeus), adotou-se a expressão *boa administração*. Por fim, a expressão *performance* foi amplamente adotada no direito financeiro. Sem dúvida, esse foi o termo de mais sucesso, pois foi difundido por ondas que chegaram aos cinco continentes.

A ideia de *performance* é a mais adaptada ao direito público, pois compreende as ideias de *eficiência* e *eficácia*, que – ao contrário do que ocorre nas ciências extra-jurídicas – não podem ser utilizadas separadamente. Falar, por exemplo, somente em eficiência do direito administrativo (como é o caso do Brasil) é um grande erro, pois os objetivos estabelecidos pelas políticas públicas são atingidos em graus diferentes, o que seria objeto de análise de eficácia. Por essa razão, resolvemos adotar na presente tese o termo *performance*, tão familiar para o direito francês e tão desconhecido para o direito brasileiro.

No direito tributário, as análises de índole econômica (eficiência e eficácia) não são tão frequentes. O estudo das diversas doutrinas a que tivemos acesso nos demonstrou que essa análise econômica é realizada com muito mais frequência nos direitos administrativo e financeiro. Muito se escreveu sobre o que seria uma boa administração ou um sistema de gestão eficiente, mas essa riqueza de análises não abrangeu o direito tributário, com exceção das doutrinas inglesa e americana.

No plano conceitual, pode-se identificar o que seria um sistema tributário eficiente e eficaz. Como demonstrado acima, a Administração fiscal é eficiente quando consegue atingir seu principal objetivo – que é a arrecadação e recursos para financiar as atividades do Estado – retirando dos cidadãos a *menor contribuição possível* e gerando o *menor gasto possível* (baixo custo de arrecadação). Além disso, a *menor contribuição possível* não deve ser mensurada apenas em relação às necessidades do Estado, devendo-se considerar também as necessidades do contribuinte, que deve contribuir de acordo com suas possibilidades financeiras. Por outro lado, a Administração fiscal é eficaz quando consegue arrecadar o máximo de tributos possível com a legislação vigente, ou seja, sem necessidade de instituir ou aumentar tributos.

Como esses objetivos de eficiência e eficácia fiscal não podem ser atingidos separadamente, entendemos que a soma dos dois resulta no conceito de performance que propomos acima (eficiência + eficácia = performance), cujo enunciado final pode ser assim descrito: Administração fiscal performante – entendida como aquela que consegue ser ao mesmo tempo eficiente e eficaz – é aquela que consegue arrecadar os recursos necessários para o Estado realizar suas funções, com o mínimo de gastos (de recursos e esforços), causando o menor incômodo possível para os contribuintes – tanto no que diz respeito à intervenção em seu patrimônio, quanto ao esforço gerado pelo cumprimento das obrigações – e na qual os interesses e a satisfação dos contribuintes sejam preservados ao máximo.

Além disso, partindo do conceito de performance fiscal que ora propomos, chegamos à conclusão que sua natureza é de princípio jurídico e de postulado, conforme indicado por expressiva da doutrina brasileira e europeia. O postulado é um tipo de meta-norma que tem a função de orientar a aplicação de princípios e regras. Por outro lado, o princípio jurídico estabelece um *estado ideal das coisas* que, para ser alcançado, é necessária a adoção de alguns comportamentos.

Esse *estado ideal das coisas* pode ser definido como um *valor* escolhido pelo legislador ou pela constituição. Os princípios são as normas jurídicas que contêm esses valores. No caso do princípio da performance fiscal, esse *valor* é a própria ideia de performance. Diversos ordenamentos escolheram a performance como valor orientador do sistema tributário. Esse valor é tão importante que, confrontado com valores informados por outros princípios importantes (como os princípios da legalidade e da igualdade), às vezes, acaba predominando. A análise de alguns exemplos do sistema tributário brasileiro e americano revela que o legislador tem privilegiado a performance em detrimento da estrita observância do princípio da igualdade.

O conteúdo material acima identificado e o valor orientador do princípio da performance corroboram a nossa alegação de que se trata de um verdadeiro princípio e também de um postulado. Além disso, o princípio de performance impõe determinadas condutas à Administração fiscal que configuram verdadeiros direitos do contribuinte. Se esses direitos não podem ser positivamente invocados pelo contribuinte, ele pode resistir contra atos que violem o núcleo do princípio da performance. Ou seja, se o princípio de performance não representa um direito com eficácia positiva (direito cujo cumprimento pode ser diretamente requisitado pelo cidadão), ele não deixa de ter eficácia negativa (contribuinte pode resistir contra atos que o violem).

SEGUNDA PARTE
O ALCANCE DA PERFORMANCE EM DIREITO TRIBUTÁRIO

A definição e classificação da performance não seria nada além de um esforço retórico se não se pudesse determinar sua extensão na prática, ou – como dizem os franceses –, seu *alcance* (*portée*). Uma vez estabelecida a definição e determinada a natureza jurídica da performance fiscal, impõe-se indagar quais as implicações do princípio da performance e de que maneira ele pode se consolidar no ordenamento fiscal. São duas medidas gerais que promovem esse fim: a adoção de meios que permitam o bom funcionamento da atividade da Administração fiscal (Título 1) e que permitam o controle e a diminuição dos litígios fiscais (Título 2).

Título 1 – As medidas que permitem o bom funcionamento da atividade da administração tributária

Dentre as inúmeras maneiras por meio das quais se pode melhorar o funcionamento da atividade da Administração fiscal, destacam-se duas principais: a aplicação do dever de simplificação das regras ou princípio da praticidade (Capítulo 1); e a privatização de alguns setores que podem ser mais bem desempenhados pela iniciativa privada, sem violação de direitos fundamentais ou perda de soberania (Capítulo 2).

Capítulo 1 – O dever de simplificação das regras ou princípio da "praticidade"

A doutrina de diversos países se refere ao dever de simplificação das regras fiscais ou princípio da praticidade de diversas maneiras. A doutrina espanhola a ele se refere como *practicabilidad o factibilidad de las normas tributarias*. Na Argentina, há autores que mencionam a *regla de la practicabilidad de las medidas fiscales*. Autores portugueses e brasileiros se referem ao *princípio da praticidade*. Há também quem a ele se refira como princípio da economicidade, utilidade ou exequibilidade.

O estudo mais aprofundado das técnicas relativas à *praticidade*, orientada para a possibilidade de execução simplificada, econômica e viável das leis fiscais, foi realizado pelos juristas alemães[397]. No Brasil, MISABEL DE

---

[397] TIPKE, Klaus; LANG, Joachim. *Direito tributário (Steuerrecht)*. Porto Alegre, Sergio Antonio Fabris Editor: 2008, p. 232/235. Especificamente sobre o tema, cf. também: ARNDT, Hans

ABREU MACHADO DERZI, sem dúvida, foi a pioneira no estudo assunto e ainda é referência até hoje. De maneira muito simples, a autora define a praticidade como *"o nome que se dá a todos os meios e técnicas utilizáveis com o objetivo de tornar simples e viável a execução das leis"*[398].

No direito tributário, a aplicação em massa das normas trouxe enorme dificuldade para a Administração pública. Essa dificuldade é em parte suplantada pelo princípio da praticidade, pois, como ressaltado por KLAUS TIPKE e JOACHIM LANG: *"Mesmo uma ordem jurídica impregnada de princípios adequados ao caso precisa ser* prática. *Especialmente uma administração de casos massificados como a administração tributária não passa sem normas de finalidade simplificadora. Tais normas devem possibilitar ou suavizar a 'operação de massa' da imposição; elas devem impedir a hipercomplicação e intramitabilidade das leis ou despesas administrativas desproporcionais* (princípio da praticabilidade)"[399].

Desde já, portanto, percebe-se a estreita relação que une a praticidade à performance do sistema tributário. Essa relação não é novidade na Espanha, onde a noção de praticidade aparece hospedada nas dobras das diretrizes de performance e economia na geração de recursos públicos[400]. Dessa forma, para se entender o princípio em tela, mister se faz analisar como ele funciona na prática (Seção 1), bem como os limites e críticas e ele endereçadas (Seção 2).

Seção 1 – A implementação

O princípio da praticidade é realizado na prática por meio de dois grandes métodos: o primeiro é constituído por duas técnicas que resultam de dois modos de pensar o direito (§ 1). O segundo método é a edição de regras

---

Wolfgang. *Prakticakabilität und efficienz*. 1.ª Köln, Otto Schmidt, KG, 1983; ISENSEE, Josef. *Die Typiesierende Verwaltung*. 1.ª Berlin, Duncker & Humblot, 1976; WENNRICH, Eberhard. *Die Typiesierende Betrachtungsweise im Steuerrecht*. 1.ª düsseldorf, Instituts der Wirtschchaftsprüfer, 1963, *apud* DERZI, Misabel de Abreu Machado. "Pós-modernismo e Tributos: Complexidade, Descrença Corporativismo". *Revista Dialética de Direito Tributário*, n.º 100, p. 76.

[398] DERZI, Misabel de Abreu Machado. *Direito tributário, direito penal e tipo*. 2.ª ed., São Paulo: Revista dos Tribunais, 1998, p. 104.

[399] TIPKE, Klaus; LANG, Joachim. *Direito tributário (Steuerrecht)*. Porto Alegre: Sergio Antonio Fabris Editor, 2008, p. 232.

[400] COSTA, Regina Helena. *Praticabilidade e Justiça Tributária*. São Paulo, Malheiros, 2007, p. 148.

que, sem utilizar técnicas complexas, visam simplificar a aplicação do direito e atividade da Administração fiscal (§ 2).

§ 1 – As duas principais técnicas

O homem, na sua incessante atividade intelectual de pensar sobre o geral e o abstrato, pratica atitudes denominadas *tipológicas* e *conceituais*. São dois modos de pensar o *geral*, distintos entre si, mesmo que a fronteira existente entre ambos seja fluida, impossível de traçar limites claros entre o que seja *conceitual* e o que seja *tipológico*[401]. A única condição para que o homem possa se apropriar da realidade é seguir formando ideias, noções, conceitos, por seleção de propriedades, mediante generalidade e abstração, sobre os fatos e coisas do mundo que nos circunda.

No âmbito jurídico, esses meios de pensar o direito surtiram efeitos diversos no âmbito legislativo. A depender se o legislador usar o *modo de pensar determinante* (A) e o *modo de pensar tipificante* (B), os efeitos são completamente diferentes no que diz respeito à realização da performance tributária. Assim, desses dois modos de pensar o *geral* surgiu uma das técnicas de simplificação da administração tributária mais estudadas.

A. O modo de pensar determinante

O *modo de pensar determinante* resulta do que RICARDO LOBO TORRES denomina de princípio da determinação[402]. Por meio desse modo de pensar, o legislador ou a Administração fiscal buscam identificar todos os elementos do fato gerador, de maneira a propiciar uma tributação mais segura. Em outras palavras, em respeito ao princípio da determinação, busca-se o desenho legal pleno dos elementos do fato gerador, deixando, por consequência, pouco espaço para discricionariedade da Administração fiscal. É emanação ou corolário dos princípios da legalidade, reserva da lei, separação dos poderes e proteção da confiança do contribuinte. Sobre o assunto,

---

[401] TORRES, Heleno Taveira. "Arbitragem e Conciliação Judicial como Medidas Alternativas para Resolução de Conflitos entre Administração e Contribuintes – Simplificação e Eficiência Administrativa", *Revista de Direito Tributário*, n.º 86, São Paulo, 2003, p. 51/52.

[402] TORRES, Ricardo Lobo. "O princípio da tipicidade no direito tributário", *Revista Eletrônica de Direito Administrativo Econômico*, n.º 5, fev./mar./abr. de 2006, p. 11, disponível em www.direitodoestado.com.br, acessado em 01/11/2012.

RICARDO LOBO TORRES assevera que: *"Segundo o princípio da determinação, os conceitos jurídicos devem, sempre que possível, ser determinados, trazendo toda a conformação do fato gerador, desde a definição do seu aspecto material até a fixação da base de cálculo e da alíquota"*[403].

De acordo com esse modo de pensar, o legislador se vale do uso de conceitos fechados e determinados, que – segundo lição de REGINA HELENA COSTA – caracterizam-se por denotar o objeto através de notas irrenunciáveis, fixas e rígidas, determinantes de uma forma de pensar seccionadora da realidade, para a qual é básica a relação de exclusão[404].

Contudo, vale registrar que a plena determinação dos conceitos é uma utopia inatingível, uma vez que, de acordo com KARL ENGISCH, *"os conceitos absolutamente determinados são muito raros no direito"*[405]. Por isso, o Tribunal Constitucional alemão vem decidindo que não é necessário que o legislador esgote todas as determinações possíveis. Basta que encontre a determinação essencial sobre o tributo, com suficiente exatidão.

Para REGINA HELENA COSTA, o modo de pensar determinante serve adequadamente à segurança jurídica, à primazia da lei, à uniformidade no tratamento dos casos isolados, em prejuízo da funcionalidade e adaptação da estrutura às mutações socioeconômicas[406].

Todavia, de acordo com MISABEL DERZI, *"a conceituação legal classificatória, rígida e fechada é de difícil adaptação a novas conquistas sociais e à justiça material individual (no caso concreto). É, antes, conservadora e geradora de estabilidade. Por essa razão, os movimentos sociais de conquista melhor se adaptam ao pensamento tipológico, por natureza aberto e flexível. Em compensação, a experiência histórica demonstra que a exigência de conceituação determinada, especificante e fechada como conteúdo das leis reforça a segurança jurídica, coíbe o arbítrio e é próprio dos regimes liberais"*[407].

---

[403] TORRES, Ricardo Lobo. "O princípio da tipicidade no direito tributário", *Revista Eletrônica de Direito Administrativo Econômico*, n.º 5, fev./mar./abr. de 2006, p. 14, disponível em www.direitodoestado.com.br, acessado em 01.11.2012.

[404] COSTA, Regina Helena. *Praticabilidade e Justiça Tributária*. São Paulo, Malheiros, 2007, p. 33.

[405] ENGISCH, Karl. *Introdução ao Pensamento Jurídico*. Lisboa: Fundação C. Gulbenkian, 1968 p. 173.

[406] COSTA, Regina Helena. *Praticabilidade e Justiça Tributária*. São Paulo, Malheiros, 2007, p. 37.

[407] DERZI, Misabel de Abreu Machado. *Direito tributário, direito penal e tipo*. 2.ª ed., São Paulo: Revista dos Tribunais, 1998, p. 112.

Com a finalidade de tornar mais simples o sistema, o legislador se vale de *abstrações conceituais generalizantes fechadas*, das quais são exemplos as *presunções*, as *ficções legais* e as *cláusulas gerais*. Para ALFREDO AUGUSTO BECKER, a presunção é o resultado do processo lógico mediante o qual do fato conhecido cuja existência é certa infere-se o fato desconhecido cuja existência é possível[408].

Já a ficção, na doutrina de ROQUE ANTÔNIO CARRAZZA, é um artifício do legislador, que transforma uma impossibilidade material numa possibilidade de natureza jurídica, ou seja, é uma criação do legislador, que faz nascer uma verdade jurídica diferente da verdade real[409]. Resumidamente, na presunção a lei estabelece como verdadeiro um fato que provavelmente é verdadeiro, ao passo que na ficção, a lei estabelece como verdadeiro um fato que provavelmente ou com toda a certeza é falso[410].

Já a cláusula geral é *"uma formulação da hipótese legal que, em termos de grande generalidade, abrange e submete a tratamento jurídico todo um domínio de casos"*[411]. Exemplo clássico de cláusula geral é a norma prevista no Código Tributário Brasileiro, denominada *cláusula geral antielisiva*[412]. Outro exemplo brasileiro consta no artigo 43, inciso II do CTN, que estabelece que devem ser submetidos ao imposto sobre a renda os *"proventos de qualquer natureza"*[413].

Essas técnicas, ainda segundo MISABEL DERZI, têm um duplo objetivo: de um lado, visam evitar a investigação exaustiva do caso isolado, com o

---

[408] BECKER, Alfredo Augusto. *Teoria Geral do Direito Tributário*. São Paulo: Saraiva, 1963, p. 462.

[409] CARRAZZA, Roque Antônio. *Curso de Direito Constitucional Tributário*. 22.ª ed., São Paulo: Malheiros, 2006, p. 449.

[410] BECKER, Alfredo Augusto. *Teoria Geral do Direito Tributário*. São Paulo: Saraiva, 1963, p. 475.

[411] ENGISCH, Karl. *Introdução ao Pensamento Jurídico*. Lisboa: Fundação C. Gulbenkian, 1968 p. 188.

[412] *"Art. 116, parágrafo único. A autoridade administrativa poderá desconsiderar atos ou negócios jurídicos praticados com a finalidade de dissimular a ocorrência do fato gerador do tributo ou a natureza dos elementos constitutivos da obrigação tributária, observados os procedimentos a serem estabelecidos em lei ordinária."*

[413] *"Art. 43. O imposto, de competência da União, sobre a renda e proventos de qualquer natureza tem como fato gerador a aquisição da disponibilidade econômica ou jurídica:*
I – de renda, assim entendido o produto do capital, do trabalho ou da combinação de ambos;
II – de proventos de qualquer natureza, assim entendidos os acréscimos patrimoniais não compreendidos no inciso anterior."

que se reduzem os custos na aplicação da lei; por outro lado, visam dispensar a colheita de provas difíceis ou mesmo impossíveis em cada caso concreto ou aquelas que representem ingerência indevida na esfera privada do cidadão[414]. Veja-se que a investigação exaustiva desses fatos gera um imenso trabalho para a Administração fiscal, o que não se coaduna com o princípio da performance fiscal.

Por meio do *modo de pensar determinante*, extraem-se as características comuns à maior parte de uma multiplicidade de fenômenos, criando um grupo de casos, o padrão médio ou frequente que será utilizado pela administração em todos os casos, sem análise das diferenças individuais. Em consequência, a atividade da Administração se torna mais simples, ágil e eficiente.

Num primeiro momento, poder-se-ia pensar que, ao abandonar a análise individual dos casos em prol da utilização de padrões rígidos e fechados pré-estabelecidos pelo legislador, o princípio da igualdade estaria sendo abandonado, o que não é verdade. Com a aplicação do princípio da praticidade, tão somente se altera o foco de apreciação da igualdade, que deixa de ser o indivíduo e passa a ser o grupo ao qual pertence. Nesse sentido a lição de HUMBERTO ÁVILA:

> *"Quando, porém, o legislador opta por enfatizar a justiça geral, obriga-se, com isso, a considerar o caso padrão (Normalfall), assim entendido aquele que reflita concretamente a média dos casos reais. Isso porque, na tributação padronizada, não se abandona a realização do princípio da igualdade, tão-só se modifica o seu espectro de concretização: enquanto na tributação não orientada por uma causa simplificadora privilegia-se a realização da igualdade individual por meio da valorização da capacidade contributiva concreta de um caso, na tributação padronizada opta-se pela efetivação da igualdade geral mediante consideração de elementos presumidamente presentes na maior parte dos casos. Em outras palavras, a padronização, em vez de meio de abandono do princípio da capacidade contributiva, é instrumento para sua concretização na maioria dos casos. A simplificação e a economia de gastos são causas eficientes e consequências desejadas da substituição, mas o seu fim primordial é a realização eficiente da igualdade geral. Em vez de encontrar a capacidade concreta*

---

[414] DERZI, Misabel de Abreu Machado. *Direito tributário, direito penal e tipo.* 2.ª ed., São Paulo: Revista dos Tribunais, 1998, p. 105.

para contribuintes particulares e condições particulares, são criadas regras que generalizam uma classe de contribuintes numa classe de condições".[415]

Percebe-se que os esforços para simplificar as regras fiscais geram uma constante relação de tensão com a justiça do caso concreto, que deixou de ser o objetivo único. Com efeito, o dever de simplificação das regras fiscais está a serviço do princípio da performance. Já tivemos a oportunidade de analisar essa tensão entre a performance e a justiça fiscal na primeira parte da tese e vimos que a essa última muitas vezes não se sobrepõe àquela. Para tentar contornar essa situação conflituosa, KLAUS TIPKE e JOACHIM LANG afirmam que a aplicação em massa das regras fiscais deu lugar à busca da "*justiça tributária através da simplificação fiscal*"[416].

A primeira decisão considerada *determinante* foi proferida pelo Tribunal Federal de Finanças da Alemanha (RFH), em 16 de fevereiro de 1927. No precedente, ficou decidido que os presentes de núpcias para empregados não poderiam ser considerados como parcelas salariais para fins de imposto de renda. Os casos particulares diferentes dessa presunção, assim, não foram considerados.

Contudo, a doutrina passou a comentar mais as decisões proferidas pelo Tribunal Superior de Finanças (OFH) e pelo Tribunal Federal de Finanças (BFH), proferidas a partir de 1950. É bastante conhecida a decisão do BFH, proferida em 2 de fevereiro de 1951, que estipulou limites para a dedução de gastos com o sustento de parentes desafortunados. O limite de dedução para esses gastos extraordinários era de 60DM, para o caso em que o parente era acolhido na casa do contribuinte, e de 100DM se as famílias residissem separadamente. Criou-se, com isso, uma generalização, um padrão médio de gasto, aplicado na generalidade dos casos. O caso individual deste ou daquele contribuinte que, por azar, suportava gasto maior, deixou de ser considerado.

---

[415] ÁVILA, Humberto. *ICMS.* "Substituição Tributária no Estado de São Paulo. Pauta Fiscal. Competência Legislativa Estadual para devolver a Diferença Constante entre o Preço usualmente Praticado e o Preço Constante da Pauta. Exame de Constitucionalidade". *Revista Dialética de Direito Tributário*, n.º 124, p. 97.

[416] TIPKE, Klaus; LANG, Joachim. *Direito tributário (Steuerrecht)*. Porto Alegre: Sergio Antonio Fabris Editor, 2008, p. 233.

Outro exemplo de aplicação de abstração generalizante encontrado em diversos países é a retenção na fonte, por meio da qual se retém na fonte pagadora o imposto que se presume devido. Por este método, o Fisco fica desobrigado de cobrar e fiscalizar milhares ou milhões de contribuintes, repassando essa tarefa às empresas e demais agentes de retenção, o que facilita o trabalho da Administração. Como o imposto retido é o que se presume devido, o contribuinte tem a possibilidade de ajustar sua declaração no final do ano fiscal, pagando eventual diferença ou requerendo a restituição do valor retido a maior.

No Brasil, exemplo interessante, já antigo na jurisprudência e por ela rejeitado, é o caso da utilização de *plantas genéricas de valores* por meio de decreto e não de lei. Por meio desse instrumento, o Poder Executivo dos municípios brasileiros fixavam o valor do metro quadrado do terreno por zona, bairro ou região e do metro quadrado da construção por espécie (luxo, popular, etc.). Os municípios alegavam a impossibilidade de avaliar imóvel por imóvel, por meio de uma apuração individual. O que se pretendia, na espécie, era simplificar a execução da lei – segundo a qual o valor venal de cada imóvel deve ser considerado como base de cálculo para o imposto fundiário –, por meio da aplicação do princípio da praticidade. Por seu turno, o STF entendeu que a municipalidade não poderia, por meio de decreto, estabelecer presunções sobre valor venal dos imóveis, tarefa reservada à lei[417].

Todavia, o exemplo brasileiro mais citado diz respeito à regra trazida pelo artigo 150, §7.º, da Constituição Brasileira de 1988 (introduzido pela Emenda Constitucional n.º 03/1993), que trouxe a denominada substituição tributária[418] para frente ou progressiva. De acordo com o referido dispositivo, *"a lei poderá atribuir a sujeito de obrigação tributária a condição de responsável pelo pagamento de imposto ou contribuição, cujo fato gerador deva*

---

[417] STF, RE n.º 87.763, Tribunal Pleno, Rel. Min. MOREIRA ALVES, DJ 23.11.79

[418] A *substituição tributária* é uma técnica nascida na Itália (*sostituto d'imposta*), segundo a qual se atribui a uma pessoa que tem relação com o fato gerador o dever de pagar o imposto. Em outras palavras, não é a pessoa que realiza o fato gerador que deve pagar o imposto, mas outra pessoa determinada pela lei: *"Il legislatore, dopo aver fatto la scelta del fatto giuridico rivelatore di capacità giuridica al cui verificarsi esso ricollega la nascita dell'obbligo di contribuire, può stablire che, in alcuni casi, eccezionali rispetto ai principî che regolano qull'imposta, l'obbligo di pagare il tributo non nasca da quel fatto ma da un altro con quello più o meno intimamente connesso."* (BERLIRI, Antonio. *Principî di Diritto Tributario*. Volume II, Tomo 1, Milan: Giuffrè, 1957, p. 128/129).

ocorrer posteriormente, assegurada a imediata e preferencial restituição da quantia paga, caso não se realize o fato gerador presumido".

De acordo com essa regra, a norma constitucional *presumiu* a ocorrência de fato gerador ainda não realizado. A Administração fiscal está autorizada a cobrar de determinado contribuinte o imposto que será devido nas etapas posteriores, ainda não realizadas, assegurada a restituição preferencial do imposto, somente nos casos em que o fato gerador não se verifique. Se o fato gerador (venda) for praticado com base em valor maior ou menor do que aquele estabelecido por meio da presunção, não haverá direito à restituição nem do contribuinte, nem do Estado, restrição que é objeto de severas críticas[419]. Em outras palavras, se o preço praticado for maior ou menor que aquele estabelecido previamente, não haverá complemento ou restituição do imposto. Essa restituição somente ocorrerá nos casos em que a venda não for realizada.

Assim, no caso do ICMS, a título de exemplo, o Estado pode cobrar do fabricante de automóvel o imposto devido nas futuras vendas, que presumidamente serão realizadas pelas concessionárias. Diz-se que a substituição é para frente, uma vez que os contribuintes futuros são substituídos. É diversa da substituição para trás, onde o imposto cobrado refere-se a fatos geradores anteriormente ocorridos. Esse é o caso das cooperativas de leite, que são obrigadas a pagar o ICMS devido pelos pequenos produtores rurais. O esquema abaixo ilustra bem a diferença:

---

[419] BARBOSA, Ana Carolina Silva. "O Princípio da Praticidade e uma análise do entendimento do Supremo Tribunal Federal frente aos Princípios da Moralidade e da Eficiência Administrativa". *Revista Internacional de Direito Tributário*, v. 3, jan./junho/2005, p. 211.

O sistema praticado na substituição tributária visa facilitar o trabalho da Administração fiscal. No caso da fábrica de automóvel, concentra-se a cobrança do tributo num só agente, dispensando-se a fiscalização de diversos estabelecimentos de venda dos veículos, espalhados por todo o território brasileiro. No caso das cooperativas de leite, o mesmo acontece, com a diferença de que elas pagam o ICMS referente às vendas realizadas pelos pequenos produtores. Assim, o fiscal também fica dispensado de fiscalizar os diversos produtores de leite.

A tributação da pessoa jurídica por meio do lucro presumido é outro exemplo típico. No Brasil, por opção do contribuinte, o imposto sobre a renda de pessoas jurídicas poderá incidir sobre o lucro que a lei presume, que pode variar de 1,6% a 32% do faturamento, dependendo da atividade realizada pela empresa[420]. Com esse procedimento, a Administração fiscal "fecha os olhos" para os casos em que o lucro é maior ou menor que o percentual legalmente estabelecido[421]. Não obstante a perda de receita que essa sistemática pode gerar, a economia de esforços recompensa.

No direito francês, o *forfait* é o exemplo mais frequente de ato que visa imprimir maior praticidade ao sistema. Em função das modalidades previstas pela lei tributária francesa (Código Geral de Impostos – CGI), pode-se definir o *forfait* como a opção simplificada de determinação de um dado da tributação (o montante da dívida ou as despesas dedutíveis), na qual a avaliação exata é substituída pela avaliação aproximativa fixada pela lei (*forfait* legal) ou decisão proferida após negociação com o contribuinte (*forfait* convencional)[422].

No que concerne a avaliação *forfaitaire*, duas técnicas podem ser utilizadas: avaliação *direta* do débito tributário, pela determinação aproximativa de seu montante, e avaliação *indireta*, que consiste na determinação aproximativa das despesas dedutíveis, e, por consequência, do valor devido pelo contribuinte.

---

[420] PINTO, Tiago Gomes de Carvalho. *O princípio da praticidade e a eficiência da administração pública*. Belo Horizonte: Fundac-BH, 2008, p. 164.

[421] João Ricardo Catarino lembra que a tributação do rendimento real constitui um objetivo constitucional. Contudo, trata-se de um objetivo extremamente oneroso para a Administração, sendo fonte de desncessária complexidade (CATARINO, João Ricardo. *Para uma Teoria Política do Tributo*. 2.ª ed., Lisboa: Centro de Estudos Fiscais, 2009, p. 449).

[422] CORNU, Gérard. *Vocabulaire juridique*. Paris: PUF, 2006, p. 423.

Todavia, a avaliação *forfaitaire* é uma técnica relativamente controvertida na doutrina, suscitando debates sobre sua oportunidade, notadamente no plano da *justiça fiscal*, tal como ocorre no Brasil e na Alemanha. MAURICE COZIAN cita uma frase interessante de R. MACARD (*Echec au fisc!*, Gallimard 1958, p. 239), segundo a qual o lucro advindo de atividade agrícola, determinado de acordo com a técnica do *forfait* pela comissão departamental dos impostos seria *"o lucro mais fraco que o cultivador mais inábil pode tirar da terra mais magra no curso do ano mais calamitoso"*[423]. Ou seja, é bem distante da realidade.

No que se refere à tributação dos lucros não comerciais (*bénéfices non-commerciaux* – BNC) dos pequenos contribuintes, é permitida a dedução de 34% das receitas brutas anuais a título de despesas presumida, desde que o seu montante não exceda 32.000 €. Igualmente, em matéria de lucros industriais e comerciais (*bénéfices industriels et commerciaux* – BIC) das microempresas, as despesas dedutíveis são avaliadas em 71% das receitas advindas da venda de mercadoria e 50% para a prestação de serviços, desde que o faturamento não ultrapasse, respectivamente, 80.000 € e 32.000 €[424].

No início do século passado, M. R. LOISEAU já chamava a atenção para o fato de que a aplicação do método *forfaitaire* no sistema tributário francês tinha estreita relação com a noção de *praticidade*: *"O forfait é um procedimento que serve direta ou indiretamente na liquidação do imposto*, objetivando a simplificação da tarefa da administração encarregada de cobrá-lo (...)"*[425]. No mesmo sentido, E. FERNAND BORIE: *"É sempre difícil tributar os valores reais, além do que os meios de controle do fisco são limitados; com o forfait, tem-se comodidade e rapidez e, por consequência, economia de tempo e dinheiro; pois quanto mais simples é o sistema, menos ele exige em pessoal e, por conseguinte, mais econômico ele é"*[426].

Dentre as vantagens da avaliação *forfaitaire*, GUY GEST e GILBERT TIXIER identificam: *"Aliviando o trabalho de lançamento da Administração tributária, o regime do* forfait *lhe permite empregar os meios que ela dispõe em outras tarefas, como a luta contra a fraude fiscal. Enfim, a técnica lhe propicia receitas certas e*

---

[423] COZIAN, Maurice. *Précis de fiscalité des entreprises*. Paris: Litec, 2008, p. 146.

[424] FÉNA-LAGUENY, Emmanuelle; MERCIER, Jean-Yves; PLAGNET, Bernard. *Les impôts en France. Traité de fiscalité*. Paris: Éditions Francis Lefebvre, 2008, p. 70/71 et p. 87.

[425] LOISEAU, M. R. *Le forfait en matière imposable*. Paris: Éditions Médici, 1934, p. 10.

[426] BORIE, E. Fernand. *L'introduction du forfait dans les impôts sur les revenus*. Paris: LGDJ, 1924, p. 13/14.

estáveis. Por um lado, um forfait, mesmo subavaliado, vale mais que a declaração de um lucro real nulo ou negativo. Por outro lado, o forfait, sendo considerado como a expressão dos resultados médios da atividade, é largamente independente das variações de conjunturas; o produto da tributação forfaitaire apresenta, assim, certa estabilidade"[427].

O problema da tensão entre performance e justiça fiscal fica mais evidente ainda quando se trata da utilização das regras de simplificação fiscal. Como afirmado por KLAUS TIPKE e JOACHIM LANG: *"Os esforços para escapar do caos tributário e simplificar basicamente o Direito Tributário emanam de uma relação de tensão entre simplificação fiscal e justiça do caso concreto"*[428].

No mesmo sentido, MISABEL DERZI afirma que os princípios da capacidade contributiva e da igualdade são menos respeitados (e frequentemente violados) quando da aplicação do princípio da praticidade[429]. Da mesma forma, M. R. LOISEAU assim exprime os problemas advindos da aplicação do *forfait: "Mas os sistemas forfaitaires estão longe de serem os mais adequados. Tratam-se de soluções preguiçosas. O legislador procurou o meio mais prático e elegante de contornar a dificuldade, não obstante o risco de ser injusto. O forfait é necessariamente arbitrário e desvinculado da realidade. Sempre haverá o risco de criar desigualdades chocantes e de levar, em algumas situações, à tributação excessiva, principalmente tendo em vista que ele é, em princípio, absoluto. Através desse método, haverá a tributação excessiva de alguns, ao passo que outros não o serão suficientemente"*[430].

Fica clara, portanto, a relação do *modo de pensar determinante* com a performance fiscal. Sem a utilização das *abstrações conceituais generalizantes fechadas* (das quais são exemplos as presunções, ficções legais e cláusulas gerais), o trabalho da Administração não seria viável. É importante ressaltar, entretanto, que esse objetivo de simplificação não ocorre sem perda de justiça individualmente considerada, o que corrobora nossas considerações teóricas que constam na primeira parte da tese sobre essa questão.

---

[427] GEST, Guy; TIXIER, Gilbert. *Manuel de droit fiscal.* 4.ª ed., Paris: LGDJ, 1986, p. 186.

[428] TIPKE, Klaus; LANG, Joachim. *Direito tributário (Steuerrecht).* Porto Alegre: Sergio Antonio Fabris Editor, 2008, p. 233.

[429] DERZI, Misabel de Abreu Machado. "Pós-modernismo e Tributos: Complexidade, Descrença Corporativismo". *Revista Dialética de Direito Tributário,* n.º 100, p. 77.

[430] LOISEAU, M. R. *Le forfait en matière imposable.* Paris: Éditions Médici, 1934, p. 93.

B. O modo de pensar tipificante

O *modo de pensar determinante* é concretizado por meio da utilização de conceitos determinados e fechados, como explicado acima. Por seu turno, o *modo de pensar tipificante* se realiza pela utilização de *tipos*. Como leciona MISABEL DERZI, tipo é a tradução da expressão alemã *tatbestand*, que aparece no Código Penal Alemão[431]. De acordo com RICARDO LOBO TORRES, *"tipo é a ordenação dos dados concretos existentes na realidade segundo critérios de semelhança. Nele há abstração e concretude, pois é encontrado assim na vida social como na norma jurídica. Eis alguns exemplos de tipo: empresa, empresário, trabalhador, indústria, poluidor. O que caracteriza o tipo 'empresa' é que nele se contêm todas as possibilidades de descrição de suas características, independentemente de tempo, lugar ou espécie de empresa"*. Em seguida, o autor afirma que *"o tipo, pela sua própria complexidade, é aberto, não sendo suscetível de definição, mas apenas de descrição"*[432].

Seguindo essa mesma linha, REGINA HELENA COSTA afirma que o tipo constitui uma ordem rica de notas referenciais ao objeto, porém renunciáveis, que se articulam em uma estrutura aberta à realidade, flexível e gradual, cujo sentido decorre dessa totalidade[433]. De acordo com MISABEL DERZI, *"as características de flexibilidade e abertura do tipo, segundo a doutrina, propiciam, com mais facilidade, a permeabilidade da estrutura jurídica e formas novas e transitivas, emergentes do tráfego social. Enquanto os conceitos rígidos e fechados tornam-se, em muitos casos, inadequados, os tipos ensejam ordenação mais fluida, admitindo, por isso, soluções diferentes para situações novas"*[434].

O tipo, dadas suas características abstratas, também contribui para a simplificação do direito tributário, a otimização da praticabilidade tributária[435]. Com a utilização do tipo na legislação tributária, o sistema torna-se

---

[431] DERZI, Misabel de Abreu Machado. *Direito tributário, direito penal e tipo*. 2.ª ed., São Paulo: Revista dos Tribunais, 1998, p. 116.

[432] TORRES, Ricardo Lobo. "O princípio da tipicidade no direito tributário", *Revista Eletrônica de Direito Administrativo Econômico*, n.º 5, fev./mar./abr. de 2006, p. 2/3, disponível em www. direitodoestado.com.br, acessado em 01/11/2012.

[433] COSTA, Regina Helena. *Praticabilidade e Justiça Tributária*. São Paulo, Malheiros, 2007, p. 33/34.

[434] DERZI, Misabel de Abreu Machado. *Direito tributário, direito penal e tipo*. 2.ª ed., São Paulo: Revista dos Tribunais, 1998, p. 113.

[435] TORRES, Ricardo Lobo. "O princípio da tipicidade no direito tributário", *Revista Eletrônica de Direito Administrativo Econômico*, n.º 5, fev./mar./abr. de 2006, p. 9/10, disponível em www.

menos rígido, permitindo que a Administração pública aplique a regra na prática por meio de regulamentos (regulamento concretizador). Como explicado por RICARDO LOBO TORRES, o tipo encontrado na prática deve ser regulamentado. Segundo o autor, *"é decisiva para o tipo a regulação recebida da lei que, todavia, não impõe uma definição definitiva e suficientemente precisa"*[436]. Assim, é comum e legítima a lei que transfere ao regulamento a competência para preencher o tipo nela previsto, explicitando as suas diversas possibilidades, uma vez que o tipo que a lei prevê – dada sua abstração – não permite aplicação prática, sendo necessária a intervenção de um regulamento que o introduza, com todos os detalhes necessários, no dia-a-dia dos contribuintes.

O caso da Contribuição ao Seguro de Acidentes do Trabalho (SAT) é um exemplo de regulamentação possível. Trata-se de contribuição social cuja alíquota é proporcional ao grau de risco oferecido aos funcionários que exercem a atividade preponderante da empresa. Assim, uma empresa de construção civil paga uma contribuição maior que um escritório de arquitetura. Quando o trabalho exercido pelos funcionários oferece um *risco leve*, a alíquota é de 1% sobre a folha de pagamentos. Quando há um *risco médio* a alíquota é de 2% e quando o risco é classificado como *grave* a alíquota é de 3%.

Contudo, ninguém conhece previamente o conceito de *risco leve, médio* ou *grave*, tanto mais que tal conceito é cambiante, variando de acordo com o crescimento das atividades econômicas e desenvolvimento tecnológico. Diante disso, a Administração fiscal regulamentou o assunto e descreveu centenas de atividades econômicas no quadro legal das alíquotas (de 1% a 3%), distribuindo-as segundo o grau de risco individualmente considerado. Com isso, a lei pôde ser aplicada. Resumidamente, a lei estabeleceu tipos (*risco leve, médio e grave*) cujo conteúdo não era previamente identificável. Para que esses tipos pudessem ser aplicados, a Administração fiscal elaborou um regulamento contendo centenas de classificações de acordo com o risco oferecido pela atividade.

---

direitodoestado.com.br, acessado em 01/11/2012.

[436] TORRES, Ricardo Lobo. "O princípio da tipicidade no direito tributário", *Revista Eletrônica de Direito Administrativo Econômico*, n.º 5, fev./mar./abr. de 2006, p. 27, disponível em www. direitodoestado.com.br, acessado em 01/11/2012.

Outro exemplo prático seria a definição de *poluidor*, para o direito tributário ambiental, que é regido pelo princípio do poluidor-pagador. Não há dúvidas de que todos poluem, do fumante à fábrica de cigarros; do motorista à indústria do petróleo. Porém, segundo o referido princípio, paga pelo dano ambiental aquele que exerce atividade potencialmente poluidora. A solução encontrada pela doutrina é a imputação do dever de pagar pelo dano ambiental àquele que deve ser o *melhor pagador*, ou seja, aquele que exerce atividade suscetível de fiscalização[437].

No Brasil, essa questão foi regulamentada pela Lei n.º 9.960/2000, cujo artigo 8.º alterou o art. 17 da Lei n.º 6.938/1981, para determinar que: *"São sujeitos passivos da TFA* [taxa de fiscalização ambiental] *as pessoas físicas ou jurídicas obrigadas ao registro no Cadastro Técnico Federal de Atividades Potencialmente Poluidoras ou Utilizadoras de Recursos Ambientais".* O Tribunal constitucional, contudo, invalidou a referida norma, por entender que ninguém pode ser submetido ao pagamento de uma taxa pelo exercício de uma determinada atividade, mas sim pelo o serviço prestado ou posto à disposição do contribuinte ou, ainda, pelo exercício do poder de polícia, tal como previsto no artigo 145, II, da Constituição brasileira de 1988. O Tribunal também alegou que a própria lei deveria ter definido o contribuinte da taxa, ao invés de se reportar a um cadastro[438].

Outro interessante exemplo da utilização de tipos reside na estipulação do mínimo vital não tributável. RICARDO LOBO TORRES, forte nos ensinamentos de PAUL KIRCHHOF, afirma que na questão da não incidência sobre o mínimo existencial apenas o tipo pode generalizar as necessidades vitais do contribuinte e de sua família[439]. Como se sabe, a parcela destinada à sobrevivência do contribuinte e sua família (alimentos, remédios, roupas, etc.) não pode ser tributada, sob pena de violação do princípio da dignidade da pessoa humana.

---

[437] *"O poluidor que deve pagar é aquele que o poder de controle sobre as condições que levam à ocorrência da poluição, podendo preveni-las ou tomar precauções para evitar que ocorram."* (ARAGÃO, Maria Alexandra de Souza. *O Princípio do Poluidor Pagador. Pedra Angular de Política Comunitária do Ambiente.* Coimbra: Coimbra Ed., 1977, p. 136)

[438] STF, ADIn n.º 2.178, Tribunal Pleno, Rel. Min. ILMAR GALVÃO, DJ 12.05.2000.

[439] TORRES, Ricardo Lobo. "O princípio da tipicidade no direito tributário", *Revista Eletrônica de Direito Administrativo Econômico*, n.º 5, fev./mar./abr. de 2006, p. 6, disponível em www.direitodoestado.com.br, acessado em 01/11/2012.

No Brasil, esse mínimo foi estipulado em R$ 21.453,24 por ano para o exercício de 2015. Na França, a parcela não tributável corresponde a 9.960,00 € por ano. Essa é uma média que busca (ou deveria buscar) representar os gastos que um cidadão médio incorre para se manter. Não há dúvida de que o melhor e mais justo seria que a Administração fiscal pudesse investigar os gastos com o mínimo vital de cada um, tributando-lhe apenas a renda excedente. Mas por razões óbvias isso não é possível, de maneira que o tipo previsto pelo legislador serve para facilitar o trabalho da Administração fiscal.

§ 2 – As regras de simplificação

Além dos dois métodos acima descritos (*modos de pensar determinante e tipificante*), há também outras regras que, sem estabelecer presunções ou ficções obrigatórias, têm por objetivo simplesmente facilitar o trabalho da Administração fiscal, deixando o sistema mais prático. São as denominadas regras de simplificação.

O desconto simplificado no imposto sobre a renda de pessoa física é um exemplo. Mecanismo criado pelo artigo 10 da Lei n.º 9.250/1995, o desconto simplificado institui uma opção para o contribuinte, referente à dedução que poderá ser realizada, sem necessidade de apresentação de comprovantes. Assim, o contribuinte poderá optar pelo desconto simplificado, que consiste em dedução de 20% do valor dos rendimentos auferidos, com limite de valor estabelecido em lei. Veja que esse método não investe contra o contribuinte, que tem a opção de adotá-lo ou não.

No direito francês, exemplo de simplificação na aplicação do direito é regra estipulada pela *doutrina administrativa* (DB 4 C-221), segundo a qual é possível a dedução de despesas com a aquisição de bens de baixo valor, como material para escritório ou ferramentas cujo valor unitário não ultrapasse 500 €, sendo indiferente o destino contábil dado aos bens, se integrados ao ativo fixo ou não. Trata-se de medida que evidentemente facilita o controle da Administração, diminuindo a pulverização da atividade fiscalizatória.

O mesmo ocorre com algumas despesas consideradas *imorais* pelo direito tributário, para fins de imposto sobre a renda. É certo que não é dada ao empresário a possibilidade de deduzir todo e qualquer tipo de despesa.

AS MEDIDAS QUE PERMITEM O BOM FUNCIONAMENTO DA ATIVIDADE...

Assim, não podem ser retiradas do lucro tributável, por exemplo, despesas relativas a presentes e privilégios concedidos a diretores, ou relativas à compra de carros de luxo destinados ao exercício da atividade empresarial. Todavia, dada a dificuldade de controle, a *doutrina administrativa* (DB 3 D-1535, § 36) faz *vistas grossas* para despesas *imorais* de baixos valores, autorizando a dedução do valor unitário inferior à 31 €.

Outra preocupação do direito tributário francês reside na exoneração de TVA concedida aos contribuintes cujo faturamento anual seja inferior à 80.000 €, para as empresas de venda, e 34.000 €, para as prestadoras de serviço. O interesse em tal exoneração consiste expressamente na simplificação da fiscalização, uma vez que não representa nenhum tipo de perigo para a arrecadação estatal[440], sendo concedida ao contribuinte a opção de renúncia, toda vez que o mesmo quiser recuperar os créditos escriturais no caso de aquisição de produtos gravados pelo imposto em tela.

Com o mesmo intuito de simplificação, a lei francesa dispõe que, para o cálculo da base tributável da Taxa Profissional, serão considerados os elementos declarados no penúltimo ano. Trata-se de imposto cuja base de cálculo é composta pelo valor locativo dos locais de trabalho e de alguns equipamentos. Assim, para o cálculo do imposto devido em 2015, a Administração levará em conta os elementos existentes em 2013, declarados em 2014[441]. Em consequência, no caso de degradação patrimonial por causa de dificuldades econômicas, a empresa será tributada além de sua real capacidade contributiva. Já no caso em que a empresa passa por período de prosperidade, a tributação se dará de maneira mais suave, aquém de sua real capacidade.

Essas medidas simplificadoras visam tão somente facilitar o trabalho da Administração fiscal, que abre mão de pequena parcela da arrecadação, para que sua atividade não fique emperrada com a análise de um grande número de situações individuais.

---

[440] COZIAN, Maurice. *Précis de fiscalité des entreprises*. 32.ª ed., Paris: Litec, 2008, p. 362.
[441] FÉNA-LAGUENY, Emmanuelle; MERCIER, Jean-Yves; PLAGNET, Bernard. *Les impôts en France. Traité de fiscalité*. Paris: Éditions Francis Lefebvre, 2008, p. 469 e ss.

Seção 2 – Análise crítica do princípio da praticidade

A aplicação do princípio da praticidade, principalmente o *modo de pensar determinante*, traz sérios inconvenientes, relacionados com a justiça individual, com a igualdade entre contribuintes e a busca da capacidade contributiva do indivíduo. Nesse sentido, MISABEL DERZI afirma que há vários autores alemães que consideram juridicamente inaceitável esse modo de pensar. Há também outros autores que o aceitam largamente, posição finalmente aceita pelo Tribunal Constitucional Alemão.

Assim, apesar de importante para a viabilização da atividade de cobrança dos tributos, o princípio da praticidade encontra sérios limites (§ 1), dirigidos tanto ao legislador quanto à própria Administração fiscal. Por conta de alguns inconvenientes, o princípio da praticidade é bastante criticado, havendo também quem ressalte suas qualidades (§ 2).

§ 1 – Os limites impostos

Como já vimos acima, a aplicação do princípio da praticidade se concretiza por meio da desconsideração dos aspectos individuais do contribuinte, o que traz uma situação de injustiça individualmente considerada. Essa questão suscita calorosos debates, havendo doutrinadores que chamam a atenção para o fato de que não se pode repassar o fardo da Administração para o contribuinte, sem que lhe seja dada uma via de defesa. De acordo com SACHA CALMON NAVARRO COELHO, *"não se pode satisfazer o Fisco sacrificando o contribuinte"*[442].

É por isso que, segundo JOSEF ISENSEE, o princípio da praticidade sujeita-se a regras diversas[443]. Na simplificação do direito, sempre que a desigualdade for inevitável, deve-se garantir medidas para aliviar o prejuízo do contribuinte[444]. Diante disso, é preciso analisar todas as limitações impostas ao referido princípio.

---

[442] COELHO, Sacha Calmon Navarro. *Teoria Geral do Tributo, da Interpretação e da Exoneração Tributária: o significado do art. 116, parágrafo único, do CTN.* 3.ª ed., São Paulo: Dialética, 2001, p. 167.

[443] *Apud* DERZI, Misabel de Abreu Machado. *Direito tributário, direito penal e tipo.* 2.ª ed., São Paulo: Revista dos Tribunais, 1998, p. 269.

[444] TORRES, Ricardo Lobo. "O princípio da tipicidade no direito tributário", *Revista Eletrônica de Direito Administrativo Econômico*, n.º 5, fev./mar./abr. de 2006, p. 10, disponível em www. direitodoestado.com.br, acessado em 01/11/2012.

Em primeiro lugar, deve o princípio da praticidade se restringir ao mínimo necessário, proibindo-se os excessos. Deve também respeitar os direitos fundamentais, com a adoção de tipos que representam o caso médio ou normal. Com isso evita-se que o método se transforme em instrumento de política fiscal, de redistribuição de renda ou de benefícios e isenções tributárias. Além disso, os critérios adotados devem ser uniformes para toda a Administração fiscal. Por fim, deve-se dar ampla publicidade aos padrões adotados, evitando-se orientações internas e secretas.

Para HERRERA MOLINA, como as regras de praticidade impõem sacrifício dos direitos individuais, elas devem se submeter a alguns controles. Além do controle de proporcionalidade, as regras de praticidade devem atender às seguintes condições: em primeiro lugar, é preciso que na maioria dos casos a tributação individual se aproxime mais da capacidade econômica do que aconteceria se não existisse o mecanismo simplificador; em seguida, é necessário que não produzam uma carga fiscal radicalmente distinta da que corresponderia com fundamento na capacidade contributiva individualmente considerada; por fim, é imperioso que a medida de simplificação não possa ser suprimida sem um aumento desproporcionado dos custos de gestão, que repercutiria em prejuízo de todos os contribuintes[445].

Por seu turno, analisando a questão das restrições impostas pelo princípio da praticidade, JOSÉ CASALTA NABAIS afirma que a liberdade simplificadora do legislador fica sujeita a barreiras, dentre as quais se encontra o princípio da proibição ao excesso. Além disso, é preciso que a atividade simplificadora esteja assentada em critérios de natureza objetiva e equitativa, de maneira a atenuar as injustiças graves que a simplificação, eventualmente, possa conduzir[446].

Há também autores que afirmam que o modelo ou padrão adotado deve se revestir sob a forma de presunção *iuris tantum*, com o que seria dada ao contribuinte a opção de provar que não se enquadra naquele tipo. Nesse sentido, SACHA CALMON NAVARRO COELHO afirma que, salvo se benéfica, as regras de simplificação devem ser opcionais para o contribuinte[447],

---

[445] MOLINA, Pedro Manuel Herrera. *Capacidad Económica y Sistema Fiscal – Análisis Del Ordenamiento Español a la Luz Del Derecho Alémán*. Madrid: Marcial Pons, 1998, p. 162/163.

[446] NABAIS, José Casalta. *O dever fundamental de pagar impostos*. Coimbra: Almedina, 1998, p. 623/624.

[447] COELHO, Sacha Calmon Navarro. *Teoria Geral do Tributo, da Interpretação e da Exoneração Tributária: o significado do art. 116, parágrafo único, do CTN*. 3.ª ed., São Paulo: Dialética, 2001, p. 167.

que deve ter o direito de poder provar que o padrão rígido no qual foi enquadrado é distante da realidade na qual se encontra.

Esse entendimento deve ser analisado com cautela, pois a identificação do que seria uma tributação "distante" da realidade da qual o contribuinte faz parte deve ser casuística, ou seja, verificada no caso a caso. Evidentemente, se for dada ao contribuinte a possibilidade de se opor a toda sistemática de tributação que lhe impute o dever de pagar qualquer valor a mais do que pagaria normalmente, essa opção será exercida. Porém, essa situação vai de encontro com o propósito do princípio da praticidade. Se, por conta de questionamentos individuais, o Fisco fosse obrigado a analisar individualmente cada caso, seu trabalho em nada seria aliviado. A prova em contrário, assim, somente deve ser permitida em situações que não colocassem em risco a funcionalidade do princípio da praticidade, como, por exemplo, nos casos em que o tributo devido é desproporcionalmente excessivo se comparado com o valor que o contribuinte pagaria se não houvesse o mecanismo simplificador.

Ainda no que diz respeito aos limites a serem observados na aplicação simplificada da lei, MISABEL DERZI coloca a questão de saber se a lei pode desconsiderar, em nome da exequibilidade, as particularidades que tenham relevância jurídica[448]. A resposta impõe-se negativa, principalmente no Brasil, onde a Constituição regula minuciosamente o sistema tributário, inclusive determinando regras que devem ser cumpridas diretamente pela Administração fiscal.

A questão do tratamento exaustivo da Constituição 1988 impõe outro problema: o objetivo de simplificação das regras fiscais não pode contrariar dispositivos constitucionais, transformando-se em presunção ou ficção aquilo que é descrito na norma de nível superior. Foi exatamente isso que aconteceu na denominada *substituição tributária para frente*: em homenagem ao princípio da praticidade, ignorou-se o comando constitucional que determina que o ICMS deve incidir sobre a operação de circulação de mercadoria, devendo ser deduzido do tributo a pagar o valor do montante cobrado na operação anterior. Isso porque, com a *substituição tributária para frente* – como já comentado acima –, o fabricante passou a ser responsável

---

[448] DERZI, Misabel de Abreu Machado. *Direito tributário, direito penal e tipo*. 2.ª ed., São Paulo: Revista dos Tribunais, 1998, p. 257.

pelo pagamento do tributo nas etapas de circulação subsequentes, pois criou-se a *presunção* de que essas etapas iriam ocorrer.

Tratando ainda do tema das limitações, REGINA HELENA COSTA identifica onze restrições à praticidade tributária. A primeira delas é a necessidade de lei para veiculação dos instrumentos de praticabilidade. Em segundo lugar, a utilização de técnicas presuntivas deve observar o princípio da capacidade contributiva (a utilização de ficções e presunções deve ser parcimoniosa, somente nos casos em que não é possível a prova direta do fato, sem demasiado custo ao Poder Público). Em terceiro, não pode adotar presunções absolutas. Em quarto lugar, a adoção de técnicas presuntivas deve ser transparente. Deve também observar o princípio da razoabilidade.

Em seguida, é preciso que as referidas técnicas não ofendam o respeito à repartição constitucional de competências tributárias. As normas de simplificação devem ser justificadas, com o que será possível realizar o controle administrativo. Os regimes normativos de simplificação ou padronização devem ter caráter opcional e benéfico aos contribuintes (argumento com o qual discordamos, como explicado logo acima). A utilização das referidas técnicas deve ser excepcional, sendo vedado utilizá-las como regra. Em penúltimo lugar, é preciso observar o equilíbrio, para que o contribuinte não seja sobrecarregado com tarefas inerentes à administração. Por fim, é necessário o respeito aos direitos e princípios fundamentais[449].

Além dessas importantes restrições, VINÍCIUS MARINS menciona que a jurisprudência pacífica do tribunal constitucional alemão (BVerfGE) é no sentido de que os critérios a serviço do princípio da praticidade devem se submeter a um rigoroso controle de proporcionalidade, além de uma necessária compatibilidade com a realidade afetada pelas medidas garantidoras de maior exequibilidade da legislação[450]. O controle de proporcionalidade é importante para se verificar se a aplicação do princípio da praticidade violou a alguma das restrições acima comentadas, pois, de acordo com

---

[449] COSTA, Regina Helena. *Praticabilidade e Justiça Tributária*. São Paulo: Malheiros, 2007, p. 216/220.

[450] MARINS, Vinicius. "Desconfiança Sistêmica e Praticidade no Direito Tributário Brasileiro", disponível em http://pt.scribd.com/doc/35748951/Desconfianca-sistemica-e-praticidade, acessado em 24/10/2012. Também sobre a necessidade de se proceder a um exame de proporcionalidade nas regras simplificadoras: CARDOSO, Alessandro Mendes. "A Responsabilidade do Substituto Tributário e os Limites à Praticidade", *Revista Tributária e de Finanças Públicas*, Ano 14, n.º 68, mai./jun. 2006, p. 160 e ss.

KLAUS TIPKE e JOACHIM LANG, "*o lucro da praticabilidade não pode ser obtido através da perda considerável em justiça no caso concreto*"[451]. Para que a aplicação do princípio da praticidade seja legítima, a perda deve ser pequena.

§ 2 – Análise de viabilidade

Como já pudemos ver acima, o princípio da praticidade traz muitas vantagens, mas também apresenta alguns inconvenientes. Contudo, ao se pesar os pontos positivos (B) e os pontos negativos (A), os primeiros prevalecem, com o que ficou legitimado o uso dos mecanismos simplificadores.

A. Os pontos negativos

De acordo com MISABEL DERZI, a maior parte da doutrina alemã rejeita o uso de esquemas e padrões concretizadores do princípio da praticidade.[452] Existem três principais críticas. A primeira é a ofensa à adequação à lei (1). A segunda é a ofensa ao princípio da separação dos poderes (2) e, por fim, a ofensa à igualdade (3).

1. Violação à adequação à lei

Afirmam alguns autores que no método de simplificação das regras não se verifica a correta aplicação da lei tributária, que seria dirigida ao indivíduo. Assim, se a lei determina que o fato gerador do ICMS é a efetiva circulação da mercadoria, a presunção de que essa circulação ocorrerá nas etapas seguintes é *contra legem* (salvo se autorizado por outra lei, caso do art. 150, § 7.º, da CF/88), pois cria outro critério não previsto anteriormente. Em outras palavras, o imposto somente é devido se acontecer a situação prevista em lei (venda de mercadoria). Com a execução simplificadora das leis, a hipótese prevista em lei fica eliminada, pois se considera – por meio de uma presunção legal – que haverá a venda, com o que a Administração fica autorizada a cobrar o imposto.

---

[451] TIPKE, Klaus; LANG, Joachim. *Direito tributário (Steuerrecht)*. Porto Alegre: Sergio Antonio Fabris Editor, 2008, p. 233.

[452] DERZI, Misabel de Abreu Machado. *Direito tributário, direito penal e tipo*. 2.ª ed., São Paulo: Revista dos Tribunais, 1998, p. 270.

Outro exemplo eloquente é o que diz respeito à determinação do valor da mercadoria. A lei diz que a base de cálculo do ICMS é o preço praticado. Contudo, para que seja possível cobrar o imposto antecipadamente, o preço das mercadorias – no caso de operações sujeitas ao regime de substituição para frente – é tabelado, de maneira que não importa se o preço, na prática, foi maior ou menor do que aquele previamente estabelecido. Ou seja, a base de cálculo do imposto deixou de ser aquela prevista na lei (preço praticado), que seria variável, e passou a ser o valor tabelado pelo Governo.

2. Violação ao princípio da separação dos Poderes

Por conta dessa situação acima descrita, o Princípio da Separação dos Poderes também seria ofendido. Se a aplicação simplificadora retifica a lei, estabelecendo critério novo, enfraquece-se o Poder Legislativo. Segundo parte da doutrina, a aplicação do princípio da praticidade privilegia o Poder Executivo, pois alarga o seu campo de atuação, em detrimento daquele outro Poder, que perde o monopólio da produção de leis.

3. Violação ao princípio da igualdade

Por fim, a crítica mais relevante, em nossa opinião, diz respeito à ofensa à igualdade. O método de simplificação da execução das leis leva à tributação pela média, levando-se em conta o que se considera normal ou padrão e desconsiderando-se as particularidades do caso concreto. De acordo com E. SCHIFFBAUER – citado por MISABEL DERZI –, com o método em debate, a Administração fiscal converte em igualdade aquilo que é desigualdade, desprezando as características individuais, juridicamente relevantes[453]. O próprio Tribunal Federal de Finanças (*Reichsfinanzhof* – RFH), não obstante tenha acolhido a aplicação simplificadora da lei, observou se tratar de método incompatível com o objetivo de justiça fiscal individual.

---

[453] DERZI, Misabel de Abreu Machado. *Direito tributário, direito penal e tipo*. 2.ª ed., São Paulo: Revista dos Tribunais, 1998, p. 271.

B. Os pontos positivos

Há três grandes justificações para a aplicação simplificadora da lei: a defesa da esfera privada do contribuinte (1), a uniformidade da tributação (2) e o *estado de necessidade administrativa* (3).

1. Preservação da esfera privada do contribuinte

Com a aplicação das normas simplificadoras, a Administração fiscal deixa de investigar a vida privada do contribuinte. Esse procedimento é necessário quando o Fisco pretende descobrir a real capacidade contributiva do contribuinte, ou seja, descobrir quanto ele recebeu de salário, qual foi o faturamento, qual o patrimônio que possui, etc. Ao se utilizar de presunções, ficções, cláusulas gerais e outros instrumentos postos à disposição da execução simplificadora das leis, a Administração mantém intacta a esfera privada do contribuinte, pois deixa de ser necessária a verificação *in locus* com todos os inconvenientes que resultam desse procedimento, como o desgaste psicológico dos contribuintes.

Essa pode ser apontada como uma vantagem para o contribuinte, um contrapeso para a desvantagem de ser enquadrado num regime geral que não observa suas condições particulares. Quando o regime de presunção é obrigatório, muitas vezes o contribuinte é obrigado a pagar mais do que deveria. Por outro lado, não terá sua vida particular ou seus registros contábeis devassados pela fiscalização. Quando se trata de um regime de presunção opcional, não há nenhuma desvantagem. No Brasil, a partir de 2014, a empresa que aufere renda de até R$ 78 milhões por ano, pode optar pelo regime do lucro presumido. O percentual de presunção depende da atividade exercida e pode varia de 1,6% a 32%. Normalmente, o contribuinte opta pelo lucro presumido quando exerce uma atividade altamente lucrativa, pois paga menos imposto e fica livre de uma das fiscalizações mais complicadas, que é o controle de despesas dedutíveis.

2. Uniformidade da tributação

Outra grande vantagem que o princípio da praticidade proporciona é a uniformidade da tributação. De acordo com MISABEL DERZI, elimina--se a individualidade no tratamento dos casos isolados em favor de uma administração de massa. O resultado é o tratamento igual para todos. Os que defendem a aplicação simplificadora da lei afirmam que, por meio desse processo, evita-se que decisões díspares, critérios diferentes e resultados contraditórios sejam adotados pelos órgãos que aplicam a lei. *"Impede-se que, em nome de um cego legalismo injustiças sejam cometidas"*[454].

Com esse método de tributação, a igualdade deixa de ser analisada sob um aspecto individual e passa a ser averiguada sob a ótica da coletividade ou de um determinado grupo de contribuintes. Em outras palavras, abandona-se a igualdade individual em prol da igualdade geral, mantendo dessa forma a uniformidade do tratamento dos contribuintes.

3. Estado de necessidade administrativa

Contudo, em nossa opinião, o argumento de justificação mais determinante é o *estado de necessidade administrativa*. De acordo com MISABEL DERZI, o autor alemão JOSEF ISENSEE indica o seguinte dilema: se as condições individuais de cada contribuinte fossem investigadas exaustivamente – tal como se faz no direito penal –, o custo do aparato administrativo será superior à própria arrecadação. Essa situação cria um *estado de necessidade administrativa* e indica que a simplificação das regras fiscais, apesar dos problemas suscitados por parte da doutrina, é *inevitável*.

Com efeito, existe uma grande desproporção entre o encargo e responsabilidades que o ordenamento jurídico cria para a Administração fiscal e a capacidade de que os órgãos fazendários dispõem para executar o dever que lhe é atribuído. Assim, por razões de necessidade, o impasse entre a legalidade e a justiça individualmente considerada e o princípio da praticidade é resolvido em favor deste último, por um simples motivo: não poderia ser de outra forma, ou seja, a Administração não pode agir de outra maneira.

---

[454] DERZI, Misabel de Abreu Machado. *Direito tributário, direito penal e tipo*. 2.ª ed., São Paulo: Revista dos Tribunais, 1998, p. 266.

Capítulo 2 – A privatização de algumas atividades da administração tributária

Falar em privatização sempre requer muito cuidado, pois se trata de um tema bastante sensível que pode suscitar discussões políticas acirradas sobre a importância da participação do Estado nos assuntos sociais. Por essa e outras razões, a decisão de privatizar ou não determinado setor da administração pública ostenta grandes dificuldades operacionais[455]. Contudo, é o modelo político escolhido que desenhará o papel do Estado no plano econômico e a realização da privatização em maior ou menor escala[456]. É inegável que muitos países, desde o início da década de oitenta, vêm optando por uma política de redução do papel do Estado, motivo pelo qual a privatização vem sendo realizada em massa.

Sobre o termo *privatização*, vale lembrar a crítica de JOHN D. DONAHUE, que o classifica de deselegante e lamentavelmente impreciso[457]. Deselegante por gerar falsas controvérsias e alimentar debates políticos apaixonados e inúteis. Impreciso, pois a expressão *privatização de atividade ou serviço* poderia passar a ideia errada de que essa atividade ou serviço deixou de ser público e se converteu em algo privado. Por isso, JOSÉ DOS SANTOS CARVALHO PINTO afirma que a privatização não seria da atividade ou serviço, mas sim do executor da atividade ou serviço[458]. Em outras palavras, o Estado não deixou de ser o titular daquele serviço, mas tão somente transferiu a execução do serviço para o ente privado.

Ainda de acordo com JOSÉ DOS SANTOS CARVALHO PINTO, foi por conta dessa imprecisão semântica que a legislação brasileira deixou de mencionar o termo *privatização* e passou a adotar *desestatização*, que significa retirar o Estado de certo setor de atividades, ao passo que privatizar indica tornar algo privado. Foi essa a terminologia utilizada no Brasil pela Lei n.º 8.031,

---

[455] Para um estudo sobre a aceitação política do processo de privatização, cf. AHREND, Rudiger ; WINOGRAD, Carlos. "Fiscalité imparfaite et privatisation de masse". *Revue Économique*, vol. 52, n.º 3, maio de 2001.

[456] SZTAJN, Rachel. "Notas sobre a privatização", *Revista de Direito Mercantil, Industrial, Econômico e Financeiro*, n.º 117, jan./mar. 2000, p. 98.

[457] DONAHUE, John D. *Privatização. Fins públicos, meios privados.* Rio de Janeiro: Jorge Zahar Editor, 1992, p. 15/16.

[458] PINTO, José dos Santos Carvalho. *Manual de Direito Administrativo.* 8.ª ed., Rio de Janeiro: Lumen Juris, 2001, p. 265.

de 12/04/1990 (criou o Programa Nacional de Desestatização – PND) e pela legislação posterior[459]. Não obstante, o termo privatização é ainda muito comum na literatura jurídica, motivo pelo qual será adotado no presente trabalho para evitar confusões.

Não iremos abordar as diferenças entre privatização, delegação e terceirização, pois a diferença entre esses institutos varia de acordo com o país em análise. Dessa forma, iremos tratar como privatização a realização de qualquer atividade estatal pela iniciativa privada.

Em termos conceituais, adotaremos a definição simples e exata de AL-MIRO DO COUTO E SILVA, para quem a privatização significa o exercício de função pública por particulares ou, o que dá no mesmo, o *"desempenho de atividade de interesse geral pelos indivíduos ou por pessoas jurídicas de direito privado, mediante delegação do poder público, sob regime jurídico especial"*[460].

A discussão sobre a oportunidade da privatização encontrou terreno fértil no direito administrativo de países variados e muitos autores sobre ela já discorreram. No direito tributário, não há muitos autores que ousaram tratar da diminuição da dimensão da Administração fiscal por meio da entrega de determinadas atividades à iniciativa privada. Nas décadas de oitenta e noventa houve um pequeno movimento doutrinário – principalmente nos EUA – que apontou para os benefícios da privatização dessas atividades –, movimento esse que morreu prematuro por falta de cuidados e de interesse.

Contudo, o exame de oportunidade (Seção 1) revela que a privatização de algumas atividades da Administração fiscal é extremamente recomendável nos dias de hoje, o que traz novo fôlego aos debates. Mas não basta somente analisar se a medida é ou não pertinente, é preciso saber se o ordenamento jurídico permite a privatização de atividades da Administração fiscal (Seção 2). A conclusão a que se chega com essas análises é que a privatização de atividades fiscais é recomendável e possível, tanto é que ela já vem sendo realizada silenciosamente, sem prejuízo de outras que ainda podem ser delegadas (Seção 3).

---

[459] Decreto n.º 1.204/94, Lei n.º 9.491/97 e Decreto n.º 2.594/98.

[460] SILVA, Almiro do Couto e. "Privatização no Brasil e Novo Exercício de Funções Públicas por Particulares". *Revista Eletrônica sobre a Reforma do Estado*, n.º 16, dez./jan./fev. 2009, Salvador, p. 1, disponível em www.direitodoestado.com.br, acessado em 09/12/2012.

Seção 1 – A oportunidade da medida

A análise histórica das medidas de privatização, bem como da conjuntura atual (§ 1) deixa claro que o processo de privatização adquiriu fundamental relevância para sobrevivência do Estado, motivo pelo qual se tornou bem oportuno. Dentre as inúmeras vantagens que o processo apresenta, destaca-se uma que é de interesse direto da presente pesquisa: o ganho em performance (§ 2).

§ 1 – Perspectiva histórica e atual da privatização em geral

É curioso notar que o interesse por assuntos relacionados ao tamanho da Administração pública renasce sempre que se completa o ciclo de crise e ascensão da importância do papel do Estado (A). Assim sendo, acreditamos que não há momento mais propício para se debater sobre a oportunidade de privatização no âmbito da Administração fiscal. A crise sem precedentes que a maioria dos países europeus enfrenta nos dias de hoje é a mais cabal demonstração dessa afirmativa (B).

A. O ciclo de crise e ascensão de importância do Estado

A importância da participação do Estado nos assuntos sociais e econômicos nos últimos séculos pode ser descrita num movimento que descreve uma onda: no século XVIII, o Estado liberal tinha presença resumida (1); no final do século XVIII e início do século XIX, com o advento da Revolução Industrial, a participação do Estado passou a ser mais significativa (2), atingindo o apogeu em meados do século XX, a partir de quando passou a ser ainda mais presente, por conta das consequências das duas grandes guerras (3). No final do século XX, pudemos assistir a uma diminuição do Estado, com o surgimento do neoliberalismo (4).

1. O Estado liberal: Século XVIII

Foi com o surgimento do Estado Liberal no século XVIII que a questão da intervenção do Estado no domínio econômico ganhou importância. Essa época foi marcada pela massiva diminuição da presença do Estado, influenciada principalmente pelos ideais da Revolução Francesa e do Liberalismo Econômico. Essa concepção liberal do Estado realizou uma dissociação, senão total ao menos profunda, entre atividade econômica e atividade política[461].

Com essas alterações, o objetivo essencial do Estado passou a ser a garantia e a proteção de certos direitos individuais contra os abusos de autoridade, sendo que a liberdade econômica (liberdade de comércio e indústria) se insere no âmbito das liberdades individuais. De acordo com lição clássica de ADAM SMITH, o papel do estado deveria se limitar a cumprir três funções: proteger a sociedade contra a violência externa, administrar a justiça e executar obras públicas que, apesar de importantes para a sociedade, não seriam empreendidas se deixadas ao encargo das decisões individuais[462].

Em outras palavras, pode-se dizer que o Estado Liberal caracterizou-se, sobretudo, por sua ausência no domínio econômico, onde prevaleciam as entidades privadas. Apenas o exercício das liberdades individuais era garantido pelo Estado, o que o deixou com a estrutura muito reduzida.

2. O Estado intervencionista: Revolução Industrial (Século XIX)

Esse modelo durou até o final do Século XVIII e início do Século XIX, quando a ausência do Estado no campo social-econômico trouxe sérios problemas. A Revolução Industrial inicialmente ocorrida na Inglaterra deixou em evidência os problemas gerados pela excessiva confiança na bondade da natureza humana: o tratamento desumano dado aos trabalhadores industriais se tornou relevante "questão social", à qual o Estado Liberal não soube dar tratamento adequado. Além disso, os grandes monopólios formados aniquilavam as empresas de pequeno porte.

Inicia-se então a fase em que o Estado abandona sua posição de neutralidade e passa a intervir com mais assiduidade nas questões econômicas e sociais, seja por meio da edição de leis ou por meio da prestação direta de serviços públicos[463]. Para fazer frente a esse aumento de atividade, o Estado

---

[461] MENEZES, Paulo Lucena de; CINTRA, Fernando Pimentel. "Privatização", *Revista dos Tribunais. Cadernos de Direito Tributário e Finanças Públicas*, n.º 14, jan./mar. 1996, p. 238.
[462] Obras de infraestrutura, por exemplo.
[463] *Ibid.*, p. 239.

viu-se obrigado a aumentar suas estruturas, com a criação de autarquias, empresas públicas, sociedades de economia mista, etc.

Essa interferência do Estado na economia passou a ser exercida de duas maneiras diferentes: prestação direta do serviço público ou regulação da economia. No caso da América Latina, muitos Estados (inclusive o Brasil) passaram a prestar serviços considerados de utilidade pública. Essa tendência não foi seguida pelos EUA, país no qual desde tempos que remontam a 1887 – quando foi criada a *Interstate Commercial Comission* – firmou-se a cultura de que o Estado não deve assumir participação direta no jogo econômico, mas deve ser mero regulador desse jogo, só interferindo quando as regras elaboradas pelo próprio mercado fossem deficientes ou falhassem[464]. Foi nesse ambiente que se desenvolveram as famosas agências reguladoras (*regulatory agencies*).

3. O Estado no Século XX: As duas grandes guerras

No Século XX, a participação do Estado foi ainda mais reforçada principalmente ao final das duas grandes guerras (1914/1918 e 1939/1945), pois as consequências devastadoras exigiram e justificaram o papel do Estado como condutor da economia, como planejador e, em muitos casos, como promotor direto do desenvolvimento. Nos EUA, esse dirigismo foi realizado por meio de planos econômicos como o *New Deal* (ROOSEVELT), o *Employment Act* (1946) e o Plano "Nova Fronteira" (KENNEDY). Na Inglaterra, o *premier* CLEMENT ATLEE (1946-1950) realizou uma intensa política de nacionalizações. O mesmo ocorreu na França a partir do gabinete de LÉON BLUM (1936), num movimento de nacionalizações que atingiu seu ápice na década de setenta[465].

No Brasil, a participação do Estado aumentou por meio do processo de descentralização iniciado após a Revolução de 1930, na era Vargas, com a criação de autarquias que exerciam funções não só de índole administrativa, mas também de natureza industrial e/ou comercial. Com isto, intensificou-se fortemente a presença do estado no campo econômico,

---

[464] E SILVA, Almiro do Couto. "Privatização no Brasil e Novo Exercício de Funções Públicas por Particulares". *Revista Eletrônica sobre a Reforma do Estado*, n.º 16, dez./jan./fev. 2009, Salvador, p. 9, disponível em www.direitodoestado.com.br, acessado em 09/12/2012

[465] MENEZES, Paulo Lucena de; CINTRA, Fernando Pimentel. "Privatização", *Revista dos Tribunais. Cadernos de Direito Tributário e Finanças Públicas*, n.º 14, jan./mar. 1996, p. 239.

tendo crescido também sua interferência nessa área mediante a edição de normas jurídicas[466].

Essa onda interventiva do Estado continuou até o advento dos governos militares que sucederam o Golpe Militar de 1964, quando se realizou grandes obras de infraestrutura no Brasil. Nessa época, a órbita de atuação do Estado nas questões econômicas foi consideravelmente ampliada, tanto pela criação de um grande número de entidades de administração indireta (sociedades de economia mista, empresas públicas, etc.) destinadas a desempenhar o papel que antes era realizado pelos agentes econômicos, quanto pela edição de um sem número de regras jurídicas disciplinadoras da atividade econômica, principalmente para conter os abusos.

4. O Estado Neoliberal: Final do Século XX

A reviravolta desse cenário inicia a partir dos anos setenta do Século XX, com efeitos práticos consistentes a partir da década de oitenta. No Brasil, as primeiras privatizações foram realizadas no governo do General João Figueiredo (1981 – 1984), por meio do Decreto n.º 86.215/81. Vinte empresas que estavam sob o controle da União Federal (Riocel, América Fabril, Companhia Química Recôncavo, etc.) foram privatizadas, com o que se auferiu uma receita de 190 milhões de dólares[467]. No Governo de José Sarney (1985 – 1989) cerca de 20 empresas foram privatizadas (dentre as quais se destacam a Companhia Brasileira de Cobre, Caraíba Metais, Aracruz e a Celulose Bahia), o que rendeu 533 milhões de dólares[468].

Ainda na década de oitenta, foi promulgado o Decreto n.º 95.886/88, que instituiu o Programa Federal de Desestatização. Logo em seguida, durante o Governo de Fernando Collor (1990 – 1992), as privatizações

---

[466] Com o início da industrialização e sob a égide da Constituição brasileira de 1937, foram criadas uma série de sociedades de economia mista, voltadas para atividades econômicas básicas ou de infraestrutura industrial e de serviços. São exemplos: Instituto de Resseguros do Brasil (Decreto-lei n.º 1.186/30), Companhia Siderúrgica Nacional (Decreto-lei n.º 3.002/41), Companhia Vale do Rio Doce (Decreto-lei n.º 4.352/42, Companhia Nacional de Álcalis (Decreto-lei n.º 5.684/43), Companhia Hidroelétrica do São Francisco (Decreto-lei n.º 8.081/45), Fábrica Nacional de Motores S/A (Decreto-lei n.º 8.699/46), Petrobras (Decreto-lei n.º 2.004/53), Eletrobrás (Decreto-lei n.º 3.890-A/61, dentre outras.

[467] MAMELUQUE, Leopoldo. *Privatização: Modernismo e Ideologia*. São Paulo: Revista dos Tribunais, 1995, p. 17.

[468] *Ibid*, p. 17.

tomaram grande impulso. Em 1990, foi promulgada a Lei n.º 8.031/90, que instituiu o Programa Nacional de Desestatização, com os mesmos objetivos do programa anterior, tendo sido alterada várias vezes, até ser revogada e substituída pela Lei n.º 9.491/97, que consolidou o Programa Nacional de Desestatização em vigor nos dias de hoje. Sob a égide dessa legislação, desde 1991, em governos sucessivos, foram privatizadas cerca de 70 empresas e participações acionárias (dentre as quais se destacam a Companhia Siderúrgica Nacional e a Companhia Vale do Rio Doce), com resultados que alcançaram cerca de R$ 37,5 bilhões.

O mesmo movimento ocorreu em diversos outros países. A França vendeu, em 1982, cinco sociedades industriais (Compagnie générale d'électricité, Saint-Gobain, Pechiney-Ugine-Kuhlmann, Rhône-Poulenc e Thomson-Brandt), duas companhias financeiras (Paraibas e Suez) e 36 bancos. Até 1987, além das já mencionadas, outras importantes companhias já tinham sido privatizadas: Elf Aquitaine, Havas, Société Générale e Crédit Commercial. Em 1993, a lei de 19 de julho de 1993 previu a transferência ao setor privado da Air France, Renault, Aérospatiale, SNECMA e da France Telecom[469].

Na Inglaterra de MARGARET THATCHER, foram privatizadas a British Gas, British Telecom, British Airways, Jaguar, o Sealing Ferry Service, todas ou parte das ações detidas pelo Governo na British Sugar, British Aerospace, British Petroleum e British Steel. A Espanha socialista de FELIPE GONZÁLEZ, depois de alienar a fabricante de automóveis SEAT e a companhia petrolífera REPSOL, ofertou ao mercado a Telefônica e a Endesa (eletricidade). A Itália vendeu a Alfa Romeu, a Alitalia (aviação), ENI e AGIP (essas duas do ramo de petróleo). O Japão, durante o governo de NAKAZONE, vendeu a Japan Airlines e a Nippon Telegraph and Telephone[470].

O caso dos EUA é particular, pois – como afirmado acima – o Estado tradicionalmente nunca assumiu participação direta no jogo econômico (salvo raras exceções, como no caso da *Tennessee Valley Authority*). A intervenção do Estado se dava por meio das atividades da "administração coercitiva" (*regulatory agencies*) e das atividades da "administração prestadora

---

[469] MORAND-DEVILLER, Jacqueline. *Cours de droit administrative*. 5.ª ed., Paris: Montchrestien, 1997, p. 501/502.

[470] DONAHUE, John D. *Privatização. Fins públicos, meios privados*. Rio de Janeiro: Jorge Zahar Editor, 1992, p. 14.

de benefícios" (*non regulatory agencies*). A primeira foi incumbida de implementar a aplicação e controlar a observância das normas por ela criadas. A segunda se encarrega dos benefícios sociais (como por exemplo, os relacionados à saúde, assistência médica, habitação, ajuda aos necessitados, etc.).

Quando o nível de gigantismo do Estado foi inserido nas prioridades urgentes, essas duas grandes áreas da administração foram drasticamente reduzidas, o que veio a acontecer durante o governo de RONALD REAGAN (1981 – 1989)[471]. Além da drástica redução de programas sociais, verificou-se nos EUA o processo que ficou conhecido como *desregulamentação*, que se deu por meio da diminuição das atividades dessas agências regulatórias ou mediante a simples extinção de algumas delas (como no caso da *Civil Aeronautic Board*, extinta em 1985). Não houve aqui, portanto, privatizações[472].

Todas essas alterações decorreram de duas constatações inquestionáveis: a primeira se reporta ao fato de que esses países, dentre vários outros, adquiriram dívidas públicas mais ou menos relevantes, havendo países que chegaram à beira de um colapso financeiro; a segunda se refere à sintomática ineficiência com que os Estados passaram a executar serviços públicos. No Brasil não foi diferente, conforme elucida JOSÉ DOS SANTOS CARVALHO PINTO: *"Esse é o sentido atual da desestatização: o Estado, depois de abraçar, por vários anos, a execução de muitas atividades empresariais e serviços públicos, com os quais sempre teve gastos infindáveis e pouca eficiência quanto aos resultados, resolveu imprimir nova estratégia governamental: seu afastamento e a transferência das atividades e serviços para sociedades e grupos empresariais"*[473].

B. A posição atual do ciclo: crise do Estado

É sabido que a economia mundial passa hoje em dia por uma crise sem precedentes. A principal causa dessa crise, também conhecida, é o grande

---

[471] SILVA, Almiro do Couto e. "Privatização no Brasil e Novo Exercício de Funções Públicas por Particulares". *Revista Eletrônica sobre a Reforma do Estado*, n.º 16, dez./jan./fev. 2009, Salvador, p. 11, disponível em www.direitodoestado.com.br, acessado em 09/12/2012.

[472] *"A América nunca poderia igualar os outros países na venda de empresas e ativos governamentais, por uma razão muito simples: a América nunca teve tantas empresas governamentais e outros ativos semelhantes"* (DONAHUE, John D. *Privatização. Fins públicos, meios privados*. Rio de Janeiro: Jorge Zahar Editor, 1992, p. 14)

[473] PINTO, José dos Santos Carvalho. *Manual de Direito Administrativo*. 8.ª ed., Rio de Janeiro: Lumen Juris, 2001, p. 266.

endividamento público de alguns países (principalmente Grécia, Portugal, Itália, Espanha e Irlanda), da qual decorre a outra grande causa da crise, que é a falta de coordenação política da União Europeia para resolver questões de endividamento público das nações do bloco. Em função da globalização econômica que vivemos na atualidade, a crise se espalhou pelos quatro cantos do mundo, derrubando índices das bolsas de valores e criando um clima de pessimismo na esfera econômica mundial.

O endividamento público interno não é preocupação apenas nos países mencionados, mas se trata de uma epidemia financeira mundial, para a qual – em nossa opinião – as privatizações representam a principal vacina. Exatamente por esse motivo, muitos autores já remarcaram o caráter mundial com que essas privatizações vêm sendo realizadas[474]. Essa tendência mundial, nas palavras de ARNOLDO WALD, decorre da falência do Estado-Providência (*Welfare State*), o que impõe o redimensionamento das atribuições do Poder Público[475]. PAULO LUCENA DE MENEZES e FERNANDO PIMENTEL CINTRA, após constatarem igualmente que se trata de um processo em escala mundial, afirmam que o interesse pelas privatizações seguem movimentos pendulares[476], assim como a importância que vem sendo dada ao papel do Estado nos últimos séculos.

O movimento cíclico ou ondular de prestígio do Estado pode ser assim resumido:

a) Século XVIII – No Estado Liberal, a presença do Estado era diminuta;

b) Século XIX – Com o advento da Revolução Industrial, surgiu a "questão social" do trabalhador, explorado por indústrias que não sofriam nenhum controle do Estado;

c) Século XX (início) – A devastação e os gastos gerados pelas duas grandes guerras exigiram uma importante intervenção do Estado;

---

[474] "*A privatização em grande escala foi um dos fenômenos econômicos mais marcantes da última década – e não somente nos antigos países comunistas.*" (AHREND, Rudiger; WINOGRAD, Carlos. "Fiscalité imparfaite et privatisation de masse". *Revue Économique*, vol. 52, n.º 3, maio de 2001, p. 517)

[475] WALD, Arnoldo. "O direito da privatização", *Revista de Direito Mercantil, Industrial, Econômico e Financeiro*, n.º 115, jul./set. de 1999, p. 34.

[476] MENEZES, Paulo Lucena de; CINTRA, Fernando Pimentel. "Privatização", *Revista dos Tribunais. Cadernos de Direito Tributário e Finanças Públicas*, n.º 14, jan./mar. 1996, p. 239.

d) Século XX (final) – Foi deflagrada uma crise de endividamento interno, gerada principalmente pela participação ativa do Estado e pela herança da gestão de governos militares; Início das privatizações;

e) Século XXI – Estopim da crise de endividamento interno, com o início de recessão econômica mundial; Privatização se torna tendência mundial.

A importância da presença do Estado hoje na vida socioeconômica, portanto, é semelhante à importância a ele atribuída no Século XVIII. Alguns autores apontam para a convergência de forças que apontam, por sua vez, para a redução do Estado. Ora se diz que os custos de um Estado grande são insuportáveis e que é impossível conviver com grandes déficits orçamentários, ora se afirma – sob a influência da filosofia neoliberal – que "estado menor é estado melhor", devendo ser perseguida a realização do estado mínimo[477].

§ 2 – O ganho em performance

O benefício da privatização não se reduz à diminuição do Estado e do déficit que o acompanhou nas últimas décadas. A vantagem que mais se relaciona com a presente tese é o aumento da performance na realização de atividades relacionadas com a arrecadação fiscal. É evidente que, se a privatização comprovadamente torna a máquina administrativa mais performante (A), as atividades da Administração fiscal (B) também podem ser otimizadas uma vez realizadas pela iniciativa privada.

A. O aumento da performance administrativa

A doutrina aponta os inúmeros benefícios que a privatização traz para a performance no desempenho das tarefas. Para JOHN D. DONAHUE, privatização significa *"o engajamento das energias privadas para melhorar o desempenho*

---

[477] SILVA, Almiro do Couto e. "Privatização no Brasil e Novo Exercício de Funções Públicas por Particulares". *Revista Eletrônica sobre a Reforma do Estado*, n.º 16, dez./jan./fev. 2009, Salvador, p. 9, disponível em www.direitodoestado.com.br, acessado em 09/12/2012.

em tarefas que permanecem públicas"[478]. No caso das empresas que exercem atividades econômicas, a privatização aumenta a performance produtiva, o que também traz inúmeras vantagens[479]. ARNOLDO WALD aduz que as privatizações têm a vantagem de aumentar a performance das empresas, substituindo o espírito burocrático pelo espírito empresarial e liberando-as da verdadeira camisa de força que o direito administrativo lhes impõe[480].

Esse incremento de performance decorre de uma simples constatação: a iniciativa privada está muito mais bem aparelhada que o Poder público para exercer atividades produtivas. Não existe, para a iniciativa privada, o princípio da reserva de lei – que conforma a atuação da Administração ao que dispõe a lei. Essa liberdade de ação torna a iniciativa privada mais adaptada e mais ágil para as necessidades do mercado.

Some-se a isso o fato de que a iniciativa privada não sofre os limites impostos à Administração para contratar pessoas. Além de não estar amarrada ao processo de seleção imposto por lei (concurso público), a iniciativa privada pode oferecer salários infinitamente superiores que os pagos aos funcionários públicos, o que funciona como fator de retenção de talentos. Por fim, na iniciativa privada funciona o princípio da seleção natural: a necessidade de sobrevivência impõe que mudanças rápidas sejam tomadas, pessoas sejam demitidas, novas contratações sejam realizadas, etc. O mesmo não acontece na atuação econômica do Poder Público.

Para ALMIRO DO COUTO E SILVA, o processo de privatização no Brasil influenciou decisivamente na elevação da performance ao status de princípio jurídico (Emenda Constitucional n.º 19/1998, que inseriu a ideia de *eficiência* no artigo 37 da Constituição de 1988)[481]. Antes do florescimento do debate sobre a privatização, o princípio da performance não havia sido explicitado no texto da Constituição de 1988, o que reforça a relação positiva existente entre privatização e performance.

---

[478] DONAHUE, John D. *Privatização. Fins públicos, meios privados*. Rio de Janeiro: Jorge Zahar Editor, 1992, p. 15.

[479] SZTAJN, Rachel. "Notas sobre a privatização", *Revista de Direito Mercantil, Industrial, Econômico e Financeiro*, n.º 117, jan./mar. 2000, p. 99.

[480] WALD, Arnoldo. "O direito da privatização", *Revista de Direito Mercantil, Industrial, Econômico e Financeiro*, n.º 115, jul./set. de 1999, p. 35.

[481] SILVA, Almiro do Couto e. "Privatização no Brasil e Novo Exercício de Funções Públicas por Particulares". *Revista Eletrônica sobre a Reforma do Estado*, n.º 16, dez./jan./fev. 2009, Salvador, p. 12, disponível em www.direitodoestado.com.br, acessado em 09/12/2012.

Além do aumento de performance na realização dessas atividades econômicas (pela iniciativa privada), a atividade estatal em si também se torna mais eficiente. Sem a incumbência de realizar atividades econômicas eminentemente lucrativas, o Estado passou a se concentrar em atividades públicas mais importantes, preocupando-se mais com políticas sociais e econômicas. Ao invés de tentar realizar diretamente o desenvolvimento, o objetivo passou a ser criar o ambiente adequado para a iniciativa privada – com meios e recursos próprios – promover esse desenvolvimento, bem como prestar serviços públicos de qualidade.

No Brasil, as privatizações chegaram em muito boa hora, pois houve época em que os serviços essenciais (saúde, habitação, educação, etc.) ficaram seriamente comprometidos ante a notória ineficiência e ineficácia da administração pública[482]. Essa foi uma época marcada pela miséria de boa parte da população brasileira, que acabou sendo esquecida por um governo corrupto e incompetente. Atualmente, muitos desses problemas persistem – principalmente no que toca o serviço público destinado à parcela menos abastada da polução –, mas é inegável que os últimos governos trouxeram sensíveis melhorias sociais e econômicas.

Foi com essa mentalidade de incremento da performance que o ex-presidente da República FERNANDO HENRIQUE CARDOSO conduziu a privatização de importantes setores econômicos do Brasil (empresas de telecomunicação e Vale do Rio Doce, *v.g.*)[483]. Foi um período marcado por disputas políticas e muitas críticas com relação ao modo pelo qual as privatizações foram implementadas, mas é inegável que o substrato ideológico adotado pelo ex-presidente na condução do processo representou um grande passo na realização da performance administrativa. É o que se observa de suas palavras:

> *"Agora, cabe ao setor privado atender à convocação para recolocar o Brasil na trilha do crescimento econômico sustentado. No modelo proposto, o desenvolvimento*

---

[482] PENTEADO, Mauro Rodrigues. "Privatização e Parcerias: Considerações de Ordem Constitucional, Legal e de Política Econômica", *Revista de Direito Mercantil, Industrial, Econômico e Financeiro*, n.º 119, jul./set. 2000. Sobre a incapacidade do estado brasileiro de atender minimanete aos direito sociais, veja-se também: SZTAJN, Rachel. "Notas sobre a privatização", *Revista de Direito Mercantil, Industrial, Econômico e Financeiro*, n.º 117, jan./mar. 2000, p. 98.

[483] CARDOSO, Fernando Henrique. Prefácio de *O Direito de Parceria e a Nova Lei de Concessões* (Org. WALD, Arnoldo *et al.*), São Paulo: Revista dos Tribunais, 1996, p. 7.

será financiado pela iniciativa privada, à qual caberá o papel de agente executor dos serviços públicos, em vez de ter como base principal os recursos orçamentários. Ao Governo compete, como missão irrevogável e fundamentável, a regulamentação e fiscalização dos serviços, representando e defendendo os usuários e os interesses da sociedade. Acredito no dinamismo, nas técnicas gerenciais modernas e na força de vontade dos nossos empresários em promover, com eficiência, qualidade e preços competitivos, um novo ciclo de desenvolvimento. Para isso o Governo precisa criar condições favoráveis ao investimento em infra-estrutura. Unidos, Estado e iniciativa privada, em parcerias estratégicas, alcançaremos os grandes objetivos sociais."

B. O aumento da performance tributária

Se a privatização de serviços públicos e atividades administrativas pode desenvolver a performance – como destacado acima –, a mesma lógica se aplica no âmbito no âmbito da Administração tributária. A falta de performance em alguns setores da Administração fiscal torna a privatização extremamente recomendável. Afinal, a ineficiência e ineficácia da máquina fiscal é ainda mais grave, pois pode afetar negativamente diversas outras áreas. Como afirmado por CHRISTOPHER HOOD, em tempos de privatização, o sistema de arrecadação fiscal merece ser reexaminado, como uma opção institucional de incrementar a performance dessa função pública[484].

Para tanto, basta que o setor privado esteja em condições de exercer a tarefa de maneira mais adequada que o setor público[485], o que – segundo ROBERT W. MCGEE – não é muito difícil, pois a maior parte dos serviços realizados pelo setor público seria realizado pelo setor privado de maneira mais eficiente e com custos menores[486], uma vez que a iniciativa privada não teria as limitações que apontamos acima.

---

[484] *"In an age of privatization, the pre-bureaucratic system of tax collection may be worth re-examining an institutional option for the performance of this public function"*. (HOOD, Christopher, "Privatization UK Tax Law Enforcement?", *Public Administration*, Vol. 64, Autumn, 1986, p. 319/320).
[485] *"The logic is the same as in other types of privatization: the private sector should be able to carry out certain duties more efficiently than the public sector"* (BYRNE, Peter D. "Overview of Privatization in the Area of Tax and Customs Administration", In.: *Bulletin for International Fiscal Documentation*, v. 49, n.º 1, jan. 1995, p. 10.)
[486] *"Much of what is now done by government can be done more efficiently and cheaper by the private sector. The growing body of privatization literature points this out clearly."* (MCGEE, Robert W. "Is Tax Evasion Unethical?", *University of Kansas Law Review*, v. 42, n.º 2, Winter, 1994, 411).

Curioso notar que, em meados de 2011, o primeiro ministro grego, YORGOS PAPANDRÉU, manifestou interesse em privatizar parte da arrecadação fiscal, diante da ineficiência, ineficácia e corrupção da Administração fiscal[487]. De acordo com as informações divulgadas, cerca de 14 mil pessoas devem o equivalente a 36 bilhões de euros em impostos. Outros 900 mil contribuintes devem 1 bilhão de euros. YORGOS PAPANDRÉU afirmou que o Fisco grego levaria 30 anos para cobrar esse montante. Suas declarações, que foram amplamente divulgadas na imprensa, corroboram a ideia geral de que a privatização de algumas atividades exercidas pela Administração fiscal pode melhorar seu desempenho.

A privatização não traz benefícios somente para a Administração fiscal. De acordo com ROBERT W. MCGEE, a privatização poderia muito bem diminuir a "mordida fiscal" (*tax bite*)[488], uma vez que, com a diminuição dos custos gerados com a máquina de arrecadação fiscal, poder-se-ia exigir menos do contribuinte. Em outras palavras, uma vez que a iniciativa privada esteja em condições de realizar algumas atividades realizadas pela Administração com custos menores, essa redução se reflete no aumento de arrecadação. Esse aumento de arrecadação pode ser utilizado de duas formas: ou vai para os cofres do Estado ou pode ser convertido em prol dos contribuintes, sob a forma de incentivos econômicos para o desenvolvimento com a desoneração de algumas atividades. Com essa última alternativa, o contribuinte pagaria menos imposto por causa da redução do custo administrativo de arrecadação.

Além disso, outra vantagem da privatização que deve ser ressaltada é a diminuição dos *compliance costs* dos contribuintes[489]. Não há dúvidas de que o grande número de obrigações acessórias destinadas ao contribuinte

---

[487] *"Probablemente encargaremos esta tarea a empresas privadas porque tenemos la impresión de que el aparato recaudador (estatal) no puede hacer eso y porque en esta tarea no se ha mostrado muy competente".* (http://www.miamidiario.com/internacional, acessado em 22/12/2012).

[488] *"One way to minimize the tax bite would be to privatize as much as possible."* (MCGEE, Robert W. "Is Tax Evasion Unethical?", *University of Kansas Law Review*, v. 42, n.º 2, Winter, 1994, 411).

[489] *"An example of another important goal is that of lessening the taxpayer's cost of compliance. It might be, for instance, that the cost of collecting the tax internally through its own agencies would be the same for the government as collecting through the private banking system. However, the latter route would be considered superior if it is more convenient to the taxpayer, that is to say, if it makes the process of compliance less costly".* {MARTINEZ-VASQUEZ, Jorge. "Comments to Ramírez Acuña paper's", In: *Improving Tax Administration In Developing Countries* (Orgs.: BIRD, Richard M.; JANTSCHER, Milka Casanegra), Washington : International Monetary Fund, 1992, p. 398}.

é resultado da falta de organização e integração da Administração fiscal. Em nossa opinião, a iniciativa privada tem plenas condições de – exercendo algumas atividades realizadas pela Administração fiscal – sobrecarregar menos o contribuinte com atividades de preenchimento de declarações, manutenção de variados registros contábeis, etc.

Segundo JORGE MARTINEZ-VASQUEZ, esse pode ser um ponto de ponderação na decisão de privatizar ou não determinada atividade. Mesmo que os custos administrativos da arrecadação fiscal sejam os mesmos se o serviço for executado pela própria Administração ou pela iniciativa privada, caso a privatização enseje somente a redução dos *compliance costs* do contribuinte, então ela deve ser recomendada.

Essa relação entre privatização e performance não goza de unanimidade na doutrina. Nesse sentido, JORGE GAGGERO – analisando o modelo de privatização adotado nos Estados Unidos – afirma que os resultados obtidos não foram muito bons[490]. Para demonstrar o fracasso do exemplo americano, o autor analisa as informações do Manual de Administração Tributária elaborado pelo *Centro Interamericano de Administraciones Tributarias* (CIAT) em 2000, segundo o qual o Serviço Interno de Renda dos Estados Unidos da América (IRS) investiu U$$ 26 milhões em 1996 e 1997 para privatizar a cobrança de impostos federais.

Contudo, a experiência demonstrou que as agências privadas tiveram grande dificuldade na arrecadação de impostos morosos. Dos 150 casos de cobrança entregues à iniciativa privada, as agências conseguiram localizar apenas 17% dos devedores, o que não supera muito o resultado atingido pelo próprio Governo. Também houve problemas com relação ao sigilo fiscal do contribuinte, que ficava vulnerável quando os empregados da agência federal mudavam de trabalho e disseminavam informações protegidas pelo sigilo[491].

---

[490] GAGGERO, Jorge. "Hacia una Gestion Tributaria Creible y Eficaz", 04/2002, p. 6/7, disponível em www.econ.uba.ar/www/servicios/Biblioteca, accédé en 19/08/2012.

[491] *"No obstante, la contratación externa de las funciones claves de la Administración Tributaria ha reducido resultados mixtos, en el mejor de los casos. En 1996 y 1997, el IRS invirtió $26 millones para probar el uso de contratistas privados para recaudar los impuestos federales. La prueba demostró que las agencias de cobranza del sector privado tienden a experimentar gran dificultad para la cobranza de impuestos morosos. Por ejemplo, de los 150,00 casos de cobranza en la prueba de 1996, los contratistas pudieron contactar a solamente el 17 por ciento de los contribuyentes morosos y luego tuvieron que volver a referir el 70 por ciento de esos casos al IRS en relación con aspectos que no pudieron resolver.*

Contudo, o fracasso do exemplo americano apontado pelo autor diz respeito à privatização da atividade de cobrança em si, sendo que há muitas outras atividades de apoio que podem ser privatizadas ou já vem sendo prestadas pela iniciativa privada – conforme relatado por GLENN P. JENKINS[492] –, sem que haja notícia de casos fracassados (armazenamento de documentos, identificação de pagamentos, programas de computador, operações de *hardware* dentre várias outras). Mesmo assim, é possível que a privatização da cobrança obtenha êxito em outros países.

Seção 2 – A compatibilidade com o ordenamento jurídico

Ficou demonstrado acima que, no contexto atual, a privatização de determinadas atividades é pertinente, pois contribui decisivamente tanto para a diminuição do Estado, quanto para o aumento da performance, objetivos de fundamental importância para contornar a atual crise. Contudo, como já afirmado acima, não basta analisar apenas a oportunidade da medida, é preciso saber se ela é ou não compatível com o ordenamento jurídico. Para tanto, deve-se buscar o fundamento que a autoriza (§ 1), bem como os meios através dos quais as atividades poderão ser privatizadas (§ 2).

§ 1 – A autorização jurídica

A privatização no âmbito do direito tributário pode abranger duas atividades distintas, que passam a ser analisadas no presente parágrafo: a primeira é a privatização das funções administrativas classificadas como *atividades meio*, *atividades de logística* ou *tarefas executivas* (A); a outra é a privatização da própria atividade de cobrança do imposto (B).

La prueba también planteó las preocupaciones de los funcionarios tanto dentro como fuera del gobierno respecto a cómo podría el gobierno aplicar los derechos de privacidad de los contribuyentes cuando los empleados de los contratistas tienen libertad para moverse de un trabajo a otro." (Manual de Administración Tributaria del CIAT, juillet 2000, p. 6/7)

[492] *"In the United States the majority of states are currently using, planning, or have used some form of privatization in their tax administration. These activities include contracting with the private sector to perform such as: document storage, deposit of funds, key entry of payments, collection, mail room operations, computer programming, computer hard-ware operation, etc.".* (JENKINS, Glenn P. "Modernization of Tax Administrations: Revenue Boards and Privatization as Instruments for Change." In.: *Bulletin for International Fiscal Documentation*, IBFD, v. 48, n.º 2, 1994, p. 78/79).

A. A privatização de atividades de apoio (ou tarefas executivas)

Em regra, com a privatização, entrega-se à iniciativa privada atividades econômicas[493] que podem gerar lucro. Isso não ocorre com as atividades realizadas pela Administração fiscal, que não são voltadas para obtenção de lucro. Contudo, isso não é empecilho para a privatização. As funções administrativas classificadas como *atividades meio, atividades de logística* ou *tarefas executivas* também podem ser delegadas à iniciativa privada, sem perigo nenhum de perda de soberania. Em outras palavras, não só as atividades econômicas incumbidas ao Estado podem ser privatizadas, como também os serviços públicos que são de sua responsabilidade e não ostentam fins lucrativos[494].

De acordo com o Manual de Administração Tributária apresentado pelo CIAT no ano de 2000, muitos países vêm celebrando acordos com o setor privado, com a finalidade de desenhar novos sistemas e procedimentos no âmbito fiscal. A recepção de declarações e pagamentos por meio do sistema bancário foi o primeiro passo nesse sentido[495]. Todavia, o CIAT ressalta que "a *privatização das funções da Administração Tributária é um assunto muito complexo. Pode haver uma grande variedade de razões para privatizar certas atividades. A motivação pode ser de natureza política e ideológica: a criação de um serviço público reduzido e econômico. A motivação também pode ser que a Administração fiscal não funcione de forma eficaz ou eficiente, ou que seja incapaz*

---

[493] No Brasil, os serviços públicos que se caracterizam pela exploração econômica de competência da União Federal estão descritos no art. 21, inciso XII, da Constituição brasileira de 1988. São exemplos desses serviços: serviços de radiodifusão sonora, e de sons e imagens; serviços de transporte ferroviário e aquaviário entre portos brasileiros e fronteiras nacionais; serviços de transporte rodoviário interestadual e internacional de passageiros, dentre outros.

[494] MEIRELLES, Hely Lopes. *Direito Administrativo Brasileiro.* 34.ª ed., São Paulo: Malheiros, 2008, p. 786. Exemplo clássico dessa possibilidade é a privatização de presídios, realizada em larga escala nos EUA, principalmente por meio da *Corrections Corporation of Amercia* (CCA), companhia criada em 1983 com a finalidade de administrar presídios, inclusive os voltados para delinquentes juvenis (não existe trabalho forçado).

[495] "*¿Cómo afectará a las Administraciones Tributarias la tendencia hacia privatizar las actividades gubernamentales? La recepción de las declaraciones y pagos a través del sistema bancario ha sido un paso inicial en esta dirección. En algunos países, se han celebrado acuerdos con el sector privado para diseñar nuevos sistemas y procedimientos.*" (Manual de Administración Tributaria del CIAT, julho de 2000, p. 5/6)

de atrair suficientes recursos ou pessoal qualificado que lhe permita cumprir com as suas responsabilidades no quadro mais amplo das limitações orçamentárias"[496].

Nos EUA, a privatização de atividades fiscais segue uma lógica diferente, relacionada com a preocupação com o respeito ao princípio da livre concorrência. Por isso, a lei determina que o Serviço de Rendas Internas, assim como todas as outras agências federais, identifiquem as atividades que podem ser realizadas pela iniciativa privada, para que a ela sejam entregues. A ideia é evitar a concorrência entre as atividades realizadas pelos agentes do governo com as atividades realizadas pela iniciativa privada. De acordo com o referido Manual de Administração Tributária do CIAT, a entrega de atividades administrativas de apoio tem sido satisfatória em várias instâncias[497].

PAULO LUCENA DE MENEZES e FERNANDO PIMENTEL CINTRA afirmam que o Estado pode delegar a *prestação e a gestão de serviços públicos* à iniciativa privada brasileira[498] e que esse propósito estaria dentro do escopo do Programa Nacional de Desburocratização criado pelo Decreto n.º 83.740/79. Nos termos do artigo 3.º, um dos objetivos do referido programa é justamente *"impedir o crescimento desnecessário da máquina administrativa federal, mediante o estímulo à execução indireta, utilizando-se, sempre que praticável, o contrato com empresas privadas capacitadas e o convênio com órgãos estaduais e municipais".*

Um dos meios de se diminuir a máquina administrativa federal brasileira é o previsto no artigo 10, § 7.º, do Decreto-Lei n.º 200/67, que prevê a possibilidade de a administração se desobrigar da realização material de

---

[496] Manual de Administración Tributaria del CIAT, juillet 2000, p. 5/6.

[497] *"En los Estados Unidos de América, se requiere por ley, que tanto el Servicio de Rentas Internas, al igual que todas las otras agencias federales de los Estados Unidos, identifiquen actividades realizadas por empleados federales que pueden ser llevadas a cabo por compañías del sector privado y que se contrate externamente la realización de las mismas. La idea es impedir que el gobierno federal compita de manera desleal con compañías privadas que están en el negocio para proporcionar los mismos servicios. La contratación externa de actividades de apoyo administrativo ha sido exitosa en muchas instancias, tales como el reclutamiento de conductores así como la adquisición de otros requerimientos de compañías locales de transporte, los diseños gráficos utilizados en publicaciones gubernamentales, y el desarrollo de anuncios de servicios públicos a ser difundidos a través de la televisión y la radio".* (Manual de Administración Tributaria del CIAT, julho de 2000, p. 6/7)

[498] MENEZES, Paulo Lucena de; CINTRA, Fernando Pimentel. "Privatização", *Revista dos Tribunais. Cadernos de Direito Tributário e Finanças Públicas,* n.º 14, jan./mar. 1996, p. 242.

tarefas executivas, por meio da contratação de entes privados suficientemente desenvolvidos e capacitados[499].

No ordenamento jurídico brasileiro inexiste regra que proíba a privatização de simples atividades meio ou tarefas executivas. Pelo contrário, todas as regras acima citadas, apesar de não mencionarem expressamente as atividades realizadas pela Administração fiscal, apontam para a permissão dessa delegação, que trará enorme proveito para toda a sociedade.

Nesse ponto, vale registrar a forte oposição de KIYOSHI HARADA, que é totalmente contra qualquer tipo de delegação ou privatização de atividades da Administração fiscal. Afirma o autor que *"toda a atividade estatal, desde a instituição do tributo até a sua fiscalização, cobrança e aplicação do produto de sua arrecadação há de ser regida exclusivamente pelas normas jurídicas de direito público, sendo vedada a utilização de institutos ou procedimentos de direito privado"*[500]. Para o autor, essa impossibilidade decorre do fato de que o crédito tributário é bem público indisponível.

Não se trata de voz isolada, pois há outros autores que endossam tal entendimento. Na Argentina, JORGE GAGGERO, por exemplo, entende que a maior parte das atividades da Administração fiscal não pode ser delegada, pois envolvem decisões políticas que não podem ser deliberadas por entidades particulares. Segundo o autor, *"os componentes decisórios destas atividades (principalmente as de arrecadação, fiscalização, inteligência, intimação e cobrança coativa) são claramente indelegáveis"*[501].

Todavia, discordamos dos respeitados autores, pois a privatização de algumas atividades de apoio à Administração fiscal (também denominadas de atividades meio, atividade tarefa ou atividade de logística) não ofende o princípio da indisponibilidade da dívida fiscal, pois ela não é repassada a terceiro. Em outras palavras, mesmo com a entrega de atividades de apoio à iniciativa privada, o crédito tributário continua sendo público,

---

[499] *"Art. 10.º, § 7.º Para melhor desincumbir-se das tarefas de planejamento, coordenação, supervisão e contrôle e com o objetivo de impedir o crescimento desmesurado da máquina administrativa, a Administração procurará desobrigar-se da realização material de tarefas executivas, recorrendo, sempre que possível, à execução indireta, mediante contrato, desde que exista, na área, iniciativa privada suficientemente desenvolvida e capacitada a desempenhar os encargos de execução"*

[500] HARADA, Kiyoshi. "Terceirização de serviço de cobrança da dívida ativa", p. 2 disponível em www.haradaadvogados.com.br, acessado em 18/12/2012.

[501] GAGGERO, Jorge. "Hacia una Gestion Tributaria Creible y Eficaz", 04/2002, p. 6, disponível em www.econ.uba.ar/www/servicios/Biblioteca, acessado em 19/08/2012.

continua a pertencer à Administração fiscal. Deve-se ressaltar a grande diferença que existe entre *privatização da cobrança do crédito tributário* (que será tratada no item abaixo) e *privatização de atividades meio ou atividade suporte da Administração fiscal*, que continua responsável pela cobrança. Com a privatização de algumas atividades de apoio da administração o crédito tributário resta intacto.

Além disso, a privatização das atividades meio ou de apoio não representam uma alteração de titularidade dessas atividades – conforme indicado por CARMEN MÁRQUEZ SILLERO –, pois elas continuam sendo de competência do Estado[502]. Também não há na privatização dessas atividades a entrega do controle sobre a política fiscal, que, segundo LUIS FERNANDO RAMÍREZ ACUÑA, permanece sob o comando da Administração fiscal[503], que determina as condições e os resultados esperados da privatização. Não há, portanto, o perigo da perda de autonomia ou delegação indevida de competência.

Na França, a privatização mereceu tratamento constitucional. O artigo 34 da Constituição francesa de 1958 determinou que cabe à lei fixar as regras sobre *"as nacionalizações de empresas e as transferências de propriedades do setor público ao setor privado"*. O assunto foi tratado pela n.º 86-793, de 7 de julho de 1986, autorizando o Governo a tomar diversas medidas de ordem econômica e social. No mesmo ano, foi editada a Lei n.º 86-912, de 6 de agosto de 1986, que dispôs sobre as modalidades de privatização. Em seguida, foi editada a Lei de Privatização n.º 93-923 de 19 de julho de 1993, que trouxe diversas regras sobre a transferência ao setor privado de participações majoritárias do Estado sobre diversas empresas.

Por fim, deve-se ressaltar que a doutrina francesa ainda não analisou com maior afinco a possibilidade de delegação de atividades meio da

---

[502] *"Además, conviene tener muy en cuenta que este fenómeno de la privatización no supone un cambio en la titularidad de la función, que sigue correspondiendo al Estado."* (SILLERO, Carmen Márquez. "Reflexiones jurídico-constitucionales en torno a la Agencia tributaria", *Quincena Fiscal Aranzadi*, n.º 20, 1994, Pamplona, 1994, p. 3)

[503] *"Privatization of tax administration does not mean giving up government control over tax policy in a particular country. Quite the contrary, it means letting the private sector perform certain tasks under the supervision of the tax administration, in order to improve efficiency or effectiveness".* (ACUÑA, Luis Fernando Ramírez. "Privatization of Tax Administration", In.: *Improving Tax Administration In Developing Countries* (Orgs.: BIRD, Richard M.; JANTSCHER, Milka Casanegra), Washington: International Monetary Fund, 1992, p. 394).

Administração fiscal à iniciativa privada. A doutrina de direito administrativo sempre se refere à privatização dos Serviços Públicos Industriais et Comerciais (SPIC), que são verdadeiras atividades com fins lucrativos. Como bem ressaltado por JACQUELINE MORAND-DEVILLER, a discussão sobre a privatização dos serviços não industriais ou comerciais – Serviços Públicos Administrativos (SPA) – ainda demandará muitos anos e suscitará grandes polêmicas[504].

Não obstante, a jurisprudência do Conselho de Estado (CE) francês revela que a presença de organismos privados na gestão de alguns serviços públicos administrativos não é vedada pelo ordenamento jurídico. Na decisão CE de 13/05/1938, *"Caisse primaire Aide et Protection"*, o Conselho de Estado permitiu que uma entidade privada fizesse parte, ao lado da entidade pública, da gestão de um SPA[505]. Outras decisões do Conselho corroboram essa possibilidade: *"Monpeurt"* (CE, 31/07/1942, sobre os *comitês de organização*), *"Bouguen"* (CE, 02/04/1943, sobre as *ordens profissionais*), *"Morand"* (CE, 31/07/1946, sobre as *organizações corporativas*) e *"Magnier"* (CE, 13/01/1961, sobre os *grupamentos de agricultores*).

Em todos esses casos, o Conselho de Estado reconheceu que entidades privadas constituídas para a realização de um serviço de natureza pública têm o poder de tomar decisões com natureza de atos administrativos, ficando, portanto, submetidos ao juiz administrativo. Ou seja, tratam-se de entidades privadas que auxiliam o Estado no exercício de sua competência, complementando os SPAs prestados. A questão que o Conselho de Estado ainda não analisou é sobre a possibilidade de uma entidade privada assumir a realização de SPAs já realizados pelo Estado, como algumas das atividades meio ou de apoio à Administração fiscal.

Vale por fim registrar que a decisão de delegar certas atividades à iniciativa privada não significa que a Administração fiscal ficará livre de qualquer trabalho. JORGE GAGGERO chama a atenção para o fato de que a decisão de

---

[504] *"O reconhecimento unilateral dado a um organismo privado, pela administração, do direito de gerir serviços públicos não industriais e comerciais demandará muitos anos e suscitará também muitos problemas".* (MORAND-DEVILLER, Jacqueline. *Cours de droit administrative.* 5.ª ed., Paris: Montchrestien, 1997, p. 479)

[505] *"Tratava-se, na espécie, de caixas primárias de seguridade social, de natureza mutualista privada, aos quais o Conselho de Estado reconheceu a missão de gerir o serviço público da seguridade social"* (MORAND-DEVILLER, Jacqueline. *Cours de droit administrative.* 5.ª ed., Paris: Montchrestien, 1997, p. 485).

privatizar certas atividades requer um certo amadurecimento das técnicas de gestão[506]. Inicialmente, porque requer um apurado exame da relação *custo v. benefício*, que considere todos os fatores relevantes em jogo. Ademais, com a privatização de determinada atividade, a Administração fiscal não pode deixar de fiscalizar muito de perto as atividades exercidas pela iniciativa privada.

B. A privatização da atividade de cobrança

José A. VIOLA afirma que a terceirização de *certas atividades* pode contribuir sobremaneira na obtenção de melhores resultados na arrecadação. Todavia, segundo o autor, a privatização de toda a atividade da Administração fiscal é questão completamente diferente, que deve ser vedada[507]. Tratando da privatização da cobrança, JORGE MARTINEZ-VAQUEZ também afirma que somente o Estado tem o poder coercitivo de cobrar impostos e que se trata de uma característica que define o próprio Estado, sendo, portanto, inalienável a atividade de cobrança[508].

---

[506] *"La cuestión de la delegación debe encuadrase, en toda organización responsable, entre los procesos decisorios racionales que, sobre la base de estrictos análisis de costo-beneficio que contemplen todos los factores relevantes en juego, terminan definiendo la conveniencia o no de la opción. Por lo tanto, estos procesos para ser eficientes deben generarse en y estar bajo el control de la organización, la cual debe tener – además – suficiente madurez gestional como para encararlos y, en definitiva, administrarlos. La administración delegada, para ser eficaz, exige gran eficiencia al organismo que encara esta alternativa, una cuestión no siempre destacada en la literatura acerca de la privatización. En principio, suele ser siempre menos exigente – en términos organizacionales y de capacitación y capacidad gerencial de los propios cuadros – la opción de la gestión directa que la de la delegación (a este respecto, ver la historia del contrato con IBM-Banelco)".* (GAGGERO, Jorge. "Hacia una Gestión Tributaria Creíble y Eficaz", 04/2002, p. 6, disponível em www.econ.uba.ar/www/servicios/Biblioteca, acessado em 19/08/2012).

[507] *"No puede dejar de señalarse, que la tercerización de ciertas actividades, puede contribuir de sobremanera a que, las actividades esenciales y de esa manera el producto final (recaudación), tenga un mejor resultado. Así por ejemplo, la tercerización de la capacitación de personal, los estudios encomendados a sectores privados sobre temas estadísticos, la preparación de proyectos legislativos; son actividades que pueden ser delegadas en manos privadas, buscando así, una la tan ansiada eficiencia. Pero de ahí, a que se privatice la Administración Tributaria Nacional, es una cuestión muy distinta y de graves consecuencias. La percepción, fiscalización y aplicación de los tributos, es una función esencial, que se encuentra teñida de orden e interés público, y por lo tanto indisponible."* (VIOLA, José A. "Autarquía de la Administración Federal de Ingresos Públicos", p. 6, disponível em www.violatax.com.ar, acessado em 18/12/2012)

[508] *"Only the state, however, has the right to collect taxes. This coercive power to require the surrender of income without a direct payback is the characteristic which perhaps best defines the state and such is*

O Manual de Administração Tributária do CIAT do ano de 2000 aponta para esse mesmo sentido. De acordo com o referido documento, *"uma opinião comum é que, apesar de muitas atividades da Administração fiscal poderem ser privatizadas, uma função – o poder de determinar a obrigação fiscal – deve continuar sendo prerrogativa exclusiva da Administração fiscal. Mesmo quando se pode privatizar uma série de funções de apoio, sem muitos riscos, isso não ocorre quando se trata da atividade principal"*[509].

No Brasil, há algumas vozes totalmente contra a privatização da cobrança da dívida fiscal, ideia que ainda é considerada radical. Todavia, a discussão ainda não está madura, pois nenhum autor apontou uma vedação legal expressa. Em nossa opinião, mesmo que essa medida seja tida por proibida, há que se considerar duas exceções: a primeira são os débitos menos expressivos e descartados pela Administração fiscal por conta do baixo custo-benefício, ou seja, débitos cuja cobrança gera mais custo que receita obtida; a segunda é a manifesta ineficiência e incapacidade de cobrar tributos necessários para o funcionamento do Estado (essas exceções serão tratadas na próxima seção).

Já houve duas tentativas de se privatizar a cobrança de débitos fiscais no Brasil. A primeira se deu com a edição da Medida Provisória n.º 178, de 17 de abril de 1990, que autorizou o Poder Executivo a ceder, a título oneroso e mediante licitação, créditos inscritos como Dívida Ativa da União e ainda não ajuizados. A exposição de motivos dessa medida provisória deixa claro que a finalidade da privatização é *"assegurar à Fazenda Nacional receber seus créditos, sem retardamento pelo devedor"*. Essa primeira tentativa não vigou, uma vez que a Medida Provisória n.º 178 perdeu sua eficácia, por não ter sido convertida em lei.

A segunda tentativa é mais recente e foi instituída por meio da Resolução n.º 33/2006 do Senado Federal, que permitiu aos Estados, Distrito Federal e Municípios a cessão da dívida ativa a instituições financeiras, para cobrança por endosso-mandato, mediante a antecipação de receita até o valor de face dos créditos. Vale ressaltar que a referida resolução é objeto de diversos questionamentos perante o Supremo Tribunal Federal[510], que

---

inalienable". {MARTINEZ-VASQUEZ, Jorge. "Comments to Ramírez Acuña paper's", In.: *Improving Tax Administration In Developing Countries* (Orgs.: BIRD, Richard M.; JANTSCHER, Milka Casanegra), Washington: International Monetary Fund, 1992, p. 394}.

[509] Manual de Administración Tributaria del CIAT, julho de 2000, p. 5/6.

[510] STF, Tribunal Pleno, ADin n.º 3.786-2, Rel. Min. CARLOS BRITTO.

ainda não se manifestou sobre a legitimidade da medida. A justificativa apresentada para a Resolução n.º 33/2006 do Senado Federal menciona a ineficiência, principalmente dos municípios brasileiros, na arrecadação fiscal[511].

Não obstante a boa intenção e a preocupação com a performance e a saúde financeira dos municípios, acreditamos que – infelizmente – essa tentativa ainda não vingará, pois o debate sobre a privatização da cobrança de dívidas fiscais no Brasil ainda se encontra no plano político-ideológico e não evoluiu para considerações de ordem prática.

Os autores que contra ela advogam suscitam o absurdo da medida, sem apontar restrições legais concretas, sem analisar a experiência de outros países e sem analisar as vantagens que pode trazer. Na Argentina, por exemplo, há vozes autorizadas que apontam para as vantagens desse tipo de privatização. É o caso de FEDERICO STURZENEGGER[512], para quem esse tipo de privatização pode trazer inúmeros benefícios, como o aumento da performance na arrecadação e a diminuição da corrupção.[513]

---

[511] *"Os municípios brasileiros possuem grande quantidade de créditos tributários não cobrados. A grande inadimplência se justifica em boa parte em virtude da dificuldade que têm os municípios de movimentar a máquina judiciária para executarem os seus créditos.*

A Resolução ora apresentada, se aprovada, traria aos municípios dois benefícios. Em primeiro lugar, possibilitaria a cobrança mais célere da dívida ativa, através de instituições financeiras, que possuem expertise na cobrança de créditos de toda a natureza.

Em segundo lugar, daria aos municípios, que em sua grande maioria estão em enormes dificuldades financeiras, a antecipação de parte da sua dívida ativa, o que permitiria tomassem fôlego para atravessar este período de aperto fiscal.

A aprovação do Projeto não resulta em aumento do endividamento dos municípios, tendo em vista que a operação prevista é de antecipação do recebimento de créditos de sua titularidade." (CABRAL, Sérgio. "Justificação ao Projeto de Resolução n.º 57/2006 do Senado Federal", 22/10/2003)

[512] Presidente do *Banco Ciudad de Buenos Aires*, professor da Universidad Torcuato Di Tella, Ph.D. em economia pela *Massachusetts Institute of Technology*, professor visitante de política pública na *Kennedy School of Government, Harvard University*, ex-secretario de política econômica da República Argentina, ex-economista-chefe da YPF.

[513] *"Una solución podría ser empezar por transferir la tarea de recaudación al sector privado, empezando con la recaudación de ganancias y bienes personales. Para ello podría dividirse la población por orden alfabético en varios grupos, licitando los derechos a recaudar de los impuestos sobre cada uno de ellos. La AFIP actuaría como un órgano de control ex-post. Según la teoría económica, la mejor manera de hacer estas concesiones es pidiendo que las empresas oferten una suma fija de dinero (como mínimo los ingresos actuales) a cambio del derecho de recaudar, asumiendo la empresa el riesgo de la actividad. Este es el arreglo óptimo porque de esa manera el recaudador se apropia de todo ingreso extra generado (ya que lo que paga al Estado está fijo), con lo que tiene todo el incentivo a maximizar la recaudación.*

§ 2 – Os instrumentos de privatização disponíveis

Existem vários meios para a privatização de algumas atividades administrativas: delegação, terceirização, parcerias público privadas, dentre outros. Esses meios são denominados por MARIA SYLVIA ZANELLA DI PIETRO de *contracting out*, que seria uma dentre as diversas modalidades de privatização. Para a autora, *contracting out* seria a "*forma pela qual a Administração Pública celebra acordos de variados tipos para buscar a colaboração do setor privado*"[514], sendo certo que esses acordos servem adequadamente ao objetivo de eficiência[515].

Merece destaque a parceria público-privada, por configurar um tipo de contrato diferente que pode ser celebrado entre o Governo e o particular. Resumidamente, esse tipo de parceria é o engajamento dos setores público e privado, em cooperação e parceria, na criação de infraestrutura e prestação de serviços à população, caracterizada pelo compartilhamento de investimento, risco, responsabilidade e recompensas entre os parceiros.

A parceria público privada (PPP) surgiu no Reino Unido na década de noventa com o nome de *Private Finance Iniciative* (PFI), e dado o sucesso que conheceu, espalhou-se por diversos países do mundo. Não se trata de uma simples concessão, pois as atividades realizadas por meio dessas parcerias, em regra, não são atividades lucrativas, tanto é que, muitas vezes, o parceiro privado recebe uma remuneração do Governo.

Em linhas gerais, esse tipo de parceria é fechado quando o Governo pretende investir na infraestrutura de algum setor, contudo não dispõe de recursos (técnicos ou financeiros) para realizar a obra. Como o investimento em infraestrutura, em regra, não é uma atividade lucrativa (pelo

---

Si la licitación es competitiva esto se traducirá en un mayor monto ofrecido al gobierno, manteniendo el retorno de las firmas recaudadoras en valores normales. En adición a la mejora en la eficiencia de la administración tributaria que conlleva la privatización, este sistema reduce la corrupción porque es más probable que el dueño de una empresa, cuyo ingreso dependa de la eficiencia recaudadora, pueda lograr que sus contribuyentes no se le escapen o que sus inspectores no le roben, que lo logren los gerentes de la administración pública donde estos sistemas de incentivos no existen y resultan más difíciles de implementar". (STURZENEGGER, Federico. "Dos propuestas para el próximo gobierno", artigo publicado no periódico Nación On Line em 05 de setembro de 1999, dispónível em www.lanacion.com.ar, acessado em 07/03/2013)

[514] DI PIETRO, Maria Sylvia Zanella. *Parcerias na Administração Pública.* 8.ª ed., édition, São Paulo: Atlas, 2001, p. 6.

[515] *Ibid.*, p. 23.

menos antes da fase de investimento), o parceiro público oferece ao privado uma contrapartida como remuneração pelo trabalho. Em algumas vezes, o parceiro privado – após a realização das obras – fica autorizado a cobrar dos usuários uma tarifa pela utilização da infraestrutura disponibilizada.

É certo que a parceria público privada é mais utilizada na realização de grandes obras, geralmente relacionadas à infraestrutura. Contudo, diante das características que ela apresenta, entendemos que a iniciativa privada poderia realizar algumas atividades da Administração fiscal por meio desse tipo de parceria, em troca de uma remuneração a ser acertada entre as partes. Seria necessário verificar se a parceria seria por tempo determinado (o parceiro privado faz os investimentos necessários para aumentar a eficiência da arrecadação fiscal e – depois de um tempo determinado – devolve a estrutura ao Governo, com as melhoras realizadas) ou indeterminado, situação na qual continuaria a prestar o serviço enquanto for benéfico para ambas as partes.

No direito administrativo francês há também algumas formas de delegação de atividades públicas que poderiam resultar na diminuição do Estado fiscal. Os contratos de delegação de serviço público à disposição da Administração fiscal seriam os seguintes: *l'affermage, régie intéressée* e *gérance*[516]. O primeiro é o contrato por meio do qual a pessoa jurídica de direito público responsável por um serviço público delega a gestão a um terceiro, mediante o pagamento de uma importância calculada sobre os recolhimentos devidos pelos usuários. No *régie intéressée* ocorre a transferência da gestão operacional de um serviço público a um terceiro (*régisseur*), ao qual o Poder Público paga uma remuneração sob a forma de porcentagem calculada sobre os resultados obtidos. Por fim, no *gérance* ocorre a delegação da gestão operacional de um serviço público, cuja remuneração não é fixada e porcentagem sobre os resultados obtidos, mas uma importância fixa estipulada pelas partes.

---

[516] GUGLIELMI, Gilles J. *Introduction au droit dês services publics*. Paris: LGDJ, 1994, p. 101 ee ss. Sobre esses contratos, veja-se também: MORAND-DEVILLER, Jacqueline. *Cours de droit administrative*. 5.ª ed., Paris: Montchrestien, 1997, p. 399.

Seção 3 – Exemplos concretos e sugestões de privatização

A privatização de algumas das atividades fiscais não é novidade em diversos países (§ 1). Essa privatização, contudo, é silenciosa e restrita, pois são poucas as atividades entregues à iniciativa privada. Não obstante, há diversas outras atividades que podem ser delegadas à iniciativa privada (§ 2).

§ 1 – As atividades da Administração já privatizadas ou desestatizadas

Algumas atividades inerentes à Administração fiscal já são realizadas pelos próprios contribuintes (A), o que configura uma privatização *sui generis*, pois o contribuinte não é remunerado por esses serviços. Por outro lado, outras atividades foram entregues à iniciativa privada, por meio de uma privatização típica, ou seja, mediante remuneração (B).

A. Atividades realizadas pelo contribuinte

Um dos primeiros autores a identificar a delegação de parte da atividade fiscal como uma verdadeira "privatização da gestão tributária" foi FERREIRO LAPATZA, em 1983[517]. Em seguida, em 1986, CHRISTOPHER HOOD também chamou a atenção para o fato de que qualquer procedimento tendente a transferir o fardo da rotina administrativa a empresas privadas ou aos cidadãos deve ser denominado de privatização[518].

Essa tendência é muito bem relatada por JOSÉ CASALTA NABAIS, para quem *"uma parte cada vez mais significativa dos impostos actuais é liquidada e cobrada pelos particulares, seja pelos próprios contribuintes através de autoliquidação, (...), seja por terceiros actuando em substituição dos contribuintes com base na conhecida técnica de retenção na fonte"*[519]. Todavia, ainda segundo o autor

---

[517] LAPATZA, José Juan Ferreiro. "La privatización de la gestión tributaria y las nuevas competencias de los tribunales econômico-administrativos", *Civitas-REDF*, n.º 37, 1983, p. 71.

[518] *"In a sense, ant move to shift the burden of routine tax administration from tax bureaucracies on to the shoulders of private enterprises or citizens might be termed privatization."* (HOOD, Christopher, "Privatization UK Tax Law Enforcement?", *Public Administration*, Vol. 64, Autumn, 1986, p. 326)

[519] NABAIS, José Casalta. *Direito Fiscal*. 5.ª ed., Coimbra: Almedina, 2009, p. 360.

português, trata-se de uma privatização *sui generis*, pois que as empresas nada recebem pela realização da tarefa[520].

Tradicionalmente, a doutrina em geral, ao mencionar a "privatização da Administração fiscal", refere-se a duas atividades que são realizadas pelo contribuinte no lugar da própria Administração fiscal: o autolançamento (1) e a retenção na fonte (2). Contudo, há um terceiro tipo de privatização, que consiste no dever, destinado a terceiros, de prestar informações sobre atividades realizadas pelo contribuinte (3).

1. Autoliquidação ou autolançamento

A autoliquidação ou autolançamento (também denominado no Brasil de lançamento por homologação, *ex vi* do artigo 150 do Código Tributário) é procedimento largamente praticado em diversos países. ESTEVÃO HORVATH explica que autolançamento é "*o conjunto de operações mentais ou intelectuais que o particular realiza em cumprimento de um dever imposto pela lei, e que refletem o resultado de um processo de interpretação do ordenamento jurídico-tributário e de aplicação deste ao caso concreto, com o escopo de obter o quantum de um débito de caráter tributário*"[521].

Em outras palavras, é o ato realizado pelo contribuinte de identificação do imposto que ele próprio deve pagar. No autolançamento, a Administração não faz absolutamente nada, pois é o contribuinte quem calcula o imposto devido e, em seguida, faz o pagamento no prazo estabelecido em lei. A Administração faz apenas o controle a *posteriori*, verificando se o imposto pago corresponde ao efetivamente devido. Exatamente por isso, essa sistemática torna o sistema fiscal mais eficiente. O autolançamento praticado no Brasil assemelha-se à *autoliquidación* dos espanhóis, à *autoliquidação* dos portugueses, ao *auto-accertamento* dos italianos, à *selbstberechnung* dos alemães, ao *self-assessment* (ou *voluntary compliance*) dos americanos e à *autoliquidation* verificada na França[522].

---

[520] "*Uma 'privatização' que, sublinhe-se, não deixa de ser* sui generis, *pois traduz-se na entrega aos particulares, máxime às empresas, de tarefas públicas, por cujo exercício não recebem, específica ou genericamente, nada em troca.*" (NABAIS, José Casalta. *Ibid.*, p. 360).

[521] HORVATH, Estevão. *Lançamento Tributário e Autolançamento*. São Paulo: Dialética, 1997, p. 163.

[522] Na França, a utilização da autoliquidação é reduzida, pois é aplicável somente às empresas submetidas ao Imposto sobre Sociedades (IS). A regra não é aplicável às empresas submetidas

Por meio do autolançamento, a administração não mais se preocupa com a atividade de lançamento e não arca mais com os custos gerados pela apuração do montante devido pelo contribuinte. De acordo com SETH E. TERKPER, os maiores estudos de reformas tributárias já realizados apontam para a superioridade do sistema tributário baseado no autolançamento[523].

Como ressaltado por REGINA HELENA COSTA, em passado não muito distante, a Administração fiscal era responsável por todos os atos necessários à apuração do valor devido, cabendo tão somente ao particular pagar o tributo[524]. A realidade hoje é outra, em virtude principalmente da aplicação em massa das regras fiscais, já comentada acima. A Administração não pode mais assumir esse fardo e, por isso, delegou a tarefa em larga escala.

Vale ressaltar, com apoio em PETER D. BYRNE, que o autolançamento não reduz a zero o custo da Administração fiscal. O autor americano afirma que o autolançamento gera um pequeno custo para a Fazenda, que corresponde ao investimento nas atividades de auditoria (para saber se as empresas estão recolhendo o tributo corretamente) e educação (para que os contribuintes sejam instruídos a agir corretamente)[525]. Mas, obviamente, esses custos são largamente superados pela economia gerada pelo repasse da tarefa.

2. A retenção na fonte

A retenção na fonte também corresponde a outro exemplo – silencioso e muito difundido – de privatização da atividade fiscal. Por meio desse procedimento, geralmente, aqueles que devem fazer um pagamento a outrem já retém o tributo devido em virtude do pagamento. Assim, as empresas retém os tributos devidos pelo trabalhador; o tomador do serviço retém o

---

ao Imposto sobre a Renda (IR) (COLLET, Martin. *Droit Fiscal*. Paris: Presses Universitaires de France, 2007, p. 393).

[523] *"Every major tax reform study has emphasized the superiority of the self-assessment system which requires that taxpayers assume more responsibility for raising their own assessment"*. (TERKPER, Seth E. "Improving the Accountancy Content of Tax Reform in Developing Countries", In. *Bulletin for International Fiscal Documentation*, v. 48, n.º 1, jan. 1994, p. 27).

[524] COSTA, Regina Helena. *Praticabilidade e Justiça Tributária*. São Paulo: Malheiros, 2007, p. 273.

[525] BYRNE, Peter D. "Overview of Privatization in the Area of Tax and Customs Administration", In.: *Bulletin for International Fiscal Documentation*, v. 49, n.º 1, jan. 1995, p. 11.

tributo devido pelo prestador do serviço e repassam o tributo a quem de direito (União, Estados e Municípios). É muito mais fácil para a Administração fiscal fiscalizar os agentes de retenção do que realizar a cobrança de milhares ou milhões de trabalhadores ou de prestadores de serviço.

Assim como no autolançamento, na retenção da fonte é o particular quem exerce as atividades que deveriam ser realizadas pela Administração fiscal. PETER D. BYRNE enquadra a retenção na fonte como um exemplo típico de privatização da atividade da Administração fiscal[526]. LUIS FERNANDO RAMIREZ ACUÑA vai além e afirma que a retenção na fonte foi o passo mais *revolucionário* que as administrações fiscais deram no esforço de privatização de algumas de suas atividades[527]. Para o autor, dentre as inúmeras vantagens que o sistema apresenta, destaca-se a diminuição do número de pessoas que realizam pagamento do tributo, sem reduzir o número de contribuintes. Afirma que em alguns países o número de declarações a serem processadas diminuiu cerca de 50% com a implantação do sistema de retenção na fonte.

Exatamente por conta das inúmeras vantagens, a maior parte dos países implantou a retenção do imposto sobre a renda na fonte. O mais antigo é o Canadá, onde a retenção foi adotada em 1917. Em seguida, vem a Alemanha, que adotou o mecanismo em 1925. Os EUA o fizeram em 1943. Mas recentemente, em 1970, foi a vez da Dinamarca e, em 1979, da Espanha. Não obstante, há ainda países que não se renderam aos encantos da retenção na fonte. Dos países da OCDE, França, Suíça e Cingapura ainda resistem ao mecanismo.

Na França, é antigo o debate sobre a oportunidade da medida. A retenção do imposto sobre a renda na fonte já foi colocada em prática em 1939 e em 1958. Nas décadas de sessenta e setenta, numerosos relatórios e projetos governamentais apontaram para as vantagens desses sistema. Algum tempo depois, já em 2000, os debates renasceram com força. A última tentativa de se implantar a retenção na fonte foi em 2007. Em nenhuma

---

[526] *"Employer withholding on wages for income or payroll taxes, or withholding on dividends, interests or other payments is another form of privatization."* (BYRNE, Peter D. "Overview of Privatization in the Area of Tax and Customs Administration", In.: *Bulletin for International Fiscal Documentation*, v. 49, n.º 1, jan. 1995, p. 11).

[527] ACUÑA, Luis Fernando Ramírez. "Privatization of Tax Administration", In.: *Improving Tax Administration In Developing Countries* (Orgs.: BIRD, Richard M.; JANTSCHER, Milka Casanegra), Washington: International Monetary Fund, 1992, p. 384.

delas a retenção vingou. Mais recentemente, em fevereiro de 2012, o Conselho de Tributos (*Conseil des Prélèvements Obligatoires*) apresentou relatório que concluiu que o sistema de retenção na fonte traria somente algumas poucas vantagens para o contribuinte francês[528].

Uma das conclusões mais importantes desse relatório é de que a implantação do sistema de retenção na fonte não aumentaria a performance do sistema tributário francês. Isso porque, *"na França, o percentual do imposto sobre a renda cobrado de ofício ultrapassa 99%, percentual comparável ao dos países que cobram mediante retenção na fonte"*. Além disso, com relação ao custo gerado pelo atual sistema francês, o relatório conclui que *"as expectativas de economias não devem ser sobrestimadas"*[529].

A conclusão é espantosa, pois vai de encontro com o que se verifica na maioria dos países. De acordo com estudo realizado por CHRISTOPHER HOOD na Inglaterra, o sistema de retenção do imposto de renda devido pelos trabalhadores, realizado pelo empregador, é cerca de quatro vezes menos custoso do que a arrecadação de qualquer outro tipo de renda[530]. O custo reduzido desse sistema é sua grande vantagem e, por esse motivo, com exceção da França e dos outros países mencionados, a retenção na fonte é largamente difundida.

Assim, pode-se concluir que tanto o autolançamento quanto a retenção na fonte ratificam a ideia de que o repasse de algumas atividades da Administração fiscal para terceiros se alinha com a realização do princípio da performance. São dois exemplos significativos de que é possível diminuir a máquina fiscal por meio da delegação de atividades administrativas ao particular.

---

[528] Conseil des Prélèvements Obligatoires, "Prélèvements à la Source et Impôt sur le Revenu", Discurso de Didier Migaud, 16/02/2012, disponível em: www.ccomptes.fr, acessado em 16/12/2012.

[529] *"A primeira explicação se deve ao fato de que o imposto sobre a renda ocupa uma pequena parcela da arrecadação na França: menos de 6% da arrecadação total de tributos, menos de 13% da arrecadação dos impostos e menos de 20% das receitas de impostos do Estado – contra 30% em média no outos países da OCDE"*. (Conseil des Prélèvements Obligatoires, « Prélèvements à la Source et Impôt sur le Revenu », Rapport, 16/02/2012, p. 88/89, disponível em: www.ccomptes.fr, acessado em 17/12/2012).

[530] *"Official figures show that collection of income tax via employers through the withholding systems is nearly four times cheaper (per £1 of revenue collected) than the collection of tax on other kinds of income, such as self-employment (Cmnd. 9576, 1985, p. 31, Diagram 17)"*. HOOD, Christopher, "Privatization UK Tax Law Enforcement?", *Public Administration*, Vol. 64, Autumn, 1986, p. 321.

3. O dever de fornecer informações

Com a adoção em massa do autolançamento, as administrações fiscais se viram obrigadas a investir mais no controle do cumprimento das obrigações. Essa obrigação de prestar informações, destinadas a terceiros não contribuintes, é considerada por parcela da doutrina como mais um exemplo de privatização[531]. É muito comum hoje em dia a legislação obrigar terceiros não contribuintes (bancos, imobiliárias, administradoras de cartão de crédito, etc.) a fornecer informações sobre operações realizadas, para fins de controle. Com isso, busca-se diminuir casos de sonegação fiscal ou planejamento tributário abusivo. Não obstante a eficiência do método e as vantagens que traz para a Administração fiscal, é preciso que as obrigações de terceiros não se tornem extremamente pesadas, prejudicando as atividades normais ou impondo-lhes custos muito elevados.

B. Atividades realizadas pelas empresas

Em doutrina, é mais frequente a análise do fenômeno da privatização *sui generis* (assim designada por conta da ausência de remuneração dos particulares que exercem a atividade administrativa). Contudo, isso não quer dizer que inexista nos sistemas tributários atuais a privatização nos moldes tradicionais, com a contratação de uma empresa privada para realizar determinada atividade, em troca de uma remuneração.

Essa privatização já vem sendo realizada em alguns países, também silenciosamente, há décadas, em quatro atividades principais: o pagamento da dívida fiscal, realizado através da rede bancária (1), que – em muitos lugares – também é responsável pelo recebimento de declarações fiscais (2), elaboração de programas de computador (3) e impressão e distribuição de formulários para elaboração da declaração fiscal (4).

---

[531] *"This is a way of privatizing control, by expedite the process of matching the information used for audit purposes".* (ACUÑA, Luis Fernando Ramírez. "Privatization of Tax Administration", In.: *Improving Tax Administration In Developing Countries* (Orgs.: BIRD, Richard M.; JANTSCHER, Milka Casanegra), Washington : International Monetary Fund, 1992, p. 391).

1. O pagamento realizado na rede bancária

Muitas administrações fiscais delegaram aos bancos a tarefa de arrecadação dos tributos aos bancos. No Brasil, por exemplo, até 1964 os tributos eram pagos em órgãos arrecadadores, como Recebedorias, Coletorias Federais, Alfândegas e outros órgãos. Com a edição da Lei n.º 4.503/64, foi criado o Departamento de Arrecadação, incumbido de promover a arrecadação dos tributos federais diretamente ou por meio da rede bancária[532]. Posteriormente, o Código Tributário Nacional – promulgado em 1966 – previu no art. 7.º, § 3.º, que *"não constitui delegação de competência o cometimento, a pessoas de direito privado, do encargo ou da função de arrecadar tributos".* A partir daí, os bancos comerciais que cumprissem os requisitos estabelecidos em lei poderiam promover a arrecadação de tributos.

Essa sistemática vem sendo bem utilizada no Brasil, pois já não é mais possível quitar o tributo devido em repartições fiscais, o que deve necessariamente ser feito por meio da rede bancária. A remuneração dos estabelecimentos bancários era disciplinada pelo Decreto n.º 6.179/07, que estabelecia valores máximos que variam de R$ 0,40 a 1,39 por pagamento realizado, a depender do nível de utilização do estabelecimento[533]. Mais

---

[532] *"Lei n.º 4.503/64. Art. 10. Fica criado, no Ministério da Fazenda, diretamente subordinado à Direção Geral da Fazenda Nacional, o Departamento de Arrecadação, competindo-lhe especìficamente:*
II – promover a arrecadação dessas rendas diretamente ou por intermédio da rêde bancária".

[533] *"Decreto n.º 6.179/07. Art. 1º A remuneração pelos serviços de arrecadação prestados pela rede bancária ou entidade a ela equiparada e realizados por intermédio de Documento de Arrecadação de Receitas Federais – Darf, Documento de Arrecadação do Sistema Integrado de Pagamento de Impostos e Contribuições das Microempresas e Empresas de Pequeno Porte – Darf-Simples, Documento para Depósitos Judiciais e Extrajudiciais à Ordem e à Disposição da Autoridade Judicial ou Administrativa Competente – DJE, e documento de arrecadação relativo ao Regime Especial Unificado de Arrecadação de Tributos e Contribuições devidos pelas Microempresas e Empresas de Pequeno Porte – Documento de Arrecadação do Simples Nacional – DAS deverá observar os seguintes valores unitários máximos:*
I – R$ 1,39 (um real e trinta e nove centavos), por documento de arrecadação quitado em guichê de caixa;
II – R$ 1,10 (um real e dez centavos), por documento de arrecadação com código de barras quitado em guichê de caixa;
III – R$ 0,60 (sessenta centavos), por documento de arrecadação, com ou sem código de barras, quitado por processo automatizado de auto-atendimento ou transferência eletrônica de fundos e por documento, incluído em remessa informatizada, referente aos dados de devoluções aos depositantes e transformações em pagamento definitivo de DJE; e
IV – R$ 0,40 (quarenta centavos), por débito realizado em conta corrente bancária, nas modalidades em que o agente arrecadador for dispensado do envio dos dados da arrecadação para processamento por órgão da administração publica federal."

recentemente, essa sistemática foi alterada e os bancos não mais recebem uma remuneração direta pelos serviços prestados. A Medida Provisória n.º 601, de 28/12/2012, passou a dispor que os bancos poderão deduzir da base de cálculo de uma das contribuições sociais (COFINS) o valor auferido com a prestação desses serviços[534]. Em outras palavras, o valor do serviço se manteve, mas agora os bancos não podem ser apropriar do valor (descontando-o do tributo pago pelo contribuinte); devem realizar a compensação desse valor com a contribuição social devida.

De acordo com LEANDRO PAULSEN, a delegação da atividade de arrecadação não compromete a competência tributária, que é indelegável, nos termos do art. 7.º, *caput*, do CTN. O autor estabelece uma diferença entre *poder fiscal* e *funções fiscais*, sendo *"aquele, indelegável; estas, delegáveis, pois não implicam transferência de poder, mas de atribuições administrativas"*[535]. A arrecadação dos tributos é uma típica função fiscal ou atribuição administrativa que pode ser entregue à iniciativa privada, como de resto vêm fazendo diversos países. Trata-se de uma verdadeira tendência mundial, dadas as vantagens geradas tanto para a Administração fiscal quanto para o contribuinte, que dispõe de maior comodidade para realizar o pagamento.

Nesse tipo de privatização, a remuneração pode ser tal como realizada no Brasil (crédito de um valor fixo por pagamento realizado) ou ainda – como ressaltado por PETER D. BYRNE – por meio da utilização do valor arrecadado por um pequeno período de tempo, o que é muito comum em alguns países[536]. Na Bolívia, Colômbia e Equador esse prazo é de quin-

---

[534] *"Art. 6.º A Lei n.º 9.718, de 27 de novembro de 1998, passa a vigorar com as seguintes alterações: 'Artigo 3.º (...)*

§ 10. As pessoas jurídicas integrantes da Rede Arrecadadora de Receitas Federais – Rarf poderão excluir da base de cálculo da Cofins o valor auferido em cada período de apuração como remuneração dos serviços de arrecadação de receitas federais, dividido pela alíquota referida no art. 18 da Lei n.º 10.684, de 30 de maio de 2003.

§ 11. Caso não seja possível fazer a exclusão de que trata o § 10 na base de cálculo da Cofins referente ao período em que auferida remuneração, o montante excedente poderá ser excluído da base de cálculo da Cofins dos períodos subsequentes.

§ 12. A Secretaria da Receita Federal do Brasil do Ministério da Fazenda disciplinará o disposto nos §§ 10 e 11, inclusive quanto à definição do valor auferido como remuneração dos serviços de arrecadação de receitas federais'."

[535] PAULSEN, Leandro. *Direito Tributário. Constituição e Código Tributário à Luz da Doutrina e da Jurisprudência.* Porto Alegre: Livraria do Advogado, 2006, p. 710/711.

[536] BYRNE, Peter D. "Overview of Privatization in the Area of Tax and Customs Administration", In.: *Bulletin for International Fiscal Documentation*, v. 49, n.º 1, jan. 1995, p. 11.

ze dias. Há também casos em que o preço cobrado é um percentual do montante arrecadado. Luis Fernando Ramirez Acuña informa que essa modalidade de remuneração faz com que alguns países prefiram receber os tributos de grandes contribuintes diretamente na Administração fiscal (Peru e Uruguai). Ou então o recebimento dos pagamentos mais vultuosos é realizado em bancos oficiais (Argentina e Bolívia)[537], com o que se evita o pagamento de altas comissões aos bancos.

Em nossa opinião, a utilização da rede bancária para pagamento de tributos torna o sistema mais eficiente por duas razões diversas: em primeiro lugar porque a Administração se desobriga de manter um local para recebimento dos impostos, o que gera uma redução de seus custos (em virtude da menor utilização de funcionários, materiais, instalações, etc.). Em segundo lugar, pois favorece o cumprimento voluntário das obrigações fiscais, uma vez que o contribuinte é beneficiado com a ampla distribuição geográfica das agências bancárias, que em regra são instaladas por todo o território nacional. Com isso, mesmo os contribuintes rurais ou residentes em pequenas cidades longe dos grandes centros podem cumprir suas obrigações fiscais, sem que isso gere um esforço desproporcional.

2. A entrega da declaração de impostos na rede bancária

A atividade desenvolvida pelos bancos não se restringe somente ao recebimento dos pagamentos. Peter D. Byrne diz que alguns países privatizaram também a função de coleta das declarações apresentadas pelos contribuintes. Assim, as informações são prestadas pelos contribuintes diretamente aos bancos, que as repassam à Administração fiscal, onde se dá o processamento das informações. Foi o que fizeram Colômbia, Chile, Bolívia e Equador no início da década de noventa[538].

A vantagem desse sistema em relação ao sistema tradicional de entrega de declarações nas repartições fiscais, reside no fato de que essas últimas nunca estão suficientemente preparadas para atender a massa de contribuintes que deve, por imposição legal, entregar as declarações no mesmo

---

[537] ACUÑA, Luis Fernando Ramírez. "Privatization of Tax Administration", In.: *Improving Tax Administration In Developing Countries* (Orgs.: BIRD, Richard M.; JANTSCHER, Milka Casanegra), Washington : International Monetary Fund, 1992, p. 383.

[538] BYRNE, Peter D. "Overview of Privatization in the Area of Tax and Customs Administration", In.: *Bulletin for International Fiscal Documentation*, v. 49, n.º 1, jan. 1995, p. 12.

período do ano. Sempre que se está na época de entrega das declarações, não é incomum o contribuinte deixar de cumprir tempestivamente sua obrigação, por falta de suporte da Administração fiscal. Mesmo no Brasil, onde o preenchimento e a entrega das declarações se dá integralmente por meio eletrônico, é muito comum o congestionamento gerado pelos múltiplos acessos emperrar o funcionamento do programa disponibiliza-do na *web*. Esse problema não acontece nos bancos, cuja grande estrutura (com diversos estabelecimentos espalhado pelo território dos países) e a expertise em atendimento em massa, possibilita a prestação de um serviço mais adequado.

A utilização dos bancos para a referida tarefa apresenta outra grande vantagem, relacionada com o imperativo de confidencialidade. Sabe-se que as informações prestadas pelo contribuinte somente podem ser utilizadas com o propósito de determinar o valor devido, sendo vedada a utilização para fins diversos. Assim, não é qualquer instituição que pode ter acesso a essas informações. Nesse sentido, conforme assinalado por LUIS FER-NANDO RAMÍREZ ACUÑA, os bancos são as instituições mais indicadas para lidar com a confidencialidade das informações do contribuinte, pois isso já é feito na relação comercial existente entre banco e cliente[539]. Em outras palavras, o banco já conhece a movimentação financeira do contri-buinte, que quanto a isso não manifesta nenhuma desconfiança. Esse é um ponto de facilitação que merece ser destacado como facilitador para uma eventual transição.

Não se pode olvidar da importância da atividade de recebimento das declarações elaboradas pelos contribuintes, pois é com base nessas infor-mações que a Administração fiscal estabelecerá o recolhimento da maior parte dos tributos, bem como estabelecerá multas, determinará audito-rias, etc[540]. Por isso, é de fundamental importância que essa atividade seja exercida com alta performance.

---

[539] ACUÑA, Luis Fernando Ramírez. "Privatization of Tax Administration", In.: *Improving Tax Administration In Developing Countries* (Orgs.: BIRD, Richard M.; JANTSCHER, Milka Casanegra), Washington : International Monetary Fund, 1992, p. 380.

[540] *"The receipt of tax returns is a delicate task because is sets in motion the process that will lead to accounting entries, collection, assessment of penalties, audit, rulings on appeals or claims filed by the tax-payer, and so on"*. ACUÑA, Luis Fernando Ramírez. "Privatization of Tax Administration", In.: *Improving Tax Administration In Developing Countries* (Orgs.: BIRD, Richard M.; JANTSCHER, Milka Casanegra), Washington : International Monetary Fund, 1992, p. 380.

A PERFORMANCE NO DIREITO TRIBUTÁRIO

Todavia, para o sucesso da medida, é necessário observar algumas condições importantes. A primeira é que o banco deve estar autorizado apenas a receber a declaração, com ou sem pagamento. Ou seja, ao banco não pode ser dada a faculdade de exigir o pagamento junto com a apresentação da declaração ou deixar de recebê-la sem o pagamento. Se o contribuinte desejar apenas entregar a declaração, a ele deve ser assegurado esse direito. Além disso, mesmo que as declarações apresentem problemas simples (somas, reduções, etc.), o banco não deve interferir em absolutamente nada. Em hipótese nenhuma o banco poderá alterar, por qualquer meio, as informações prestadas pelo contribuinte ou exigir que ele o faça. A atividade de verificação deve ser mantida com a Administração fiscal[541].

A delegação desse tipo de atividade aos bancos é medida que se adéqua perfeitamente ao princípio da performance, pois desonera a Administração fiscal da obrigação de manter uma ampla estrutura adequada ao recebimento de um grande número de declarações, além de fornecer comodidade ao contribuinte.

3. Elaboração de programas

No mundo moderno, a Administração fiscal que não empreende esforços para a informatização de seus serviços será inoperante em futuro próximo. Diversas são as atividades que podem ser executadas por programas de computadores, como por exemplo a manutenção de um cadastro dos contribuintes, recebimento eletrônico das mais diversas declarações (elaboradas pelo contribuinte ou por terceiros), verificação de erros aritméticos (principalmente soma e subtração) – que são constantes nas declarações apresentadas –, controle alfandegário, dentre várias outras.

Diante dessa realidade, tornou-se muito comum a contratação de empresas privadas para elaborar e operar programas de computador com a finalidade de dar suporte à arrecadação. Quanto à remuneração, o mais comum é o pagamento de preço fixo, estabelecido em contrato. GLENN P. JENKINS relata que o México, após uma reforma fiscal de envergadura, privatizou o serviço de informatização da Administração fiscal, sendo que a empresa

---

[541] ACUÑA, Luis Fernando Ramírez. "Privatization of Tax Administration", In.: *Improving Tax Administration In Developing Countries* (Orgs.: BIRD, Richard M.; JANTSCHER, Milka Casanegra), Washington : International Monetary Fund, 1992, p. 381.

particular obtém sua remuneração diretamente dos contribuintes[542]. Com isso, a Administração fiscal mexicana privatizou não só a operação de seus sistemas, como também toda a parte de pessoal relacionado à tecnologia de informação, bem como a aquisição de equipamentos. No Brasil, é o SERPRO (empresa pública federal) quem cuida dos sistemas da Administração fiscal, mediante remuneração estabelecida por meio de contrato.

Iniciativa pioneira na utilização de programas de computador foi adotada no Brasil, onde a emissão de nota fiscal eletrônica (NF-e) foi adotada nos três níveis federativos: União, Estados e Municípios. Assim, por meio de um programa adquirido pelas empresas, a nota fiscal de venda (de mercadorias e serviços) é emitida por meio eletrônico. A empresa emissora de NF-e gerará um arquivo eletrônico contendo as informações fiscais da operação comercial, o qual deverá ser assinado digitalmente, de maneira a garantir a integridade dos dados e a autoria do emissor. Este arquivo eletrônico, que corresponderá à Nota Fiscal Eletrônica (NF-e), será então transmitido pela *internet* para a Administração fiscal, que fará uma pré-validação do arquivo e devolverá um protocolo de recebimento (Autorização de Uso), sem o qual não poderá haver o trânsito da mercadoria.

Dentre os benefícios apontados para o Fiscal, destaca-se o aumento na confiabilidade da nota fiscal, melhoria no processo de controle fiscal, possibilitando um melhor intercâmbio de informações entre as administrações dos três entes federados, redução de custos no processo de controle das notas fiscais e diminuição da sonegação (com o consequente aumento na arrecadação).

Destaca-se também o sistema brasileiro de escrituração digital (Sistema Público de Escrituração Digital – SPED). Instituído pelo Decreto n.º 6.022/2007, o SPED faz parte do Programa de Aceleração do Crescimento do Governo Federal (PAC 2007-2010) e constitui-se em mais um avanço na informatização da relação entre o fisco e os contribuintes.

De acordo com o Decreto n.º 7.979/2013, o SPED é o instrumento que unifica as atividades de recepção, validação, armazenamento e autenticação de livros e documentos que integram a escrituração contábil e fiscal dos empresários e das pessoas jurídicas, inclusive imunes ou isentas,

---

[542] JENKINS, Glenn P. "Modernization of Tax Administrations: Revenue Boards and Privatization as Instruments for Change." In: *Bulletin for International Fiscal Documentation*, IBFD, v. 48, n.º 2, 1994, p. 78.

mediante fluxo único, computadorizado, de informações. Ou seja, consiste na modernização da sistemática de cumprimento das obrigações acessórias, transmitidas pelos contribuintes às administrações tributárias e aos órgãos fiscalizadores, utilizando-se da certificação digital para fins de assinatura dos documentos eletrônicos, garantindo assim a validade jurídica dos mesmos apenas na sua forma digital.

A utilização maciça de programas de computadores tem por consequência a liberação de mão de obra utilizada para manipulação de arquivos gigantes, conferência e recebimento das declarações, etc. Com isso reduz-se o custo do quadro de funcionários, além de possibilitar à Administração fiscal utilizá-los em atividades mais produtivas e menos burocráticas. Por fim, com a informatização de suas atividades, o Fisco deixa de manipular uma grande quantidade de papel, procedimento que gera problemas com relação à ocupação de espaço físico para fins de arquivo e que significa custos adicionais, além do dano relacionado ao meio ambiente. Por isso, trata-se de medida que se coaduna perfeitamente ao princípio da performance.

4. Impressão e distribuição de formulários

A impressão, distribuição e venda de formulários de imposto de renda ou outros formulários que devem ser preenchidos pelos contribuintes é outra atividade que já vem sendo entregue à iniciativa privada em diversos países que ainda utilizam o formulário impresso. Uma das vantagens dessa privatização – segundo LUIS FERNANDO RAMÍREZ ACUÑA – é a maior flexibilidade que as companhias privadas apresentam, em relação ao setor público, quando é necessário alterar a declaração, o que ocorre anualmente[543]. O mesmo ocorre com alterações de última hora, de acordo com as determinações da autoridade fiscal. Essas alterações de urgência são inviabilizadas quando é a própria Administração fiscal ou outro departamento do governo que imprime os formulários, diante da grande burocracia que esses departamentos ostentam.

Quanto à distribuição desses formulários aos contribuintes, a sistemática é variada. Há países que também privatizaram a distribuição dos

---

[543] ACUÑA, Luis Fernando Ramírez. "Privatization of Tax Administration", In.: *Improving Tax Administration In Developing Countries* (Orgs.: BIRD, Richard M.; JANTSCHER, Milka Casanegra), Washington : International Monetary Fund, 1992, p. 378.

formulários. É o caso da Colômbia, onde os formulários são distribuídos pela mesma empresa encarregada da impressão. Outros países disponibilizam os formulários em bancos ou até mesmo em bancas de jornal (Peru)[544].

Essas medidas – assim como as mencionadas acima – desoneram a Administração fiscal, livrando-a do exercício de uma atividade simples e burocrática, com o que se permite, além da redução de custos, a concentração de esforços em atividades importantes que requerem mais cuidados. Fica, portanto, evidente sua relação com o princípio da performance fiscal.

§ 2 – As atividades passíveis de privatização ou desestatização

Ao analisar as atividades da Administração fiscal que ainda podem ser privatizadas, LUIS FERNANDO RAMÍREZ ACUÑA estabelece três categorias de atividades: arrecadação (*collection of tax receipts*); auditoria (*audit*); e arrecadação de tributos não recolhidos (*collection of delinquent taxes*)[545]. Na primeira categoria, o autor aborda as atividades de apoio à arrecadação e não à privatização da arrecadação em si mesma. Na segunda, o autor analisa as atividades de apoio à auditoria (fiscalização) realizada pela Administração fiscal. Por último, ele traz considerações sobre a privatização da atividade de cobrança de impostos não pagos.

Ainda de acordo com LUIS FERNANDO RAMÍREZ ACUÑA, a privatização da atividade de cobrança de tributos não pagos ainda não é prática muito difundida, não obstante algumas administrações fiscais venham se movimentando nessa direção[546]. Com efeito, a cobrança ou arrecadação dos tributos é atividade principal da Administração fiscal e, por isso, há respeitadas vozes contra esse tipo de procedimento, principalmente após o fracasso de alguns estados americanos, como vimos acima.

---

[544] *Ibid.*, p. 379.
[545] ACUÑA, Luis Fernando Ramírez. "Privatization of Tax Administration", In.: *Improving Tax Administration In Developing Countries* (Orgs.: BIRD, Richard M.; JANTSCHER, Milka Casanegra), Washington : International Monetary Fund, 1992, p. 378/379.
[546] "*In principle, it should not be very difficult to turn over to companies or persons (preferably lawyers) the task of collecting the delinquent tax portfolio of a tax administration. The practice is not very widespread, but tax administrations are increasingly considering a move in this direction*". (ACUÑA, Luis Fernando Ramírez. "Privatization of Tax Administration", In.: *Improving Tax Administration In Developing Countries* (Orgs.: BIRD, Richard M.; JANTSCHER, Milka Casanegra), Washington : International Monetary Fund, 1992, p. 391).

A expressão *delinquent tax*, utilizada por Luis Fernando Ramírez Acuña, compreende todos os impostos não pagos a tempo. Ou seja, quando se fala em privatização da cobrança das *delinquent taxes*, quer-se dizer a privatização da cobrança de todos os tributos que não foram pagos voluntariamente, que é exatamente o cerne do trabalho da Administração fiscal. Assim, vamos analisar as atividades relacionadas à arrecadação (A) e à auditoria ou fiscalização (B).

A. A cobrança de tributos (*collection of tax receipts*)

As atividades de apoio à cobrança da dívida fiscal são atividades que podem perfeitamente ser entregues à iniciativa privada. Além das atividades que já são privatizadas em muitos países, ainda há outras que também podem ser entregues à iniciativa privada (1). Além disso, há também casos excepcionais em que a entrega da atividade de cobrança em si (que é a atividade principal e não se confunde com as tarefas de apoio) é fortemente recomendada (2), independentemente da discussão sobre se esse tipo de atividade pode ou não ser privatizada (os fundamentos dessa discussão podem variar de acordo com o país em análise).

1. As atividades de apoio à cobrança de tributos

Além das atividades de apoio à cobrança da dívida fiscal já mencionadas, há algumas outras passíveis de se serem entregues à iniciativa privada. A primeira delas é a restituição de impostos (a). Em seguida, o processo de educação e instrução dos contribuintes (b). Por fim, o procedimento dos processos de consulta fiscal (c).

a. A restituição de tributos

Como indicado por Luis Fernando Ramírez Acuña, o sistema de restituição de impostos poderia ser agilizado caso os bancos fossem encarregados da tarefa[547]. Sabe-se que o sistema de retenção na fonte pode

---

[547] ACUÑA, Luis Fernando Ramírez. "Privatization of Tax Administration", In: *Improving Tax Administration In Developing Countries* (Orgs. BIRD, Richard M.; JANTSCHER, Milka Casanegra), Washington : International Monetary Fund, 1992, p. 385.

aumentar os valores que devem ser restituídos ao contribuinte no final de determinado período, pois às vezes o valor retido é superior ao que o contribuinte deveria pagar no final do período, com os ajustes realizados em sua declaração. Sabe-se também que alguns países contam com um sistema de restituição manifestamente ineficiente, por meio do qual os contribuintes aguardam anos para receber o montante de imposto antecipado a maior.

Diante disso, o referido autor propõe que os bancos poderiam realizar a compensação do imposto devido num determinado ano com o valor a ser restituído referente ao ano anterior, repassando à Administração fiscal apenas o valor líquido resultante dessa operação. Obviamente, à Administração fiscal deve ser assegurada a possibilidade de verificar se a restituição / compensação foi realizada corretamente, ou seja, de fiscalizar o procedimento. Esse sistema direto, ainda segundo o autor, deveria ser aplicado apenas aos grandes contribuintes ou aos contribuintes que contratem algum tipo de seguro junto ao próprio banco ou a alguma companhia seguradora, de sorte que a Administração fiscal possa cobrar o que foi indevidamente restituído, sem risco de ineficácia da medida.

Evidentemente, trata-se de um tipo de privatização *agressiva* ou *ousada*, pois é sabido que as administrações fiscais, em regra, são extremamente conservadoras quando se discute a política de restituição de imposto. Contudo, esse sistema inegavelmente deixaria o sistema mais ágil, garantindo ao contribuinte o recebimento do valor pago a maior em tempo mais adequado. Além disso, também diminuiria o trabalho do Fisco correspondente à análise de diversos pedidos de restituição.

b. *Educação e instrução dos contribuintes*

Outra sugestão de atividade que poderia ser entregue à iniciativa privada – de acordo com PETER D. BYRNE – é a que se refere à educação ou instrução dos contribuintes.[548] A atividade educativa visa facilitar o cumprimento voluntário e correto das obrigações fiscais, o que pode trazer efeitos positivos sobre o nível de arrecadação fiscal. O segundo benefício do investimento em educação dos contribuintes é o efeito psicológico positivo

---

[548] BYRNE, Peter D. "Overview of Privatization in the Area of Tax and Customs Administration", In.: *Bulletin for International Fiscal Documentation*, v. 49, n.º 1, jan. 1995, p. 13.

que, reduzindo a irritação do contribuinte, torna o sistema tributário mais aceito e menos contestado.[549]

De acordo com o referido autor, a principal forma de aumentar o cumprimento voluntário e correto das obrigações é esclarecer o contribuinte quanto ao preenchimento das declarações. Empresas especializadas em telefonia – com a tecnologia e estrutura necessárias para atendimento em massa – poderiam ficar à disposição dos contribuintes para prestar esclarecimentos sobre o preenchimento das declarações, prazo para restituição, andamentos processuais, etc. Esse seria um serviço passivo, no sentido de que somente os contribuintes que por ele se interessarem iriam buscar os esclarecimentos necessários.

Um serviço mais ativo, direcionado a um raio maior de contribuintes, seria a utilização de programas televisivos para veicular informações sobre o preenchimento de formulários. Além disso, seminários (televisivos ou presenciais) poderiam ser organizados para os contribuintes mais interessados, abordando problemas mais complexos.

Em todos esses casos, é a iniciativa privada que detém o *know how* e o pessoal necessário para realização das atividades educativas em massa, ficando a Administração fiscal encarregada apenas de controlar e fiscalizar tais atividades. Todavia, esse é o caso de mais uma privatização *agressiva* ou *ousada*, pois ela não gera uma redução de custos nem aumento de receita imediatos. Os benefícios envolvidos aparecem apenas no médio ou longo prazo, motivo pelo qual as administrações fiscais de maneira geral não demonstram grande interesse por esse tipo de privatização.

c. Processo de consulta

Há também mais uma sugestão de privatização *agressiva* ou *ousada* proposta por PETER D. BYRNE, que diz respeito à atividade realizada nos processos de consulta, por meio do qual o contribuinte submete à Administração fiscal uma dúvida sobre a interpretação de normas ou sobre a regularidade de determinada operação. A resposta tem efeito vinculante para a Administração fiscal, mas o contribuinte insatisfeito pode questioná-la perante o Poder judiciário.

---

[549] Sobre a adesão ao sistema tributário, voltaremos ao tema no próximo título, quando será analisado o pós-consentimento ou adesão ao imposto.

No Brasil, o processo de consulta fiscal é regulado pelos artigos 46 a 58 do Decreto n.º 70.235/1972. Esse mesmo tipo de procedimento é previsto na legislação de diversos países. Na França, o processo é conhecido como *rescrit fiscal* e é regulado pelo art. L.64 B, do LPF[550]. Os americanos designam esse tipo de procedimento como *advance rulings*.

Em regra, o contribuinte deve pagar uma taxa para que sua dúvida seja apreciada pela Administração fiscal. Todavia, a prática revela que a Administração fiscal não consegue responder às consultas num prazo razoável, o que muitas vezes torna o instituto inútil para o contribuinte. Tanto é que a legislação francesa estabelece um prazo de seis meses para que a consulta seja respondida, sob pena de ser tacitamente autorizada a operação submetida à consulta[551]. Não existe apenas o problema da demora, como alertado por SÉRGIO ANDRÉ R. G. DA SILVA. A falta de confiança do contribuinte na consulta fiscal seria outro grande problema, pois em regra a Administração fiscal demonstra grande parcialidade[552].

Com base nessa realidade, PETER D. BYRNE afirma que a atividade poderia ser perfeitamente privatizada. Com efeito, a análise de operações fiscais já é largamente realizada por profissionais habilitados contratados pelos contribuintes. Por essa razão, as conclusões sempre lhes são favoráveis. O mesmo não ocorreria se fosse a Administração fiscal quem pagasse os profissionais, contanto que esses profissionais não fossem parciais em seu favor, o que já ocorre na maioria dos países. Ou seja, o contribuinte deve saber que sua dúvida será analisada com imparcialidade, pois de maneira contrária o instituto continuará em desuso.

É preciso também que a esses profissionais seja garantida uma certa autonomia, pois sua ausência possibilita que o contratante exerça pressão,

---

[550] *"A consulta fiscal, procedimento previsto no artigo L.64 B do LPF, permite ao contribuinte indagar à administração sobre a regularidade de uma operação determinada, sob a ótica de eventual qualificação como abuso de direito"* (GUEZ, Julien. *L'interprétation en droit fiscal*. Paris: LGDJ, 2007, p. 19). JACQUES GROSCLAUDE e PHILIPPE MARCHESSOU explicam que o termo *rescrit* remonta à época do direito romano e designava a resposta do imperador sobre algumas dificuldades a serem resolvidas (GROSCLAUDE, Jacques; MARCHESSOU, Philippe. *Procédures Fiscales*. 4.ª ed., Paris: Dalloz, 2007, p. 201).

[551] *"Quando a administração não responder no prazo de seis meses, o procedimento de repressão ao abuso de direito não é aplicável na operação descrita pelo contribuinte"* (GROSCLAUDE, Jacques; MARCHESSOU, Philippe. *Procédures Fiscales*. 4.ª ed., Paris: Dalloz, 2007, p. 202)

[552] DA SILVA, Sérgio André R. G. "Meios Alternativos de Solução de Conflitos no Direito Tributário Brasileiro", *Revista Dialética de Direito Tributário*, n.º 122, p. 104.

o que resulta em parcialidade. Além disso, por meio do controle de performance desses profissionais, a Administração não renovaria o contrato daqueles que demonstrem parcialidade ou incompetência técnica. Contudo, para implementação desse tipo de privatização, seria necessária a criação de um mecanismo de revisão da Administração fiscal, de maneira a evitar respostas manifestamente contrárias às suas convicções[553].

Resumidamente, a privatização do procedimento de consulta fiscal deve ser voltada para eliminar os dois grandes problemas existentes: a excessiva demora na elaboração de respostas e a parcialidade em favor do Fisco, fator responsável pelo baixo índice de uso desse mecanismo; e a notória parcialidade das respostas dadas. Aquelas que ainda adotam a política de arrecadar o máximo possível passando pelo limite do razoável e violando o direito dos contribuintes não teriam sucesso com esse tipo de privatização, pois seria exigida dos profissionais contratados a mesma parcialidade que comumente se verifica.

2. A exceção: privatização da atividade de cobrança

Como já afirmamos acima, a discussão acerca da possibilidade de privatizar a atividade de cobrança da dívida fiscal – que é a atividade principal da Administração fiscal – é calorosa. A análise de viabilidade depende da legislação de cada país, que na maioria das vezes não aborda diretamente essa questão. No Brasil, por exemplo, não há regra expressa que a proíba, mas alguns autores apontam para questões de perda soberania. Não obstante essa discussão, entendemos que há dois casos em que a privatização da atividade principal da Administração fiscal é extremamente recomendada. O primeiro diz respeito aos tributos de baixo valor custo-benefício, ou seja, aqueles cujo custo da cobrança supera o valor arrecadado (a). A segunda ocorre no caso em que a Administração fiscal não dispõe de meios (técnicos e financeiros) para arrecadar recursos necessários para o Estado, o que podemos denominar de *estado de necessidade fiscal* (b).

---

[553] *"To implement a privatized advance ruling scheme, it will be necessary to establish a fee schedule for taxpayers, guidelines for format and payment to private contractors, and a review mechanism that protects the tax authority's interest and creates a history of the contractor's work to use in deciding whether to employ such contractor in the future".* (BYRNE, Peter D. "Overview of Privatization in the Area of Tax and Customs Administration", In. *Bulletin for International Fiscal Documentation*, v. 49, n.º 1, jan. 1995, p. 14)

a. Os débitos tributários de pequeno valor

Em algumas vezes, o custo gerado pela cobrança do tributo pode superar o montante arrecadado. Insistir nesse tipo de cobrança é um erro grosseiro que gera prejuízos à própria Administração fiscal. É preciso que o limite do valor que pode ser cobrado sem prejuízo para as finanças públicas seja identificado. No Brasil, esse limite foi inicialmente estabelecido pela Lei n.º 11.941, de 27/05/2009, que previu no artigo 14 a remissão de débitos federais de valor igual ou inferior à R$ 10.000,00, vencidos até 31 de dezembro de 2002[554]. O objetivo era realizar uma "limpeza" em 2,1 milhões de processos, que equivalem a 18% dos processos movidos pela União, mas representam apenas 0,28% do valor que o Governo tem a receber – R$ 3,6 bilhões de um total de R$ 1,3 trilhão.

Mais recentemente, em estudo realizado pelo Instituto de Pesquisa Econômica Aplicada (IPEA), divulgado em 04/01/2012 (Comunicado do IPEA n.º 127), constatou-se que é antieconômica a cobrança de valores menores que R$ 21.731,45[555]. Logo em seguida, foi editada a Portaria MF n.º 75, de 22/03/2012, que proibiu a cobrança judicial de débitos iguais ou inferiores a R$ 20.000,00.

Interessante notar que o estudo do IPEA deixa claro que esse alto valor decorre, em parte, da ineficiência do Governo federal na cobrança de seus créditos fiscais. Nesse caso, entendemos que o melhor a ser realizado seria privatizar a cobrança desses débitos que não podem ser cobrados pela própria Administração sem efeitos negativos. Desprezar a cobrança de créditos que podem atingir a cifra de R$ 7 bilhões, certamente, não é a solução mais adequada. Nesse caso, portanto, ficaria autorizada a privatização, que mais

---

[554] O artigo 172, inciso III, do CTN também prevê a possibilidade de concessão de remissão para dívidas fiscais consideradas irrisórias: *"Art. 172. A lei pode autorizar a autoridade administrativa a conceder, por despacho fundamentado, remissão total ou parcial do crédito tributário, atendendo: (...) III – à diminuta importância do crédito tributário".*

[555] *"Considerando-se o custo total da ação de execução fiscal e a probabilidade de obter-se êxito na recuperação do crédito, pode-se afirmar que o breaking even point, o ponto a partir do qual é economicamente justificável promover-se judicialmente o executivo fiscal, é de R$ 21.731,45. Ou seja, nas ações de execução fiscal de valor inferior a este, é improvável que a União consiga recuperar um valor igual ou superior ao custo do processamento judicial"*, {CUNHA, Alexandre dos Santos *et al*. "Custo e tempo do processo de execução fiscal promovido pela Procuradoria Geral da Fazenda Nacional (PGFN)". Brasilia: Ipea; CNJ, 2012, p. 14, disponível em www.ipea.gov.br, acessado em 26/12/2012}

se adéqua ao princípio de vedação à renúncia de receita, estipulada pela Lei de Responsabilidade Fiscal (Lei Complementar n.º 101/2000).

Além disso, sem dúvida, essa medida preserva mais o interesse público que a simples desconsideração de um montante equivalente a R$ 7 bilhões. Afinal, é melhor garantir a arrecadação desses débitos, nem que seja preciso utilizar parte dele para remunerar a empresa privada, do que simplesmente ignorá-los, como vem fazendo a Administração fiscal brasileira.

Para respeitar os limites legais do ordenamento brasileiro, a privatização da atividade de cobrança deve obedecer algumas regras. A primeira é que, salvo algumas exceções que serão tratadas abaixo, o ente privado não pode ser incumbido da tarefa de fiscalizar o contribuinte. Dessa forma, o Estado ainda seria responsável pela fiscalização e coleta das informações necessárias, pois o direito ao sigilo decorre da proteção à intimidade, que é garantida no artigo 5.º, inciso X, da Constituição de 1988. O passo seguinte - cálculo do valor devido e realização de atos de cobrança – é que poderia ser entregue à iniciativa privada.

Outra limitação é que essa atuação deve ser permitida até quando for necessária a cobrança judicial do débito, atividade regulada pela Lei n.º 6.830/1980, que atribui à Procuradoria a competência exclusiva para prosseguir com a cobrança perante o Poder judiciário. Em outras palavras, a empresa poderia cobrar o débito após a coleta dos dados relevantes e até a cobrança judicial.

São exemplos de atividades que poderiam ser realizadas por uma empresa privada: cálculo do valor devido, localização do devedor, elaboração e envio de notificações, envio do boleto para pagamento, controle do prazo prescricional, etc. Todas essas atividades ainda ficariam sob a tutela do Poder judiciário, pois o contribuinte que se sentir lesado tem garantido o direito constitucional de se socorrer em juízo.

b. O estado de necessidade fiscal

A segunda exceção consiste no caso de administrações fiscais que não apresentam condições materiais de realizar a cobrança dos créditos tributários, seja por conta de ineficiência crônica ou existência de corrupção generalizada no âmbito da Administração fiscal[556]. Nesse caso, a privati-

---

[556] *"Many tax administrations suffer from an inability to collect taxes after they have been assessed. At times, collection is frustrated even after the tax authority has prevailed in court. This may be a result of*

zação deixa de ser uma escolha e passa a ser uma necessidade (*estado de necessidade fiscal*), pois sem arrecadação suficiente o Estado fica impossibilitado de prestar serviços básicos à população. Nesse caso, estamos diante do caso mais grave de ineficiência e ineficácia, pois a Administração fiscal deve ser capaz de fornecer os recursos mínimos para a atuação do Estado, conforme vimos no conceito de performance analisado na primeira parte deste trabalho.

A manifestação do Primeiro Ministro grego YORGOS PAPANDRÉU, em meados de 2011, sobre a necessidade de privatizar a cobrança dos créditos tributários se fundamenta justamente na ausência de performance da Administração fiscal, aliada à massiva corrupção que marcou a Administração grega e foi amplamente divulgada. Esse é um exemplo concreto do que denominamos *estado de necessidade fiscal*.

Dessa forma, para evitar a falência do Estado (que nada pode fazer sem os recursos públicos), ficaria autorizada a privatização da atividade principal da Administração fiscal, que é a atividade de cobrança. Todavia, vale registrar que essa autorização muito dificilmente estará contida na legislação de um país. Ela decorre, antes de tudo, da ausência de outra solução melhor.

B. Os procedimentos de controle (*audit*)

Há também algumas atividades relacionadas à fiscalização do contribuinte que poderiam ser repassadas à iniciativa privada. A avaliação de bens para fins de imposto fundiário é uma delas (1). Outro exemplo é a verificação e avaliação de produtos importados, para fins de determinação da base de cálculo do imposto de importação (2). Por fim, a certificação das declarações apresentadas pelos contribuintes (3).

---

simple inefficiency or corruption in the tax administration, but often is the result of ineffective performance by the legal system, both law enforcement and the courts". (BYRNE, Peter D. "Overview of Privatization in the Area of Tax and Customs Administration", In: *Bulletin for International Fiscal Documentation*, v. 49, n.º 1, jan. 1995, p. 14)

1. Avaliação de bens (imposto fundiário)

Peter D. Byrne sugere que as administrações fiscais poderiam contratar serviços de fotografia aérea para determinar o tamanho, localização, área construída e outras características das propriedades capazes de influenciar na determinação do valor a ser cobrado do contribuinte[557]. Essa técnica também poderia ser utilizada nos países que adotam o autolançamento para os impostos fundiários – como é o caso da Bolívia e Colômbia – para fins de fiscalização e controle das características declaradas pelo contribuinte.

Quando a Administração não está encarregada de lançar o imposto fundiário, é preciso haver um mecanismo de controle de veracidade das informações declaradas pelo contribuinte. Isso evitaria soluções drásticas, como a adotada na Colômbia, onde o Governo está autorizado a comprar o bem declarado pelo contribuinte com um acréscimo de 25%[558]. Para o fisco colombiano, essa compra não pode ser considerada confiscatória, pois o preço teria sido estabelecido pelo próprio contribuinte[559].

Contudo, esse tipo de controle exercido pelo Governo colombiano é extremamente desvantajoso para o contribuinte. Na verdade, esse país estabeleceu uma regra de punição muito pesada para o proprietário desleal, pois não tem outro sistema de controle melhor. Nesse caso, a privatização do serviço de identificação das características do imóvel por meio de fotografia aérea seria uma excelente opção, pois tornaria a tributação do patrimônio mais performante.

---

[557] BYRNE, Peter D. "Overview of Privatization in the Area of Tax and Customs Administration", In.: *Bulletin for International Fiscal Documentation*, v. 49, n.º 1, jan. 1995, p. 1.

[558] ACUÑA, Luis Fernando Ramírez. "Privatization of Tax Administration", In.: *Improving Tax Administration In Developing Countries* (Orgs.: BIRD, Richard M.; JANTSCHER, Milka Casanegra), Washington : International Monetary Fund, 1992, p. 386.

[559] Essa solução não seria totalmente injusta caso fosse assegurado ao contribuinte o direito de obrigar a Administração pública a adquirir o imóvel no caso de superavaliação. Essa é a sugestão de Hugo de Brito Machado: "*O contribuinte, ao declarar o valor do imóvel para fins tributários, assumiria a obrigação de vendê-lo à Fazenda Pública, se esta entendesse ter havido subavaliação. E a Fazenda Pública, ao avaliar o imóvel para fins tributários, assumiria a obrigação de comprá-lo se o contribuinte entendesse ter havido superavaliação*" (MACHADO, Hugo de Brito. "A Transação no Direito Tributário", In.: *Revista Dialética de Direito Tributário*, n.º 75, p. 66)

2. Verificação e avaliação de produtos importados (imposto sobre a importação)

Na área aduaneira, há quem afirme que as atividades de verificação e avaliação de produtos importados – para fins de estabelecimento da base de cálculo dos impostos aduaneiros – poderiam ser entregues à iniciativa privada[560]. O serviço consiste, basicamente, em confrontar o preço declarado pelo importador com o preço de mercado, para evitar a subavaliação dos produtos e a redução indevida dos impostos aduaneiros. Luis Fernando Ramírez Acuña informa, inclusive, que alguns países já vêm adotando esse procedimento com êxito (caso da Bolívia e Indonésia).

Além disso, a classificação de produtos importados é tarefa eminentemente técnica, muitas vezes de difícil realização (por exemplo, a classificação de substâncias químicas, peças de máquinas industriais de alta tecnologia, etc.). Na maioria dos casos, essa atividade fica a cargo de um funcionário da Administração fiscal, sem que lhe seja dado o instrumental técnico que a tarefa exige. Consequentemente, o serviço realizado não é de boa qualidade. Muitas vezes, o que se vê é um enquadramento completamente equivocado, o que pode gerar prejuízos para a própria Administração e também para o contribuinte, estimulando com isso o contencioso.

Com a privatização desse tipo de atividade, a classificação de produtos importados ficaria sob responsabilidade da empresa particular, que poderia contratar pessoal tecnicamente qualificado para tanto, ou mesmo realizar convênios com empresas especializadas, o que certamente aumentaria a performance do sistema e diminuiria os erros praticados.

3. Certificação das declarações

A certificação das declarações de impostos (*return certification*) é outra atividade que poderia ser privatizada. Em regra, os contribuintes procuram o auxílio de profissionais (contadores e advogados) para o preenchimento das declarações. Na imensa maioria dos países, essa atividade é complexa e, por isso, não pode ser realizada por leigos. No caso de empresas, a utilização

---

[560] ACUÑA, Luis Fernando Ramírez. "Privatization of Tax Administration", In.: *Improving Tax Administration In Developing Countries* (Orgs.: BIRD, Richard M.; JANTSCHER, Milka Casanegra), Washington : International Monetary Fund, 1992, p. 386.

desses serviços profissionais é quase sempre obrigatória, pois em regra as empresas devem manter livros contábeis e outros registros que devem ser assinados por profissionais habilitados.

Com base nessa realidade, PETER D. BYRNE e LUIS FERNANDO RAMÍREZ ACUÑA sugerem que essa obrigatoriedade seja estendida às pessoas físicas[561]. Para que as declarações fossem aceitas, seria necessária a assinatura de um profissional habilitado. Com isso, a Administração fiscal seria auxiliada por esses profissionais, pois erros comuns e simples seriam diminuídos. Além disso, o profissional que chancela uma declaração automaticamente por ela se torna responsável. Certamente, a ocorrência de conselhos audaciosos e agressivos (que levam à diminuição indevida do montante a ser pago) também diminuiria, o que representa uma grande vantagem para a Administração fiscal.

Para que essa sugestão possa ser implementada, a Administração fiscal deveria criar um registro de profissionais habilitados. A remuneração por esse tipo de atividade poderia ser custeada tanto pelo contribuinte, quanto pelo governo (retirado do próprio montante de imposto a ser pago) ou ainda uma combinação dos dois[562]. Se a performance do profissional for considerada insatisfatória (muitos erros não corrigidos ou utilização de planejamento considerado abusivo), ele deverá ser retirado do registro de profissionais habilitados e/ou punido.

---

[561] BYRNE, Peter D. "Overview of Privatization in the Area of Tax and Customs Administration", In.: *Bulletin for International Fiscal Documentation*, v. 49, n.º 1, jan. 1995, p. 13; ACUÑA, Luis Fernando Ramírez. "Privatization of Tax Administration", In.: *Improving Tax Administration In Developing Countries* (Orgs.: BIRD, Richard M.; JANTSCHER, Milka Casanegra), Washington : International Monetary Fund, 1992, p. 387.

[562] O interesse da Administração fiscal em arcar com parte dos custos reside em duas prováveis consequências dessa prática: o aumento da arrecadação e a diminuição dos custos com o exame minucioso das declarações apresentadas, geralmente, com muitos erros simples.

Título 2 – Medidas de controle e diminuição de litígios fiscais

A melhora da atividade da Administração fiscal, mais ágil e enxuta, sem perda de objetividade, é medida de fundamental importância para o desenvolvimento de sua performance. Contudo, mesmo no caso de uma Administração fiscal eficiente, não se pode descurar do controle do contencioso gerado por diversas razões. A grande quantidade de normas de difícil compreensão, o sistema baseado na autoliquidação e a natural resistência que o contribuinte manifesta diante da entrega de parte de seus bens ao Governo são algumas delas.

Em nossa opinião, o controle do contencioso – de uma maneira mais ampla – pode ser exercido por meio de duas principais medidas. O desenvolvimento do *moderno* consentimento ao imposto é a primeira delas (Capítulo 1), pois – agindo no âmbito psicológico do contribuinte – atenua o desgaste da relação mantida com a Administração fiscal. Trata-se de uma ampla medida de prevenção da resistência gerada no comportamento do contribuinte. O nível de consentimento de um sistema tributário pode ser mensurado pela taxa de cumprimento voluntário das obrigações fiscais. Quanto mais alto o nível do cumprimento voluntário, mais consentido o sistema é.

Todavia, nem sempre se consegue esse estado ideal de coisas, que é a ausência de resistência do contribuinte. Isso ocorre quando existem falhas na busca pelo consentimento do contribuinte, o que é normal em qualquer sistema tributário atual. Nesses casos, o comportamento do contribuinte e da Administração são conduzidos para um estado de litigiosidade que culmina na instauração do contencioso.

Diante dessa falha na obtenção do consentimento do contribuinte, faz-se necessária a busca por métodos alternativos de resolução de litígios (Capítulo 2), que atuarão na prevenção de litígios – eliminando o estado de litigiosidade – e na extinção do litígio já instaurado, eliminando-se o contencioso instaurado.

Capítulo 1 – O princípio do consentimento ao imposto

Tema bastante discutido na literatura jurídica francesa, o consentimento ao imposto não encontrou no Brasil e em outros países europeus o mesmo terreno fértil. Foi na França que o assunto encontrou sua mais alta expressão doutrinária, sem sombra de dúvida. As inúmeras revoluções históricas (sempre de cunho fiscal) mostraram aos governos franceses a importância de um sistema tributário minimamente consentido.

Em doutrina, uma das mais valiosas pesquisas sobre o consentimento ao imposto foi realizada por JEAN-CLAUDE MARTINEZ, no livro *Le statut du contribuable*, publicado em 1980 pela LGDJ. Mais recentemente, PHILIPPE MILLAN trouxe importantes desenvolvimentos sobre o assunto em sua tese de doutorado sustentada em 1996[563].

A relação entre o consentimento ao imposto e a performance fiscal é mesmo evidente: como já afirmado linhas acima, o sistema fiscal aceito pelos contribuintes apresenta elevado índice de cumprimento voluntário das obrigações[564]. Com isso, poupa-se a Administração fiscal das atividades inquisitórias e repressivas, o que implica em redução dos custos gerados pela máquina de arrecadação. A sentença é clara: *"Para ser eficaz, um sistema tributário deve poder repousar sobre um largo consenso"*[565].

A doutrina francesa tradicional identifica dois tipos de consentimento ao imposto: o consentimento dado quando do processo legislativo de criação do tributo (processo político), que supõe que a tributação seja explicitamente aceita por aqueles sobre os quais recai o ônus ou por seus

---

[563] MILLAN, Philippe. *Le consentement à l'impôt*. Tome II, Tese em Direito Público, Université de Paris II, 1996.

[564] *"Um imposto consentido se beneficia da participação voluntária dos contribuintes quando de sua aplicação. Por outro lado, quando o imposto não é aceito, a ausência de consentimento se revela na oposição a sua aplicação"* (MARTINEZ, Jean-Claude. *Le statut de contribuable*. Paris: LGDJ, 1980, p. 333).

[565] MARTINEZ, Jean-Claude. *Le statut de contribuable*. Paris: LGDJ, 1980, p. 329.

representantes[566]; e o consentimento dado uma vez já criado o tributo (processo sociológico). São muito comuns as expressões *consentimento ao imposto* e *consentimento do imposto*.

Tendo em vista que as expressões *consentimento ao imposto* e *consentimento do imposto*, diferenciadas pelo emprego de preposições diferentes, não demonstram *a priori* nenhuma diferenciação semântica que permita a identificação de seus conteúdos, adotaremos na presente tese as expressões *pré-consentimento* (Seção 1) e *pós-consentimento* ou *adesão ao imposto* (Seção 2) – tal como utilizadas por JEAN-CLAUDE MARTINEZ e PIERRE DI MALTA –, justamente por se tratarem de expressões *transparentes*[567].

Seção 1 – O papel do *pré-consentimento* na realização da eficiência tributária

Não se pretende abordar na presente tese todas as discussões sobre o *pré-consentimento*. O assunto já foi analisado com a profundidade e paixão que suscitam os temas relacionados com a política e a democracia, motivo pelo qual vamos nos restringir a analisar apenas as discussões principais. Atualmente, existem três principais formas de se obter o consentimento do contribuinte quando da instituição das leis tributárias (processo político).

O consentimento parlamentar – previsto no artigo 14 da Declaração dos Direitos do Homem e do Cidadão de 1789[568] – é a primeira delas (§ 1). Menos conhecida, dada a raridade com que é aplicada no âmbito do direito tributário, o referendo fiscal – que também é mencionado no referido dispositivo – é a segunda forma de participação no processo legislativo (§ 2). Por fim, a expressão mais moderna de participação do contribuinte ocorre por meio do consentimento *sócioprofissional* (§ 3), na expressão de JEAN-CLAUDE MARTINEZ.

---

[566] BOUVIER, Michel. *Introduction au Droit Fiscal Général et à la Théorie de l'Impôt.* 7.ª ed., Paris: LGDJ, 2005, p. 141.

[567] ULLMANN, Stephen. *Semântica. Uma introdução à ciência do significado.* 4.ª ed., Lisboa, Fundação Calouste Gulbenkian, 1964, p. 167 e ss.

[568] *"Todos os cidadãos têm direito de verificar, por si ou pelos seus representantes, da necessidade da contribuição pública, de consenti-la livremente, de observar o seu emprego e de lhe fixar a repartição, a colecta, a cobrança e a duração".* (Déclaration des Droits de l'Homme et du Citoyen de 1789)

§ 1 – O consentimento parlamentar

A representação dos interesses fiscais por meio de parlamentares passou a ser um direito do cidadão garantido por meio do artigo 14 da Declaração dos Direitos do Homem e do Cidadão de 1789. Essa garantia visa nada mais que proteger o contribuinte do arbítrio do soberano, cujo ímpeto arrecadador é tolhido em prol do interesse geral, o interesse dos cidadãos. O poder de criar tributos, assim, foi transferido do soberano para o parlamento, expressão da vontade do povo. Na maioria dos países, essa representação é concretizada por meio do modelo democrático: o cidadão-contribuinte elege aqueles que, segundo sua opinião, poderá representá-lo da melhor maneira.

O instrumento de que dispõe esse parlamentar para representar os interesses de seus eleitores é a *lei*. O princípio que prevê a obrigatoriedade desse instrumento para criação e/ou majoração de tributos – princípio da legalidade (A) – foi incontestavelmente consagrado pelos sistemas tributários da maioria dos países ocidentais, dada sua importância[569]. Todavia, o desprestígio pelo qual esse princípio histórico vem passando (B) faz com que sua importância na realização da eficiência em matéria tributária seja bastante reduzida.

A. O instrumento do consentimento parlamentar: o princípio da legalidade tributária

No Brasil, o princípio da legalidade tributária encontra-se positivado no artigo 150, I, da Constituição de 1988, com a seguinte redação: "*Sem prejuízo de outras garantias asseguradas ao contribuinte, é vedado à União, aos*

---

[569] A título de curiosidade, vale ressaltar que, em alguns países muçulmanos, um dos impostos mais importantes sobre a renda é estabelecido por normas religiosas, desvinculadas de toda e qualquer intervenção dos poderes públicos. É o caso da *Zakkat*, imposto instituído e disciplinado pelo Alcorão. Para exemplificar, os rendimentos provenientes da prata e do ouro são tributados a uma alíquota de 2,5%, observados os *Nisab* (abatimentos da base de cálculo) de 595g para a prata e 85g para o ouro, nos termos do *versículo 34*. Já os produtos da atividade agrícola são tributados em 5%, caso a terra não tenha sido irrigada, ou 10%, no caso positivo, observando-se sempre o *Nisab* de 653 kg, nos termos do *versículo 6*. Nesse sentido, cf. OUACHINI, Mahfoudh. *L'impôt dans le Coran: La Zakat*. In: *Dieu et L'impôt* (Coord. Jean-Claude MARTINEZ), Paris: Godefroy de Bouillon, 2001, p. 87 e ss.

Estados, ao Distrito Federal e aos Municípios: I – exigir ou aumentar tributo sem lei que o estabeleça." De acordo com a doutrina, instituir um imposto significa estabelecer todos os seus elementos, tanto da hipótese de incidência (critérios material, espacial e temporal), quanto do consequente normativo (critérios quantitativo e pessoal)[570]. Em consequência, é vedado ao poder regulamentar a alteração da base de cálculo, da alíquota ou de qualquer outro elemento fundamental do tributo[571], salvo algumas exceções constitucionais.

No direito francês, o princípio da legalidade em matéria tributária encontra-se positivado no artigo 34 da Constituição de 1958, segundo o qual: *"a lei deve fixar as regras referentes à base de cálculo, alíquotas e modalidades de cobrança dos tributos de qualquer natureza"*. A doutrina é unânime ao afirmar que o fundamento político e jurídico de tal princípio reside no artigo 14 da Declaração dos Direitos dos Homens e dos Cidadãos de 1789, acima transcrito.

No que concerne à ordem jurídica brasileira, não se fala em fundamento político e jurídico expresso do princípio da legalidade tributária. Geralmente, o princípio da legalidade é analisado *"sob o influxo do princípio democrático"*, tal como afirmado por HUMBERTO ÁVILA[572]. É certo que o conceito de democracia traz em si a noção de participação popular no processo legislativo. Dessa participação pode-se extrair a ideia de consentimento, uma vez que é o cidadão quem elege o seu representante e, portanto, consente indiretamente com seus atos.

Carente de uma tradição política forte como se encontra na França, a ideia de consentimento acabou não sendo acolhida expressamente no ordenamento brasileiro. É verdade que as nossas constituições foram influenciadas, desde a primeira (Constituição de 1824), pelas principais declarações mundiais de direito, principalmente a Declaração de Virginia (1776), o *Bill of Rights* (1791) e a Declaração dos Direitos do Homem e do Cidadão (1789)[573]. Porém, trata-se de uma simples influência doutrinária

---

[570] CARVALHO, Paulo de Barros. *Teoria da norma tributária*. 4.ª ed., São Paulo: Max Limonad, 2002, p. 124 e ss.

[571] No Brasil, o artigo 151, parágrafo 3.º, da Constituição de 1988, estabelece algumas exceções, destinadas aos tributos com finalidade extrafiscal.

[572] ÁVILA, Humberto. *Sistema constitucional tributário*. 2.ª ed., São Paulo: Saraiva, 2006, p. 121.

[573] Para um estudo mais aprofundado da influência de tais declarações sobre as constituições brasileiras, cf. SILVA, José Afonso da. *Curso de direito constitucional positivo*. 26.ª ed.,, São Paulo:

e ideológica, pois nenhuma constituição brasileira menciona diretamente as declarações citadas.

O que nos interessa para a presente tese é saber em que medida o respeito ao princípio da legalidade contribui para a realização da performance em matéria fiscal. Contudo, a resposta a essa pergunta não pode ser formulada sem que se tenha exata medida da força que emana atualmente do referido princípio, cujo desprestígio é crescente.

B. O desprestígio do princípio da legalidade

No passado, o princípio da legalidade representou, de certa forma, a libertação do povo contra a tirania, ou seja, representou a *liberdade*. Atualmente, o princípio não goza mais de tamanha importância, tendo em vista que – com o desenvolvimento da sociedade – o povo passou a não mais se sentir representado (1). Além dessa crise de representatividade, nos dias de hoje, observa-se um certo declínio do parlamentarismo financeiro e fiscal (2), dada a prevalência que o Poder Executivo tem mantido sobre o Legislativo, em matéria de tributos.

1. A crise de representação

De acordo com JEAN-CLAUDE MARTINEZ, inobstante a permanente referência ao princípio do consentimento ao imposto, a tributação contemporânea se impõe ao contribuinte sem que ele possa participar da criação dos tributos. Com isso – de acordo com o autor –, o contribuinte moderno se equipara ao contribuinte feudal, pertencente à época na qual a criação do tributo, a justificação de seu caráter obrigatório e os procedimentos de lançamento decorreriam somente da vontade do soberano[574]. Em outras palavras, o contribuinte deixou de participar ativamente no processo de criação do tributo.

Não é novidade que o modelo de democracia representativa é alvo de críticas históricas[575]. JEAN-JACQUES ROUSSEAU dizia que *"a soberania não pode ser representada, pela mesma razão que ela não pode ser alienada; ela consiste*

Malheiros, 2006, p. 149 e ss.

[574] MARTINEZ, Jean-Claude. *Le statut de contribuable*. Paris: LGDJ, 1980, p. 152.

[575] ROUSSEAU, Jean-Jacques. *Du contrat social*. Paris: Flammarion, 1992, p. 123.

essencialmente na vontade geral, e a vontade geral não se representa: ela é a mesma, ou ela é outra; não há meio termo. Os deputados do povo não são nem podem ser seus representantes, eles não passam de comissários; eles não podem concluir nada definitivamente. Toda lei que o povo não ratificou pessoalmente é nula. *Não pode ser considerada como uma lei".*

A representatividade que o modelo democrático supõe simplesmente não existe nos dias de hoje. Com efeito, os *eleitos* não conseguem sempre representar o interesse dos cidadãos, de modo que a lei tributária não corresponde necessariamente aos interesses e expectativas dos contribuintes[576]. Trata-se de constatação elementar nos dias de hoje. As leis fiscais não escaparam dessa realidade, de modo que, em realidade, *"a teoria do consentimento ao imposto não passa de uma ficção, pois os cidadãos contribuintes não dão jamais um mandato imperativo aos Parlamentares"*, para usar as palavras de PIERRE LALUMIÈRE[577].

No mesmo sentido, ANDRÉ BARILARI: *"(...) os limites da democracia representativa não permitem, talvez, uma implicação suficiente de cada cidadão. Os partidos políticos não assumem, necessariamente, perante o eleitor, compromissos muito precisos no âmbito do direito tributário. Além disso, as necessidades conjunturais, bem como os desafios ligados notadamente às evoluções da economia mundial ou a certas crises, explicam porque as decisões tomadas, uma vez constituída a maioria, são, às vezes, distanciadas das orientações traçadas durante a campanha eleitoral"[578].*

Como ressaltado por JEAN-BAPTISTE GEFFROY, o contribuinte deixou de participar do processo democrático: *"E, de fato, tanto na elaboração da norma tributária quanto em sua implementação, ele já não assume tradicionalmente nenhuma posição. O contribuinte não participa mais na elaboração da norma fiscal, com exceção do canal indireto e um tanto deteriorado da representação nacional (...)"[579].*

Assim, o princípio da legalidade nos dias de hoje apenas garante que a lei não pode ser elaborada por nenhum outro poder que o Legislativo,

---

[576] *"A corrente sociológica que ligava contribuinte, eleitor e representante parlamentar se desintegrou. O debutado não representa mais a população de contribuintes, tal como ocorria no Século XIX".* (MARTINEZ, Jean-Claude. *Le statut de contribuable.* Paris: LGDJ, 1980, p. 327)

[577] LALUMIÈRE, Pierre. *Le système fiscal français.* Paris: Librairie Montaigne, 1977, p. 93, *apud* BOUBAY-PAGÈS, Michèle. "Pierre Lalumière et les cadres sociaux de la science fiscale", In : *Doctrines fiscales: À la redécouverte de grands classiques.* Paris: L'Harmattan, 2007, p. 112.

[578] BARILARI, André. *Le consentement à l'impôt.* Paris: Presses de Sciences PO, 2000, p. 105.

[579] GEFFROY, Jean-Baptiste. *Grands problèmes fiscaux contemporains.* Paris: PUF, 1993, p. 548/549

ou seja, deve respeitar o trâmite formal previsto em cada ordenamento para elaboração desse instrumento normativo. Não obstante, o tributo instituído de acordo com esse procedimento formal não é garantia de que os interesses dos contribuintes serão observados, muito menos que haverá adesão por parte do contribuinte. Em outras palavras, não há nenhuma garantia de que o princípio da legalidade, por si só, aumentará o nível de cumprimento voluntário das obrigações fiscais e, consequentemente, a performance fiscal.

2. O declínio do parlamentarismo financeiro e tributário

Como afirmado linhas acima, o princípio da legalidade garante que o Poder legislativo é o órgão com competência exclusiva para elaboração das leis. Contudo, deve-se perguntar: quem elabora as regras fiscais nos dias de hoje? A resposta é clara: a Administração fiscal. Em regra, os políticos não são especialistas em assuntos fiscais. Por outro lado, as questões relacionadas à tributação passaram a ostentar uma grande complexidade, dada a magnitude das relações econômicas e sociais. Direta ou indiretamente, a Administração fiscal vem participando cada vez mais na elaboração das leis, regulamentos e demais atos normativos[580]. JEAN-CLAUDE MARTINEZ afirma que *"cada vez mais, os dispositivos do estatuto do contribuinte são elaborados pela Administração fiscal, pois ela intervém com antecedência junto ao Parlamento, e não somente após a votação da lei"*[581].

Observa-se, com isso, uma profunda alteração do princípio da legalidade, cujo conteúdo atual foi profundamente alterado[582]. JEAN-BAPTISTE GEFFROY, por seu turno, aponta o declínio do parlamentarismo financeiro e fiscal, com a exaltação da supremacia do Poder Executivo, que dispõe atualmente do monopólio da preparação financeira[583].

---

[580] *"Da lei à circular, da convenção fiscal à simples medida de natureza interna, os contribuintes são cada vez menos envolvidos na elaboração das regras que lhes concerne"*. (GEFFROY, Jean-Baptiste. *Grands problèmes fiscaux contemporains*. Paris: PUF, 1993, p. 550)

[581] MARTINEZ, Jean-Claude. *Le statut de contribuable*. Paris: LGDJ, 1980, p. 81.

[582] *"As fontes administrativas do estatuto do contribuinte seguiram os passos da fonte legislativa. O princípio da legalidade foi alterado"*. (MARTINEZ, Jean-Claude. *Le statut de contribuable*. Paris: LGDJ, 1980, p. 341)

[583] GEFFROY, Jean-Baptiste. *Grands problèmes fiscaux contemporains*. Paris: PUF, 1993, p. 36.

Essa tendência de enfraquecimento do Poder Legislativo foi fortemente sentida no Brasil, onde o governo foi autorizado a cometer a pior violação já praticada contra o princípio da legalidade, com a chancela do STF. Trata-se do ato emanado pelo Poder executivo denominado *medida provisória*, instrumento criado e regulamentado pelo artigo 62 da Constituição de 1988, que concede ao Presidente da República a possibilidade de adotar, em casos de relevância e urgência, medidas com força de lei.

Em sua redação original, o artigo estabelecia que: *"Em caso de relevância e urgência, o Presidente da República poderá adotar medidas provisórias, com força de lei, devendo submetê-las de imediato ao Congresso Nacional, que, estando em recesso, será convocado extraordinariamente para se reunir no prazo de cinco dias. Parágrafo único. As medidas provisórias perderão eficácia, desde a edição, se não forem convertidas em lei no prazo de trinta dias, a partir de sua publicação, devendo o Congresso Nacional disciplinar as relações jurídicas delas decorrentes."*

Trata-se de um instrumento similar ao previsto no artigo 38 da Constituição francesa, considerado sucessor do decreto-lei das III.ª e IV.ª Repúblicas, que permite ao Governo legislar no lugar do Parlamento: a ordenação[584]. Segundo o texto constitucional francês: *"Art. 38. O Governo pode, para a execução do seu programa, solicitar ao Parlamento autorização para editar ordenações, por tempo limitado, sobre medidas que são normalmente o domínio da lei. As ordenações devem ser deliberadas pelo Conselho de ministros, após parecer dos Conselho de Estado. As ordenações entrarão em vigor na data da publicação, porém caducam caso o projeto de lei de ratificação não for apresentado ao Parlamento antes da data fixada pela lei de habilitação. No termo do prazo referido no primeiro parágrafo deste artigo, as ordenações não podem ser alteradas por lei nas matérias que são do domínio legislativo".*

Sabe-se que o antecedente imediato das atuais medidas provisórias é o antigo decreto-lei, previsto na Constituição anterior, e instrumento legislativo larga e abusivamente utilizado pelo Presidente da República, que detinha a competência para sua edição. A fonte de inspiração do constituinte brasileiro foi o artigo 27 da Constituição Italiana de 1947, que prevê os chamados *decreti-legge in casi straordinarí di necessità e d'urgenza*, prevendo que, em caso extraordinário de necessidade e urgência, o Governo adotará, sob sua responsabilidade, providências provisórias com força de lei, devendo apresentá-las imediatamente à Câmara, para sua conversão.

---

[584] FAVOREU, Louis *et al. Droit constitutionnel*. 11.ª ed., Paris: Dalloz, 2008, p. 834 e ss.

Estipula ainda que o decreto perderá eficácia, retroativamente, se não houver conversão em lei, no prazo de 60 dias de sua publicação, devendo a Câmara regulamentar as relações jurídicas resultantes do decreto-lei não convertido em lei.

Apesar dos abusos efetivados com o decreto-lei, a prática demonstrou a necessidade de um ato normativo excepcional e célere, para situações de relevância e urgência. Foi exatamente para regularizar essa situação e buscando tornar possível e eficaz a prestação legislativa do Estado, que o legislador constituinte de 1988 previu as chamadas *medidas provisórias*, espelhando-se no modelo italiano.

Na França, utilização das ordenações, segundo LOUIS FAVOREU *et al.*, é *"relativamente moderada"*[585], em relação à utilização de atos legislativos pelo governo, em países como Itália ou Espanha, mesmo com o aumento de sua utilização que houve a partir de 2000. Todavia, o uso de *ordenações* – similar da medida provisória – para criação ou majoração de impostos sequer é cogitada pela doutrina francesa.

No Brasil, entretanto, o cenário é completamente diferente. No passado, houve uma longa discussão sobre a possibilidade de utilização de medidas provisórias para majoração ou criação de tributos, na medida em que o texto original do artigo 62 da Constituição de 1988 não vedava tal prática. Uma parte minoritária da doutrina afirmava que a medida provisória poderia intervir em matéria tributária, uma vez que o mencionado artigo não fixou exaustivamente as matérias que podem ser seu objeto. Todavia, o STF chancelou a utilização de medidas provisórias no âmbito tributário, tendo em vista que, de acordo com a Constituição, ela tem *força de lei*, de onde se conclui que respeita o *princípio da legalidade*[586].

Esse precedente suscitou uma forte reação da doutrina. Alguns autores precisaram que *ter força de lei* não significa *ser uma lei*. Assim, ter a *força* de uma lei significa tão somente ser obrigatória para todos. O regulamento é obrigatório para todos, mas não é lei. Nesse sentido, MISABEL DERZI: *"A expressão com força de lei, de que se utiliza o caput do art. 62 da Constituição, para qualificar as medidas provisórias, de modo algum leva à equiparação da lei,*

---

[585] FAVOREU, Louis *et al. Droit constitutionnel.* 11.ª ed., Paris: Dalloz, 2008, p. 835.

[586] STF, ADI-MC n.º 1.417/DF, Tribunal Pleno, Rel. Min. OCTAVIO GALLOTTI, DJ 24.05.1996. Veja-se o seguinte trecho do voto: *"Tendo força de lei, é meio hábil, a medida provisória, para instituir tributos, e contribuições sociais, a exemplo do que já sucedia com os decretos-leis do regime ultrapassado como sempre esta Corte entendeu".*

como manifestação precípua e fundamental do Poder Legislativo, pedra basilar da democracia. As medidas provisórias são dotadas, a título precário, do mesmo vigor, poder, energia, coercibilidade, enfim, eficácia de que goza a lei, antes mesmo de o serem, antes de nela se terem convertido por decisão do Congresso Nacional"[587].

Aproveitando-se dessa permissão judicial, o Governo reeditou, em alguns casos, mais de *quarenta vezes* a mesma medida provisória, prática também validada pelo STF, no julgamento da Ação Direta de Inconstitucionalidade (ADI) n.º 1.614/MG, que autorizou, mesmo diante dessa escandalosa constatação, a reedição da medida provisória em discussão[588].

Diante dessa permissão judicial, o Presidente da República se serviu em abundância de medidas provisórias para instituir e/ou majorar tributos. Uma avalanche de medidas provisórias foi promulgada. Evidentemente, sem a necessidade de aprovação do Parlamento, onde o procedimento legislativo deve respeitar uma série de formalidades, o Governo gozava de imensa facilidade e rapidez para modificar o sistema tributário de acordo com suas conveniências, não sem efeitos colaterais. As milhares de medidas provisórias editadas desde a promulgação da Constituição brasileira de 1988 causam atualmente um imenso tormento no STF[589]. De fato, os contribuintes recorreram de todas as formas possíveis, em lides que se arrastam até os dias de hoje.

Em 11/11/2001, uma emenda constitucional pôs um fim definitivo nos debates sobre a possibilidade de instituição de medida provisória para criar ou majorar impostos. Não obstante a jurisprudência pacífica do Tribunal constitucional, a maior parte da doutrina rejeitava a medida provisória com efeitos fiscais. Assim, o artigo 62 da Constituição brasileira de 1988 foi alterado, de modo que a tributação foi incluída expressamente nos assuntos suscetíveis de serem objeto do referido instrumento normativo. Por outro

---

[587] BALEEIRO, Aliomar. *Direito tributário brasileiro*, atualizado por DERZI, Misabel Abreu Machado. Rio de Janeiro: Forense, 2008, p. 53. E outro trecho, a autora afirma: *"Equiparar medida provisória à lei, é transformar decreto em lei, é abalar mortalmente o princípio do Estado de Direito da democracia brasileira"*. (*Op. Cit.*, p. 62). No mesmo sentido: COELHO, Sacha Calmon Navarro. *Curso de direito tributário brasileiro*. Rio de Janeiro: Forense, 1999, p. 223; ÁVILA, Humberto. *Sistema constitucional tributário*. 2.ª ed., São Paulo: Saraiva, 2006, p. 124 e ss.; CARRAZA, Roque Antônio. *Curso de direito constitucional tributário*. São Paulo: Malheiros, 1995, p. 177.

[588] STF, ADI n.º 1.614/MG, Tribunal Pleno, Rel. Min. NELSON JOBIM, DJ 06.08.1999.

[589] http://www2.oabsp.org.br/asp/jornal/materias.asp?edicao=125&pagina=3521&tds=7&sub=0&sub2=0&pgNovo=67, acessado em 22/04/2009.

lado, a emenda constitucional criou um limite de prazo de cento e vinte dias para as prorrogações, ao fim do qual a medida perde sua eficácia, caso não convertida em lei.

Mesmo com as limitações previstas pela Emenda Constitucional n.º 32, o Governo utiliza a medida provisória para criar ou majorar impostos com assustadora frequência. O STF, em acórdão relatado pelo Min. CELSO DE MELLO, assim se pronunciou sobre a preocupação gerada pela utilização excessiva da medida provisória: *"A crescente apropriação institucional do poder de legislar, pelo Presidente da República, tem despertado graves preocupações de ordem jurídica em razão de a utilização excessiva das medidas provisórias causar profundas distorções que se projetam no plano das relações políticas entre os Poderes Executivo e Legislativo. O exercício dessa excepcional prerrogativa presidencial, precisamente porque transformado em inaceitável prática ordinária de Governo, torna necessário – em função dos paradigmas constitucionais, que, de um lado, consagram a separação de poderes e o princípio da liberdade e que, de outro, repelem a formação de ordens normativas fundadas em processo legislativo de caráter autocrático – que se imponham limites materiais ao uso da extraordinária competência de editar atos com força de lei, outorgada, ao Chefe do Poder Executivo da União, pelo art. 62 da Constituição da República"*[590].

A transferência do processo de elaboração das regras fiscais do Poder Legislativo para o Executivo – de acordo com JEAN-BAPTISTE GEFFROY – é corroborada pelo *fortalecimento do poder regulamentar*[591]. Os detalhes da aplicação dos tributos não são mais estabelecidos pela lei, e sim pelo regulamento. Essa tendência decorre da impossibilidade de o legislador apreender todos os detalhes necessários para a aplicação lei, tarefa que foi repassada à Administração fiscal que, em contato com a massa de contribuintes, conhece a melhor maneira de realizar a tarefa. Como o regulamento é elaborado diretamente pela Administração fiscal, o contribuinte – pelo menos no plano formal – não participa do seu processo de criação[592].

Assim, conclui-se que, em virtude tanto da crise de representatividade quanto do enfraquecimento do Poder Legislativo, é extremamente difícil,

---

[590] STF, RE n.º 239.286/PR, 2.ª Turma, Rel. Min. CELSO DE MELLO, DJ 18.11.1999.

[591] GEFFROY, Jean-Baptiste. *Grands problèmes fiscaux contemporains*. Paris: PUF, 1993, p. 35.

[592] Com essa transferência do poder fiscal para a Administração, houve uma alteração no processo de representação do contribuinte, que culminou num outro tipo de consentimento: o consentimento *socioprofissional*, que será analisado no parágrafo 3.º da presente seção.

senão impossível, estabelecer uma relação direta entre o respeito ao princípio da legalidade e o cumprimento voluntário das obrigações fiscais.

Portanto, atualmente, essa forma clássica de consentimento ao imposto não promove ativamente o princípio da performance fiscal, não obstante sua violação – consubstanciada na instituição e/ou majoração de tributos por meio de decretos ou outros instrumentos normativos – possa dar ensejo a uma verdadeira revolução. Em outras palavras, a obtenção do consentimento parlamentar não promove *ativamente* a performance fiscal, mas a promove passivamente, no sentido de que o tributo não instituído pelo procedimento parlamentar certamente irá gerar uma grande repulsa do contribuinte.

§ 2 – O referendo fiscal

Referendo é um instrumento da democracia semidireta por meio do qual os cidadãos eleitores são chamados a se pronunciar por sufrágio direto e secreto, a título vinculativo, sobre determinados assuntos de relevante interesse nacional. Não há dúvida de que o ser humano aceita com muito mais facilidade o que foi por ele mesmo decidido, se comparado com o que lhe é imposto coercitivamente. Essa participação do contribuinte na elaboração das leis fiscais, em tese, tornaria o sistema mais eficiente, uma vez que aumentaria o índice de cumprimento voluntário[593]. Resta analisar a possibilidade de se realizar o referendo no âmbito fiscal (A), bem como – sendo possível praticá-lo – quais os problemas que decorreriam de sua utilização (B).

A. A viabilidade jurídica da realização do referendo em matéria tributária

No Brasil, a instituição do referendo depende de expedição de decreto legislativo pelo Senado para que seja realizado, nos termos do artigo 49, XV, da Constituição de 1988. O artigo 14, inciso II, do Texto constitucional, disciplina o tema de modo bem amplo: "*A soberania popular será exercida pelo*

---

[593] "*Um sistema tributário feito de tributos adotados por referendo ganharia a adesão dos contribuinte e, com isso, eficiência*". (MARTINEZ, Jean-Claude. *Le statut de contribuable*. Paris: LGDJ, 1980, p. 325)

sufrágio universal e pelo voto direto e secreto, com valor igual para todos, e, nos termos da lei, mediante: II – referendo". Por sua vez, a Lei n.º 9.709/98 regulamenta o referido instrumento, instituindo algumas regras e procedimentos, porém não menciona os assuntos que podem ser seu objeto.

Atualmente, o referendo parece de certa forma esquecido. Em toda a história da República brasileira, o referendo foi utilizado apenas uma vez, quando da autorização para comercialização de armas de fogo. Todavia, vale ressaltar que, não obstante a fluidez com que a Constituição de 1988 e a Lei n.º 9.709/98 trataram do tema, sequer existe discussão sobre a utilização do referendo em matéria tributária.

Esse desinteresse pelo instituto do referendo não é infortúnio somente do Brasil. Muitos países dele também não se utilizam. De acordo com GASTON JÈZE, a necessidade social de afastar leis perniciosas ao sistema pode ser satisfeita de duas formas[594]: ou o corpo eleitoral aprova diretamente as leis tributárias, ou deve-se atribuir aos tribunais o poder de anular ou descartar as leis qualificadas de inconstitucionais[595], exercendo o controle da lei cuja elaboração o cidadão não participou.

Esse é o caso da ordem jurídica brasileira, que – ao herdar dos alemães e austríacos o interesse pelo controle de constitucionalidade das leis – deixou de lado esse importante instrumento da democracia. Faltando legitimidade à lei, ela será fatalmente questionada perante o Poder Judiciário, que poderá ou não retirar-lhe a eficácia, fenômeno de natureza inegavelmente sociológica, que, nos termos da doutrina de GASTON JÈZE, poderia substituir a necessidade de implantação do referendo.

Na França, a discussão sobre a possibilidade de instituir o referendo tributário alcançou desenvoltura notável, fato inegavelmente relacionado à histórica ausência de um controle de constitucionalidade exercido pelo Poder Judiciário (o que foi alterado somente em 2008 por meio da Lei n.º 2008-724). JEAN-CLAUDE MARTINEZ, inclusive, já chamou a atenção para

---

[594] JÈZE, Gaston. *Cours Élémentaire de Science des Finances et de Législation Financière Française.* 5.ª ed., Paris: M. Giard & E. Briere, 1912, p. 97.

[595] Todavia, segundo o célebre autor: *"(...) a organização de sanções semelhantes não está ao alcance de todos os Estados. O direito de veto supõe um Chefe do Executivo com muito pode, o que é difícil de conciliar com as instituições liberais. Quanto à sanção jurisidicional, ela somente é possível se os cidadãos tiverem um respeito profundo pelo princípio da legalidade e pelos juízes. A opinião pública deve estar pronta para apoiar o Executivo e os juízes nos possíveis conflitos com a legislatura."* (JÈZE, Gaston. *Op. Cit.,* p. 97).

"*a quase inexistência de controle do Conselho constitucional*" sobre a atividade normativa da Administração fiscal[596].

Segundo Lucien Mehl[597], a Constituição francesa de 1958 não autoriza o referendo em matéria fiscal, na medida em que as questões que podem ser submetidas ao referendo fiscal estão enumeradas pelo artigo 11 da Constituição. Por outro lado, Jean-Claude Martinez considera que a interpretação sistemática dos artigos da declaração de 1789[598], cujos dispositivos foram expressamente incorporados ao Texto constitucional, em conjunto com os dispositivos da Constituição francesa, leva a afirmar que o referendo fiscal não é somente autorizado, porém necessário[599].

Com efeito, o artigo 3.º da Constituição francesa, confirmando a possibilidade de se utilizar o referendo previsto no artigo 6.º da Declaração de 1789, dispõe que: "*a soberania nacional pertence ao povo que a exerce por seus representantes e pela voz do referendo*". Em outras palavras, os cidadãos ficam autorizados a participar do processo de elaboração da lei. No que concerne à criação de tributos, tal procedimento de consulta popular foi consagrado expressamente no artigo 14 da Declaração de 1789.

Problema suscitado por aqueles que defendem a impossibilidade de se instituir o referendo fiscal, tal como Lucien Mehl, reside no fato de que a tributação não foi contemplada dentre as matérias mencionadas no artigo 11 da Constituição de 1958: "*O Presidente da República, mediante proposição do Governo durante as sessões ou proposição conjunta das duas assembleias, publicadas no Jornal Oficial, pode submeter a referendo todo projeto de lei que versa sobre a organização dos poderes públicos, sobre reformas relativas à política econômica ou social da nação e aos serviços públicos ou que autoriza a ratificação de tratado que, sem ser contrário à Constituição, tiver incidência sobre o funcionamento das instituições*".

---

[596] MARTINEZ, Jean-Claude. *Le statut de contribuable*. Paris: LGDJ, 1980, p. 132.

[597] MEHL, Lucien. "Le principe du consentement à l'impôt et autres prélèvements obligatoires. Mythe et réalité". *Revue Française de Finances Publiques*, 1995, p. 69.

[598] A Constituição francesa de 1958 estabelece em seu preâmbulo: "*O povo francês proclama solenemente seu vínculo com os Direitos do homem e com os princípios da soberania nacional definidos pela Declaração de 1789, confirmada e completada pelo preâmbulo da Constituição de 1946 (...)*".

[599] Cf. MARTINEZ, Jean-Claude. *1789-1989. La révolution fiscale à refaire*. Paris: Litec, 1986, p. 225 e ss.; MARTINEZ, Jean-Claude. *Lettre ouverte aux contribuables*. Paris: Albin Michel, 1985, p. 141 e ss.; MARTINEZ, Jean-Claude; DI MALTA, Pierre. *Droit fiscal contemporain*. Tome 1. Paris: Litec, 1987 e ss.

No total, são três matérias que podem ser submetidas ao referendo: (i) organização dos poderes públicos; (ii) política econômica e social da nação e serviços públicos concernentes; e (iii) autorização da ratificação de tratado que tenha efeitos sobre o funcionamento das instituições.

Contudo, se considerarmos que os constituintes incorporaram expressamente à Constituição de 1958 os dispositivos da Declaração de 1789, inclusive os artigos 6.º[600] e 14, bem como que o artigo 3.º do próprio texto constitucional autoriza diretamente a utilização da consulta popular, pode-se concluir que o artigo 11 deve ser interpretado de maneira a privilegiar a autorização do referendo em matéria tributária. Além disso, não é difícil incluir a tributação no conceito de *política econômica* da nação, conforme mencionado pelo artigo 11 da Constituição de 1958.

Interpretação contrária conduziria a afirmar que somente uma parte do artigo 14 foi incorporada à Constituição francesa, a que autoriza o consentimento pela via representativa. Evidentemente, tal interpretação seria contrária ao texto literal da Constituição de 1958, uma vez que *todos* os artigos da Declaração de 1789 foram por ela expressamente incorporados, sem exceção.

Além disso, a análise dos valores protegidos pelo artigo 14 da Declaração de 1789 confirma a interpretação acima[601]. Sabendo que o referendo é um instrumento de realização semidireta da democracia, é fácil identificar os valores jurídicos perseguidos: a *liberdade* e a *igualdade*. Segundo MARIE-ANNE COHENDET, esses dois valores foram identificados por HANS KELSEN,

---

[600] *"Art. 6. A lei é a expressão da vontade geral. Todos os cidadãos têm o direito de concorrer, pessoalmente ou através de mandatários, para a sua formação. Ela deve ser a mesma para todos, seja para proteger, seja para punir. Todos os cidadãos são iguais a seus olhos e igualmente admissíveis a todas as dignidades, lugares e empregos públicos, segundo a sua capacidade e sem outra distinção que não seja a das suas virtudes e dos seus talentos."*

[601] *"Como observado por Kelsen, o direito é profundamente impregnado de valores, pois as regras de direito são estabelecidas a partir desse sistema de valores. Além disso, a razão de ser das regras é assegurar a aplicação concreta do ideal visado, ou seja, a perpetuação desses valores. Pode-se considerar que uma análise objetiva do direito não consiste na ignorância de tais valores, mas, pelo contrário, em sua integração com os elementos que explicam o conteúdo e o funcionamento do direito. Cabe à doutrina, não impor os valores aos quais os cidadãos irão aderir, mas esclarecer essa escolha, explicando a ligação entre esses valores e as regras de direito. Kelsen dizia que é preciso esclarecer 'a realidade pela ideologia que a domina, a ideologia pela realidade que a suporta'. (La démocratie, p. 24). Emmanuel Dockès demonstrou muito bem a influência dos valores da democracia sobre os conceitos fundamentais do direito (Valeurs de La démocratie, 2005)."* (COHENDET, Marie-Anne. *Droit constitutionnel*. 3a ed., Paris: Montchrestien: 2006, p. 16/17).

apoiando-se em Jean-Jacques Rousseau, como o núcleo fundamental do conceito de *democracia*[602].

Entretanto, esse desenvolvimento doutrinário não alcançou o Brasil. A consulta popular é um instrumento democrático que caiu no ostracismo, tanto é que foi realizada uma única vez na história brasileira. É de se ressaltar, todavia, que não há dispositivo jurídico que impeça a realização do referendo tributário no Brasil.

Evidentemente, o principal efeito psicológico da realização do referendo para criação ou majoração de tributo é a maior aceitação popular. Aceitar uma lei em cuja elaboração o próprio contribuinte participou diretamente é sem dúvida algo mais factível do que se esperar a adesão à lei imposta pelo Governo e que despreza a vontade direta da população.

Apesar de aparentemente irrealizável, a história de alguns países (principalmente Suíça e Estados Unidos da América) demonstra que a consulta popular não é condenável em si, podendo ser perfeitamente utilizada e com imenso proveito, principalmente nas reformas fiscais mais profundas – de acordo com Jean-Claude Martinez –, com a adoção de uma política referendária de escolhas essenciais[603], como o aumento da alíquota do imposto de renda, a criação de impostos de relevante impacto econômico, etc.

Com exceção de países como Itália, Portugal e Alemanha, que proíbem expressamente a prática do referendo em matéria financeira, não há em muitos países obstáculo jurídico para a adoção do referido procedimento. O obstáculo se situa no plano psicológico, pois o que impede a realização do referendo tributário é a desconfiança dos políticos e da própria Administração fiscal, representada pelo risco de deixar na mão do contribuinte a sorte de todo um orçamento com a qual o Governo deverá honrar seus compromissos e obrigações. Esse e outros limites à prática do referendo serão analisados no item a seguir.

Assim, ao menos no plano abstrato, a utilização do referendo em matéria fiscal é instrumento que serve adequadamente à realização da performance tributária. Contudo, sua utilização quase nula nos dias de hoje faz dele um instrumento relegado ao ostracismo.

---

[602] *"Se parto do princípio que todos os homens são iguais, com que direito o meu par poderá me governar, impor-me sua vontade? Minha liberdade se opõe a qualquer submissão às regras impostas por outro."* (COHENDET, Marie-Anne. *Droit constitutionnel*. 3.ª ed., Paris: Montchrestien: 2006, p. 17)

[603] MARTINEZ, Jean-Claude. *Le statut de contribuable*. Paris: LGDJ, 1980, p. 325.

B. Os limites práticos do referendo

A abordagem do artigo 14 da Declaração de 1789 como justificativa para a autorização do referendo tributário, traz um problema sobre a eficácia do princípio. Com efeito, o artigo 11 da Constituição francesa de 1958 indica que o referendo deve ser *proposto* pelo Governo durante as sessões ou pelas duas Assembleias.

Contudo, nada obriga o Governo ou as duas Assembleias a adotarem tal procedimento. Sobre esse ponto, confira-se a afirmação de LOUIS FAVOREU: *"A iniciativa presidencial, nesse ponto, é subordinada ao poder de proposição do Governo, que deve assim organizar um debate sem voto perante o Parlamento, ou do Parlamento, por uma proposição conjunta das duas assembleias. Isso significa que, se o presidente não pode organizar o referendo sem proposição, não existe nenhuma obrigação de fazê-lo caso realmente exista uma proposição. Ele dispõe, assim, de uma competência discricionária, não autônoma, para a matéria em tela"*[604].

O referendo, tal como previsto no artigo 11 da Constituição francesa, é completamente desprovido de força imperativa. Mesmo se o Governo ou o Parlamento propuserem a realização do referendo, por meio de um ato discricionário e não obrigatório, o Presidente da República não está obrigado a dar-lhe seguimento.

A França ainda não encontrou um mecanismo que possa garantir a efetividade do direito dos cidadãos de consentir, por si próprios, a tributação. O princípio em tela seria respeitado *se* e *quando* o Governo e o Parlamento fizessem a referida proposição e *se* o Presidente da República decidir organizá-lo.

Essa questão da ineficácia do artigo 14 da Declaração de 1789 decorre de uma característica do direito constitucional francês. Ao contrário de países com tradição no controle das normas constitucionais, não se discute na França questões relacionadas à *efetividade na norma*. Do lado oposto, a doutrina de países como o Estados Unidos, Brasil, Alemanha, Itália e outros é unânime em garantir a efetividade prática de todas as normas instituídas pela constituição. Assim, se a norma posta no Texto não garante um direito subjetivo ao cidadão (eficácia positiva), afirma-se que ela impede a edição de normas contrárias (eficácia negativa).

---

[604] FAVOREU, Louis *et al. Droit constitutionnel.* 11.ª ed., Paris: Dalloz, 2008, p. 664.

No caso do artigo 14 da Declaração de 1789 – incorporado à Constituição francesa de 1958 –, não se fala de sua eficácia direta. A norma constitucional, assim, não tem efeitos jurídicos vinculantes, pois não existe uma sanção para a conduta que a contraria. Passou a ser uma simples *sugestão* direcionada ao chefe do Estado[605].

---

[605] Dentre as possíveis razões que podem justificar essa característica do direito francês, destacam-se duas. A primeira é que a Constituição francesa nos parece um texto cuja força política se sobrepõe fortemente à jurídica. Alguns artigos e outros detalhes do próprio texto constitucional confirmam a assertiva. No total, o texto disciplina os poderes do Presidente da República em quinze artigos (arts. 5.º ao 19). O artigo 5.º da Constituição dispõe que "*o Presidente da República é o guardião do respeito à Constituição*", tarefa atribuída, no Brasil, ao Supremo Tribunal Federal. Ao disciplinar o Conselho Constitucional, a Constituição lhe dedica apenas oito artigos (arts. 56 ao 63). De acordo já com o primeiro – art. 56 da Constituição de 1958 – além dos nove conselheiros ordinariamente designados, todos os ex-presidentes da República têm o direito de fazer parte do Tribunal Constitucional francês, o que nos parece um parece um paradoxo, dado o caráter eminentemente jurídico do exercício da função de magistrado da Corte Constitucional. Dentre as várias competências do Conselho disciplinadas pela Constituição, a primeira é a estipulada pelo art. 58, que assim dispõe: "*O Conselho Constitucional é o guardião da regularidade da eleição do Presidente da República*". A tarefa inerente à interpretação e preservação das normas constitucionais, ao que parece, fica no segundo plano. O segundo motivo é a tradicional ausência de controle difuso de constitucionalidade, devido, principalmente, ao sagrado respeito que a França dedica ao princípio da separação dos poderes. Até há pouco tempo atrás, o Conselho constitucional apenas exercia o controle de conformidade antes da promulgação da lei. Mesmo assim, nos termos do art. 61 da Constituição, apenas as leis orgânicas são obrigatoriamente submetidas à apreciação do Conselho. As outras são examinadas apenas se o Presidente da República, o Primeiro Ministro, o Presidente da Assembleia Nacional, o Presidente do Senado ou sessenta deputados ou sessenta senadores o requererem. Uma vez declarado inconstitucional, o dispositivo não pode ser promulgado, nem aplicado de qualquer outra forma, sendo a decisão oponível a todo o Poder Público, incluindo autoridades administrativas e judiciais. Ora, é evidente que o referido sistema amputa o desenvolvimento das discussões sobre a aplicação prática das normas constitucionais. Da mesma forma, as discussões sobre a efetividade prática das normas resta prejudicada, uma vez que o debate constitucional é necessariamente curto e limitado. Contudo, como já informado acima, o controle de constitucionalidade exercido pelo Conselho Constitucional foi profundamente alterado, por meio da Lei n.º 2008-724, de 23.07.2008, que inseriu no Texto francês a previsão para a realização do controle difuso. Esse controle, contudo, ficou sem aplicabilidade prática até a edição da lei orgânica n.º 2009-1523, de 10.12.2009, necessária para implementação da reforma constitucional. Nesse sentido: "*O Conselho de Estado decidiu, recentemente, que, na ausência da referida lei orgânica, os dispositivos do artigo 61-1 da Constituição são inaplicáveis; e que, enquanto não editada referida lei, a conformidade de uma lei à Constituição não pode, consequentemente, ser suscitada perante o Conselho de Estado*". (VALLÉE, Laurent. "Droit fiscal constitutionnel: principe d'égalité et compétence du législateur." *Revue de Droit Fiscal*, n.º 16, 16/04/2009, p. 40)

Alguns doutrinadores ainda identificam outro problema prático da realização do referendo tributário, de notáveis efeitos negativos. De acordo com tais autores, as matérias suscetíveis de serem submetidas ao referendo fiscal podem ser objeto de manifestações demagógicas, o que pode levar a uma considerável perda de arrecadação. JULIEN GUEZ, por exemplo, ressalta que: *"A reticência quanto à instituição do referendo fiscal está mais relacionada com o receio quanto aos aspectos demagógicos potenciais das técnicas de democracia direta do que com uma análise jurídica indiscutível"*.[606]

O mesmo receio é partilhado por JEAN-BAPTISTE GEFFROY: *"(...) se uma objeção pode ser formulada contra o referendo fiscal, ela é mais prosaica e psicológica que puramente jurídica, e diz respeito ao risco que os poderes públicos correriam em deixar nas mãos dos cidadãos um meio tão eficaz de eludir as obrigações tributárias"*.[607].

ANDRÉ BARILARI ilustra a irresponsabilidade popular com a experiência realizada no estado da Califórnia, Estados Unidos da América. Com efeito, a petição lançada no referido Estado em 1978, assinada por meio milhão de pessoas, conduziu à adoção, por meio de referendo, de uma lei que diminuiu pela metade os impostos fundiários locais. Assim, segundo o autor: *"É grande o medo de que, por falta de maturidade, os eleitores se deixem levar a aprovar proposições demagógicas para diminuir a carga tributária, sem se preocupar com as consequências sobre o financiamento dos serviços públicos e as despesas de interesse geral"*[608].

Tal receio foi o principal motivo da proibição explícita do referendo tributário na constituição de alguns países. É o caso, por exemplo, da Constituição Portuguesa de 1976[609], da Constituição Alemã de 1947[610] da Constituição Italiana de 1948[611]. De acordo com GUSTAVO INGROSSO, a

---

[606] GUEZ, Julien. *L'interprétation en droit fiscal*. Paris: LGDJ, 2007, p. 310/311.

[607] GEFFROY, Jean-Baptiste. *Grands problèmes fiscaux contemporains*. Paris: PUF, 1993, p. 39.

[608] BARILARI, André. *Op. Cit.*, p. 106.

[609] Artigo 115, 4, b. *"Estão excluídos do campo do referendo: As questões e os atos de conteúdo orçamentário, tributário e financeiro."*

[610] Artigo 59, 5.º *"As finanças, as leis fiscais e as que versam sobre a regulamentação dos tratamentos e salários não poderão ser submetidos a referendo"*.

[611] Artigo 75. *"Non è ammesso il referendum per le leggi tributarie e di bilancio, di amnistia e di indulto, di autorizzazione a ratificare trattati internazionali."*

tecnicidade da lei tributária é também enumerada entre os motivos que desaconselham a adoção de tal instrumento democrático[612].

Todavia, o receio de fracasso do referendo não é unânime na doutrina. Não obstante a expressa proibição do referendo em matéria fiscal no direito português, alguns autores sublinham a importância desse instrumento democrático, bem como a irrealidade de alguns dos receios acima mencionados, invocando a experiência estrangeira.

José Casalta Nabais, por exemplo, afirma que existem impostos: "(...) *que bem podem ser submetidos a referendo sem dificuldades técnicas de maior e sem receios demagógico-manipulativos como, de resto, o prova a prática referendária fiscal dos estados federados norte-americanos e da Confederação Helvética. Daí que, de iure condendo, o referendo fiscal não seja de excluir em termos absolutos, podendo justamente vir a constituir um dos novos instrumentos de carácter procedimental por que pode passar a domesticação do atual estado fiscal*"[613].

Para saber se os receios invocados são reais, é preciso analisar a experiência de países que já realizaram o referendo fiscal. No que concerne a experiência dos estados federados dos Estados Unidos da América, a doutrina não é unânime quanto à sua eficácia. Ao passo que José Casalta Nabais afirma que a prática referendária realizada nos EUA é uma demonstração de que tal instrumento da democracia pode ser utilizado sem grandes dificuldades técnicas e políticas, Michel Bouvier, por outro lado, destaca os maus resultados obtidos com as medidas que realizaram o referendo: "*As consequências de tais medidas, notadamente na Califórnia, são atualmente legíveis na degradação dos serviços públicos que elas geraram por conta*

---

[612] "*O referendo não é admitido pelas leis de orçamento, por conta da natureza eminentemente técnica do assunto. Pela mesma razão, a iniciativa não deveria ser admitida no que diz respeito às leis tributárias. Em geral, o referendo é o resultado da pressão exercida pelas necessidades públicas e, consequentemente, pelas exigências da economia financeira do Estado.*" (INGROSSO, Gustavo. *Diritto Finanziario*. 2.ª ed., Naples: Casa Editrice DOTT. Eugenio Jovenne, 1956, p. 127). Sobre as causas da proibição do referendo tributário na Itália, cf.: CARIOLA, Agatino. *Referendum Abrogativo e Giudizio Costituzionale. Contributo allo Studio di Potere nell'Ordinamento Pluralista.* Milano: Giuffrè, 1984, p. 187 e ss.; PISTONE, Antonio. *Lezioni di Diritto Tributario.* Padova: CEDAM, 1986, p. 76 e ss.; RASTELLO, Luigi. *Diritto Tributario. Principi Generali.* 4.ª ed., Padova: CEDAM, 1994, p. 339 e ss.

[613] NABAIS, José Casalta. *O dever fundamental de pagar impostos.* Coimbra: Almedina, 1998, p. 687.

da falta de meios financeiros (principalmente para a educação, a polícia e a justiça); e a tal estado dos fatos não se chega sem inquietar parte da opinião"[614].

Sustentando opinião em sentido inverso, PHILIPPE MILLAN afirma que a emenda constitucional *"Jarvis-Gann"*, conhecida sob a designação de *Proposição 13*, votada em 06 de junho de 1978 no Estado da Califórnia e considerada como o mais importante referendo fiscal praticado nos Estados Unidos, foi um *sucesso*[615]. Com efeito, tal proposição limitou a alíquota do imposto fundiário (*property tax*) em 10% do valor do mercado (*assessed market value*) dos bens[616]. Outros estados americanos adotaram igualmente o sistema referendário[617].

PHILIPPE MILLAN menciona, ainda, que a crítica frequentemente realizada ao referendo, no sentido de que tal procedimento somente conduz à rejeição do aumento de tributos em detrimento do interesse geral, não é plausível: "(...) *a experiência trazida pela prática do referendo nos Estados Unidos conduz a temperar de certa forma tal observação*"[618].

Pode-se mencionar vários exemplos no sentido de que a utilização desse instrumento nos Estados Unidos não provocou a rejeição ao imposto: Em 1970, no Estado de Washington e Dakota do Sul, a proposição que consistia em limitar o imposto fundiário e substituí-lo parcialmente por um

---

[614] BOUVIER, Michel. *Introduction au Droit Fiscal Général et à la Théorie de l'Impôt*. 7.ª ed., Paris: LGDJ, 2005, p. 153.

[615] MILLAN, Philippe. *Le consentement à l'impôt*. Tome II, Tese em Direito, Université de Paris II, 1996, p. 488.

[616] Sobre a *Proposição 13*, cf.: SHAPIRO; PURYEAR; ROSS. "Tax and expenditure limitation in retrospect and in prospect". *National Tax Journal*, Supl. ao n.º 32 (1979), p. 1 e ss.; BUCHANAN, James; BRENNAN, Geoffrey. "The logic of tax limits: alternative constitutional constraints on the power to tax". *National Tax Journal*, Supl. ao n.º 32 (1979), p. 11 e ss.; RAFUSE. "Proposition 13: initial impacts on the finances of four country governments". *National Tax Journal*, Supl. ao n.º 32 (1979), p. 229 e ss.; J. J. KIRLIN; J. I. CHAPMAN. "California State finance and proposition 13". *National Tax Journal*, Supl. ao n.º 32 (1979), p. 269 e ss.; KIMBELL; SCIH; SCHULMAN. "A framework for investigating the tax incidence effects of Proposition 13". *National Tax Journal*, Supl. ao n.º 32 (1979), p. 313 e ss.; OAKLAND. "Proposition 13 – genesis and consequences". *National Tax Journal*, Supl. ao n.º 32 (1979), p. 387 e ss.

[617] É o caso, por exemplo, do Estado de Arkansas (art. V, seção 38 da Constituição); Illinois (art. IX, seção 3 da Constituição); Louisiane (art. VII, seção 18 da Constituição); e Caroline do Norte (art. 5, seção 2(6) da Constituição).

[618] MILLAN, Philippe. *Le consentement à l'impôt*. Tome II, Tese em Direito, Université de Paris II, 1996, p. 494.

imposto sobre a renda mais popular foi rejeitado. A mesma proposição foi novamente rejeitada em 1973 no Estado de Washington.

No curso desse mesmo ano, foi igualmente rejeitada uma proposição de limitação do imposto fundiário em Oregon. Ainda em 1973, os eleitores do Estado da Califórnia rejeitaram uma proposição que consistia em limitar, por meio de dispositivos constitucionais, o poder tributário do Estado, bem como congelar o imposto fundiário. Em 1976, o Estado de Michigan rejeitou também uma proposição de limitação do imposto fundiário. Em 1980 os eleitores do Estado da Califórnia rejeitaram outra proposição que visava, dentre outras, a redução do imposto sobre a renda. Entre 1978 e 1981, os eleitores do Michigan rejeitaram uma série de medidas que visavam à redução do imposto fundiário ou a transferência desse imposto para outras pessoas. Em 1978, os eleitores do Estado do Arizona repeliram também a diminuição de impostos[619].

Ainda de acordo com PHILIPPE MILLAN, tais exemplos demonstram que o referendo fiscal não é um procedimento que conduz por si próprio à diminuição dos tributos. Trata-se de um instrumento que expõe, de uma maneira bem demonstrativa, a escolha dos contribuintes: *"A desdramatização da utilização do referendo tributário é, então, necessária, servindo o exemplo dos Estados Unidos para demonstrar que o referendo não conduz necessariamente à diminuição da arrecadação fiscal, a uma queda das despesas públicas, nem a um liberalismo selvagem. O referido instrumento permite simplesmente a melhor integração do cidadão ao processo de decisão fiscal, um dos primeiros deveres de toda democracia autêntica"[620].*

No que concerne o referendo fiscal praticado na Suíça, parece-nos que não há discussão sobre sua eficácia, não obstante as ponderações de HENRY LAUFENBURGER quanto ao aspecto demagógico anteriormente citado[621]. Na referida confederação, tal instrumento político foi utilizado sem parcimônia. Já em 1958, a população autorizou a criação de um imposto cobrado

---

[619] *Ibid.*, p. 499 e ss.

[620] MILLAN, Philippe. *Le consentement à l'impôt.* Tome II, Tese em Direito, Université de Paris II, 1996, p. 495.

[621] *"Não obstante seja a democracia suíça um modelo, em razão principalmente da arbitragem popular (votações frequentes com senso de referendo), os deputados receiam o risco de impopularidade. Eles se preocupam, como nos outros países, com as chances de reeleição".* (LAUFENBURGER, Henry. *Économie des Finances Suisses.* Genebra: Librairie de l'Université, Georg & Cie S.A., 1961, p. 294)

de todo cidadão do sexo masculino em idade de servir, porém que não prestou o serviço militar.

Após longo período de crise econômica, os cidadãos suíços autorizaram, também no ano de 1958, a instituição de impostos extraordinários, até o exercício de 1965, com a finalidade de financiar as necessidades da confederação. Em 1975, o aumento das receitas fiscais foi aprovado. O mesmo ocorreu em 1977, quando os contribuintes aprovaram várias medidas de economia orçamentária propostas pelo Governo. Durante esse mesmo ano, a harmonização fiscal prevista no artigo 42 quinto da Constituição Federal foi aceita.

Em 1993, o Governo fez ser aprovado o aumento do preço da gasolina e a reabertura das casas de jogos, no intuito de dar um fôlego suplementar às finanças públicas. Ainda em 1973, um novo referendo foi organizado sobre a substituição do antigo ICHA por um IVA idêntico àquele conhecido pelos países da União Europeia, tendo sido a alíquota fixada em 6,5%, com uma previsão que permitia a utilização de alíquota de 7,5%, caso a situação financeira do regime geral de proteção social o permitisse. Em 1994, três revisões da Constituição foram aceitas, no intuito de prorrogar a cobrança de taxas sobre o uso de autoestradas[622]. Cumpre ressaltar que, em Genebra, desde 1.º de janeiro de 2002, a instituição de novos impostos, a modificação de alíquotas e de base de cálculo são submetidas a referendo obrigatório (Art. 53, A, 1, da Constituição do Cantão de Genebra).

O exemplo suíço de utilização do referendo, principalmente no que concerne a adoção do IVA, demonstra que tal procedimento pode ser utilizado para realizar uma reforma de grande amplitude. Além disso, qualquer que seja o resultado do referendo, *"ele não é necessariamente a fonte de barreiras ou de tentações conservadoras, desde que subsista uma vontade política. Isso demonstra que, pelo contrário, o referido procedimento pode representar a oportunidade de uma adaptação conjuntural, permitindo a transposição de obstáculos"*, de acordo com PHILIPPE MILLAN.[623]

Para concluir, pode-se afirmar que mesmo que essa breve análise do referendo no direito comparado não permita assegurar o sucesso ou fracasso da prática referendária nos dois países mencionados, parece-nos

---

[622] MILLAN, Philippe. *Le consentement à l'impôt*. Tome II, Tese em direito, Université de Paris II, 1996, p. 463.

[623] *Ibid.*, p. 464.

que a técnica não é condenável por si só. Em outras palavras, não se pode afirmar que o referendo, como instrumento de realização direta da democracia, não deve ser realizado porque os problemas que lhe são inerentes o desaconselha.

Uma série de circunstâncias psicossociais deve ser analisada para saber se tal procedimento é ou não recomendável. Não seria prudente propor a adoção imediata do referendo tributário no Brasil, principalmente se levarmos em conta a advertência de PHILIPPE MILLAN, no sentido de que o argumento segundo o qual a adoção de tal método pode se tornar um instrumento de rejeição ao aumento de tributos em detrimento do interesse geral "*é, não obstante, pertinente no caso em que o referendo fiscal for transplantado brutalmente para uma nação que jamais o praticou*"[624].

§ 3 – O consentimento *sócioprofissional*

Atento à crise de representatividade no âmbito fiscal – acima relatada –, JEAN-CLAUDE MARTINEZ empreendeu importante investigação sobre a mutação pela qual o princípio do consentimento passou para se adaptar à fiscalidade moderna. O autor demonstra, com base em sólida pesquisa, que o consentimento não é mais obtido por meio do mandato político outorgado pelo contribuinte, mas sim por meio da negociação empreendida por grupos sociais profissionais diretamente com a Administração fiscal. Emerge assim a expressão *sócioprofissional* do consentimento.

Com a transferência do poder fiscal do Parlamento para a Administração – que assume papel fundamental na elaboração das normas fiscais – os grupos de pressão (entidades representativas cujo ativismo vem ganhando cada vez mais importância) também transferiram seu foco do Parlamento para a Administração fiscal. Em outras palavras, diante do déficit de representatividade do sistema democrático atual, outras entidades passaram a representar os interesses dos contribuintes. O consentimento em sua forma parlamentar passou a ser nada mais que a resultante de ações corporativas que pressionam os representantes, sob a forma de negociação.

Essa tendência negocial relatada por JEAN-CLAUDE MARTINEZ espraiou-se pelo mundo. No Brasil, as grandes entidades representativas de setores econômicos e profissionais têm participação ativa no Congresso, sempre

---

[624] *Ibid.*, p. 494.

representando os interesses da categoria, influenciando no resultado legislativo final, com mais ou menos força, a depender da importância da entidade.

As confederações nacionais da indústria, do comércio e da agricultura (respectivamente, CNI[625], CNC e CNA), são exemplos de entidades com força reconhecida[626]. Há também os conselhos regionais, que velam pelos interesses dos profissionais liberais, tais como o Conselho Federal de Medicina, Associação Médica Brasileira ou ainda o Ordem dos Advogados do Brasil. As cooperativas que lutam pelos interesses dos cooperados. Não só essas, mas inúmeras outras entidades de classe são presentes no processo legislativo, cada qual representando seus interesses.

Há também a figura do contribuinte *guliveriano* traçado por JEAN-CLAUDE MARTINEZ, agigantado ao longo do tempo por processos de incorporações e fusões societárias, cuja importância na economia lhe confere estatura para negociar diretamente com a Administração fiscal. É o caso dos grupos PSA Peugeot Citröen e Petrobras S/A, por exemplo.

Todavia, como alertado por JEAN-CLAUDE MARTINEZ, a massa da população é a grande ausente desse debate, justamente por inexistir entidade que a represente adequadamente, velando por seus interesses. Segundo o autor, *"com exceção de alguns 'contribuintes guliverianos', os contribuintes não intervêm individualmente na elaboração das regras fiscais. Eles somente possuem alguma influência por meio de organizações profissionais às quais eles podem fazer parte"*[627]. O Brasil e outros países seguem sorte semelhante, pois não há entidade que represente a massa dos trabalhadores e consumidores, cujos interesses recaem na vagueza da representatividade parlamentar ordinária.

Mesmo com essa nova realidade – resultado da alteração dos atores que participam do pré-consentimento (contribuintes e parlamentares deixaram de ser os únicos atores e passaram a atuar ao lado das entidades representativas e Administração fiscal) –, não se verificou sensível melhora na aceitação das leis fiscais. Em outras palavras, não se observou um aumento significativo da performance fiscal com essa nova forma de consentimento.

---

[625] A Confederação Nacional da Indústria mantém uma Agenda Legislativa, com os principais assuntos de interesse dos industriais que serão ou estão sendo debatidos junto com o Congresso Nacional. Cf.: www.agendalegislativa.cni.org.br, acessado em 22/11.2012.

[626] A título de exemplo, a atuação da CNI foi decisiva para extinção da CPMF, contribuição com alto índice de rejeição social.

[627] MARTINEZ, Jean-Claude. *Le statut de contribuable*. Paris: LGDJ, 1980, p. 155.

Evidentemente, não fosse a atuação dessas entidades representativas de setores econômicos e profissionais – que funcionam como verdadeiros sindicatos dos contribuintes –, a pressão fiscal exercida pela carga tributária seria ainda maior, em detrimento dos interesses das respectivas categorias e dos cidadãos de maneira geral (dado que os tributos são sempre repassados no preço). Com isso, os litígios e a resistência ao pagamento dos impostos seriam ainda mais importantes.

Mas essa vantagem não é generalizada, dado que a massa de contribuintes cujos interesses não são objeto de atuação das entidades sócioprofissionais permanece sem representação efetiva no processo de elaboração das leis. Consequentemente, em termos de adesão ao sistema e consequente aumento da performance fiscal, a vantagem da representação sócioprofissional será parcial.

Resumidamente, pode-se constatar que o consentimento dado quando da elaboração da norma fiscal (seja pela via parlamentar, do referendo ou por meio da atuação dos organismos sócioprofissionais) não é garantia de maior aceitação dessa norma. Contudo, a ausência de qualquer tipo de participação do contribuinte certamente aumentaria sobremaneira o índice de rejeição. Em outras palavras, o *pré-consentimento* não é garantia de maior aceitação da norma fiscal, mas sua existência garante que a rejeição não seja ainda maior. Por isso, deve ser considerado um instrumento de nivelação do índice de cumprimento voluntário das obrigações fiscais, fazendo-se necessária a utilização de outros meios que aumentem esse índice, de fundamental importância para a performance do sistema tributário.

Seção 2 – O papel do *pós-consentimento* ou adesão ao imposto no aumento da performance fiscal

Em geral, pode-se definir o *pós-consentimento* ou adesão ao imposto como o fenômeno por meio do qual os contribuintes aceitam o sistema tributário já estabelecido. Como já afirmado alhures, a adesão ao imposto possui estreita relação com o princípio da performance na medida em que o sistema fiscal aceito pelos contribuintes é um sistema no qual o nível de contestações e resistência ao imposto é baixo, ao passo que o de cumprimento voluntário das obrigações fiscais é elevado.

Se o *pré-consentimento* – acima analisado – tem eficácia limitada quando à promoção do princípio da performance, o mesmo não ocorre quando se analisa os efeitos do *pós-consentimento*. Nos dias de hoje, a atuação psicológica da Administração pública (§ 1) é de fundamental importância para o desenvolvimento do índice de cumprimento voluntário dos deveres fiscais, o que pode ser realizado através dos instrumentos postos à sua disposição (§ 2).

§ 1 – A atuação psicológica da Administração fiscal

A questão da atuação psicológica da Administração fiscal não é analisada na imensa maioria dos países. Somente alguns poucos – como é o caso da França e da Alemanha, principalmente – deram a devida importância à questão psicológica do comportamento do contribuinte (A), que – em nossa opinião – dará os contornos da sua futura relação com a Administração fiscal. É certo que a doutrina, principalmente a francesa, é pródiga no assunto, mas a valorização dessa questão psicológica é também refletida no âmbito prático, como se nota de alguns exemplos que serão analisados (B).

A. A importância do fator psicológico

O primeiro autor a aprofundar, na França, o tema das relações psicosociológicas entre os contribuintes e a Administração foi HENRY LAUFENBURGER, na obra intitulada *Teoria Econômica e Psicológica das Finanças Públicas*, publicada em 1956. Contudo, o autor indica em sua obra que já havia tratado do assunto em 1947, em três conferências proferidas na Universidade de Istambul. Mas os primeiros trabalhos são de GÜNTER SCHMÖELDERS, que elaborou dois estudos sobre o tema: *Steuermoral und Steuerbelastung*, Berlin, 1932; e Finanzpsychologie, *Archives des Finances*, NF, vol. 13, Tübingen, 1951[628].

É evidente que a performance do sistema tributário não pode aguardar que o contribuinte se conscientize por si próprio da importância do *civismo fiscal*. Se se deseja que a sociedade aceite o imposto, é preciso procurar os meios para se alcançá-lo. A autossensibilização de uma sociedade não é mais que simples utopia. Sobre esse ponto, ANDRÉ BARILARI, constatando

---

[628] LAUFENBURGER, Henry. *Théorie économique et psychologique des Finances publiques*. Paris: Sirey, 1956, p. 233 e ss.

uma realidade psicológica irrefutável, afirma que: *"Aceitar retroceder parte de seus bens é violar os próprios desejos e paixões. Mesmo se o indivíduo tem a consciência de que o imposto possui uma contrapartida e que ele pode participar no seu processo de elaboração por meio dos mecanismos de decisão política, ele ressente a importância do seu montante como um atentado a seus impulsos pessoais"*[629].

A busca pelo desenvolvimento do *civismo fiscal* já não mais se revela suficiente para um sistema tributário consentido e eficiente. Os alemães, pioneiros no estudo da psicologia fiscal, constataram, há algumas décadas, a necessidade de uma ação mais ampla do Estado. Como sublinhou GÜNTER SCHMÖLDERS, as investigações no terreno psicológico demonstraram que o dever fiscal aparece separado da moral do indivíduo. A apelação do Estado por um dever fiscal mais consciente se dirige tão somente à razão pura do indivíduo e à *boa vontade* latente nessa razão. Por outro lado, a oposição ao imposto surge da esfera mais vital do ser humano, em seus instintos e tendências naturais, que neutralizam e vencem esse dever racional, muito menos poderoso.

Ainda segundo GÜNTER SCHMÖLDERS, o fato de o imposto aparecer como algo que é exigido coercitivamente sem especial contraprestação desperta no indivíduo um dos seus instintos mais potentes: o instinto de dominação, que inspira o cidadão a defender a possessão de seus próprios bens. A menos que um temor ancestral de raiz religiosa ou também de natureza patrimonial (multa) nele inspire a necessidade de contribuir de algum modo ao bem-estar geral, os deveres fiscais encontram no homem as mais poderosas resistências[630].

A resistência que o contribuinte demonstra possui diferentes origens, de acordo com a sociedade em análise. Um exemplo claro dessa diversidade reside na denominação dada ao que se deve pagar. A palavra inglesa *duty*, por exemplo, está mais associada à ideia de *dever, contribuição*. O termo *tax*, de origem normanda, é bem representado pela noção de *carga*. A palavra alemã *steuer* significa, em sua acepção etimológica, *apoio* ou *ajuda*. A alocução *skat*, de origem escandinava, alude à ideia de *tesouro comum*, pondo em relevo a noção de participação ou contribuição. Já as palavras de origem

---

[629] BARILARI, André. *Le consentement à l'impôt*. Paris: Presses de sciences PO, 2000, p. 11.
[630] SCHMÖLDERS, Günter. *Lo irracional en la hacienda pública*. Madrid: Editorial de Derecho Financiero, 1965, p. 113.

latina (*imposto, impôt* e *impuesto*) suscitam a ideia de submissão, incluindo esferas distintas da puramente fiscal.

O pós-consentimento ou adesão ao imposto tem fundamental importância na diminuição dessa rejeição, atuando no âmago psicológico do contribuinte. Certamente, por *adesão* ao imposto não se quer dizer *vontade* de pagá-lo. Os significados de tais expressões são completamente diferentes. Ao passo que a adesão reporta-se à noção de *concordância, aprovação* ou *assentimento*, a vontade é a manifestação expressa do *desejo*. E ninguém deseja pagar impostos, como bem ressaltado por ANDRÉ BARILARI.

Mesmo aqueles que cumprem espontaneamente suas obrigações fiscais não são motivados pela vontade, evidentemente. Suas atitudes são reflexo ou do temor das pesadas sanções que o Estado impõe, ou – em muito menor escala – da consciência acerca da importância fundamental para a coletividade do ato de pagar impostos. Trata-se, assim, de uma aceitação *resignada*, segundo a expressão utilizada por LUCIEN MEHL[631], JEAN-CLAUDE MARTINEZ e PIERRE DI MALTA[632].

A *resignação* representa com exatidão o espírito daquele que paga impostos sem, todavia, desejá-lo. Como destacado por PIERRE LALUMIÈRE e GEORGES PEQUIGNOT no prefácio do livro *Le statut de contribuable*, de maneira geral, o contribuinte tem uma atitude apática frente ao montante de impostos devidos. Ele demonstra uma dupla posição negativa: nem aceitação voluntária, nem recusa deliberada[633].

Assim, o objetivo que deve ser perseguido pelo poder público é a referida aceitação que, não obstante resignada, leva o contribuinte a cumprir suas obrigações independentemente da ação da Administração fiscal, tornando o sistema fiscal mais eficiente e eficaz. Como sublinhado por MICHEL BOUVIER: "(...) *desenvolver a aceitação do imposto, prevenir a evasão fiscal e isolar os fraudadores, prestar o melhor serviço com o melhor custo, representa para ela* [a Administração] *objetivos essenciais*"[634].

---

[631] MEHL, Lucien. "Le principe du consentement à l'impôt et autres prélèvements obligatoires. Mythe et réalité". *Revue Française de Finances Publiques*, 1995, p. 72.

[632] MARTINEZ, Jean-Claude; DI MALTA, Pierre. *Droit fiscal contemporain*. Tome 1. Paris: Litec, p. 31.

[633] MARTINEZ, Jean-Claude. *Le statut de contribuable*. Paris: LGDJ, 1980, p. VII.

[634] BOUVIER, Michel. *Introduction au Droit Fiscal Général et à la Théorie de l'Impôt*. 7.ª ed., Paris: LGDJ, 2005, p. 142.

Prestar o melhor serviço pelo melhor custo constitui assim um objetivo que deve ser perseguido não somente pelo legislador, como ressaltado pelo mesmo autor: "(...) *o consentimento ao imposto não é realizado, atualmente, apenas no Parlamento, mas também e em grande escala ao nível da prática administrativa, sendo a administração fiscal o vetor dessa aceitação ao imposto"*[635].

A mesma ideia de busca da adesão ao imposto como imperativo de performance do sistema fiscal também é dividida por MARTIN COLLET: "*(...) o ministério* [das Finanças] *procura reforçar o 'civismo fiscal' dos cidadãos, a fim de reorientar a ação dos serviços para a luta contra a verdadeira delinqüência fiscal. Em suma, pacificando as relações com os contribuintes, o objetivo é não somente convencer esses últimos a quitar mais espontaneamente suas obrigações fiscais a fim de facilitar a cobrança dos impostos, mas também facilitar a tarefa dos agentes e de permitir* in fine *a redução do efetivo e a realização de economias financeiras (Noël, 2005, p. 1810)"*[636].

Não há dúvidas de que a busca efetiva pela aceitação do sistema tributário é o meio mais adequado de realização da performance, sem efeitos colaterais indesejados. Vimos acima que o consentimento parlamentar tornou-se mera ficção, pois não mais existe na prática. O referendo fiscal, apesar de instrumento adequado para aproximar o contribuinte de suas obrigações fiscais, foi relegado ao ostracismo. O consentimento sóciopro- fissional promove a aceitação do sistema tributário – ao reduzir a pressão da carga fiscal –, mas não serve adequadamente a todos, deixando a massa de contribuintes sem o abrigo de sua proteção.

B. Análise de alguns exemplos concretos adotados pela França

A antiga preocupação que se observa na doutrina francesa com a bus- ca do pós-consentimento acabou se repercutindo no campo prático, seja por meio da adoção de algumas medidas administrativas, seja por meio da edição de leis. Ao contrário do que se pode supor inicialmente, trata- -se de doutrina eminentemente pragmática, voltada à concretização de alguns valores institucionais. Cumpre, igualmente, ressaltar que a análise exaustiva de tais medidas ou leis passaria os limites do presente estudo,

---

[635] *Ibid*, p. 143.
[636] COLLET, Martin. *Droit Fiscal*. Paris: Presses Universitaires de France, 2007, p. 218/219.

dada sua quantidade e diversidade. Dessa maneira, serão analisados alguns exemplos que servirão para ilustrar a referida repercussão.

A Administração francesa revela uma constante preocupação, desde a década de 50 – quando da promulgação do Código Geral de Impostos –, com a *satisfação do contribuinte*. A Circular n.º 2.845, de 21/10/1954, criou um sistema de informações ao contribuinte fundado na *"cortesia e boa-fé, cuja finalidade principal é esclarecer eficazmente o devedor sobre os limites de seus direitos a extensão de suas obrigações, de modo a evitar erros de interpretação e eliminar certos litígios e conflitos"*[637].

Para esse fim, a Direção de Impostos (órgão fazendário francês) determinou a seus agentes, por meio da referida circular, que não fossem poupados esforços na ajuda para que o contribuinte compreenda a origem e o valor de seus débitos fiscais. Igualmente, determinou a criação de um Centro de Informações Administrativas, aberto ao público para esclarecimentos sobre os impostos devidos (cf. Droit Fiscal, 1957, n.º 51/52, p. 2).

Estabeleceu, ainda, que os contribuintes submetidos à fiscalização poderiam formular, por escrito, questões sobre o procedimento diretamente ao fiscal (cf. Droit Fiscal, 1958, n.º 20, *comm.* 507), cujas respostas vinculariam a Administração. Ainda com o mesmo intuito, determinou a impressão de formulários denominados "Pedido de Esclarecimentos", em quatro laudas, reservadas as duas últimas para a resposta da Administração, de modo a agilizar sua manifestação.

Tais medidas foram adotadas na realização do que se convencionou chamar de *Política de Colaboração, Compreensão e Bons Trabalhos*, elaborada justamente como meio de reduzir o campo de ação repressiva da Administração fiscal francesa.

O interesse pelas relações entre a Administração e o público também pode ser verificado na Lei n.º 79-587, de 11/07/1979, relativa à *"motivação dos atos administrativos e à melhora das relações entre a administração e o público"*. Ou a Lei n.º 78-753, de 17/07/1978, que versa sobre: *"diversas disposições de ordem administrativa, social e tributária"*.

Igualmente, foram criados os Centros e Associações de Gestão Agregadas (Lei de 27/12/1974), organismos privados que têm por objeto dar às pequenas e médias empresas assistência técnica em matéria de gestão,

---

[637] JACQUEMONT, Thomas. "Soixante ans de Droit Fiscal". *Revue de Droit Fiscal*, n.º 39, 24/09/2009, p. 19.

principalmente quanto à contabilidade e preenchimento de declarações fiscais. Realizando tal assistência, os Centros podem assim observar a coerência das declarações das referidas empresas, evitando os erros ao mesmo passo em que as fiscaliza.

De acordo com GUY GEST e GILBERT TIXIER, *"numerosas circulares e instruções determinam que os agentes administrativos evitem todo e qualquer comportamento suscetível de provocar a hostilidade dos contribuintes, bem como que usem com prudência os poderes exorbitantes cujo fisco dispõe"*[638], com a finalidade de melhorar as relações entre o fisco e o contribuinte. Tais autores mencionam ainda as *garantias do contribuinte fiscalizado*[639], como exemplo dessa mesma preocupação.

Destaca-se também a Ordenação n.º 2004-281, de 25/03/2004, relativa às medidas de simplificação em matéria tributária. O terceiro capítulo (*"Simplificação das formalidades de declaração e pagamento de alguns impostos"*) demonstra bem a preocupação do legislador quanto à simplificação do sistema tributário. Já o quarto capítulo (*"Melhora das relações com os contribuintes e simplificação dos atos administrativos relativos à base de cálculo e cobrança do imposto"*) é também sugestivo, deixando claro que a adesão ao sistema fiscal também pode ser estimulada por meio de lei.

Outro texto normativo igualmente interessante é o do Decreto n.º 2004-282, de 25/03/2004, relativo à alteração da nomenclatura das intimações dos atos fiscais, que modificou o anexo II do Código Geral de Impostos e a segunda parte do livro de procedimentos fiscais. De acordo com o referido decreto, após 1.º/06/2004, o contribuinte não passa mais pela desagradável surpresa de receber uma *"intimação para correção de informações fiscais"*. Atualmente, a Administração envia aos contribuintes uma *"proposição de modificação"* de sua declaração.

O mesmo tipo de alteração foi proposto pelo Decreto n.º 2004-283, de 25/03/2004, relativo à mudança da nomenclatura da notificação de instauração de processo administrativo, que mudou o Anexo III do Código Geral de Impostos. Com efeito, o termo *"procedimento contraditório para*

---

[638] GEST, Guy; TIXIER, Gilbert. *Op. Cit.*, p. 271.

[639] As *garantias do contribuinte em matéria de fiscalização* consistem, resumidamente, na taxatividade das situações em que os contribuintes podem ser fiscalizados em locais profissionais, garantia de informação sobre o todo procedimento, possibilidade de apresentação de recurso ao superior hierárquico, criação de uma Inspeção Geral de Serviço, por meio da qual os fiscais e inspetores também são controlados, dentre outras.

correção de informações fiscais" substituiu o termo *"procedimento para correção de informações fiscais"*. Evidentemente, trata-se de simples medidas psicológicas que, substituindo etiquetas cominatórias por outras de maior cortesia, tiveram por finalidade deixar o contribuinte mais à vontade diante de uma notificação emitida pelo Fisco.

Vale notar que o fundamento das três ordenações acima referidas é a Lei n.º 2003-591, de 02/07/2003, que assim dispõe em seu art. 7.º:

> *"I – Nas condições previstas pelo artigo 38 da Constituição, o Governo fica autorizado a tomar, por meio de ordenações, qualquer medida visando à alteração do Código Geral de Impostos e o livro de procedimentos fiscais para:*
>
> *1.º Revogar os dispositivos fiscais que perderam o objeto, bem como adaptar as que se tornaram obsoletas;*
>
> *2.º Aumentar as possibilidades e tornar mais leves as modalidades de opção por regimes tributários específicos;*
>
> *3.º Simplificar os procedimentos dos contribuintes, por meio da eliminação de formalidades relativas à declaração ou ao pagamento, bem como simplificar as modalidades de cobranças do imposto de que dispõe a Administração tributária;*
>
> *4.º Tornar mais claros os atos administrativos que resultem da aplicação de dispositivos legais relativos à base de cálculo ou à cobrança do imposto.*
>
> *II – As ordenações editadas com base no presente artigo não poderão gerar novas despesas fiscais."*

Com base no dispositivo acima, o Governo realizou um programa de simplificação e modernização da legislação tributária e administrativa em geral sem precedentes. No âmbito fiscal, o foco do programa era a melhora das relações entre fisco e contribuinte, dispensando-lhe o tratamento mais adequado possível.

Seguindo tal preocupação, o contrato de performance 2003-2005 da Direção Geral de Impostos (DGI) teve como primeiro objetivo o de torná-la "(...) *até 2005, em uma administração de serviço de referência na França, focada em uma organização voltada para os usuários"*. Trata-se do resultado de uma mudança de filosofia da administração francesa, voltada para a descentralização da administração, bem como do controle de gestão e da realização da contratualização externa[640].

---

[640] LE MOING-SURZUR, Philippe. "Pilotage, contrôle de gestion et contrat de performance à la DGI". *Revue Française de Finances Publiques*, 2005, n.º 89, p. 97.

Essa nova filosofia tem por ambição a consolidação e a busca da adesão ao imposto, que atualmente é avaliada por diversos indicadores (índice de respeito às obrigações declarativas, índice de pagamento até a data de vencimento, etc.). A qualidade do serviço público possui, dessa forma, papel fundamental na aproximação do cidadão com seu dever cívico de pagar o imposto.

No mesmo sentido, trinta medidas visando à melhora das relações entre os contribuintes e a administração foram apresentadas quando da reforma do Ministério da Economia, das Finanças e da Indústria – chamada de *"Bercy ensemble"*[641]. Essas medidas, de uma forma geral, têm cinco objetivos: oferecer mais segurança jurídica às empresas; dar mais atenção ao contribuinte de boa-fé; acompanhamento dos cidadãos no cumprimento de seus deveres fiscais; simplificação dos procedimentos a fim de facilitar a vida do contribuinte; e, por fim, disponibilização de melhor estrutura administrativa para o contribuinte.

As consequências das medidas acima referidas podem ser assim resumidas: (i) desenvolvimento da confiança do contribuinte para com o fisco, eliminando o receio do diálogo direto e estimulando as idas às repartições públicas, seja para tirar dúvidas ou prestar esclarecimentos; (ii) facilitação da compreensão das obrigações fiscais, por meio da criação de organismos de auxílio ao contribuinte e da simplificação da legislação tributária; e (iii) melhora da qualidade do serviço público como meio de se alcançar a satisfação do contribuinte e diminuir a hostilidade que o contribuinte demonstra pela ausência de contrapartida direta em relação ao pagamento do imposto (consequência do princípio da universalidade das receitas fiscais).

É evidente que a atuação psicológica no direito tributário, seja atenuando o teor das palavras que constam nas intimações enviadas aos contribuintes, seja disponibilizando um serviço de atendimento que prima pela cortesia, educação e boa vontade, voltado para o esclarecimento de dúvidas, ou de qualquer outra forma, somente pode gerar excelentes resultados, sem qualquer tipo de contraindicação ou efeito colateral. Em outras palavras, possui relação direta com o desenvolvimento da performance fiscal.

---

[641] PARENT, Bruno. "Trente mesures pour améliorer les relations entre les contribuables et l'administration fiscale", RFFP, 2005, n.º 89, p. 87 e ss.

§ 2 – Os instrumentos à disposição da Administração fiscal

A doutrina clássica francesa já ofereceu alguns instrumentos de incontestável importância para a análise da atuação psicológica (A). Tratam-se de abordagens que focam no aspecto da incidência fiscal, ou seja, são instrumentos de atuação psicológica no âmbito fiscal. Há, todavia, uma abordagem pouco explorada, mas que se relaciona diretamente com a eficiência financeira – que, como visto acima, está fraternalmente ligada à eficiência fiscal. Trata-se do orçamento participativo (B).

A. Instrumentos de análise oferecidos pela doutrina

Dentre a variada análise que a doutrina francesa propõe, chamam a atenção dois importantes instrumentos na busca pela tolerância do contribuinte: a compreensão da classificação dos tributos em irritantes e anestesiantes (1); bem como a já conhecida distinção entre os custos psicológicos principais e os assessórios que os tributos carregam (2).

1. Impostos irritantes *v.* anestesiantes

Uma das doutrinas mais difundidas na França é a que classifica os impostos em duas importantes categorias: os *irritantes*, representados pelos impostos que o contribuinte paga por sua própria conta e os impostos que parecem inelutáveis; e os *anestesiantes*, que são os impostos que deixam crer a existência de uma contrapartida, os impostos dissimulados no preço e os impostos retidos na fonte.[642]

Nessa classificação, o imposto é considerado *irritante* quando ele *"pode ser visto"* e quando o grau de liberdade que o contribuinte dispõe para evitá-lo legalmente é baixo. Quando deve pagar diretamente o imposto, o contribuinte manifesta, em geral, contra ele uma grande repugnância.

Nesse sentido, dois exemplos são oferecidos por MAURICE LAURÉ: *"O contribuinte perde com grande facilidade a lembrança das prestações que recebe em troca do imposto, mesmo quando são nitidamente indivualizadas. Assim, ele paga sua contribuição para segurança pública com muito menos disposição, em comparação*

---

[642] LAURÉ, Maurice. *Traité de politique fiscale.* Paris: Presses Universitaires de France, 1956, p. 281 e ss.

com a quantia que pagaria por um serviço de segurança particular, caso a polícia não existisse. Igualmente, é com pesar que o contribuinte paga a taxa de limpeza, ao passo que certamente seria com melhor aceitação que ele pagaria o mesmo valor a uma empresa privada que o desembarasse de seu lixo"[643].

O imposto mais irritante seria o que incide sobre a renda, tendo em vista que (na França) o contribuinte paga por sua própria conta, ou seja, o ônus não pode ser repassado para outra pessoa. O mesmo já não ocorre com os contribuintes dos impostos incidentes sobre o consumo (TVA na França, ICMS e ISS no Brasil), pois eles sabem que podem repassar o imposto no preço final[644]. Assim, o contribuinte submetido ao imposto sobre a renda irá procurar, com mais vigor, todas as alternativas para atenuá-lo[645].

Por outro lado, a *liberdade* constitui outra necessidade psicológica do contribuinte. Em matéria tributária, a liberdade não significa necessariamente deixar de pagar o imposto, mas saber que, evitando algumas atividades, o contribuinte não será obrigado a pagá-lo. De acordo com MAURICE LAURÉ, *"essa necessidade é uma das grandes fontes de força moral do homem: a esperança. Mesmo quando não pode evitar o imposto sobre a renda ou um imposto sobre o capital, o contribuinte precisa ter o sentimento de que não foi preso num mecanismo implacável. Ele quer ter uma chance de escapar parcialmente do imposto*[646].

Anestesiantes são os impostos cuja percepção daqueles que o suportam é relativamente fraca. A primeira categoria de imposto anestesiante é a que deixa crer a existência de uma contrapartida. O vínculo entre o imposto e os serviços prestados pelo Poder Público tem papel fundamental na aceitação do imposto. O contribuinte se sente mais à vontade quando vê diretamente a contrapartida da sua contribuição. Todavia, essa não é a regra, tanto na realidade francesa quanto brasileira, uma vez que nos dois

---

[643] *Ibid.*, p. 282.

[644] Em regra, os impostos indiretos são os que incidem sobre o faturamento, total ou parcial. No Brasil, são considerados indiretos apenas o ICMS e o IPI, por expressa determinação constitucional. Todavia, para o presente trabalho, importa mais a natureza real do imposto, sendo irrelevante a classificação restritiva da Constituição. O ISS, por exemplo, pode ser considerado um imposto menos *irritante* que o IPVA, apesar de ambos não estarem enquadrados na categoria a que se chama de impostos indiretos.

[645] LAURÉ, Maurice. *Traité de politique fiscale*. Paris: Presses Universitaires de France, 1956, p. 282/285.

[646] *Ibid.*, p. 287.

países: "(...) *os contribuintes não têm a oportunidade de serem reconfortados pelo espetáculo das vantagens que lhe cabem em contrapartida pelo seu esforço fiscal*"[647].

A segunda categoria é o imposto dissimulado no preço. É o caso dos impostos indiretos, que são pagos por quem sabe que não suportará o seu peso (vendedor / prestador de serviço) e suportados quem geralmente não conhece sua incidência (consumidores)[648]. Os consumidores finais ficariam anestesiados por não conhecerem ou não sentirem o seu peso real[649]. Assim, os impostos indiretos são habitualmente pagos sem maiores problemas pelos comerciantes, o que contribui para um sistema tributário mais performante.

Os impostos retidos na fonte são a última categoria de impostos anestesiantes. Trata-se de procedimento segundo o qual a fonte pagadora retém o tributo devido no momento do pagamento. Visa facilitar o controle da Administração, concentrando a arrecadação do tributo devido por vários contribuintes num só agente, que se torna o responsável pelo recolhimento.

Sob a ótica da adesão ao imposto, a retenção deve ser analisada sob duas perspectivas diferentes: a do contribuinte cujo tributo será retido e a da fonte pagadora que procederá à retenção. É sabido que a retenção na fonte torna os impostos mais aceitáveis, uma vez que retira do contribuinte a obrigação de pagá-los. Assim como ocorre com os impostos indiretos, a tarefa de pagar o imposto é confiada a quem não arca com seu ônus.

Sobre as vantagens dessa técnica, GUY GEST e GILBERT TIXIER afirmam: "*Um sistema que torna os tributos menos perceptíveis, reduzindo os contatos entre o fisco e o contribuinte, permite aos poderes públicos aumentar o peso do imposto sobre a renda sem suscitar muitas resistências. Enfim, a vantagem da comodidade que a retenção na fonte apresenta não deve ser negligenciada; o trabalho da administração fiscal é simplificado e o custo da arrecadação é baixo, pois o fisco se dirige*

---

[647] *Ibid.*, p. 289.

[648] LAURÉ, Maurice. *Traité de politique fiscale*. Paris: Presses Universitaires de France, 1956, p. 289.

[649] Essa realidade descrita por MAURICE LAURÉ vem sendo alterada, pois nota-se um esforço cada vez maior no sentido de informar o contribuinte sobre o valor pago de tributos sobre os itens de consumo. Na Europa, a nota fiscal entregue ao consumidor contém a informação sobre o montante pago de IVA. No Brasil, foi publicada a Lei n.º 12.741, no final de dezembro de 2012, que dispõe sobre medidas de esclarcimento ao consumidor, acerca da totalidade de tributos federais, estaduais e municipais, cuja incidência influi na formação do preço de venda.

a um número relativamente reduzido de coletores de impostos, e não mais a uma multidão de contribuintes"[650].

Diferente, todavia, é a percepção daquele que age como fonte pagadora. Para este, a retenção pode se tornar um fardo, diante da obrigação de se aparelhar para reter, administrar e recolher ao Estado o tributo devido por outrem. A título meramente exemplificativo, pode-se citar a pesquisa de campo realizada por JEAN DUBERGÉ, sobre a aceitação, por parte de empregados e empregadores, da técnica em análise. Segundo a enquete realizada, 59% dos empregados entrevistados acharam melhor o sistema de retenção na fonte, ao passo que 12% foram indiferentes ao referido sistema. Por outro lado, 60% dos empregadores se mostraram hostis ao procedimento em tela[651].

Não é difícil imaginar os motivos que levam a tal disparidade: ao passo que os empregados se desincumbem da tarefa de pagar o imposto devido, com todas as complicações que podem advir de tais atividades, o empregador assume a responsabilidade pelo pagamento do imposto devido por terceiros.

Partindo do pressuposto de que se tratam de reações normais a qualquer contribuinte (relacionadas ao fato de se desincumbir ou assumir uma tarefa), seja ele empregado ou empregador, as discrepâncias porventura existentes em outros países certamente seriam apenas quantos aos números expostos. De maneira que, apresentando os agentes de retenção um número infinitamente reduzido em relação ao número de contribuintes cujo imposto deve ser retido, tende-se a apontar como adequada a política que privilegie a retenção na fonte, dado que a insatisfação será gerada em número muito menor de indivíduos.

Contudo, ao se levar em conta o percentual com que os agentes de retenção contribuem para a arrecadação total de tributos, o ângulo de análise pode mudar. Isso porque, uma vez levada ao extremo a insatisfação dos agentes de retenção (em sua maioria empresas), com todas as consequências inerentes a tal situação (fuga, resistência, fraude, etc.), a arrecadação tributária pode ser gravemente afetada. A política tributária a ser adotada, no que diz respeito à retenção na fonte, não pode olvidar dos interesses das

---

[650] GEST, Guy; TIXIER, Gilbert. *Manuel de droit fiscal.* 4.ª ed., Paris: LGDJ, 1986, p. 289.
[651] DUBERGÉ, Jean. *La psicologia social del impuesto en la Francia contemporanea.* Madrid: Editorial de Derecho Financiero, 1965, p. 241.

A PERFORMANCE NO DIREITO TRIBUTÁRIO

duas partes em jogo, sob pena de criar um sistema não consentido ou com a arrecadação ameaçada, duas facetas diferentes da ineficiência tributária.

Nesse ponto, deve-se destacar a posição de JEAN-CLAUDE MARTINEZ e PIERRE DI MALTA, para quem os impostos anestesiantes (dentre os quais figuram os retidos na fonte) não cumprem adequadamente ao princípio do consentimento ao imposto. Segundo os autores, se se deseja um sistema tributário consentido e aderido, é preciso que os contribuintes conheçam o que eles devem consentir ou aderir. E a retenção na fonte retira essa possibilidade, deixando o contribuinte alienado em relação ao montante pago[652]. Em nossa opinião, nos dias de hoje, a retenção na fonte não é mais um fator de ocultação do valor devido pelo contribuinte. Mesmo os impostos submetidos a esse regime são percebidos pelo contribuinte. A vantagem reside no fato de que o contribuinte fica desobrigado de calcular e realizar o pagamento do imposto devido, o que já é um alívio.

O debate sobre a oportunidade dos impostos indiretos também é bem vasto na doutrina francesa. Com efeito, alguns autores sustentam que esse tipo de imposto não leva em consideração a situação pessoal do contribuinte, o que seria uma fonte de injustiça[653]. Os mais ricos, assim como os mais pobres, suportam o mesmo peso de ICMS sobre os produtos básicos[654].

Outra parte da doutrina se manifesta a favor dos impostos indiretos, como é o caso do criador do imposto sobre o valor agregado, MAURICE LAURÉ: *"Os impostos indiretos realizam, assim, uma progressividade moderada, porém sem falha, ao passo que os impostos sobre a renda apresentam, ao lado de tributações esmagadoras, casos infelizmente frequentes de impunidades chocantes. É tempo de renunciar ao preconceito da injustiça que a tradição atribuiu aos impostos indiretos. Inversamente, há sérias razões para atribuir menos facilmente um preconceito favorável aos impostos sobre a renda, se olharmos o ponto de vista social"*[655].

---

[652] MARTINEZ, Jean-Claude; DI MALTA, Pierre. *Droit fiscal contemporain. Op. Cit.*, p. 294 e ss. No mesmo sentido: DUCROS, Jean-Claude. *Sociologie financière*. Paris: PUF, 1982, p. 263 e ss.; GEFFROY, Jean-Baptiste. *Op. Cit.*, p. 375; MEHL, Lucien. Prefácio ao n.º 5 da RFFP consagrado às resistências ao imposto, 1984, p. 1, *apud* MILLAN, Philipe. Tese citada, p. 351 e ss.

[653] Sobre as vantagens do imposto sobre a renda, cf.: JÈZE, Gaston. "Projets financiers du gouvernement". *Revue de Science et Législation Financière*, 1913, p. 314/315.

[654] COLLET, Martin. *Droit Fiscal*. Paris: Presses Universitaires de France, 2007, p. 400.

[655] LAURÉ, Maurice. *Traité de politique fiscale*. Paris: Presses Universitaires de France, 1956, p. 317.

Nesse sentido, pode-se notar que a Administração tributária de alguns países vem depositando maior confiança nos tributos indiretos, principalmente no imposto sobre valor agregado (IVA), como noticia GLENN P. JENKINS[656]. Esse aumento do peso relativo aos impostos sobre o consumo foi apontado por JOÃO RICARDO CATARINO como uma das principais perspectivas de evolução dos sistemas tributários[657]. Isso porque o IVA é considerado *"administrativamente factível"*, além de representar, para a maioria dos países que o adotou, uma parcela considerável do total da arrecadação.

Com essas qualidades, o IVA seria considerado um *imposto que funciona* (*"tax that works"*), sendo esse o foco de algumas das recentes reformas da Administração fiscal. *"Justiça imperfeita, mas ainda justiça, pois José compra açúcar tanto quanto Simonsen, pelo mesmo preço pagando o mesmo IPI agregado ao preço. Em compensação, José não compra caviar mais tributado"*, afirma MISABEL DERZI[658].

Outros são manifesta e frontalmente contra o imposto sobre a renda de pessoa física, como no caso de JEAN-CLAUDE MARTINEZ, por exemplo. De acordo com esse autor, o imposto sobre a renda é tecnicamente complicado, administrativamente indigesto, financeiramente secundário, socialmente injusto, economicamente aberrante, moralmente condenável e politicamente perverso, razões pelas quais ele viola, de uma só vez, a República, a economia, a moral e o bom senso[659].

Segundo GUY GEST e GILBERT TIXIER, é importante ressaltar que tanto os impostos diretos como os indiretos apresentam vantagens e desvantagens. No entanto, cabe aos governantes precisar as proporções mais convenientes, nas quais é preciso recorrer tanto a um quanto ao outro: *"É preciso compensar os inconvenientes de um com as vantagens do outro e combinar seus efeitos com felicidade. 'Tributação direta e tributação indireta são duas amáveis*

---

[656] JENKINS, Glenn P. "Modernization of Tax Administrations: Revenue Boards and Privatization as Instruments for Change". *Bulletin for International Fiscal Documentation*, IBFD, 1994, v. 48, n.º 2, p. 75.

[657] CATARINO, João Ricardo. *Para uma Teoria Política do Tributo*. 2.ª ed., Lisboa: Centro de Estudos Fiscais, 2009, p. 451.

[658] BALEEIRO, Aliomar. *Direito tributário brasileiro*. Atualizado por DERZI, Misabel de Abreu Machado. Rio de Janeiro: Forense, 2008, p. 349.

[659] MARTINEZ, Jean-Claude. *Lettre ouverte aux contribuables*. Paris: Albin Michel, 1985, p. 177/178.

filhas que o Ministro da Fazenda deve saber cortejar igualmente, sem as deixar com ciúmes', dizia Gladstone"[660].

2. Custos psicológicos principais *v.* acessórios

Outra parte da doutrina se preocupou com um tipo de classificação que não tem relação direta com a incidência do tributo. Nesse sentido, JEAN DUBERGÉ identificou, em estudo histórico e memorável, os *custos psicológicos* do imposto[661]. Tais custos são classificados em *principais* e *acessórios*. O primeiro é representado pela soma que o contribuinte deve versar ao Tesouro. Segundo o autor: *"O respeito aos limites psicológicos da carga tributária é de grande importância. Com efeito, se esses limites são desconhecidos por muito tempo, os contribuintes manifestam os sinais de uma doença estranha, porém bem humana: a alergia ao imposto"*[662].

Os custos *acessórios* seriam os custos relativos a todas as *"discordâncias e traumatismos"* que se originam do montante a ser pago, como o cumprimento de obrigações acessórias (preenchimento de formulários, manutenção de livros contábeis, etc.), por exemplo. De acordo com JEAN DUBERGÉ, na França os custos psicológicos acessórios seriam bem mais pesados que os principais[663], devido à saturação de obrigações acessórias, situação que se assemelha ao que ocorre atualmente no Brasil.

Do que foi acima exposto, nota-se que a doutrina oferece alguns instrumentos de inegável utilidade para a análise e busca do consentimento ao imposto. Ainda não há no Brasil, por exemplo, um estudo mais aprofundado sobre os impactos psicossociais da técnica de retenção na fonte, ou da diferença, em termos psicológicos, entre tributos diretos e indiretos. Por outro lado, a doutrina francesa põe em evidência a importância da análise psicológica da tributação, para que seja possível a busca por uma política fiscal que, permitindo a adesão ao imposto, possa trazer mais performance ao sistema tributário.

---

[660] GEST, Guy; TIXIER, Gilbert. *Manuel de droit fiscal.* 4.ª ed., Paris: LGDJ, 1986, p. 116/117.

[661] DUBERGÉ, Jean. *Les français face à l'impôt. Essai de psychologie fiscale.* Paris: LGDJ, 1990, p. 167 e ss.

[662] LAURÉ, Maurice. *Traité de politique fiscale.* Paris: Presses Universitaires de France, 1956, p. 295.

[663] DUBERGÉ, Jean. *Les français face à l'impôt. Essai de psychologie fiscale.* Paris: LGDJ, 1990, p. 167.

B. Um instrumento moderno: o orçamento participativo

Até o presente momento nos ocupamos de exemplos concretos e doutrinários de instrumentos voltados para o desenvolvimento da adesão do contribuinte ao sistema tributário. Não obstante, há um instrumento de fundamental importância para a aceitação sociológica da tributação, que não se relaciona diretamente com a incidência fiscal. Trata-se, na verdade, de um interessante instrumento financeiro, denominado *orçamento participativo*.

De acordo com RICARDO LOBO TORRES, existem diversos instrumentos de participação popular na moderna democracia deliberativa. Na via legislativa apontam-se o referendo e o plebiscito. Perante a Administração tornam-se importantes as denúncias, as audiências e as representações. O Judiciário pode ser provocado por inúmeros instrumentos processuais. No campo financeiro, um dos institutos mais importantes é o orçamento participativo[664]. Como o próprio nome já indica, trata-se do meio pelo qual os cidadãos podem discutir e decidir sobre o orçamento e políticas públicas. Segundo UBIRATAN DE SOUZA, *"o orçamento participativo é um processo de democracia direta, voluntária e universal, no curso do qual a população pode discutir e decidir sobre o orçamento e sobre políticas públicas. O cidadão não limita sua participação ao voto, ele vai além"*[665].

O orçamento participativo surgiu no Brasil, na década de setenta, no Município de Lages, em Santa Catarina (SC). Na década de oitenta, vários outros municípios adotaram a participação popular na elaboração da lei orçamentária. É o caso dos municípios de Vila Velha (ES), Angra dos Reis (RJ) e Porto Alegre (RS), onde a experiência teve maior repercussão.

A Lei Orgânica desse Município (artigo 116, § 1.º) garante *"a participação da comunidade, a partir das regiões do Município, nas etapas de elaboração, definição e acompanhamento da execução do plano plurianual, de diretrizes orçamentárias e do orçamento anual"*. A iniciativa mereceu elogios por parte do Habitat II (*United Nations Conference on Humans Settlements*), realizado em Istambul em junho de 1996, tendo sido incluída na "lista das 100 melhores práticas

---

[664] TORRES, Ricardo Lobo. *Tratado de Direito Constitucional Financeiro e Tributário*, v. 5, Rio de Janeiro: Renovar, 2005, p. 125.
[665] SOUZA, Ubiratan. *Orçamento Participativo. A Experiência de Porto Alegre*. São Paulo: Ed. Fundação Perseu Abramo, 1997, p. 275.

(*Best Practices 100 List*). Posteriormente, a prática foi adotada em outros municípios, como é o caso de Niterói, Volta Redonda e Barra Mansa, todos situados no Estado do Rio de Janeiro.

Todavia, a prática não ficou restrita ao território brasileiro. Conforme indicado por JULIEN TALPIN, conta-se a prática de 250 orçamentos participativos pelo mundo e 50 na Europa[666]. Na Argentina, a província de Buenos Aires estabeleceu no artigo 52 de sua Constituição o caráter participativo do orçamento, devendo a lei fixar os procedimentos de consulta sobre as prioridades de aplicação dos recursos[667]. Na França, a prática vem sendo aplicada na cidade de Grigny (Rhône) e na Região Poitou-Charentes.

A prática do orçamento participativo é diferente em cada lugar onde é aplicada. Evidentemente, para que surta os efeitos que pressupõe, esse instrumento participativo não deve ter conteúdo meramente formal, mas deve ser orientado para a aplicação prática, com a reorientação dos recursos públicos para onde existe maior necessidade, bem como com a criação de novas relações entre governantes e cidadãos.

O Município de Porto Alegre, a título de exemplo, teve êxito na utilização do orçamento participativo. Muito resumidamente, o referido instrumento é aplicado no período de um ano, por meio de diversos ciclos. No primeiro ciclo (que ocorre entre março e abril), o Chefe do Poder executivo apresenta as contas do ano anterior e apresenta as contas para o ano em curso. Isso ocorre na primeira vez que o plenário das assembleias setoriais e temáticas são realizadas. Nessa ocasião, os delegados também são eleitos.

No segundo ciclo – dito intermediário –, que ocorre entre março e junho, é gerido pela estrutura participativa. Nesse segundo momento, ocorrem diversas reuniões de bairros, onde são colhidos os pleitos e opiniões dos habitantes. Essas manifestações são, em seguida, apresentadas ao Conselho do Orçamento Participativo.

---

[666] TALPIN, Julien. "Les budgets participatifs en Europe. Des pratiques diversifiées, des résultat inégaux", *Cahiers du Brésil Contemporain*, 2009, n.º 73/74, p. 141/142.

[667] "*Artículo. 52. Se estabelece el carácter participativo del pressupuesto. La ley debe fijar los procedimientos de consulta sobre las prioridades de asignación de recursos*".

No terceiro ciclo (ocorre entre junho e julho), é realizada uma segunda sessão de assembleias setoriais e temáticas, muito semelhante a do segundo ciclo. Durante esses três primeiros ciclos, são organizados eventos de animação destinados às crianças, além de animações teatrais e culturais, cuja finalidade é estimular o interesse dos participantes, com a criação de um ambiente festivo.

No quarto ciclo – que inicia em julho e vai até setembro –, iniciam-se as discussões do Conselho do Orçamento Participativo, onde são apresentadas as prioridades estabelecidas. No quinto e último ciclo (que ocorre entre outubro e dezembro), ocorre a etapa clássica da discussão do orçamento pela assembleia municipal. Também nessa etapa, o Conselho inicia as discussões sobre o ciclo financeiro do ano seguinte.

Como se percebe, são inúmeras as vantagens que esse sistema oferece. Para RICARDO LOBO TORRES, esse tipo de participação popular na elaboração do orçamento: *"a) fortalece a cidadania ativa, traço básico da moderna democracia deliberativa; b) permite as escolhas comunitárias de obras e serviços de acordo com critérios que muitas vezes escapam aos órgãos de representação; c) torna viável para o cidadão o cálculo do custo/benefício na entrega de prestações públicas"*[668].

Essa última vantagem é de fundamental importância para o presente estudo, uma vez que – com a plena consciência das vantagens que o Poder Público lhe oferece em contrapartida ao que é pago a título de tributo – o contribuinte fica muito mais propenso a aceitar o sistema tributário.

Nesse ponto vale lembrar uma parte integrante do nosso conceito de performance que é diretamente relacionado com os gastos públicos: dentre outras características, eficiente e eficaz é o sistema tributário que preserva ao máximo os interesses e a satisfação dos contribuintes. Ora, não há melhor maneira de se cumprir esse requisito da performance do que deixar o próprio contribuinte decidir o gasto que mais lhe preserva os interesses e busca sua satisfação.

---

[668] TORRES, Ricardo Lobo. *Tratado de Direito Constitucional Financeiro e Tributário*, v. 5, Rio de Janeiro: Renovar, 2005, p. 125.

Capítulo 2 – Os Meios Alternativos de Resolução de Litígios (M.A.R.L.)

> *"Con la idea puesta en un horizonte en el que el Derecho sea normalmente organización del pacto y el acuerdo y sólo excepcionalmente ejercicio del poder; en un Derecho en el que el pacto sea la norma y la orden la excepción. En un Derecho cuya esencia sea el acuerdo voluntario y no la coacción. Con la idea de que la vida democrática y su organización jurídica tiene como regla general la participación y sólo como regla especial la coacción, la fuerza y la imposición. Y de que el poder judicial – el más alejado del poder de los ciudadanos o de sus representantes – reduzca su actuación al mínimo posible."* (LAPATZA, José Juan Ferreiro. *"Solución Convencional de Conflictos en el Ámbito Tributario: una Propuesta Concreta"* In.: TÔRRES, Heleno Taveira. *Direito Tributário Internacional Aplicado*, v. II, São Paulo: Quartier Latin, 2004, p. 302)

O conhecido embate entre Administração fiscal e contribuinte tem diversos efeitos perversos. Os dois principais são: desgaste do contribuinte, com a consequente limitação da adesão ao imposto; e a demora para receber valores discutidos na via administrativa e/ou judicial. Essas duas características ocasionam a diminuição da performance fiscal, motivo pelo qual o tratamento dos métodos alternativos se enquadra perfeitamente no escopo do presente estudo[669].

Sobre esse ponto, HELENO TAVEIRA TÔRRES afirma que os meios de resolução de controvérsias devem ser repensados e postos como condição da performance fiscal. Para o autor, a performance deve ser refletida na *"resolução de conflitos nesse domínio, cuja lentidão e excesso de procedimentos causam perdas inequívocas à Administração e aos contribuintes"*[670].

---

[669] *"(...) o instituto da transação traz inequívoco benefícios à Administração Pública, sobre não inviabilizar o pagador de tributos, sendo o principal deles a imediatez na recuperação de recursos, o que, de outra forma, seria de difícil obtenção, em razão do exercício do direito de defesa pelo contribuinte, na esfera administrativa e judicial."* (MARTINS, Ives Gandra da Silva. "Transação Tributária Realizada nos Exatos Termos do art. 171 do Código Tributário Nacional – Inteligência do Dispositivo – Prevalência do Interesse Público em Acordo envolvendo Prestação de Serviços e Fornecimento de Material – Rigoroso Cumprimento da Legislação Complementar Federal e Municipal", *Revista Dialética de Direito Tributário*, n.º 148, p. 146)

[670] TÔRRES, Heleno Taveira. "Transação, Arbitragem e Conciliação Judicial como Medidas Alternativas para Resolução de Conflitos entre Administração e Contribuintes – Simplificação

Com relação especificamente à utilização de arbitragem para resolver litígios fiscais, LEONARDO FREITAS DE MORAES E CASTRO e ALEXANDRE LUIZ MORAES DO RÊGO MONTEIRO afirmam que a criação de juízos arbitrais integra o conceito de performance administrativa, uma vez que permite a melhora da arrecadação de tributos por meio de um julgamento técnico e célere[671]. Da mesma forma, a transação permite à Administração fiscal que possa *"resguardar de forma mais eficiente e eficaz seus interesses"*[672]. De maneira geral, pode-se dizer que os autores fazem estreita relação entre os MARL e a concretização da performance fiscal.

Evidentemente, a utilização dos MARL se torna vital nos sistemas onde a litigiosidade é alta. Nesse sentido, FERREIRO LAPATZA, em excelente artigo sobre o tema, identifica os principais motivos da alta litigiosidade em matéria fiscal nos dias de hoje. O sistema tributário atual é excessivamente minucioso, prolixo, casuístico e obscuro, abrangendo inúmeros regimes ou normas especiais, o que força os contribuintes e seus assessores a buscarem a aplicação da lei mais favorável, promovendo o surgimento de lacunas, contradições e interpretações díspares[673].

Mas não é só isso. Há duas grandes tendências mundiais em matéria tributária que desenvolvem poderosamente o litígio: o sistema baseado na autoliquidação[674] e a utilização massiva de conceitos indeterminados, com a aplicação de presunções e ficções[675].

---

e Eficiência Administrativa", *Revista de Direito Tributário*, n.º 86, p. 40 e 41.

[671] MONTEIRO, Alexandre Luiz Moraes do Rêgo; MORAES E CASTRO, Leonardo Freitas. "Direito tributário e arbitragem: uma análise da possibilidade e dos óbices ao juízo arbitral em matéria tributária no Brasil." *Revista Tributária e de Finanças Públicas*, n.º 88, set./out. 2009, p. 37/38.

[672] ADAMS, Luís Inácio Lucena; FILHO, Luiz Dias Martins. "A transação no Código Tributário Nacional (CTN) e as novas propostas normativas de lei autorizadora", In: SARAIVA FILHO, Oswaldo Othon de Pontes; GUIMARÃES, Vasco Branco (Orgs.), *Transação e Arbitragem no âmbito Tributário. Homenagem ao Jurista Carlos Mário da Silva Velloso*. Belo Horizonte: Fórum, 2008, p. 22.

[673] LAPATZA, José Juan Ferreiro. *"Solución Convencional de Conflictos en el Ámbito Tributario: una Propuesta Concreta"* In: TÔRRES, Heleno Taveira. *Direito Tributário Internacional Aplicado*, v. II, São Paulo: Quartier Latin, 2004, p. 294.

[674] RIBAS, Lídia Maria Lopes Rodrigues. "Mecanismos Alternativos na Solução de Conflitos em Matéria Tributária", *Revista Tributária e de Finanças Públicas*, n.º 49, p. 49.

[675] *"Y resulta igualmente, y de otro lado, claro que la utilización exagerada de términos ambiguos e imprecisos y de conceptos indeterminados en las normas tributarias; la utilización exagerada de presunciones y ficciones que cambian la realidad y la oferta de medios de prueba – por ejemplo, en las bases estimadas*

No caso da utilização de conceitos indeterminados, o aspecto diferencial da litigiosidade gerada na interpretação dos textos legais tributários se refere ao fato de que, muitas vezes, ambas as partes – Administração e contribuinte – sustentam interpretação que pode ser considerada legítima[676]. Além disso, sabe-se que as leis fiscais, através do uso de presunções e ficções, quantificam o montante devido a partir de uma série de *elementos irreais, virtuais,* uma verdadeira *fabricação de fatos*[677] que atribui ao contribuinte o ônus de provar que determinado fato não é verdadeiro. Muitas vezes, essa prova é produzida por meio de um processo litigioso.

Por seu turno, com o autolançamento, passou-se a responsabilidade de interpretar e aplicar a legislação fiscal ao contribuinte. Com isso, ao identificar, qualificar e declarar os fatos juridicamente relevantes, o contribuinte olha seus interesses e busca a todo custo obter uma economia fiscal. Por sua vez, a Administração fiscal não concorda com a maior parte dessas reduções e busca fazer com que o contribuinte pague mais. Essa sistemática de atuação acaba por promover o conflito entre Administração e administrado. Tanto é que, nos países onde o autolançamento é mais frequente, Ferreiro Lapatza informa que os MARL são mais utilizados, justamente para controlar a disseminação de litígios[678].

---

por la administración – que exceden a los normalmente admitidos por el resto del ordenamiento, brindan a la Administración unas posibilidades de interpretación y calificación que conducirán con frecuencia a la Administración – a asumir posiciones de conflicto al estimar y calificar de nuevo los hechos estimados y calificados antes por los contribuyentes en el desarrollo de unas labores de comprobación que es preciso intensificar en el sistema de autoliquidación, en detrimento, quizás, de las labores de investigación de hechos no declarados." (LAPATZA, José Juan Ferreiro. *"Solución Convencional de Conflictos en el Âmbito Tributario: una Propuesta Concreta"* In: TÔRRES, Heleno Taveira. *Direito Tributário Internacional Aplicado,* v. II, São Paulo: Quartier Latin, 2004, p. 295)

[676] DA SILVA, Sérgio André R. G. "Meios Alternativos de Solução de Conflitos no Direito Tributário Brasileiro", *Revista Dialética de Direito Tributário,* n.º 122, p. 99.

[677] EZCURRA, Marta Villar. "La aplicación del arbitraje a las causas tributarias", *Revista de Direito Tributário,* n.º 86, p. 168.

[678] *"En los sistemas anglosajones la mayor potencialidad conflictiva del procedimiento de gestión basado en la autoliquidación, se ha visto acompañada siempre de un sistema de resolución extrajudicial de conflictos basado en el pacto entre la Administración y el contribuyente que impide que el litigio, en un alto porcentaje, llegue a los tribunales retrasando excesivamente – en contra del interés de administración y administrado – su resolución y, en su caso, el cobro del tributo."* (LAPATZA, José Juan Ferreiro. « *Solución Convencional de Conflictos en el Âmbito Tributario: una Propuesta Concreta* » In.: TÔRRES, Heleno Taveira. *Direito Tributário Internacional Aplicado,* v. II, São Paulo: Quartier Latin, 2004, p. 295).

Diante dessa realidade, os meios convencionais de prevenção e resolução de litígios se mostraram insuficientes[679]. Foi por conta disso que se passou a observar com mais interesse os MARL, que devem ser analisados sob duas perspectivas, tal como sugerido por SÉRGIO ANDRÉ R. G. DA SILVA[680]. A primeira diz respeito às técnicas arbitrais (Seção 1) – caracterizadas pela participação de um terceiro no litígio. A segunda perspectiva é a da transação fiscal (Seção 2) – já largamente utilizada em alguns ordenamentos jurídicos –, realizada diretamente entre administração e contribuinte, sem a participação de um terceiro.

Seção 1 – As técnicas arbitrais

Como afirmado logo acima, as técnicas arbitrais são caracterizadas pela participação de um terceiro, sem relação com as partes envolvidas (em respeito ao princípio da imparcialidade), na resolução dos litígios fiscais. Em tese memorável, sustentada no ano de 2010, WUTTIPONG SIRICHANTRANON informou que a mediação e a conciliação são institutos que não se confundem. A diferença entre essas duas formas de resolução de litígios residiria em que, na conciliação, o conciliador não *formaliza* uma solução, ele apenas a sugere e, ao final do procedimento, constata se ela foi ou não

---

[679] Segundo HELENO TAVEIRA TÔRRES, o mais importante instrumento de prevenção de conflito no direito brasileiro seria a denúncia espontânea (art. 138 do CTN), por meio da qual o contribuinte – ao informar espontaneamente a existência de um crédito tributário, antes de qualquer ação fiscal – se livra da multa que recairia sobre o montante se a administração descobrisse o crédito por seus próprios meios. A compensação entre débitos e créditos do contribuinte perante a Administração fiscal também é apontada como outro importante instrumento de prevenção de litígio. Em seguida, indica-se o parcelamento de dívidas fiscais, prática corriqueira no Brasil. Geralmente, o parcelamento tem como condição a desistência da intenção de recorrer, mas oferece como vantagem a remissão parcial ou integral de juros e multa. Uma vez instaurado o conflito, a resolução se dá por meio de decisão administrativa ou judicial. Nesse caso, em alguns países, o sistema de julgamento é lento e burocrático, de maneira que a Administração fiscal somente consegue receber o imposto com anos, às vezes, décadas de atraso. Por fim, o processo de consulta ou *rescrit fiscal* também é considerado como um meio de se evitar o litígio, mas que não é muito utilizado pelos contribuintes. (TÔRRES, Heleno Taveira. "Transação, Arbitragem e Conciliação Judicial como Medidas Alternativas para Resolução de Conflitos entre Administração e Contribuintes – Simplificação e Eficiência Administrativa", *Revista de Direito Tributário*, n.º 86, p. 45)

[680] DA SILVA, Sérgio André R. G. "Meios Alternativos de Solução de Conflitos no Direito Tributário Brasileiro", *Revista Dialética de Direito Tributário*, n.º 122, p. 90.

A PERFORMANCE NO DIREITO TRIBUTÁRIO

adotada pelas partes. Por seu turno, na mediação, o mediador *formaliza* uma solução para o litígio, sob a forma de *recomendação*, porém sem força obrigatória[681].

Apesar da sutil diferenciação técnica que o autor faz entre mediação e conciliação – cuja valia no âmbito do direito processual é inegável –, constata-se que os termos são utilizados como sinônimos por diversos autores. Isso decorre da linha conceitual tênue que separa ambos e que reside na formalização da solução. Contudo, a característica que aproxima os dois institutos e que faz com que a grande parte dos autores os tratem como sinônimos é a ausência de força obrigatória para as partes. Tanto na conciliação quanto na mediação, as partes não são obrigadas a adotar a solução formalizada ou não pelo terceiro.

Por essas razões, na presente seção, as formas de resolução de litígio com a participação de um terceiro serão analisadas segundo a força obrigatória da solução apresentada: num primeiro momento, será analisada a figura da arbitragem (§ 1), cuja força da solução encontrada pelo árbitro se assemelha à de uma sentença judicial; em seguida, analisaremos a utilização da mediação ou conciliação para resolução de litígios fiscais (§ 2).

§ 1 – A arbitragem em direito tributário

Dentre as vantagens que podem ser proporcionadas pela utilização desse mecanismo no âmbito fiscal, destacamos três principais: maior tecnicidade das decisões (os árbitros geralmente são profissionais ou acadêmicos de

---

[681] Segundo o autor, *"a mediação, precisamente, é um procedimento não judicial que faz intervir um terceiro que propõe uma solução à disputa, sob a forma de parecer ou recomendação não obrigatória. (...) Quanto à conciliação, ela frequentemente confundida com a mediação; alguns países se utilizam de ambas sem estabelecer uma diferença. A conciliação é um procedimento não judicial, organizado segundo um acordo das partes, que faz intervir um terceiro que tem por finalidade atingir uma solução aceitável para as partes. Em regra, o conciliador é encarregado de propor um solução para o litígio (...). O ponto comum entre a conciliação e a mediação reside em sua natureza: são métodos amigáveis caracterizados pela intervenção de um terceiro independente, intermediário entre as partes de um litígio, cujo papel é reaproximar alguns pontos negociáveis, com a finalidade de solucionar o conflito. As diferenças entre os dois mecanismos consistem no grau de implicação desse terceiro. O conciliador não formaliza a solução alcançada: contrariamente ao mediaor, ele propõe uma solução e, ao final do procedimento, ele constata ou que um acordo foi adotado ou que o desacordo persiste, sem poder ir além. Assim ele apenas emite uma recomendação, que não é obrigatória para as partes"*. (SIRICHANTRANON, Wuttipong. *Les modes alternatifs de règlement des litiges fiscaux*, Tese em Direio, Université Paris II, 2010, p. 28/30).

alto nível técnico); menor tempo de duração em relação ao procedimento judicial (o que é vantajoso tanto para a administração quanto para o contribuinte) e o descongestionamento do Poder judiciário. Não obstante essas vantagens, ainda há respeitadas vozes que advogam a impossibilidade de aplicação desse instrumento no âmbito do direito tributário. Felizmente, nos dias de hoje, esses obstáculos não são instransponíveis, o que fica evidente quando se analisa a evolução dessa discussão (A). Tanto é que alguns países já institucionalizaram essa forma de extinção das lides, como é o caso notadamente dos EUA e de Portugal (B).

A. Evolução da discussão sobre a aplicabilidade da arbitragem em direito tributário

Nesse ponto, interessa fazer uma breve digressão sobre os argumentos supostamente intransponíveis sustentados pela doutrina pessimista (1) e, logo em seguida, a demonstração de que não se está diante de argumentos insuperáveis (2).

1. Os argumentos contra a utilização da arbitragem no direito tributário

As particularidades de cada ordenamento jurídico fazem com que a doutrina invoque diferentes argumentos a justificar a impossibilidade de utilizar a arbitragem no direito tributário. Contudo, pode-se dizer que, em regra, existem três argumentos principais: a indisponibilidade da dívida fiscal; violação ao princípio da igualdade (capacidade contributiva); e violação ao princípio da legalidade, salvo nos raros países em que a arbitragem já foi instituída por meio de lei (Portugal e EUA).

Sem sombra de dúvida, a violação ao princípio da indisponibilidade da dívida fiscal é o argumento mais frequentemente invocado por aqueles que pretendem afastar a utilização da arbitragem no direito tributário[682]. Como, em regra, no procedimento arbitral existe a possibilidade de as par-

---

[682] HUGO DE BRITO MACHADO, por exemplo, afirma que *"não se pode esquecer que o direito da Fazenda de arrecadar o tributo é um direito indisponível, pelo menos quando como tal se considere o direito do qual o agente estatal não pode abrir mão, a não ser em condições excepcionais e pela forma especialmente para esse fim estabelecida"* (MACHADO, Hugo de Brito. "Transação e arbitragem no direito tributário", In.: SARAIVA FILHO, Oswaldo Othon de Pontes; GUIMARÃES, Vasco Branco (Orgs.), *Transação e Arbitragem no âmbito Tributário. Homenagem ao Jurista Carlos Mário da Silva*

A PERFORMANCE NO DIREITO TRIBUTÁRIO

tes realizarem acordo ou conciliação sobre o objeto do litígio[683], o referido procedimento não poderia ser utilizado no direito tributário, uma vez que o agente administrativo não está autorizado a dispor do crédito tributário.

Sobre esse assunto, já tivemos a oportunidade de registrar, juntamente com João Ricardo Catarino, que *"a possibilidade de recorrer à arbitragem como forma de resolver conflitos é frequentemente negada no direito fiscal, embora um número crescente de Estados a venha adotando. O fundamento mais comum é o de que a relação tributária e o imposto que dela resulta são indisponíveis"*[684].

A indisponibilidade da dívida fiscal decorre de duas regras: a primeira é a que dispõe sobre a indisponibilidade do interesse público; a segunda versa sobre o caráter plenamente vinculado (à lei) do agente administrativo.

Segundo Hely Lopes Meirelles, de acordo com o princípio da indisponibilidade do interesse público, *"a Administração Pública não pode dispor desse interesse geral nem renunciar a poderes que a lei lhe deu para tal tutela, mesmo porque ela não é titular do interesse público, cujo titular é o Estado"*[685]. Por seu turno, o interesse público é classificado em primário e secundário. De acordo com a lição de Diogo de Figueiredo Moreira Neto, o interesse público primário se relaciona com o interesse da sociedade como um todo. Já o interesse público secundário ou derivado tem natureza instrumental e serve para garantir que os primeiros sejam satisfeitos (caso dos direitos patrimoniais).[686]

A regra, para essa parte da doutrina, deve ser inteiramente aplicada à dívida fiscal, que faria parte do interesse público secundário ou derivado.

Velloso. Belo Horizonte: Fórum, 2008, p. 22). No mesmo sentido: FIGUEIRA JUNIOR, Joel Dias. *Manual de Arbitragem*. São Paulo: RT, 1997, p. 110.

[683] No Brasil, a lei de arbitragem (Lei n.º 9.307/96) determina que os árbitros devem tentar a conciliação entre as partes (art. 7.º, §2.º, e art. 21, §4.º), bem como o acordo (art. 28).

[684] FILIPPO, Luciano Gomes; CATARINO, João Ricardo. "Considerações Acerca da Utilização da Arbitragem no Direito Tributário", *Revista Brasileira de Direito Tributário*, n.º 30, jan./fev./2012, p. 174.

[685] MEIRELLES, Hely Lopes. *Direito Administrativo Brasileiro*, 28.ª ed., São Paulo: Malheiros, 2003, p. 100.

[686] *"Está-se diante de duas categorias de interesses públicos, os primários e os secundários (ou derivados), sendo que os primeiros são indisponíveis e o regime público é indispensável, ao passo que os segundos têm natureza instrumental, existindo para que os primeiros sejam satisfeitos, e resolve-se em relações patrimoniais e, por isso, tornaram-se disponíveis na forma da lei, não importando sob que regime"*. (MOREIRA NETO, Diogo de Figueiredo. *Mutações do Direito Administrativo*, 3.ª ed., Rio de Janeiro: Renovar, 2007, p. 278).

Se o crédito fiscal serve de fonte financeira para que o Estado promova o bem-estar geral (interesse público primário), então os litígios que o envolvem não podem ser submetidos à arbitragem.

Por outro lado, o uso da arbitragem estaria igualmente vedado pelo caráter plenamente vinculado da atividade ligada à Administração. Com efeito, para que o agente administrativo pudesse negociar sobre o valor da dívida fiscal no âmbito de uma arbitragem, deveria ser permitido que ele agisse com discricionariedade, seguindo o juízo que acha melhor. Contudo, de acordo com a parcela mais expressiva da doutrina, essa possibilidade não existe em direito tributário. No Brasil, por exemplo, os artigos 3.º e 142 do Código Tributário deixam claro que a atividade de cobrança do tributo é plenamente vinculada à lei. Trata-se de uma garantia que visa coibir abusos da administração, que deve seguir estritamente o comando da lei, sem autorização para fazer mais ou menos.

Dessa forma, a autoridade fiscal – ao lidar com o crédito tributário – não pode dele dispor segundo sua conveniência ou convicção pessoal. Misabel de Abreu Machado Derzi explica bem essa questão, quando afirma que *"o agente da Administração Fazendária, que fiscaliza e apura os créditos tributários, está sujeito ao princípio da indisponibilidade dos bens públicos e deverá atuar aplicando a lei – que disciplina o tributo – ao caso concreto, sem margem de discricionariedade"*[687].

Por fim, vale ressaltar que essa é uma discussão presente nos países onde o imposto é cobrado por uma sistemática semelhante ao crédito ou obrigação civil, guardadas as devidas diferenças (que versam, principalmente, sobre a solidariedade, compensação, prescrição e decadência). Nesses países, o *crédito ou obrigação tributária* é o direito de que dispõe a Administração fiscal para realizar a cobrança do imposto.

Essa tradição é forte na Itália. Veja-se, por exemplo, a lição de Gaspare Falsitta, para quem a indisponibilidade do crédito tributário decorre da própria natureza do direito tributário[688]. Como já visto acima, o Brasil – cuja doutrina foi profundamente influenciada pelos autores italianos, assim como outros países latino-americanos, de acordo com Norma Ca-

---

[687] DERZI, Misabel de Abreu. *Direito Tributário Brasileiro* (notas de atualização). Rio de Janeiro: Forense, 2004, p. 779.

[688] *"La indisponibilità può derivare dalla legge o da contratto o, infine, dalla natura del diritto. Di questo terzo tipo è la indisponibilità del credito di imposta".* (FALSITTA, Gaspare. *Manuale di Diritto Tributario*, 6.ª ed., Padova: CEDAM, 2008, p. 331)

BALLERO[689] –, seguiu essa mesma sistemática. O mesmo ocorre na Espanha (*principio de indisponibilidad del crédito tributario*), segundo se colhe da lição de MIGUEL ÁNGEL MARTÍNEZ LAGO e LEONARDO GARCÍA DE LA MORA[690]. Por fim, Portugal segue a mesma tendência, conforme relatado por VÍTOR FAVEIRO[691].

Contudo, a França não adotou a sistemática de crédito tributário. A doutrina francesa recorre a argumento semelhante para explicar a proibição de resolução arbitral das controvérsias fiscais, invocando o caráter de ordem pública da matéria, relacionada à ideia de soberania[692]. Assim, no que concerne à matéria fiscal, os "*os limites à arbitralidade se explicam porque está-se aqui em presença de regras que não estatuem sobre direitos subjetivos, dos quais se poderia ou não dispor, mas que têm por objeto a organização das relações do indivíduo e da coletividade*"[693].

Para a doutrina francesa, quando estão em jogo matérias de ordem pública, fica excluída a utilização da arbitragem[694]. É nesse sentido a lição de KEVIN JESTIN: "*estamos, dessa forma, no domínio da ordem pública de direção, pois as normas tributárias não conferem nenhum direito subjetivo, mas impõem sujeições que as partes não podem descartar. A inarbitralidade de um litígio tributário, portanto, sequer é discutível*"[695]. Ainda segundo o autor, essa vedação

---

[689] CABALLERO, Norma. *Les codes des impôts en droit comparé. Contribution à une théorie de la condification fiscale*. Paris: L'Harmattan, 2011, p. 49 et ss.

[690] "*El crédito tributario (...) viene determinado totalmente por la ley y es inderogable o indisponible también para la Administración, salvo por autorización expresa de la ley.*" (LAGO, Miguel Ángel Martínez; DE LA MORA, Leonardo García. *Lecciones de Derecho Financiero y Tributario*. 3.ª ed., Madrid: Iustel, 2006, p. 264).

[691] "*O princípio da indisponibilidade dos direitos tributárias, conquanto não expressamente formulado nas leis constitucionais, vem sendo considerado como um pressuposto nelas ínsito.*" (FAVEIRO, Vítor. *O Estatuto do Contribuinte. A Pessoa do Contribuinte no Estado Social de Direito*, Coimbra: Coimbra Editora, 2002, p. 702).

[692] Veja-se, a título de exemplo, a lição de BERNARD HANOTIAU, para quem "*a tributação é um dos atributos da soberania. Por isso, ela não está no âmbito de competência dos árbitros*". (HANOTIAU, Bernard. "L'arbitrabilité", In: *Académie de Droit International de La Haye, Collected Courses of the Hague Academy of International Law*, 2003, t. 296, p. 171).

[693] ANCEL, Pascal. "Arbitrage et ordre public fiscal", *Revue de l'arbitrage*, 2001, n.º 2, p. 277.

[694] "*Existe, no seio da imensa nebulosa das regras de ordem pública, um núcleo duro, um pequeno número de questões que devem ser subtraídas dos árbitros e reservadas às jurisdições estatais*". (ANCEL, Pascal. "Arbitrage et ordre public fiscal", *Revue de l'arbitrage*, 2001, n.º 2, p. 273)

[695] JESTIN, Kevin. "Vers un renforcement de l'arbitrage comme mode de résolution des conflits en droit fiscal? Analyse comparée France-États-Unis", *Revue doctorale de droit public comparé et de théorie juridique*, Université Paris I, n.º 2, avril 2009 p. 81.

decorreria do art. 2060 do Código Civil francês[696], que traz as matérias de ordem pública para o direito francês[697].

Outro argumento frequentemente invocado para se negar a utilização da arbitragem é a violação ao princípio da igualdade e sua vertente no direito tributário: o princípio da capacidade contributiva. SÉRGIO ANDRÉ R. G. DA SILVA afirma que seria mais adequado falar em violação ao princípio da generalidade da tributação[698]. Essa violação decorre da constatação de que contribuintes em situações idênticas estariam sendo tratados diversamente, toda vez que o árbitro realizasse qualquer tipo de acordo ou transação que resulte em diminuição do *quantum debeatur*. Com isso, o contribuinte que não se submete ao procedimento arbitral pagaria determinado valor. Por outro lado, o contribuinte que a ele se submete poderia pagar menos, em razão de acordo ou conciliação com a Administração fiscal, conduzido pelo árbitro.

Por fim, a doutrina invoca também a violação ao princípio da legalidade, uma vez que, para utilização da arbitragem, seria necessária a edição de lei com permissão expressa, uma vez que – como já ressaltado acima – a Administração deve agir sempre em conformidade com a lei. Se não há lei que permita determinada conduta da Administração, então ela não pode ir adiante.

Como se sabe, apenas alguns países se adiantaram suficientemente a ponto de regulamentar legalmente a instituição da arbitragem para resolução de conflitos fiscais, como é o caso de Portugal e dos Estados Unidos da América. Contudo, em muitos países, a arbitragem é prevista para os litígios de natureza civil e/ou administrativa, cuja inaplicabilidade para os casos relacionados à dívida fiscal é ressaltada por essa parte da doutrina.

---

[696] *"Art. 2060. Não se pode transigir sobre questões de estado e sobre a capacidade das pessoas, sobre as que se referem ao divórcio e à separação judicial ou disputas relacionadas com as coletividades e estabelecimentos públicos e, em geral, sobre quaisquer assuntos de interesse público.*
No entanto, desde que autorizado por decreto, os litígios relacionados a estabelecimentos púbicos de natureza industrial ou comercial podem ser objeto de transação."

[697] *"O artigo 2060 [do Código Civil], ao excluir de maneira geral a arbitragem de um certo número de matérias de ordem púbilca, visa, com isso, proteger a ordem pública (...)"*. (JESTIN, Kevin. "Vers un renforcement de l'arbitrage comme mode de résolution des conflits en droit fiscal? Analyse comparée France-États-Unis", *Revue doctorale de droit public comparé et de théorie juridique*, Université Paris I, n.º 2, avril 2009 p. 81.)

[698] DA SILVA, Sérgio André R. G. "Meios Alternativos de Solução de Conflitos no Direito Tributário Brasileiro", *Revista Dialética de Direito Tributário*, n.º 122, p. 101.

2. A superação dos argumentos contrários

HELENO TAVEIRA TÔRRES relata que é de perplexidade a sensação daqueles que iniciam o estudo dos MARL e se deparam com os argumentos acima descritos: *"Na verdade, esta* sensação *decorre mais do modo equivocado como estes argumentos são apresentados do que propriamente das contingências que eles projetam sobre os princípios alegados como sendo afetados na sua construção axiológica"*[699]. Como veremos abaixo, os argumentos invocados não são instransponíveis.

O primeiro argumento diz respeito ao dogma do princípio da indisponibilidade do crédito tributário, cuja "sacralização" – para utilizar expressão de MARTA VILLAR EZCURRA –, o transformou no maior óbice a sua aplicação na resolução de litígios fiscais[700]. Todavia, esse argumento deve ser afastado por duas razões diferentes. A primeira reside no fato de que a indisponibilidade do interesse público não se estende aos bens públicos secundários[701].

Os bens públicos indisponíveis são apenas os primários (aqueles diretamente relacionados com o interesse da sociedade, tais como saúde, educação, segurança, etc.). Os bens secundários, por serem qualificados de receita pública derivada (destinada a financiar a promoção do interesse da sociedade), encontram-se na esfera da disponibilidade[702]. Assim, na busca pelo bem comum e visando preservar os interesses primários, a Administração pode sem nenhum problema dispor, da maneira que achar melhor, dos bens públicos secundários.

---

[699] TÔRRES, Heleno Taveira. "Transação, Arbitragem e Conciliação Judicial como Medidas Alternativas para Resolução de Conflitos entre Administração e Contribuintes – Simplificação e Eficiência Administrativa", *Revista de Direito Tributário*, n.º 86, p. 48.

[700] EZCURRA, Marta Villar. "La aplicación del arbitraje a las causas tributarias." *Revista de Direito Tributário*, n.º 86, p. 167.

[701] No Brasil, a diferença entre interesse público primário e secundário já foi reconhecido pela jurisprudência (STJ, Recurso Especial n.º 303.806/RO, Rel. Min. LUIZ FUX, DJ 24.05.2005).

[702] *"Não temos dúvidas neste ponto, que o crédito tributário encontra-se na subespécie dos interesses públicos secundários, isto é, relativos à arrecadação da pecúnia necessária ao investimento em interesses públicos primários, tais como educação, saúde, segurança, dentre inúmeros outros. Trata-se, pois, de receita pública derivada, portanto afeta, via de regra, ao juízo arbitral."* (MONTEIRO, Alexandre Luiz Moraes do Rêgo; MORAES E CASTRO, Leonardo Freitas. "Direito tributário e arbitragem: uma análise da possibilidade e dos óbices ao juízo arbitral em matéria tributária no Brasil." *Revista Tributária e de Finanças Públicas*, n.º 88, set./out. 2009, p. 33/34)

MEDIDAS DE CONTROLE E DIMINUIÇÃO DE LITÍGIOS FISCAIS

Vale registrar que na Itália esse mesmo argumento da indisponibilidade também foi suscitado para contestar o caráter transacional do *concordato*. Contudo, esse argumento foi afastado por ANTONIO BERLIRI, que chamou a atenção para a confusão que se faz entre *poder tributário* e *obrigação tributária*[703]. Para o autor, está fora de dúvida que o poder de tributar é inegociável e, portanto, indisponível. Entretanto, essa proibição não se estende à dívida fiscal, cujo produto deve ser utilizado pela Administração fiscal na consecução do bem comum.

A segunda razão de improcedência desse argumento reside em que não necessariamente o procedimento arbitral deve envolver uma transação ou acordo sobre o valor devido. Isso porque, em geral, a arbitragem é tão somente um meio alternativo ao Poder Judiciário. Como se sabe, ao resolver um litígio fiscal, o Poder Judiciário não propõe acordo nem transaciona sobre o valor da dívida, mas apenas realiza a subsunção do fato à norma, identificando – à luz do ordenamento – se determinada verba deve ser submetida ao imposto de renda, se houve pagamento ou se ocorreu a prescrição do débito, por exemplo.

Como afirmado por LEONARDO FREITAS DE MORAES E CASTRO e ALEXANDRE LUIZ MORAES DO RÊGO MONTEIRO, *"a arbitragem, portanto, não cria, majora ou extingue oi crédito tributário, mas sim, a decisão proferida pelo juízo arbitral veicula determinado evento vertendo-o em fato jurídico, fazendo com que se desencadeie as consequências da norma tributária. Esse evento poderá ser o pagamento, a prescrição, a decadência, o parcelamento ou a remissão, por exemplo"*[704]. Em outras palavras, a arbitragem fiscal não é, necessariamente, um instrumento de negociação da dívida. Trata-se de um meio de resolução do litígio, por meio do qual o(s) árbitro(s) determinarão a regra aplicável, que pode ser contra os interesses da Administração ou do contribuinte.

---

[703] *"Sembra a noi peraltro che tale affermazione risenta in gran parte, da un canto, dell'insufficiente discriminazione fra la potestà tributaria, della quale è dotato un ente, il potere d'acertamento e i diritti potestativi che nascono a suo favore dal verificarsi di una data fattispecie e l'obbligazione tributaria vera e propria, della quale lo stesso è il titolare, e dall'altro di una certa confusione tra il concetto di disponibilità di un diritto e di discrezionalità di un atto."* (BERLIRI, Antonio. *Principî di Diritto Tributario.* Volume II, Tome 1, Milan: Giuffrè, 1957, p. 73)

[704] MONTEIRO, Alexandre Luiz Moraes do Rêgo; MORAES E CASTRO, Leonardo Freitas. "Direito tributário e arbitragem: uma análise da possibilidade e dos óbices ao juízo arbitral em matéria tributária no Brasil." *Revista Tributária e de Finanças Públicas*, n.º 88, set./out. 2009, p. 32/33.

O segundo argumento para afastar a arbitragem no direito tributário é o da violação ao princípio da igualdade e sua vertente no âmbito fiscal (capacidade contributiva)[705]. Todavia, esse argumento igualmente não é válido. Em primeiro lugar, como afirmado acima, não necessariamente a dívida fiscal é negociada na arbitragem. É nesse sentido a doutrina de SÉRGIO ANDRÉ R. G. DA SILVA: *"Nesse contexto, não há que se falar, de igual modo, em violação ao princípio da capacidade contributiva, uma vez que não se estará deixando de tributar a capacidade econômica manifestada pelo contribuinte, mas apenas definindo qual o comportamento tributável selecionado pelo legislador"*[706].

Antes de mais nada, deve-se lembrar que a arbitragem é um procedimento por meio do qual um terceiro (árbitro ou árbitros) é investido do poder de resolver o litígio. Esse poder não é conferido pelo Estado ou qualquer organismo institucional, mas pelas próprias partes (convenção)[707]. A definição de arbitragem deixa claro que, em princípio, não há acordo ou negociação entre as partes. O que o árbitro (ou árbitros) faz é tão somente encontrar a regra aplicável para resolução do litígio.

Há casos (por exemplo, o Brasil) em que a própria lei de arbitragem dá ao árbitro poder de propor acordo ou negociação entre as partes, o que pode resultar na diminuição da dívida fiscal. Diante disso, para contornar o óbice representado pela suposta violação ao princípio da igualdade, poder-se-ia retirar do árbitro o poder de propor acordo ou negociação, quando esteja em discussão um crédito tributário. Assim, no caso de litígios fiscais, o árbitro somente seria incumbido de encontrar a regra correta a ser aplicada no caso concreto, com o que fica superado o argumento em questão.

---

[705] *"Otro motivo ha limitado la confianza en el arbitraje: la posible lesión del principio de igualdad tributaria. En efecto, se ha mitificado la alternativa entre igualdad y prevención convencional de conflictos, con el argumento de que cualquier pacto con la Administración está frente a otro tipo de contribuyentes, con una posición económica más débil, o que son perceptores de rentas que menos oportunidades tienen de negociar, como son las de trabajo respecto a las rentas de actividades profesionales o empresariales."* (EZCURRA, Marta Villar. "La aplicación del arbitraje a las causas tributarias", *Revista de Direito Tributário*, n.º 86, p. 70)

[706] DA SILVA, Sérgio André R. G. "Meios Alternativos de Solução de Conflitos no Direito Tributário Brasileiro", *Revista Dialética de Direito Tributário*, n.º 122, p. 102.

[707] Nesse sentido é a definição proposta por GÉRARD CORNU: *Arbitragem*. "*Modo dito, às vezes, como amigável ou pacífico, mas sempre jurisdicional de solução de um litígio por uma autoridade (ou árbitros) que possuem poder de julgar, poder esse que não é objeto de uma delegação permanente do Estado ou de uma instituição internacional, mas de uma convecção entre as partes*". (CORNU, Gérard. *Vocabulaire juridique.* Paris: PUF, 2006, p. 69)

A arbitragem pode ser aplicada também somente na fase de determinação dos fatos tributáveis, com o que também a dívida fiscal resta incólume. Esse é o caso notadamente dos EUA, onde ao árbitro é vedado interpretar o direito[708].

Além disso, a posição de igualdade deve ser observada em relação àqueles que manifestam interesse em se submeter ao juízo arbitral. É o mesmo caso do parcelamento com confissão de dívida e diminuição ou anistia de juros e multa. Nesse caso, o contribuinte que confessa a dívida e passa a pagar a dívida fiscal em parcelas também estaria recebendo um benefício em relação ao outro que não escolheu esse modo de pagamento. Nesse caso, a igualdade é analisada sob um ponto de vista horizontal: aqueles que escolheram o parcelamento, submetendo-se às condições previstas, devem ser comparados entre si e não em relação ao contribuinte que rejeita as condições previstas. O mesmo raciocínio deve ser aplicado àqueles que desejam submeter a lide ao procedimento da arbitragem. Por fim, deve-se lembrar que, atualmente, o princípio da igualdade não é abstratamente superior ao princípio da performance. São muitos os casos em que o segundo prevalece sobre o primeiro, como nos casos já amplamente vistos acima.

Também é improcedente o último argumento invocado pelos defensores da vedação da arbitragem em direito fiscal (violação ao princípio da legalidade). Esse argumento é notadamente desenvolvido no Brasil, uma vez que a arbitragem é prevista apenas de maneira geral (Lei n.º 9.357/1996), sem menção aos litígios fiscais. O mesmo ocorre na Espanha, onde a arbitragem era prevista para os litígios entre particulares na Lei n.º 36/1988, revogada pela Lei n.º 60/2003 (diploma atual). Na França, o procedimento de arbitragem no direito interno é previsto nos artigos n.º 1442 a 1491 do Novo Código de Processo Civil (NCPC). Com isso, muitos autores afirmam que a arbitragem somente poderia ser aceita se prevista em lei.

Todavia, em nossa opinião, a ausência de permissão legal expressa não deve ser considerada como fator proibitivo à realização de arbitragem em matéria tributária. Sobre esse ponto, é de fundamental importância a lição de LAURO E GAMA E SOUZA JÚNIOR, para quem: *"nas circunstâncias atuais,*

---

[708] A arbitragem nos EUA será analisada no item B logo abaixo.

a exigência de autorização legislativa específica se afigura exageradamente legalista e deve ceder aos imperativos da eficiência administrativa".[709]

No mesmo sentido é a lição de LEONARDO FREITAS DE MORAES E CASTRO e ALEXANDRE LUIZ MORAES DO RÊGO MONTEIRO, para quem a interpretação do direito, segundo os princípios da razoabilidade e proporcionalidade, não permite que a ausência de simples autorização legal possa ser considerada um entrave à utilização da arbitragem no âmbito fiscal, ainda mais quando esse mecanismo garante o respeito ao princípio da performance e do desenvolvimento nacional, que devem prevalecer sobre o princípio da legalidade estrita em prol do benefício da sociedade[710].

Essa discussão acabou sendo mais profícua em direito administrativo, ante a possibilidade de utilização da arbitragem principalmente nos litígios decorrentes dos contratos administrativos. Isso porque a lei brasileira de arbitragem também não prevê a utilização do mecanismo para resolução de litígios administrativos, mas doutrinadores importantes vêm afirmando a possibilidade de, mesmo diante da ausência de lei específica, utilizar a arbitragem nos casos de direito administrativo[711].

Conforme apontado por GUSTAVO BINENBOJM, o direito administrativo moderno vem passando por algumas mudanças de paradigmas. Um dos paradigmas atuais que vem passando por uma profunda alteração é a da estrita vinculação à lei. De acordo com o autor, *"tal paradigma costuma ser sintetizado na negação formal de qualquer vontade autônoma aos órgãos administrativos, que só estariam autorizados a agir de acordo com o que a lei rigidamente prescreve ou faculta"*[712]. Ou seja, mesmo que a realização de determinado

---

[709] SOUZA JÚNIOR, Lauro e Gama e. "Sinal verde para a arbitragem nas parcerias público-privadas (a construção de um novo paradigma para os contratos entre o Estado e o investidor privado)", 29 de agosto de 2005, disponível em: www.mundojuridico.adv.br, acessado em 11/02/2013.

[710] MONTEIRO, Alexandre Luiz Moraes do Rêgo; MORAES E CASTRO, Leonardo Freitas. "Direito tributário e arbitragem: uma análise da possibilidade e dos óbices ao juízo arbitral em matéria tributária no Brasil." *Revista Tributária e de Finanças Públicas*, n.º 88, set./out. 2009, p. 24/25.

[711] Por todos, veja-se: LEMES, Selma. *Arbitragem na Administração Pública*. São Paulo: Quartier Latin, 2007, p. 82.

[712] BINENBOJM, Gustavo. "Da Supremacia do Interesse Público ao Dever de Proporcionalidade: Um Novo Paradigma para o Direito Administrativo", disponível em www.mundojuridico. adv.br, acessado em 30/01/2013.

ato seja motivada pela realização do bem comum, se não houver lei com autorização expressa, a Administração fica impossibilitada de realizá-lo.

Sabe-se que o princípio da legalidade busca vedar a prática de abusos por parte do Governo, assegurando a administração democrática do Estado. Contudo, para autores como ARNOLDO WALD, esse entendimento inflexível que defende a integral e estrita vinculação dos atos do Estado e de entes públicos à norma posta encontra-se em estágio de relativa defasagem[713]. A proposição que modernamente se adota não mais se restringe à mera leitura e aplicação literal das leis, mas restabelece o respeito à *liberdade de buscar a justiça* como exercício do consenso[714].

Trata-se de um movimento capitaneado por uma nova geração de doutrinadores que está construindo, – à exemplo do que já ocorre em outros ramos do direito – uma nova concepção do direito administrativo, voltada à superação de formalismos e focada na busca da justiça[715]. O que se propõe não é a superação do princípio da legalidade administrativa – de fundamental importância –, mas a interpretação das regras de direito em conjunto com as finalidades e os demais princípios estatuídos na Constituição Federal de 1988.

Com base nesse movimento, expressiva parte da doutrina enxerga na Lei n.º 9.307/1996 uma autorização legislativa genérica e suficiente para submissão da Administração pública à arbitragem. Vale registrar que essa não é uma tendência acadêmica confinada nos livros de direito. No Brasil, alguns Estados pioneiros já previram no âmbito das respectivas legislações a arbitragem ou meios extrajudiciais para resolução de controvérsias. É o caso do Estado do Rio de Janeiro[716] e São Paulo[717].

E não há dúvidas de que todas essas digressões são inteiramente aplicáveis ao direito tributário, pois – como já afirmado – não existe previsão

---

[713] WALD, Arnoldo; MORAES, Luiza Rangel de; WALD, Alexandre de Mendonça. *O direito de parceria e a lei de concessões.* 2.ª ed., São Paulo: Saraiva, 2004, p. 381.

[714] MOREIRA NETO, Diogo de Figueiredo. "Arbitragem nos contratos administrativos", In.: MOREIRA NETO, Diogo de Figueiredo. *Mutações do Direito Administrativo.* Rio de Janeiro: Renovar, 2007, p. 274.

[715] MONTEIRO, Alexandre Luiz Moraes do Rêgo; MORAES E CASTRO, Leonardo Freitas. "Direito tributário e arbitragem: uma análise da possibilidade e dos óbices ao juízo arbitral em matéria tributária no Brasil." *Revista Tributária e de Finanças Públicas,* n.º 88, set./out. 2009, p. 23.

[716] Lei n.º 1.481, de 21 de junho de 1989.

[717] A lei de concessões (Lei n.º 7.835 de 8 de maio de 1982) previu, em seu artigo 8.º, XXI, a adoção contratual de *modo amigável para solução de controvérsias.*

de submissão do litígio fiscal ao tribunal arbitral. Não se deve negar a utilização da arbitragem no âmbito fiscal – com os efeitos positivos que dela decorrem –, por conta da simples ausência de lei específica, mormente quando se tem uma previsão genérica aplicável a todos os litígios.

B. O caso dos EUA e de Portugal

Sabe-se que a arbitragem é largamente utilizada no plano dos litígios internacionais, por diversos países. Poucos são os casos de Estados que ousaram instituir a arbitragem como método de resolução de litígios fiscais. O estudo da tese de WUTTIPONG SIRICHANTRANON revela que a arbitragem na França só é aplicada no cenário internacional[718]. Como já vimos acima, essa vedação decorre do caráter de ordem pública da matéria fiscal. O mesmo ocorre na Espanha e no Brasil, onde não se utiliza a arbitragem nos litígios fiscais internos.

Contudo, a análise de como a arbitragem vem sendo utilizada em alguns países é excelente instrumento para eliminar diversas dúvidas quanto à sua utilidade e aplicabilidade na prática. Assim, pretendemos analisar o caso de dois países onde a arbitragem vem sendo utilizada para resolver litígios fiscais internos: EUA (1) e de Portugal (2).

1. Os Estados Unidos da América

De acordo com JOSÉ CASALTA NABAIS, os EUA se destacam na utilização dos MARL, pois se trata de país que prefere a atuação *ex ante*, prevenindo os litígios, à procura de remédios *ex post*[719]. Com isso, os EUA sempre se mostraram abertos aos mais diversos tipos de métodos de extinção de litígios

---

[718] *"No plano nacional, a mediação é praticada há muito tempo, apesar de não ter sido harmonizada pelo direito. Na prática, o sistema jurídico francês consagra um certo número de formas não oficiais de mediação. Com efeito, a mediação civil, a conciliação e a negociação foram progressivamente reconhecidas no quadro da justiça tradicional francesa. O sistema se tornou mais pragmático e mais suave, menos complexo e menos formal. A mediação, todavia, existia no Antigo Regime e foi consagrado durante o período pós-revolucionário com as leis de 16-24 de agosto de 1790 e de 27 de março de 1791, antes de adquirir valor constitucional"*. (SIRICHANTRANON, Wuttipong. *Les modes alternatifs de règlement des litiges fiscaux*, Thèse Paris II, 2010, p. 52).

[719] NABAIS, José Casalta. "Reflexão sobre a introdução da arbitragem tributária". *Revista de legislação e de jurisprudência*, A-140, n.º 3.967, Março/Abril 2011, p. 243.

que surgem entre o *Internal Revenue Service* (IRS) e os contribuintes. Essa característica do direito norte-americano – segundo Arnaldo Sampaio de Moraes Godoy – contribui para a eficiência do sistema tributário.[720]

O direito administrativo norte-americano conta com previsão para a utilização da arbitragem na busca de solução para conflitos entre a administração e os administrados. Estamos falando do *Administrative Dispute Resolution Act*, publicado em 1996. Posteriormente, a norma foi alterada, com a inclusão dos parágrafos 571 a 581, que tratam exatamente da arbitragem.

No passado, não existia tratamento específico para a arbitragem em matéria fiscal. As disposições gerais do *Administrative Dispute Resolution Act* de 1996 eram utilizadas no âmbito tributário. Isso porque, com o referido diploma, todas as administrações (inclusive o IRS) foram obrigadas a utilizar a mediação e a arbitragem como métodos alternativos para a resolução de litígios. Em 22 de julho de 1998, o *Internal Revenue Code* foi alterado na Seção 7123 do Capítulo 74[721], onde a arbitragem passou a constar expressamente como meio alternativo de resolução de litígio fiscal.[722] Posteriormente, o IRS regulamentou a matéria no *Revenue Procedure 2006-44*, posteriormente modificado pelo *Revenue Procedure 2009-44*.[723]

---

[720] *"Transação e arbitragem em material tributária são dois exemplos que qualificam esforço institucional que resulta em eficiência no direito norte-americano"*. (GODOY, Arnaldo Sampaio de Moraes. "Transação e arbitragem no Direito Tributário norte-americano", In.: SARAIVA FILHO, Oswaldo Othon de Pontes; GUIMARÃES, Vasco Branco (Orgs.), *Transação e Arbitragem no âmbito Tributário. Homenagem ao Jurista Carlos Mário da Silva Velloso.* Belo Horizonte: Fórum, 2008, p. 418)

[721] The Internal Revenu Service Restructuring and Reforme Act of 1998, Pub.L.No.105-206, 112 Stat. 685.

[722] *"Sec. 7123. Appeals dispute resolution procedures: (...) (b) Alternative dispute resolution procedures: (...) (2) Arbitration. The Secretary shall establish a pilot program under which a taxpayer and the Internal Revenue Service Office of Appeals may jointly request binding arbitration on any issue unresolved at the conclusion of: (A) appeals procedures; or (B) unsuccessful attempts to enter into a closing agreement under section 7121 or a compromise under section 7122."*

[723] Vale registrar que o *Revenue Procedure 2006-44* menciona expressamente que a finalidade da utilização da arbitragem no âmbito do IRS é melhorar o desempenho da Administração fiscal: *"Section 1. Purpose. This revenue procedure formally establishes the Appeals arbitration program, which is designed to improve tax administration, provide customer service and reduce taxpayer burden. Arbitration is available for cases within Appeals jurisdiction that meet the operational requirements of the program. Generally, this program is available for cases in which a limited number of factual issues remain unresolved following settlement discussions in Appeals. Within Appeals, the Office of Tax Policy and Procedure will be responsible for the management of the Appeals arbitration program".*

Há previsão de dois procedimentos de arbitramento. O primeiro deles (*mediation*) não é vinculante. O segundo vincula as partes (*arbitration*). A mediação (*non-binding mediation*) configura a tentativa de resolução de questão discutida em recurso administrativo (*appeal procedure*). Também tem como objetivo resolver questão não acordada no procedimento prévio de transação.

De acordo com o IRS, casos que versam sobre deduções e creditamentos, avaliações e compensação de tributos podem ser submetidos à arbitragem. Contudo, a utilização da arbitragem para esses casos deve ser primeiramente aprovada pelo Procurador-Chefe Adjunto do Gabinete do IRS (*IRS Office of Associate Chief Counsel*). Uma vez aprovada a arbitragem, as partes podem escolher seus árbitros e determinar as estipulações comuns e obrigatórias para o(s) árbitro(s). A contratação do árbitro é de fundamental importância, mas nem todos os contribuintes podem fazê-lo, dado o preço que envolve.

No processo de arbitragem, as partes podem decidir se o árbitro vai decidir todos os fatos ou apenas certas questões específicas. Se uma das partes entender que a arbitragem está sendo infrutífera para resolver as questões, pode-se requerer o julgamento da questão pelo tribunal fiscal competente. Vale ressaltar que o tribunal fiscal é incumbido de supervisionar todo o processo de arbitragem, bem como verificar se os procedimentos corretos estão sendo seguidos. Inicialmente, o caso vai para o árbitro, que elabora a decisão. Em seguida, a decisão é enviada de volta ao tribunal fiscal, para o parecer final. Uma vez proferidas sob essas condições, as decisões arbitrais não podem mais ser objeto de recurso[724].

---

[724] Sobre o desenrolar do procedimento de arbitragem nos EUA, veja-se a tese de WUTTIPONG SIRICHANTRANON: "*O procedimento de arbitragem tributária nos Estados Unidos se desenvolve da seguinte maneira:*
1/ As partes devem prepar um resumo que é enviado ao árbitro no prazo de trinta dias antes da abertura da sessão. O resumo deve conter as posições de cada uma das partes, que trocam simultaneamente suas cópias e as enviam igualmente a um administrador que as envia, em seguida, ao árbitro. Este pode solicitar às partes que redijam um texto identificando as provas e documentos estimados necessários e apropriados ao processo. Todas as informações devem comunicadas a outra parte, inclusive ao administrador, que, em seguida, as faz chegar ao árbitro. As provas suplementares devem ser endereçadas ao administrador antes da publicação do parecer.
2/ Após a audiência arbitral, no prazo de trinta dias, os árbitros devem elaborar um relatório contendo o método de trabalho, as reflexões sobre as questões de fato examinadas e a decisão sobre cada uma delas.

O procedimento de arbitragem é detalhadamente descrito no *Announcement 2000-4*[725].

Somente pode ser submetida ao procedimento de arbitragem a matéria de fato controvertida, sobre a qual as partes já tenham tentado solucionar sem êxito[726]. Fica, portanto, vedada a análise de questões de direito[727]. O *Announcement 2002-60* também deixa claro que o procedimento de arbitragem não abrange problemas relacionados com a cobrança do imposto[728], bem como questões regidas por acordos fechados, questões transitadas em julgado ou questões relacionadas a precedentes da Corte Suprema americana[729]. Além disso, estão excluídos também assuntos de fato sem importância[730] e casos em que o contribuinte não agiu de boa-fé[731].

As partes não podem, após a divulgação do parecer, apresentar recurso perante o Tribunal, a Corte Fiscal, a Corte Federal e a Corte do distrito ou Corte federal de apelação.
3/ Após a divulgação do parecer, a autoridade deve estabelecer um procedimento e fechamento e elaborar um relatório. O parecer somente tem validade para o ano / exercício objeto da discussão. Salvo exceção prevista pelas partes, o parecer não pode servir de precedente para nenhuma delas.
Em regra geral, a sessão arbitral deve começar na data e horário aprovados pelas partes. Mas o procedimento propriamente dito será decidido pelo árbitro; principalmente, o prazo, a ordem do dia, a apresentação de testemunhas, etc. Deve-se registrar, todavia, que algumas regras devem ser objeto de acordo mútuo entre as partes e o árbitro, como por exemplo o local de realização da sessão." (SIRICHANTRANON, Wuttipong. *Les modes alternatifs de règlement des litiges fiscaux*, Tese de Direito, Paris II, 2010, p. 299)

[725] Internal Revenue Bulletin, Bulletin n.º 2000-3, 18 janvier 2000, Part. IV, p. 317 e seguintes.

[726] Sobre o assunto, confira-se o *Announcement 2002-60*: "*This procedure allows taxpayers to request binding arbitration for factual issues that are already in the Appeals process. Under the procedure set forth in Announcement 2000–4, the taxpayer and Appeals must first attempt to negotiate a settlement. If those negotiations are unsuccessful, the taxpayer and Appeals may jointly request binding arbitration*". (Internal Revenue Bulletin, Bulletin n.º 2002-26, 1 juillet 2002, p. 28)

[727] "*Em princípio, somente questões de fato podem ser tratadas pelos árbitros; mais precisamente, eles não podem tratar sobre questões de direito que versam, por exemplo, sobre a interpretação de um texto jurídico*". (SIRICHANTRANON, Wuttipong. *Les modes alternatifs de règlement des litiges fiscaux*, Tese de Direito, Paris II, 2010, p. 297)

[728] "*The arbitration procedure excludes Collection cases.*" (Internal Revenue Bulletin, Bulletin n.º 2002-26, 1.º/07/2002, p. 28)

[729] "*The arbitration procedure excludes issues for which arbitration would not be consistent with sound tax administration, e.g. issues governed by closing agreements, by res judicata, or controlling Supreme Court precedent*". (Internal Revenue Bulletin, Bulletin n.º 2002-26, 1.º/07/2002, p. 29)

[730] "*The arbitration procedure excludes frivolous issues, such as, but not limited to, those identified in Rev. Proc. 2001–41, 2001–33 I.R.B.173.*"

[731] "*The arbitration procedure excludes cases where the taxpayer did not act in good faith during settlement negotiations, e.g., failure to respond to document requests, failure to respond timely to offers to settle,*

O pedido de submissão de determinada questão ao procedimento de arbitragem deve ser realizado por escrito – endereçado ao *Assistant Regional Director of Appeals* – e deve conter todas as informações do contribuinte (nome, endereço, etc.), o nome da autoridade competente para apreciar o recurso, o período envolvido, as questões que deverão ser submetidas ao árbitro e, por fim, a indicação de que se trata de uma questão não resolvida no litígio instaurado. O Diretor Regional Adjunto de Recursos deverá responder ao pedido do contribuinte em duas semanas. Se o pedido for aceito, o Diretor marcará uma audiência na presença de um *representante do Escritório de Política Fiscal*, que será encarregado de supervisionar todo o processo, bem como será nomeado intermediário entre o contribuinte e a autoridade competente. Caso o pedido de submissão à arbitragem seja negado, dessa decisão não caberá recurso.

A legislação norte-americana {Section 7123(b)(2) do Internal Revenue Code – IRC} prevê que o Secretário de Fazenda deverá estabelecer um programa piloto por meio do qual contribuinte e IRS poderão conjuntamente suscitar o procedimento de solução de controvérsia que os obrigue reciprocamente. Esse programa piloto – que foi um tipo de teste praticado pelo IRS – tornou-se definitivo com o *Revenue Procedure 2006-44*[732].

Essas são as linhas gerais da arbitragem praticada no âmbito dos litígios internos relacionados ao imposto sobre a renda norte-americano. Embora nascida sob a forma de teste, o sucesso da medida logo a tornou definitiva, uma vez que atendeu às expectativas de redução do prazo de resolução dos litígios, trazendo benefícios para ambas as partes envolvidas (contribuintes e IRS).

---

failure to address arguments and precedents raised by Appeals." (Internal Revenue Bulletin, Bulletin n.º 2002-26, 1 juillet 2002, p. 29)

[732] "*IR-2006-163, October 18, 2006. The Internal Revenue Service announced today that the Appeals arbitration process is no longer a pilot program but part of business as usual at the IRS. In arbitration the IRS and the taxpayer agree to have a third party make a decision about a factual issue that will be binding on both of them. IRS Notice 2000-4 previously established a pilot program for cases in Appeals in which a taxpayer and IRS could jointly request binding arbitration on certain unresolved factual issues. When a limited number of factual issues remain unresolved during the course of an appeal, the taxpayer or the IRS can request arbitration and jointly select an Appeals or a non-IRS Arbitrator from any local or national organization that provides a roster of neutrals*" (Notícia disponível em http://www.irs. gov/uac/IRS-Formalizes-Appeals-Arbitration-Process, acessado em 05/02/2013).

2. Portugal

Portugal é o país mais recente a regulamentar a utilização da arbitragem nos litígios internos. O assunto não é novo, pois já vinha sendo discutido em sede de doutrina. DIOGO LEITE DE CAMPOS, por exemplo, já dizia em 2004 que a arbitragem era necessária e estava próxima[733]. Vale notar que a arbitragem já era prevista no âmbito do direito administrativo (artigos 180.º a 187.º do Código de Processo nos Tribunais Administrativos – CPTA). No entanto, parcela expressiva da doutrina – capitaneada por JOSÉ CASALTA NABAIS – alegava que a previsão da arbitragem para resolução dos litígios administrativos não era suficiente para estendê-la ao direito fiscal[734].

Para pôr fim a essa discussão, foi editada a Lei n.º 3-B, de 28 de abril de 2010, cujo artigo 124.º permitiu ao Governo legislar no sentido de instituir a arbitragem como forma alternativa de resolução jurisdicional de conflitos em matéria tributária. No uso de tal autorização legislativa, foi aprovado o Decreto-Lei n.º 10/2011, de 20 de janeiro, que disciplina a arbitragem tributária, dentro das limitações impostas pelo artigo 124.º da Lei n.º 3-B/2010.

Nos termos das alíneas a) a c) do n.º 1 do artigo 2.º do Regime Jurídico da Arbitragem Tributária (RAT), aprovado pelo Decreto-Lei n.º 10/2011, podem ser deduzidas as pretensões relacionadas à declaração de ilegalidade de atos de liquidação de tributos, declaração de ilegalidade de atos de

---

[733] DE CAMPOS, Diogo Leite. "A arbitragem em direito tributário", In.: *Estudos Jurídicos e Económicos em Homenagem ao Prof. Doutor António de Souza Franco*, Lisboa: Coimbra Editora, 2006. Do mesmo autor, veja-se também: DE CAMPOS, Diogo Leite. *A Arbitragem Tributária. A centralidade da Pessoa.* Coimbra: Almedina, 2010.

[734] *"Poder-se-ia dizer que o estabelecimento de uma arbitragem tributária não faz sentido, sendo desnecessária, já que a mesma beneficia da base legal estabelecida em sede da jurisdição administrativa. Amais especificamente, a abertura a uma tal arbitragem já constaria dos referidos arts. 180.º a 187.º do CPTA. (...) Todavia, constituindo a introdução da arbitragem tributária no nosso sistema jurídico uma matéria tão importante e manifestamente inovadora, parece evidente que a mesma não pode resultar da disciplina da arbitragem administrativa que veio a encontrar acolhimento nos arts. 180.º a 187.º do CPTA. Tanto mais que, do longo processo que conduziu à aprovação e entrada em vigor desse Código, nada se deduz nesse sentido. Antes bem pelo contrário, em todo esse processo o que se teve em vista foi sempre e apenas a disciplina do processo nos tribunais administrativos nos moldes verdadeiramente revolucionários que acabou por prevalecer. De resto, perante a autonomia do processo tributário, fundada aliás em longa tradição e materializada presentemente no CPPT, não deixaria de ser estranho, para não dizer anómalo, que a arbitragem tributária viesse a fazer a sua aparição através de porta alheia, como é, indiscutivelmente, o CPTA."* (NABAIS, José Casalta. "Reflexão sobre a introdução da arbitragem tributária". *Revista de legislação e de jurisprudência*, A-140, n.º 3.967, Março/Abril 2011, p. 251)

determinação da matéria tributável ou coletável e à apreciação de qualquer questão, de fato ou de direito, relativa ao projeto de liquidação, sempre que a lei não assegurar a faculdade de deduzir a pretensão a que se refere o ponto anterior.

Por outro lado, ficam excluídas do processo arbitral, nos termos do artigo 2.º da Portaria n.º 112-A/2011, de 22 de março, as pretensões relativas a atos de determinação da matéria coletável ou tributável por métodos indiretos (alínea b), direitos aduaneiros sobre a importação e demais impostos indiretos que incidam sobre mercadorias sujeitas a direitos de importação (alínea c), bem como a classificação pautal, origem e valor aduaneiro das mercadorias e a contingentes pautais, ou cuja resolução dependa de análise laboratorial ou de diligências a efetuar por outro Estado-membro no âmbito da cooperação administrativa em matéria aduaneira (alínea d).

Parte da doutrina critica essas vedações, como é o caso de JESUÍNO ALCÂNTARA MARTINS. Para o autor, a arbitragem deveria abordar todas as matérias que o litígio fiscal pode envolver, motivo pelo qual considera que a lei portuguesa de arbitragem, nesse ponto, não merece elogios[735].

Como se nota, a principal diferença da arbitragem praticada em Portugal da praticada nos EUA é a possibilidade de análise de matéria de direito. Ao passo que os árbitros fiscais dos EUA estão adstritos à matéria de fato, o árbitro português está autorizado a interpretar a lei para encontrar a solução adequada ao caso. Outra grande diferença reside no fato de que a arbitragem nos EUA é praticada apenas no âmbito do imposto sobre a renda, ao passo que em Portugal o procedimento é estendido para todos os impostos.

Conforme relatado por LOURENÇO CÔRTE-REAL, para que se inicie o procedimento de constituição de tribunal arbitral é necessário fazer um requerimento próprio, o qual deverá ser enviado eletronicamente ao Presidente do Centro de Arbitragem Administrativa (artigo 10, n.º 2, do Decreto-Lei n.º 10/2011), devendo observar-se um conjunto de prazos para esse efeito (artigo 10, n.º 1, do Decreto-Lei n.º 10/2011).[736] O pedido deve

---

[735] MARTINS, Jesuíno Alcântara. "As garantias processuais dos contribuintes", In.: CATARINO, João Ricardo; GUIMARÃES, Vasco Branco (Coords.). *Lições de Fiscalidade*. Coimbra: Almedina, 2012, p. 465/466.

[736] CÔRTE-REAL, Lourenço. "Arbitragem Tributária: Análise do Decreto-Lei n.º 10/2011, de 20 de janeiro", *Verbojuridico*, março de 2010, p. 5, disponível em: www.verbojuridico.net, acessado em 05/01/2013.

identificar o sujeito passivo, os atos tributários em questão, o pedido de pronúncia arbitral, com a exposição das razões de fato e de direito, os elementos de prova dos fatos indicados e dos meios de prova a produzir, a indicação do valor da utilidade econômica do pedido, comprovante do pagamento da taxa de arbitragem respectiva e, se for caso disso, a intenção de designar árbitro.

O direito português estabelece diversas restrições à utilização da arbitragem. Em primeiro lugar, apenas podem ser submetidos à arbitragem os processos que não ultrapassem a quantia de € 10 milhões (artigo 3.º, n.º 1 da Portaria n.º 112-A/2011). Além disso, o julgamento do tribunal arbitral é feito segundo o ordenamento jurídico vigente, ficando vedado o recurso à equidade (artigo 124, n.º 4, alínea *c*, da Lei n.º 3-B/2010).

O procedimento também deve obediência ao princípio do contraditório, da igualdade entre as partes, da autonomia do tribunal arbitral, da oralidade, da livre apreciação dos fatos e livre determinação das diligências de produção de provas e boa-fé processual (art. 16 do Decreto-Lei n.º 10/2011). Há ainda o limite temporal para prolação da sentença arbitral, que é de seis meses, prorrogáveis justificadamente por mais seis meses (artigo 124, n.º 4, alínea *g*, da Lei n.º 3-B/2010), bem como a previsão de que a sentença arbitral é, via de regra, irrecorrível (artigo 124, n.º 4, alínea *h*, da Lei n.º 3-B/2010).

Não obstante a regra geral de irrecorribilidade, poderá haver recurso para o Tribunal Constitucional nos casos em que a sentença arbitral recuse a aplicação de qualquer norma com fundamento na sua inconstitucionalidade ou aplique uma norma cuja constitucionalidade tenha sido suscitada. Por outro lado, poderá haver recurso para o Supremo Tribunal Administrativo nos casos em que a decisão arbitral esteja em oposição, quanto à mesma questão fundamental de direito, com acórdão proferido pelo Tribunal Central Administrativo ou pelo Supremo Tribunal Administrativo.

A decisão arbitral poderá, ainda, ser anulada pelo Tribunal Central Administrativo, com base nos seguintes fundamentos: (a) não especificação dos fundamentos de fato e de direito que justificam a decisão; (b) oposição dos fundamentos com a decisão; (c) pronúncia indevida ou omissão de pronúncia; e (d) violação dos princípios do contraditório e da igualdade das partes. Finalmente, quando o tribunal arbitral seja a última instância, a respectiva decisão é susceptível de reenvio prejudicial para o Tribunal de Justiça da União Europeia.

De acordo com o regime português, os tribunais arbitrais funcionam com a intervenção de árbitro singular ou de coletivo com três árbitros. A intervenção de um único árbitro ocorre quando o valor da pretensão seja igual ou inferior a duas vezes a alçada do Tribunal Central Administrativo (que é de € 60.000,00) e o contribuinte opte por não nomear árbitro. Neste caso, o árbitro é nomeado pelo Conselho Deontológico do Centro de Arbitragem Administrativa (CAAD). A intervenção do coletivo ocorre sempre que o valor envolvido ultrapasse duas vezes o valor da alçada do Tribunal Central Administrativo ou o contribuinte opte por designar árbitro, independentemente do valor envolvido da questão.

Importa referir que, nos termos do regime de arbitragem, os árbitros têm de ser pessoas com comprovada capacidade técnica, idoneidade moral e sentido de interesse público. Devem ser juristas com pelo menos dez anos de comprovada experiência profissional na área do direito tributário, designadamente através do exercício de funções públicas, da magistratura, da advocacia, da consultoria, da docência no ensino superior ou da investigação, de serviço na Administração fiscal ou de trabalhos científicos relevantes nesse domínio. Em todo o caso, nas questões que exijam conhecimento especializados noutras áreas, pode ser designado como árbitro não presidente, licenciado em Economia ou Gestão.

No que diz respeito às razões que justificaram a instituição da arbitragem tributária em Portugal, MIGUEL DURHAM AGRELLOS menciona o elevado número de processos pendentes nos tribunais tributários, com uma tendência de crescimento. Efetivamente, muitos são os processos que se arrastam nos tribunais fiscais portugueses por vários anos, com todas as consequências negativas associadas a tal situação, quer para os contribuintes, quer para a própria Administração fiscal. A estatística demonstra que o número de processos pendentes é, atualmente, superior a 40.000 processos, representando cerca de 13.000 milhões de euros em litígio[737]. Por outro lado, a complexidade associada às matérias fiscais está

---

[737] Para se ter uma ideia comparativa, apenas o Município do Rio de Janeiro é litigante em 856,9 mil processos, que ainda estão pendentes de julgamento, perdidos e esquecidos em prateleiras. (Notícia disponível em http://www.conjur.com.br/2012-out-17/oab-lamenta-de-cisao-paliativa-cnj-varas-entupidas-rio-janeiro, acessado em 05/01/2013)

em constante crescimento, fato que justifica a intervenção de profissionais especializados, a qual é mais facilmente conseguida com a arbitragem[738].

O sucesso do exemplo português pode ser verificado nas estatísticas[739]. É verdade que poucos processos foram submetidos ao tribunal arbitral. Até o final de janeiro de 2013, apenas 190 processos foram submetidos ao regime, sendo que o total de 120 processos já foram concluídos. O prazo médio para prolação de decisão é de quatro meses e vinte e dois dias, o que é um recorde, principalmente se levado em consideração o valor total envolvido pelas decisões proferidas, que é de cerca de € 30 bilhões. Em termos de sentido da decisão, aproximadamente 60% das questões foram decididas em favor do contribuinte, o restante em favor da Administração fiscal (40%).

§ 2 – A mediação ou conciliação em direito tributário

De acordo com LEON FREJDA SZKLAROWSKY, mediação ou conciliação é uma forma alternativa de solução de litígio, em que o terceiro, alheio à demanda e isento em relação às partes, tenta conseguir a composição do litígio, de forma amigável, sem entrar no mérito da questão, diferenciando--se, pois, da arbitragem[740].

Trata-se de assunto, de certa forma, ainda inexplorado pelos doutrinadores. Muito se fala sobre a arbitragem e a transação, porém – apesar de muitos mencionarem a mediação –, não há um estudo sistemático no Brasil sobre as características da mediação e sua aplicação no direito comparado, dada a ausência da tradição do mediador, figura mais encontrada no direito escandinavo e europeu. Diante dessa falta de interesse e de tradição na utilização da medição, SÉRGIO ANDRÉ R. G. DA SILVA afirma, com razão, que o Brasil não possui instituições para implementá-la como instrumento de solução de divergências no campo tributário[741].

---

[738] AGRELLOS, Miguel Durham. "O regime de arbitragem tributária português", *Actualidad Jurídica Uría Menédez*, 29-2011, p. 138.

[739] As estatísticas podem ser conferidas no site do CAAD (http://www.caad.org.pt/userfiles/file/CAAD%20-%20ESTATISTICA%20AT%20-%202013-01-30.pdf, acessado em 05/02/2013)

[740] SZKLAROWSKY, Leon Frejda. "Arbitragem – uma nova visão", *Revista Tributária e de Finanças Públicas*, n.º 58, p. 227.

[741] DA SILVA, Sérgio André R. G. "Meios Alternativos de Solução de Conflitos no Direito Tributário Brasileiro", *Revista Dialética de Direito Tributário*, n.º 122, p. 104/105.

A análise do direito de alguns países leva a conclusão de que a utilização da conciliação para resolução de litígios fiscais ainda é excepcional, não obstante as vantagens que o instituto apresenta, que são próximas das vantagens oferecidas pela utilização da arbitragem[742]. Dois países constituem exceção a essa regra: Itália (A) e França (B), que serão estudados em seguida.

A. A mediação ou conciliação tributária na Itália

Na Itália, existe atualmente uma conciliação que é realizada no âmbito de um processo judicial (*conciliazione giudiziale*). Foi criada inicialmente pelo artigo 48 do Decreto Legislativo n.º 546, de 31 de dezembro de 1992. Posteriormente, a Lei n.º 656, de 30 de novembro de 1994 (artigo 2-sexies), o Decreto Presidencial n.º 636, de 26 de outubro de 1972 (artigo 20-bis) e o Decreto-Lei n.º 218, de 19 de junho de 1997 (artigo 14) trouxeram novos contornos legislativos.

De acordo com FRANCESCO TESAURO, o legislador não impôs nenhum limite com relação às matérias que podem ser objeto da conciliação, motivo pelo qual muitos autores aceitam que ela pode versar sobre questões de fato e de direito[743], o que é uma grande vantagem do sistema italiano. Para o autor, a conciliação encontra seu campo natural nos litígios sobre estimativas e questões de fato de solução incerta. Com relação às questões de direito, a conciliação não leva a uma solução intermediária, ou seja, ela supõe que uma parte acolha totalmente o ponto de vista da outra parte.

Nos termos do artigo 20-bis, inciso 5, do Decreto Presidencial n.º 636/1972, uma vez encontrada a solução, a multa administrativa é reduzida a um terço do valor inicial[744]. Trata-se de um grande incentivo para

---

[742] Na arbitragem, o nível técnico dos árbitros é uma vantagem bem conhecida. No caso da mediação ou conciliação, o terceiro participante (mediador ou conciliador) pode ou não ser um profundo conhecedor das questões submetidas à sua análise. Na França, por exemplo, sabe-se que o Mediador da República não participa da resolução de litígios fiscais de alta complexidade. Isso já não ocorre nas conciliações realizadas pela Commission départamentale des impôts directs et des taxes sur le chiffre d'affaires (CDI).

[743] "*Il legislatore non ha esplicitato alcun limite, e molti ne hanno desunto che la conciliazione possa investire qualsiasi questione, di diritto e di fatto.*" (TESAURO, Francesco. *Istituzioni di Direitto Tributario*. 9ed., Torino: UTET, 2009, p. 379).

[744] "*In caso di conciliazione le sanzioni amministrative si applicano nella misura di un terzo del minimo delle somme dovute.*"

MEDIDAS DE CONTROLE E DIMINUIÇÃO DE LITÍGIOS FISCAIS

que o contribuinte abandone a intenção de prosseguir com a ação judicial. Todavia, conforme ressaltado por RAFFAELLO LUPI, a vantagem não é tão atraente, uma vez que não há nenhuma redução sobre eventual multa penal[745].

Com relação ao procedimento, a conciliação segue uma espécie de "incidente processual", podendo ser suscitada por ambas as partes antes da sentença de mérito. Em outras palavras, a conciliação somente pode ser realizada em primeira instância, não havendo outra oportunidade para tanto. Uma vez instaurado o incidente processual, a tentativa de conciliação poderá ser realizada em audiência pública ou em sede extraprocessual[746]. Nesse último caso, o documento que formaliza a conciliação deve ser juntado no processo.

A conciliação é conduzida pela Comissão Provincial, que está autorizada a tomar a iniciativa de promover a conciliação entre as partes. Caso uma das partes tenha proposto um acordo não aceito pela outra parte, a Comissão poderá abrir um prazo não superior a sessenta dias para formalização de outra proposta. Se a Comissão entender que a proposta de conciliação não é admissível, então o processo seguirá normalmente, com a análise do recurso pendente.

Com a conclusão da conciliação, a Administração fiscal expede um decreto de extinção do processo, com eficácia provisória de vinte dias, período no qual o contribuinte deve realizar o pagamento do montante estabelecido ou, no caso de parcelamento, da primeira parcela. Somente após o pagamento a dívida fiscal é extinta.

Conforme relatado por IGNAZIO MANZONI e GIUSEPPE VANZ, há uma discussão sobre a verdadeira natureza do instituto em tela, pois há autores que entendem se tratar de verdadeira transação ao invés de conciliação[747].

---

[745] *"I benefici di questa procedura sul piano delle sanzioni sono meno incisivi, perché non vi è alcun effeto estintivo delle sanzioni penali e quelle amministrative sono superiore a un terzo dalla somma inflitta dall'ufficio"* (LUPI, Raffaello. *Diritto Tributario*. 7.ª ed., Milano: Giuffrè, 2000, p. 88)

[746] *"La conciliazione può avvenire solo mentre la lite pende in primo grado e può avvenire in udienza o in sede extraprocessuale".* (TESAURO, Francesco. *Istituzioni di Diritto Tributario*. 9.ª ed., Torino: UTET, 2009, p. 379)

[747] *"Circa la natura dell'istituto in esame, valgono a nostro avviso le stesse considerazioni svolte in precedenza all'accertamento con adesione. Riteniamo pertanto che siano da respingere quelle tesi che tendono a ravvisare nella conciliazione un sorta di transazione, analoga a quella prevista dall'art. 1965 del codice civile."* MANZONI, Ignazio; VANZ, Giuseppe. *Il diritto tributario. Profili teorici e sistematici*. 2.ª ed., Torino: G. Giappichelli, 2008, p. 553.

Há inclusive quem a ela se refira como um verdadeiro "acordo transativo"[748]. Para os referidos autores, contudo, essa tese não procede, uma vez que – no procedimento de conciliação – a autoridade fiscal não faz nenhum tipo de concessão, tal como ocorre nos procedimentos de transação.

B. A mediação ou conciliação tributária na França

A França é outro país que utiliza muito frequentemente o procedimento de conciliação. O assunto aqui é mais complexo, se comparado com o sistema de mediação italiano, dada a variedade dos procedimentos que o país adota. É de se registrar, desde logo, que os diferentes mecanismos de mediação utilizados na prática apresentam elevado grau de eficácia, pois menos de 1% dos litígios são levados ao Poder Judiciário[749], o que é um índice extraordinário.

Acreditamos que o estudo mais profundo sobre a utilização da mediação no direito tributário francês foi realizado por WUTTIPONG SIRICHANTRANON, que identificou diversas modalidades diferentes de mediação que são aplicadas no âmbito interno[750], não obstante a falta de harmonização legal sobre o assunto[751]. Essa multiplicidade de instâncias amigáveis de resolução

---

[748] FERRARA, Franco Batistoni. *Conciliazione giudiziale (diritto tributario)*. In.: *Enc. Dir., Agg.*, vol. II, Milano, 1998, p. 229.

[749] *"Os diferentes mecanismos de mediação utilizados na prática demonstram sua eficácia, pois menos de 1% dos litígios são levados so Poder Judiciário"*. (*Médiateur Actualités. Je journal du Médiateur de la République*, 01/2008, n.º 33, p. 3, disponível em: www.mediateir-republique.fr, acessado em 08/01/2013).

[750] Em 1941, foi instituído o primeiro órgão com vocação para mediação: a *Comissão Departamental de Impostos Diretos e de Tributos sobre o Faturamento* (CDI). Em seguida, no ano de 1948, foi criada a *Comissão Departamental de Concicliação* (CDC). Já em 1963, surgiu a *Comissão Departamental dos Chefes dos Serviços Financeiros* (CCSF). Em 1968, criou-se a *Comissão de Conciliação e de Expertise Financeira* (CCED). Pouco depois, em 1973, foi instituída a figura conhecida do *Mediador da República*. Em 1976 e 1977 foram criados, respectivamente o *Interlocutor Fiscal Departamental* et la *Comissão de Infrações Fiscais e Comitê do Contencioso Fiscal, Aduaneiro e Cambial*. A partir da década de 2000, foram criadas mais três instituições: o *Mediador do Ministério da Economia, das Finanças e da Indústria* (2002), o *Conciliador Fiscal Departamental* (2006) e, finalmente, o *Interlocutor Fiscal Único das PME* e o *Interlocutor Fiscal Único dos Particulares* (2006). (SIRICHANTRANON, Wuttipong. *Les modes alternatifs de règlement des litiges fiscaux*, Thèse Paris II, 2010, p. 53).

[751] *"No plano nacional, a mediação é praticada há bastante tempo, apesar de não ter sido harmonizada pelo direito"*. (SIRICHANTRANON, Wuttipong. *Op. Cit.*, p. 52)

de litígios, conforme ressaltado por WUTTIPONG SIRICHANTRANON, decorre do respeito que o Estado francês atribui aos direitos do administrado contra os abusos eventualmente praticados por autoridades públicas[752].

No presente estudo, abordaremos apenas as instituições mais relevantes, a saber: a Comissão Departamental de Impostos Diretos e de Tributos sobre o Faturamento (1); a Comissão Departamental de Conciliação (2); o Mediador da República (3); e, por fim, o Interlocutor Fiscal Departamental (4).

1. Comissão Departamental de Impostos Diretos e de Tributos sobre o Faturamento (CDI)

Uma das instituições mais importantes é a Comissão Departamental de Impostos Diretos e de Tributos sobre o Faturamento (CDI) – encarregada de realizar a mediação nos litígios entre fisco e contribuinte – criada em plena guerra mundial pela Lei de 13 de janeiro de 1941, que foi modificada diversas vezes. Atualmente, a CDI é regulamentada pelos artigos 1651 e 1651-F do Código Geral dos Impostos, bem como pelos artigos 347 e 348 do anexo III do mesmo diploma, que tratam de sua composição e funcionamento. O Livro de Procedimentos Fiscais (LPF) traz também alguns dispositivos sobre seu funcionamento[753]. Vale notar que as competências da CDI foram ampliadas pelo artigo 26 da lei de 30 de dezembro de 2004, que deu uma nova redação ao artigo 59 A do LPF.

Trata-se de um órgão intermediário amigável e opcional, que intervém na fase pré-contenciosa, a fim de resolver amigavelmente o problema que versa sobre os impostos diretos e o imposto sobre o faturamento. DANIEL RICHER afirma que a CDI é uma instituição de referência, apresentado como um modelo que poderia ser transplantado para outros tipos de contencioso, uma vez que sua finalidade é preveni-lo[754].

A CDI tem uma composição mista paritária, reunida sob a autoridade de um presidente, que é um magistrado do tribunal administrativo. São integrantes da CDI funcionários de impostos que ocupem, no mínimo, postos

---

[752] SIRICHANTRANON, Wuttipong. *Op. Cit.*, p. 55.
[753] Articles L. 59 A, L. 60, R* 1-2, R. 1-3, R* 60-1, R. 60-1 A, R* 60-2, R. 60-2 A, R* 60-3.
[754] RICHER, Daniel. *Les droits du cotnribuable dans le contentieux fiscal.* Paris: LGDJ, 1997, p.65.

de inspetor principal ou inspetor-divisionário, bem como representantes dos contribuintes designados por organismos profissionais.

Quando a CDI é instaurada, o contribuinte tem o direito à imparcialidade e independência dos membros que a compõem, sob pena de nulidade do procedimento de imposição. Nesse sentido, um acórdão proferido pelo Conselho de Estado entendeu pela nulidade do procedimento, uma vez que ficou constatado que um dos membros da CDI era um inspetor-chefe de impostos que exercia funções de interlocutor departamental que, por meio de uma carta enviada ao contribuinte, tomou posição sobre o mérito do litígio (CE, 9 de março de 1990, n.º 52260).

De acordo com MICHEL BOUVIER, o artigo L.59 do LPF permite à CDI qualificar juridicamente certos fatos, na medida que está autorizada a se pronunciar sobre o caráter anormal de um ato de gestão, sobre o princípio e o montante de amortizações e de provisões, sobre o caráter das despesas dedutíveis de trabalhos imobiliários[755]. Contudo, a regra geral é que somente questões de fato podem ser apreciadas pela CDI, não obstante a determinação da fronteira entre questões de fato e de direito tenha suscitado uma abundante jurisprudência[756]. Esse princípio da incompetência da CDI para análise de questões de direito decorria da jurisprudência, mas atualmente está previsto no art. L.59 A do LPF.

Vale ressaltar que a CDI não está autorizada a propor solução para todos os litígios fiscais. Conforme sublinhado por DANIEL RICHER, *"as comissões departamentais apenas podem intervir nos casos delimitados pela lei. Sua avocação, em alguns casos, é uma garantia do contribuinte ou da administração, mais elas não possuem vocação universal para resolver todos os litígios capazes de opor contribuintes e administração em qualquer matéria. Sua competência é definida por um conjunto de regras que se recortam"*[757].

---

[755] BOUVIER, Michel. *Introduction au droit fiscal général et à la théorie de l'impôt.* 7.ª ed., Paris: LGDJ, 2005, p. 120.

[756] *"Em regra geral, são tidas como questões de direito as que versam sobre interpretação de um texto ou que tenham por objeto a qualificação de alguma operação (natureza jurídica da profissão exercida, apreciação da natureza anormal de um ato de gestão, existência de uma sociedade de fato), ao passo que a materialidade dos fatos, assim como a apreciação que sobre eles convém fazer, devem ser enquadrados como questões de fato"*. (GROSCLAUDE, Jacques; MARCHESSOU, Philippe. *Procédures Fiscales.* 4.ª ed., Paris: Dalloz, 2007, p. 187)

[757] RICHER, Daniel. *Les droits du cotnribuable dans le contentieux fiscal.* Paris: LGDJ, 1997, p.66.

MEDIDAS DE CONTROLE E DIMINUIÇÃO DE LITÍGIOS FISCAIS

Resumidamente, a CDI intervém nos litígios que versam sobre quatro pontos diferentes: (1) o montante do faturamento decorrente de atividades industriais e comerciais, não comerciais e agrícola, determinado de acordo com a apuração real; (2) as condições de aplicação dos regimes de exoneração ou redução fiscal em favor de empresas novas; (3) a aplicação de dispositivos que versam sobre verbas não dedutíveis para determinação do resultado de empresas industriais ou comerciais; (4) o valor venal de imóveis, fundos de comércio, ações, dentre outros[758].

Após analisar o dossiê e realizar audiência com a Administração e com o contribuinte, a CDI emite sua opinião (*avis*), que pode acolher a proposta daquela, deste, ou, ainda, sugerir uma solução própria. É importante registrar que a CDI não tem poder de decisão. Assim, a opinião emitida não é oponível nem à Administração, nem ao contribuinte. Contudo, se o litígio persistir e iniciar a fase contenciosa, o ônus da prova incumbe sempre à Administração (artigo L.192 do LPF), independentemente do conteúdo da opinião.

O ônus da prova ficará a cargo do contribuinte somente em três hipóteses: (1) sua contabilidade apresenta graves irregularidades; (2) quando o contribuinte não possui registros contábeis; (3) quando o contribuinte é tributado de ofício em virtude da ausência de resposta a um pedido de esclarecimentos.

Se comparado com o Mediador da República, pode-se dizer que os procedimentos da CDI são muito mais eficazes. Segundo DANIEL RICHER, a CDI emite, em alguns casos, verdadeiras decisões que substituem a decisão proferida pela Administração fiscal[759]. No entanto, sob um ponto de vista estritamente jurídico, a CDI emite apenas um parecer motivado que pode ou não ser adotado pela Administração fiscal. Porém, conforme indicado por MARTIN COLLET, a Administração, em regra, segue essas opiniões, para corrigir suas pretensões ou até desistir da cobrança em caso de opinião contrária. Em caso de opinião contrária às suas pretensões, o contribuinte pode naturalmente seguir a via contenciosa[760].

---

[758] COZIAN, Maurice; DIBOUT, Patrick; PIERRE, Jean-Luc (dir.). *Droits et garanties du contribuable. Evolutions et perspectives vingt ans après de rapport Aicardi*. Paris: LITEC, 2008, p. 197.
[759] RICHER, Daniel. *Les droits du cotnribuable dans le contentieux fiscal*. Paris: LGDJ, 1997, p. 67.
[760] COLLET, Martin. *Droit Fiscal*. Paris: PUF, 2007, p. 150.

2. A Comissão Departamental de Conciliação

A Comissão Departamental de Conciliação (CDC) é outro órgão paritário, cuja complexidade estrutural muito se assemelha à da CDI. É composta pelo diretor de serviços fiscais, três funcionários da direção geral de impostos, um notário e três representantes do contribuinte. O presidente da CDC é um magistrado do Poder Judiciário[761]. Foi criada pela lei n.º 48-1360 de 1.º de setembro de 1948, mas atualmente é regulamentada pelos artigos 1653 A, 1653 B e 1653 BA do CGI, bem como pelos artigos 349, 350 A e 350 C do anexo III do mesmo código.

A CDC é competente para analisar e emitir um parecer sobre litígios que versam sobre o Imposto sobre Grandes Fortunas (IGF), o Imposto sobre Publicidade Fundiária (nos casos mencionados pela alínea 2 do artigo 667 do CGI) e sobre a insuficiência de preços ou de avaliações constatadas pela Administração, no que diz respeito à base de cálculo dos Impostos sobre Registro[762].

Sobre a delimitação das matérias submetidas à análise da CDI e da CDC, DANIEL RICHER indica que a repartição material das competências entre as duas comissões é estreitamente calcada sobre a repartição existente entre as duas ordens de jurisdição. É de se registrar, contudo, que há algumas matérias fiscais que não são de competência de nenhuma das duas comissões, o que não ocorre com a repartição de competências existente entre as duas ordens de jurisdição[763].

3. O Mediador da República

O *Mediador da República* foi criado oficialmente pela Lei n.º 73-6 de 3 de janeiro de 1973. Sua tarefa é tentar solucionar, fora do âmbito contencioso, os problemas administrativos em geral, incluídos os de ordem fiscal. A instituição da mediação no direito interno foi largamente inspirado na figura do *ombudsman*, criado na Suécia em 1809.

---

[761] BOUVIER, Michel. *Introduction au droit fiscal général et à la théorie de l'impôt.* 7.ª ed., Paris: LGDJ, 2005, p. 120.

[762] COLLET, Martin. *Droit Fiscal.* Paris: PUF, 2007, p. 150.

[763] RICHER, Daniel. *Les droits du cotnribuable dans le contentieux fiscal.* Paris: LGDJ, 1997, p.68/69.

Na época de sua criação, a França passava por uma crise relacionada com o aumento das desigualdades sociais e degradação da condição de vida das classes menos favorecidas. Com isso, as demandas judiciais cresceram a tal ponto que o Poder Judiciário já não conseguia mais resolver eficazmente os litígios. Para minimizar esse problema judicial, em 1975 – com a criação do Novo Código de Processo Civil –, foi instituída a mediação (artigos 131-1 a 131-15), por meio da qual o juiz pode, após obter a aprovação das partes, designar um terceiro para ouvir as partes e seus pontos de vista, de maneira a capacitá-los a encontrar uma solução para seu conflito.

Segundo relatado por WUTTIPONG SIRICHANTRANON, o Mediador da República é tido como uma instituição que, ao lado do juiz, deve assegurar o respeito efetivo dos direitos dos litigantes[764]. Em matéria de impostos, o Mediador da República garante o respeito aos princípios da justiça e da igualdade pela Administração fiscal. Mas sua atuação não se limita apenas ao âmbito judicial, intervindo em litígios já instaurados. A prevenção de litígios se insere no escopo de suas atividades. Isso ocorre também por meio do Setor Fiscal, que ajuda o contribuinte a obter informações claras sobre seus direitos e garantias[765]. Em outras palavras, ele realiza uma mediação judicial e extrajudicial, inclusive com proposições de alteração na legislação fiscal[766].

De acordo com dados estatísticos, o Mediador da República intervém com frequência em matéria de base de cálculo, cálculo e pagamento de impostos, sobretudo em litígios que decorrem da aplicação incorreta das regras fiscais pelas autoridades fiscais[767].

---

[764] SIRICHANTRANON, Wuttipong. *Les modes alternatifs de règlement des litiges fiscaux*, Tese em direito Paris II, 2010, p. 56.

[765] *"Diante das condições de aplicação da regulamentação fiscal, frequentemente tidas como instáveis e muito restritivas – portanto, insjustas –, o setor fiscal auxilia o contribuinte a obter informações claras e a dispor de verdeiras garantias"*. *Médiateur Actualités. Je journal du Médiateur de la République*, março de 2011, n.º 64, p. 5, disponível em: www.mediateir-republique.fr, acessado em 08/01/2013.

[766] Dentre as proposições propostas pelo Mediador da República e aprovadas, destacam-se: a autorização para o retorno de filhos menores de 25 anos, não estudantes, na declaração fiscal dos pais; a melhora do regime fiscal de viúvos com filhos não advindos do casamento com o cônjuge falecido; a instituição de igualdade de direitos entre credores e devedores de alimentos no acesso a informações fiscais, dentre várias outras.

[767] *Médiateur Actualités. Je journal du Médiateur de la République*, janeiro de 2008, n.º 33, p. 2, disponível em: www.mediateir-republique.fr, acessado em 08/01/2013.

A ação do Mediador da República tem um duplo propósito. O primeiro é evitar o contencioso, que representa um elevado custo para os contribuintes, para a Administração fiscal e também para o sistema judiciário, já sobrecarregado com diversas outras questões. O segundo é melhorar as relações entre fisco e contribuinte, de modo a melhorar o consentimento ao imposto.

Uma das vantagens da ação do Mediador da República nas questões fiscais é sua autonomia. De acordo com as atualizações disponibilizadas no jornal de atualidades da instituição, *"o Mediador da República ocupa um lugar original no campo da mediação fiscal. Diferentemente do Mediador Fiscal, que atua sob a tutela do Ministro da Economia, e de outras instâncias administrativas de mediação, ele representa, com efeito, uma autoridade independente, o que lhe permite apreciar soberanamente as possibilidades de uma intervenção, e notadamente a oportunidade de engajar uma mediação. Essa distância, tanto das partes no litígio fiscal quanto do poder político, permite que a Instituição exerça plenamente seu papel. Sua competência não se limita à proteção do contribuinte contra os desfuncionamentos da Administração. Ele tem, igualmente, vocação para intervir quando a aplicação regular de dispositivos legais e regulamentares gera uma desigualdade. Ele pode, assim, recomendar a um organismo questionado qualquer solução que permita solucionar, considerando-se a igualdade, a situação do reclamante"*[768].

De acordo com Wuttipong Sirichantranon, o funcionamento relativamente simples dos procedimentos de mediação permite um acesso confortável dos contribuintes. Esse acesso, todavia, não se dá de forma direta, mas por meio de um parlamentar (senador ou deputado). Além disso, nem todas as questões fiscais são tratadas pelos serviços centrais do Mediador. Isso porque seus delegados – incumbidos de agir mais diretamente no âmbito local – recebem e resolvem problemas de natureza menos complexa[769].

Outra crítica endereçada ao Mediador da República está relacionada com as dificuldades organizacionais que a instituição enfrenta. Sabe-se que as administrações são obrigadas a responder aos pedidos de informação ou de reexame formulados pelo Mediador da República ou seus

---

[768] *Médiateur Actualités. Je journal du Médiateur de la République*, janeiro de 2008, n.º 33, p. 3, disponível em: www.mediateir-republique.fr, acessado em 08/01/2013.

[769] SIRICHANTRANON, Wuttipong. *Les modes alternatifs de règlement des litiges fiscaux*, Tese em Direito, Paris II, 2010, p. 58.

delegados. Contudo, conforme relatado por WUTTIPONG SIRICHANTRA-NON, algumas prefeituras mais modestas não têm meios necessários para cumprir as recomendações emitidas pelo Mediador, principalmente por conta do desconhecimento de algumas autoridades municipais acerca do papel desempenhado pela instituição. Disso decorre uma relativa perda de eficácia da atividade de mediação.

Além disso, de acordo com DANIEL RICHER, o papel do Mediador da República ainda é extremamente marginal, na medida que os contribuintes o procuram, na maioria das vezes, após terem esgotado todas as outras vias de recurso: recurso ao interlocutor departamental, à comissão departamental, recurso gracioso ou contencioso[770]. Isso decorre, em parte, do fato de que o recurso ao mediador não interrompe o prazo para interposição dos demais recursos (Conselho de Estado, 03/11/1989, req. n.º 91354, *Marchand*). A eficácia da intervenção do Mediador da República é outro elemento que desestimula o contribuinte, uma vez que ele não emite *decisões*, mas apenas *recomendações*, sendo certo que muitos agentes administrativos ainda preferem aguardar a decisão proferida por um juiz.

4. O Interlocutor Fiscal Departamental

Durante a década de setenta, a França passou por um período de dificuldades financeiras relacionadas com a primeira crise petrolífera. Muitos contribuintes, com isso, deixaram de cumprir adequadamente suas obrigações fiscais, fazendo com que o Governo intensificasse suas atividades de controle. Essa época também foi marcada por um aumento na complexidade da legislação fiscal – o que, inclusive, foi uma tendência mundial.

Diante dessas circunstâncias, houve um aumento do contencioso tributário, o que incitou a Administração fiscal a desenvolver – por um esforço de comunicação e explicação – um mecanismo de resolução de litígios que poderiam nascer do procedimento de controle fiscal. Para DANIEL RICHER, esse é o principal objetivo buscado pela instituição do interlocutor fiscal departamental[771].

A instituição do Interlocutor Fiscal Departamental foi concebida e proposta pelo Ministro da Economia e das Finanças frente à Assembleia

---

[770] RICHER, Daniel. *Les droits du cotnribuable dans le contentieux fiscal*. Paris: LGDJ, 1997, p.79.

[771] RICHER, Daniel. *Les droits du contribuable dans le contentieux fiscal*. Paris: LGDJ, 1997, p.77.

Nacional em 30 de abril de 1976, que a adotou. Em seguida, a Administração publicou uma nota oficial, em 18 de junho de 1976, destinada aos serviços fiscais, que determinou a designação expressa de um superior dos agentes auditores, ao qual o contribuinte poderia interpor um recurso eventual hierárquico. De acordo com WUTTIPONG SIRICHANTRANON, *"essa nota da Direção geral dos impostos de 18 de junho de 1976 dispõe que nenhum tributo pode ser cobrado enquanto não previsto o recurso ao interlocutor departamental"*[772].

No caso de problemas relacionados com a verificação fiscal, o contribuinte pessoa física ou jurídica é obrigado a interpor o recurso hierárquico antes de se dirigir ao interlocutor departamental. Com efeito, quando há um desacordo entre o auditor e o contribuinte sobre uma auditoria fiscal externa, especialmente no que diz respeito ao exame da situação fiscal pessoal ou de auditoria de suas contas, o contribuinte pode se dirigir ao superior hierárquico para obter esclarecimentos e uma decisão sobre sua situação.

Em seguida, se as divergências persistirem após o recurso, o contribuinte pode se dirigir diretamente ao interlocutor fiscal departamental, que deverá agir conforme a Carta dos Direitos e Obrigações dos Contribuintes Fiscalizados. Conforme mencionado por WUTTIPONG SIRICHANTRANON, *"o recurso ao interlocutor foi previsto no âmbito dos procedimentos de fiscalização e não poderia ser utilizado, por exemplo, em caso de questionamento de uma autuação"*[773].

Vale notar que o interlocutor somente pode intervir em questões de fato, ficando vedado de questionar a aplicação da regra de direito[774]. De acordo com SOPHIE LAMBERT-WIBER, na prática, o superior hierárquico do agente auditor é o chefe de brigada dos auditores[775]. Ele é o inspetor principal e o diretor dos serviços fiscais ou um de seus colaboradores que ocupam, pelo menos, o posto de diretor de divisão.

Para DANIEL RICHER, o recurso ao interlocutor departamental é eficiente[776]. O autor informa que um estudo realizado em 1986 revelou que mais da metade dos recursos resultaram em uma satisfação pelo menos

---

[772] SIRICHANTRANON, Wuttipong. *Les modes alternatifs de règlement des litiges fiscaux*, Tese em direito, Paris II, 2010, p. 81.

[773] SIRICHANTRANON, Wuttipong. *Op. Cit.*, p. 82.

[774] RICHER, Daniel. *Les droits du cotnribuable dans le contentieux fiscal*. Paris: LGDJ, 1997, p.78.

[775] LAMBERT-WIBER, Sophie. "Les modes alternatifs au règlement des litiges fiscaux", *Revue Les Petites Afiches*, 22 mai 2007, n.º 102, p. 8.

[776] RICHER, Daniel. *Les droits du cotnribuable dans le contentieux fiscal*. Paris: LGDJ, 1997, p.79.

parcial. A maioria dos contribuintes que não obtiveram ganho integral de causa ainda apresentou recurso em outra instância, seja perante a CDI ou nos serviços fiscais, no caso de uma reclamação graciosa ou contenciosa[777].

Seção 2 – A transação no direito tributário

Ao utilizarem a transação como meio de resolução de litígios, o contribuinte e a Administração fiscal resolvem seus problemas sem a participação de um terceiro, sendo este o traço que a diferencia das técnicas arbitrais acima comentadas. A utilização da transação em direito tributário tem sido objeto de atenção de muitos autores. Alguns destacam os pontos positivos desse tipo de procedimento, outros ressaltam a impossibilidade de sua utilização no âmbito do direito tributário, pelos mesmos argumentos invocados para atacar a arbitragem.

A transação é também conhecida com outros nomes, tais como *acordo* (Espanha) ou *concordato* (Itália), mas o que os aproxima é a presença dos mesmos elementos. Por isso, para se compreender como e em que situações a transação pode ser utilizada em direito tributário, é necessário analisar os elementos que caracterizam o instituto (§ 1). Em seguida, dado o grande sucesso com o qual a transação vem sendo aplicada, vamos analisar como ela vem sendo utilizada por alguns países (§ 2).

§ 1 – Os elementos da transação fiscal

A transação é um meio de resolução de litígios, já instaurados ou não, por meio da qual cada parte consente em fazer um sacrifício. Pontes de Miranda afirma que *"a transação é o negócio jurídico bilateral, em que duas ou mais pessoas acordam em concessões recíprocas, com o propósito de pôr termo a controvérsia sobre determinada, ou determinadas relações jurídicas, seu conteúdo,*

---

[777] Vale registrar a opinião de Jean-Baptiste Geffroy, para quem o instituto não alcançou o sucesso apontado por Daniel Richer De acordo com Jean-Baptiste Geffroy, *"o balanço dessa instituição de mediação é incerto. Um relatório relizado em nome da Comissão de Finanças da Assembleia Nacional ee 1989 revela a baixo nível de utilização do interlocutor departamental: um pouco mais de 4% das operações de controle externo realizado em 1986. Na realidade, quando conhecida, a função é muito mal vista pelos contribuintes em razão da ambiguidade da posição de árbitro e de seu superior hierárquico"*. (GEFFROY, Jean-Baptiste. *Grands problèmes fiscaux contemporains*. Paris: PUF, 1993, p. 613)

extensão, validade, ou eficácia"[778]. No mesmo sentido é a definição de GÉRARD CORNU: *"Contrato por meio do qual as partes de um litígio (já levado a um tribunal ou somente nascido entre elas) colocam-lhe um fim de maneira amigável, fazendo-se concessões recíprocas"*[779].

De acordo com ARRIGO DERNBURG, o litígio é o objeto da transação, ao passo que as concessões recíprocas configuram o meio pelo qual esse litígio será eliminado: *"Transação (transactio) é o contrato que tem por objeto eliminar a incerteza de um direito, ou a não segurança sobre seu cumprimento, por meio de concessões mútuas"*[780]. No mesmo sentido é a lição de BERNHARD WINDSCEID, que define a transação como um contrato por meio do qual duas partes, ao realizarem acordos recíprocos, removem a incerteza que existe entre eles, em relação a um direito[781].

Assim, o que caracteriza a transação são dois elementos principais, contidos na definição acima: o primeiro é a existência de um litígio entre as partes (A), que decorre da incerteza quanto à interpretação de uma norma ou à valoração de um fato; o segundo é a concessão recíproca entre as partes (B), por meio da qual cada um abre mão de parte do direito que alega em seu favor.

A. A existência de um litígio

O objetivo primordial da transação é terminar um litígio. HUGO DE BRITO MACHADO afirma que a transação tem como pressuposto uma relação jurídica litigiosa, ou seja, uma relação jurídica na qual as partes não estão de acordo quanto a seus direitos[782]. De acordo com FRANÇOIS LAURENT, *"a transação põe fim a uma contestação já existente ou previne uma contestação que está por nascer. É preciso, assim, que o direito seja contestado ou suscetível de sê-lo.*

---

[778] MIRANDA, Pontes de. *Tratado de Direito Privado.* Tomo XXV, Rio de Janeiro: Borsoi, 1959, p. 117.

[779] CORNU, Gérard. *Vocabulaire juridique.* Paris: PUF, 2006, p. 928.

[780] *"Transazione (transactio) è il contratto che ha per iscopo di rimuovere l'incertezza di un diritto, o la non sicurezza del suo adempimento, per mezzo di reciproche concessioni".* (DERNBURG, Arrigo. *Diritto delle Obligazioni.* Torino: Fratelli Bocca, 1903, p. 462)

[781] *"La transazione è un contratto, col quale due parti, per via di reciproci accordi, rimuovono l'incertezza esistente fra di loro relativamente ad una ragione".* (WINDSCEID, Bernhard. *Diritto delle Pandette,* v. II, Turim: Unione Tipografico-Editrice Torinense, 1925, p. 604)

[782] MACHADO, Hugo de Brito. "A Transação no Direito Tributário", *Revista Dialética de Direito Tributário,* n.º 75, p. 60.

Consequentemente, o direito deve ser duvidoso"[783]. Se não há dúvida com relação à aplicação do direito, então não é cabível a transação.

Geralmente da transação decorre a extinção da relação obrigacional que albergava o litígio, mas tal extinção não constitui o objetivo da transação. É preciso deixar claro que a transação visa extinguir o litígio, potencial ou já instalado, vale dizer, a incerteza quanto à relação jurídica, que era incerta e por isto mesmo abrigava pretensões opostas.

Com a transação desaparece o litígio, ou seja, a pretensão resistida. Não necessariamente a relação que dava ensejo às pretensões. É o caso, por exemplo, do parcelamento de um débito fiscal, pois o contribuinte reconhece a dívida constituída contra si e se dispõe a pagá-la – com o que o litígio fiscal desaparece –, contudo, a relação obrigacional somente será extinta com o pagamento final do débito.

Por fim, no que se refere ao direito tributário, como ressaltado por José Osvaldo Casás, é preciso que a dúvida posta se refira à existência da dívida fiscal, ou sobre sua quantia e/ou exigibilidade[784]. Assim, não cabe transação quando o litígio se refira, por exemplo, às regras de cobrança do tributo ou regras processuais que não tenham relação com a existência do tributo. Por exemplo, não caberia transação no litígio que versa sobre a competência de um ou outro órgão para cobrar o tributo, conquanto não haja alegação de nulidade. Da mesma forma, estaria fora do âmbito da transação o litígio que versa sobre garantias processuais, como a reabertura de uma instância de discussão eventualmente suprimida.

B. A realização de concessões recíprocas

O segundo elemento da transação, considerado como o meio pelo qual o litígio será extinto, são as concessões recíprocas que as partes fazem, abrindo mão de parte do direito que alegam em seu favor. Assim, pode-se dizer que a transação contém a ideia de renúncia ou sacrifício que as partes fazem para que o litígio seja extinto. O credor aceita receber menos, contanto o devedor pague logo a dívida. O devedor aceita pagar alguma

---

[783] LAURENT, François. *Principes de Droit Civil Français*. T. XXVIII, 5.ª ed., Paris: Librairie A. Marescq Ainé, 1893, p. 330

[784] CASÁS, José Oswaldo. "La Transacción y la Transacción Tributaria en General en el Derecho Comparado", *Revista Internacional de Direito Tributário*, n.º 3, jan./jun. 2005, p. 76.

coisa, apesar de não se considerar devedor. E mediante essas concessões recíprocas o litígio existente entre as partes desaparece.

HUGO DE BRITO MACHADO, sobre essa característica da transação, afirma: *"No sentido jurídico restrito, a palavra transação reflete mais adequadamente a sua origem, posto que ela deriva do latim, de transactio, resultado da ação expressa pelo verbo transigere, que quer dizer transigir, albergando, portanto, a ideia de renúncia"*[785]. LOUIS JOSSERAND também analisou essa característica da transação: *"a transação é um contrato a título oneroso, pois cada uma das partes consente ao sacrifício"*[786].

Resta analisar quais são as possíveis áreas de acordo, ou seja, em que situações podem contribuinte e Administração abrir mão de seus direitos para que o acordo seja realizado. O quadro resumo abaixo demonstra bem onde poderá haver acordo entre as partes:

ÁREAS DE POSSÍVEIS ACORDOS

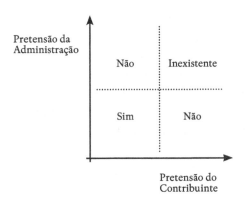

A coluna vertical representa o grau de pretensão da Administração fiscal. Quanto mais alto for o ponto, maior sua pretensão em receber uma parcela maior do que entende devido. A coluna horizontal representa o grau de pretensão do contribuinte. Quanto mais para a direita estiver o ponto, maior sua pretensão de pagar pouco ou nenhum valor. Assim, quando as

---

[785] MACHADO, Hugo de Brito. "A Transação no Direito Tributário", *Revista Dialética de Direito Tributário*, n.º 75, p. 60.

[786] JOSSERAND, Louis. *Cours de droit civil positif français*, v. II, 2.ª ed., Paris: Lib. De Recueil Sirey, 1933, p. 788.

duas partes tiverem uma alta pretensão, o acordo é absolutamente inviável (inexistente). Como se percebe, o acordo somente será possível se Administração e contribuinte diminuírem suas pretensões.

Vale notar que a pretensão da Administração tende a diminuir quando ela não dispõe de elementos fáticos seguros para liquidar e cobrar o imposto. Por outro lado, quando ela dispor desses elementos, menor será a intenção de realizar um acordo com o contribuinte, pois maior será sua chance de cobrar o máximo possível. Além disso, quanto menor for o valor envolvido, maior será a intenção da Administração em realizar um acordo, pois o alongamento do procedimento de cobrança para débitos de baixo valor não é para ela compensador.

Por seu turno, o contribuinte se mostra inclinado a aceitar o acordo quando ele percebe que o montante proposto é pagável e quando ele tem a convicção de que o pagamento atual o livrará de futuras complicações. Para tanto, a Administração deve demonstrar que o não pagamento do montante proposto ocasionará inconvenientes, tais como o acréscimo de multas e juros ao valor principal ou inscrição em cadastrados restritivos. Adicione-se a isso o tempo que o contribuinte perderá se decidir prosseguir no litígio contencioso – com os gastos a ele inerentes –, bem como os inconvenientes que a dívida não paga pode trazer (casos de países que exigem certidão negativa de débitos para o exercício das atividades empresariais).

Essas são as considerações que poderão ampliar ou reduzir as áreas de possíveis acordos que Administração e contribuinte poderiam realizar, ou seja, onde poderia haver concessões recíprocas entre as partes, com a finalidade de evitar o recurso ao contencioso.

§ 2 – A transação fiscal no mundo

A utilização da transação para resolver litígios fiscais é tema para densa discussão doutrinária. Poucos são os países que adotaram em sua legislação essa modalidade de resolução de litígios. Alguns outros a instituíram apenas para os litígios decorrentes da aplicação de penalidades. Outros a baniram completamente de seus ordenamentos jurídicos.

Alguns países encontraram uma maneira bem engenhosa de utilizar a transação no âmbito fiscal, sem que isso importe em renúncia de receita ou em violação a princípios (como os princípios da capacidade contributiva e da vinculação do ato administrativo à lei) ou dogmas (como a indisponibilidade da dívida fiscal). Esses países utilizam a transação somente na *determinação dos fatos*, onde o agente administrativo pode abrir mão de convicções pessoais sobre a *valoração* desses fatos.

São situações completamente diferentes: na primeira, por meio da transação, o valor da dívida é negociado e eventualmente diminuído, o que é rechaçado pela maioria esmagadora da doutrina; na segunda, o crédito tributário ainda não foi lançado, pois o fiscal tem dificuldades na determinação da matéria tributável, seja porque as relações comerciais podem apresentar um imenso grau de complexidade, seja porque o contribuinte não registrou corretamente esses fatos. Em ambos os casos, a Administração seria obrigada a realizar um trabalho enorme para descobrir e apreciar corretamente todos esses fatos. Assim, a transação teria como escopo auxiliar a Administração nesse processo de determinação da matéria tributável, o que a insere no dever de praticidade, analisado acima[787].

Em nossa opinião, os países que utilizam a transação na determinação dos fatos encontraram uma fórmula engenhosa para ultrapassar a barreira imposta pela doutrina tradicional. Se, em direito tributário, é vedado transacionar sobre o direito, então permite-se a transação sobre os fatos. É fácil notar que a linha que separa a apreciação dos fatos da aplicação do direito é tênue e de difícil identificação. Não obstante essa sutileza,

---

[787] Segundo KARL LARENZ, a norma jurídica é descrita pela seguinte proposição lógica: H → C, onde H = hipótese e C = consequência dessa hipótese (LARENZ, Karl. *Metodología de la Ciencia del Derecho*. Barcelona: Ariel Derecho, 1994, p. 465). No caso da responsabilidade civil, a hipótese (H) é realização de um dano a terceiro. Uma vez que esse dano ocorre no mundo dos fatos, então automaticamente uma consequência jurídica é gerada, que é o dever de reparação desse dano. No âmbito tributário, a hipótese (H) é a prática de fatos geradores, ou seja, fatos previstos pelo legislador como suscetíveis de fazer nascer a obrigação fiscal. Por exemplo, vender mercadoria, prestar um serviço, auferir renda. Uma vez que esses fatos são realizados no mundo dos fatos, então nasce o dever de pagar tributos. Com isso, percebe-se que há dois momentos diversos para a determinação e o cálculo do tributo devido: o primeiro é a verificação e valoração dos fatos previstos pelo legislador, que fica no âmbito da hipótese de incidência (H); o segundo é a aplicação da norma correta sobre os fatos determinados na fiscalização, que fica no âmbito do consequente (C). Com base nisso, pode-se concluir que a doutrina vem rechaçando a aplicação da transação no âmbito do consequente (C), quando os fatos já foram descobertos e analisados. A grande inovação que temos observado em diversos países é que eles utilizam a transação na fase de determinação dos fatos, o que não coloca em risco a dívida já calculada e constituída, nem viola princípios importantes do direito tributário.

ninguém suscita a impossibilidade de utilizar a transação no procedimento de identificação dos fatos.

Assim, para que essa inovação fique nítida, a presente análise de direito comparado será dividida em duas partes: inicialmente, abordaremos os casos de alguns países sul-americanos (A), para – em seguida – analisarmos o direito de alguns países europeus (B).

A. Os países latinoamericanos

O *Modelo de Código Tributario para América Latina* de 1967, preparado para o *Programa Conjunto de Tributação* (OEA/BID), cuja comissão redatora foi integrada pelos ilustres CARLOS M. GIULIANI FOUROUGE (Argentina), RUBENS GOMES DE SOUZA (Brasil) e RAMÓN VALDÉS COSTA (Uruguai) previa a transação como modalidade de extinção da dívida fiscal (artigo 41). No artigo 51, o *Modelo de Código* dispôs que: "*A transação é admissível quanto à determinação dos fatos e não quanto ao significado da norma aplicável*". Como se vê, a proposta vedava a interpretação da norma fiscal no procedimento da transação, que ficou limitada às questões de fato.

Trinta anos depois, o Centro Interamericano de Administrações Tributárias (CIAT) elaborou novo modelo de código tributário que eliminou toda referência à transação, motivo pelo qual – segundo informa JOSÉ OSVALDO CASÁS – foi duramente criticado pela doutrina[788].

Essas discussões geraram efeitos diversos nos países latino americanos, sendo que a maioria deles, até hoje, exibe certa relutância em aceitar a utilização da transação como meio de resolução dos litígios fiscais. Não obstante, países como o Brasil (1), a Venezuela (2), o Uruguai (3) e a Guatemala (4) incorporaram em sua legislação a transação em litígios fiscais.

---

[788] "*El Modelo de Código Tributario del CIAT mereció una generalizada repulsa en el marco de las XX Jornadas Latinoamericanas de Derecho Tributario.*" (CASÁS, José Oswaldo. « La Transacción y la Transacción Tributaria en General en el Derecho Comparado », *Revista Internacional de Direito Tributário*, n.º 3, jan./jun. 2005, p. 79). No mesmo sentido LÍDIA MARIA LOPES RODRIGUES RIBAS: "*(...) este modelo teve rejeição, expressa nas conclusões das XX Jornadas Latino-americanas de Direito Tributário, por afronta a princípios e garantias constitucionais, com a recomendação de se manter para a região a orientação do modelo anterior, sem prejuízo das adaptações e atualizações que se fizessem necessárias*". (RIBAS, Lídia Maria Lopes Rodrigues. "Mecanismos Alternativos na Solução de Conflitos em Matéria Tributária", *Revista Tributária e de Finanças Públicas*, n.º 49, p. 52)

1. A transação fiscal no Brasil

No Brasil, a transação é prevista como modalidade de extinção do crédito no inciso III do artigo 156 do Código Tributário Nacional. Entretanto, a maioria da doutrina afirma que não é exatamente a transação que extingue a dívida fiscal, mas o pagamento que dela decorre[789]. A transação é apenas o meio pelo qual o litígio será resolvido. Uma vez que as partes aceitem as proposições e concessões recíprocas, haverá um valor a ser quitado pelo contribuinte. Somente após o pagamento desse valor é que a dívida fiscal será considerada extinta.

O artigo 171 do Código tributário brasileiro dispõe que: *"A lei pode facultar, nas condições que estabeleça, aos sujeitos ativo e passivo da obrigação tributária celebrar transação que, mediante concessões mútuas, importe em determinação de litígio e consequente extinção de crédito tributário"*. Em seguida, o parágrafo único do mencionado artigo aduz que: *"A lei indicará a autoridade competente para autorizar a transação em cada caso"*.

Como se nota, a regra mais importante da transação no direito tributário brasileiro é a que condiciona a realização da transação à prévia lei que a autorize. Com a necessidade de autorização legislativa, fica superado o argumento quanto à indisponibilidade da dívida fiscal, pois não é o administrador quem está dela dispondo, mas o próprio legislador. Além disso, só depois de instaurado o litígio é que pode haver a transação, ou seja, ela não pode ser realizada para prevenir litígios[790].

A doutrina brasileira entende que a transação não se confunde com a remissão e, por isso, não viola o princípio orçamentário da vedação de renúncia de receita. Sobre esse ponto, vale transcrever a lição de Hugo de

---

[789] *"A transação, per se, não extingue o crédito; é simples mecanismo de resolução de conflitos que se presta para pôr fim ao litígio, mediante composição das partes. Nos termos do acordo a que cheguem as partes, o processo será decidido. Com base na decisão, a autoridade responsável pelo lançamento emitirá novo ato administrativo, para que o contribuinte efetue o pagamento dentro do vencimento. O pagamento, sim, extinguirá o crédito; mão a transação, pura e simplesmente"*. (TORRES, Heleno Taveira. "Arbitragem e Conciliação Judicial como Medidas Alternativas para Resolução de Conflitos entre Administração e Contribuintes – Simplificação e Eficiência Administrativa", *Revista de Direito Tributário*, n.º 86, São Paulo, 2003, p. 58)

[790] *"No Direito Tributário brasileiro pode-se dizer, em síntese, que a transação: (a) depende sempre de previsão legal; e (b) não pode ter o objetivo de evitar litígio, só sendo possível depois da instauração deste"*. (MACHADO, Hugo de Brito. "A Transação no Direito Tributário", *Revista Dialética de Direito Tributário*, n.º 75, p. 62)

BRITO MACHADO: *"Ocorre que uma característica essencial da transação reside exatamente na dúvida quanto a ser devido, ou não, o tributo"*[791]. Na remissão, pelo contrário, o valor é sabidamente devido pelo contribuinte. Essa característica essencial – nas palavras do autor citado – decorre de um dos elementos da transação, que é a existência de um litígio. Se há litígio, é porque há uma dúvida sobre a relação fiscal, que pode ser suscitada tanto pela administração quanto pelo contribuinte.

Por fim, cumpre notar que, na prática, a transação é de certa forma limitada pelo ardor voraz principalmente de municípios pequenos. Isso porque, frequentemente, a troca de administração geralmente é acompanhada por uma tentativa de anulação da transação realizada e de cobrança do valor reduzido que o contribuinte deixou de pagar em virtude do acordo. Essa situação traz muita insegurança aos contribuintes, principalmente pessoas jurídicas, que olham para o instituto com muita cautela e parcimônia.

2. A transação fiscal na Venezuela

A Venezuela também previu a utilização da transação como forma de extinção de litígios fiscais, muito embora parte expressiva da doutrina e a própria opinião pública tenham criticado, no passado, os acordos por meios dos quais companhias petrolíferas estrangeiras foram beneficiadas[792].

O Código Orgânico Tributário venezuelano, publicado na Gazeta Oficial n.º 37.305, de 17 de outubro de 2001, traz extensas considerações sobre a transação, que só pode ser realizada em âmbito judicial (artigo 305), ou seja, uma vez já instaurado o litígio entre contribuinte e Administração. Além disso, a transação tem sobre as partes a mesma força da coisa julgada e é admissível somente no processo de determinação dos fatos tributáveis, ficando vedada a da norma aplicável ao caso concreto (artigo 306). Trata-se de importante vedação, conforme destacado por JOSÉ ANDRÉS OCTAVIO, para quem somente são *"admissíveis os acordos entre a Administração e os contribuintes, para a especificação dos elementos de fato necessários para o lançamento"*[793].

---

[791] MACHADO, Hugo de Brito. "A Transação no Direito Tributário", *Revista Dialética de Direito Tributário*, n.º 75, p. 67.

[792] CASÁS, José Oswaldo. "La Transacción y la Transacción Tributaria en General en el Derecho Comparado", *Revista Internacional de Direito Tributário*, n.º 3, jan./jun. 2005, p. 81.

[793] OCTAVIO, José Andrés. "Facultades de la Administración Tributaria en materia de determinación de tributos", *Relato Nacional por Venezuela a las XVIII Jornadas Latinoamericanas*

A transação deve ser solicitada pela parte recorrente, que também deverá indicar as razões de seu pedido. Ao receber o pedido formal por escrito, o Tribunal mandará intimar a Administração tributária, ficando a causa suspensa por noventa dias, prazo no qual as partes discutirão os termos da transação (artigo 307). Uma vez realizado o acordo, as partes assinarão o termo correspondente, que deverá ser homologado pelo Tribunal (artigo 311).

3. O *trámite abreviado* uruguaio

De acordo com RAMÓN VALDÉS COSTA, a legislação uruguaia aceita o acordo com o contribuinte – porém mantendo o controle sobre as trativas –, somente para a determinação de fatos que não poderiam ser determinados pela Administração com exatidão[794]. O Código tributário vigente atualmente no Uruguai prevê um procedimento de liquidação denominado *trámite abreviado*, por meio do qual a Administração se limita a formalizar um acordo prévio que celebrou com o contribuinte, o que resulta num estreitamento do procedimento normal a se desenvolver na via administrativa.

Segundo CÉSAR PÉREZ NOVARO, o *trámite abreviado* é um tipo de liquidação mista, onde ambas as partes devem colaborar mutuamente para que seja possível determinar a base tributável. De acordo com o autor, o ordenamento uruguaio também só permite que a transação verse sobre a natureza dos fatos, ficando vedada a interpretação do direito aplicável[795]. Sobre esse ponto, acrescenta NELLY VALDÉS DE BLENGIO que o acordo somente é possível quando não for possível identificar com exatidão a ocor-

---

de Derecho Tributario, Anales de las Jornadas, Tomo de Relatos Nacionales, Montevideo, 1996, p. 589.

[794] De acordo com o autor, a transação *"es un procedimiento especial sobre base presuntiva con la colaboración del contribuyente, la que en sí misma no es contraria a derecho, sino en concordancia con el sistema de declaraciones y presentación de declaraciones juradas".* (COSTA, Ramón Valdés. *Curso de Derecho Tributario*, 2.ª ed., Santa Fe de Bogotá: Depalma-Temis-Marcial Pons, 1996, p. 365)

[795] *"La posición dominante admite que la Administración acuerde con el contribuyente sobre la naturaleza de los hechos durante la labor de determinación sin alcanzar a la interpretación del derecho aplicable".* (NOVARO, César Pérez. "Los acuerdos tributarios en el proceso de determinación de oficio de la obligación tributaria", *Comunicación a las XVIII Jornadas Latinoamericanas de Derecho Tributario*, Anales de las Jornadas, Tomo de Comunicaciones Técnicas Oficiales, Montevideo, 1996, sem numeração de páginas).

rência do fato imponível ou determinar os elementos da base de cálculo do imposto[796].

Vale por fim ressaltar a posição de RAMÓN VALDÉS COSTA *et al.*, para quem o ordenamento uruguaio proíbe que, por meio do acordo, sejam celebradas transações, com a outorga de concessões – tal como ocorre no sistema italiano do *concordato*, seja com relação aos fatos ou aos direitos[797].

Não obstante a respeitada opinião, entendemos que é extremamente difícil, na prática, o acordo deixar de envolver concessões, até porque a Administração desconhece os fatos que pretende tributar. Caso o direito ou o fato em questão seja evidenciado pelos procedimentos administrativos normais, nesse caso, a legislação uruguaia proíbe a realização de concessões. Contudo, nos casos em que os fatos estão obscuros e não podem ser avaliados pela Administração, certamente as partes abrirão mão de entendimentos pessoais sobre a valoração desses fatos, para se chegar num denominador comum. Com isso, as partes realizam concessões recíprocas.

4. Guatemala

A República da Guatemala pratica um modelo ousado e diferente de transação em matéria tributária, que é utilizada somente para alguns tributos. O instituto vem regulamentado pelo artigo 177, 2, do Código Tributário da Guatemala (Decreto n.º 6-91), que deixa claro que a transação somente pode ser realizada normalmente, mediante autorização do Governo[798].

De acordo com CARLOS ENRIQUE SANDOVAL VÁSQUEZ *et al.*, a transação (ou convênio) somente pode ser realizada após a determinação do tributo devido pelo contribuinte[799], o que contraria a proposta de código proposta pelo Modelo de Código Tributário para a América Latina do Programa

---

[796] DE BLENGIO, Nelly Valdés. "La Codificación en América Latina", *Tomo II de los Anales de las XX Jornadas Latinoamericanas de Derecho Tributario*, Salvador, 2000, p. 1504.

[797] *"Queda eliminada pues la posibilidad, al igual de lo que sucede con el* concordato *italiano, de que mediante el 'acuerdo' se celebren transacciones, en el sentido de otorgamiento de concesiones, ya sea respecto de los hechos comprobados, ya del derecho aplicable".* (COSTA, Ramón Valdés; DE BLENGIO, Nelly Valdés; ARECO, Eduardo Sayagués. *Código Tributario de la República Oriental del Uruguay Comentado y Concordado*, 5.ª ed., Montevideo: Fundación de Cultura Universitaria, 2002, p. 424/425)

[798] *"Artículo 177. Se admitirán en cualquier estado del proceso, únicamente las siguientes excepciones: 2. Transacción autorizada mediante Acuerdo Gubernativo".*

[799] VÁSQUEZ, Carlos Enrique Sandoval; DE VERNAL, Solange Maribel Gónzales; ALVARADO, Israel Tobal. "Facultades de la Administración en materia de determinación de tributos",

Organização dos Estados Americanos (OEA) / Banco Interamericano de Desenvolvimento (BID). Ou seja, no caso da Guatemala, a transação não fica restrita à apreciação dos fatos, ela é aplicada nos litígios que versam sobre a higidez da cobrança ou sobre os critérios jurídicos aplicados.

De fato, o sistema da Guatemala se diferencia do sistema praticado pelos países latino-americano acima mencionados, que permite a utilização da transação somente em relação aos fatos de difícil ou impossível determinação pelos meios normais de atuação da Administração fiscal. Daí porque considerados que se trata de um modelo diferenciado e ousado.

B. Os países europeus

Na Europa, a transação ou acordo (como é designada em alguns lugares) também é amplamente utilizada. Na presente tese, vamos analisar como a transação vem sendo aplicada na França (1), Espanha (2), Itália (3) e Alemanha (4), por se tratarem de países que muito se destacaram no que diz respeito à utilização do referido instituto.

1. A transação fiscal-penal na França

De acordo com JEAN-CLAUDE MARTINEZ e PIERRE DI MALTA, na França, a transação é estudada no âmbito da *jurisdição graciosa*[800], juntamente com a redução total (*remise*) ou parcial (*modération*) do valor devido[801]. No âmbito da jurisdição graciosa, as penalidades e juros de mora podem ser objeto de uma redução total ou parcial e de transação[802]. A diferença entre os dois institutos reside em que, ao contrário da redução, a transação não é um ato unilateral, mas se trata de uma convenção entre Administração

---

Relato Nacional por Guatemala a las XVIII Jornadas Latinoamericanas de Derecho Tributario, Anales de la Jornada, Tomo de Relatos Nacionales, p. 433.

[800] Na França, denomina-se *graciosa* a jurisdição competente para apreciar pedidos em casos onde inexite litígio e, portanto, adversário. É o caso de pedidos de alteração de nome ou de regime matrimonial; pedidos de adoção; divórcio consensual, etc. Em direito tributário, em jurispição graciosa, o contribuinte pode solicitar a redução de penalidades. A jurisdição *graciosa* opõe-se à jurisdição *contenciosa*.

[801] "*É dupla a competência da jurisdição graciosa, que engloba medidas unilaterais, isto é, reduções totais e parciais, bem como as medidas contratuais conhecidas como transação*". (MARTINEZ, Jean-Claude; DI MALTA, Pierre. *Droit fiscal contemporain*. Tome 1. Paris: Litec, 1987, p. 317)

[802] *Mémento pratique Francis Lefebvre*, Levallois: Éditions Francis Lefebvre, 2008, p. 1195.

e contribuinte, por meio da qual aquela se compromete a reduzir ou anular multas impostas. Em contrapartida, o contribuinte se compromete a não recorrer do montante estabelecido como devido, bem como efetuar o pagamento no prazo estipulado[803].

A transação é uma convenção sobre atenuação de penalidades, que pode ser praticada entre Administração e contribuinte quando essas penalidades ainda não são definitivas, ou seja, quando o contribuinte ainda dispõe de algum recurso. Segundo JEAN-CLAUDE MARTINEZ, *"as transações, proibidas em relação ao tributo em si, somente pode ser utilizada em multas ainda não definitivas. No caso em que existe um julgamento definitivo, a transação não é mais possível"*[804].

EMMANUELLE FÉNA-LAGUENY *et al.* também afirmam que *"esse procedimento se aplica somente às penalidades não definitivas"*[805]. No entanto, esse meio de composição de litígios pode ser aplicado, eventualmente, aos impostos cobrados junto com a multa. É o que nos informam JACQUES GROSCLAUDE e PHILIPPE MARCHESSOU: *"Em razão dessas características, a transação somente deve intervir sobre multas aplicadas (e, eventualmente, sobre as imposições cobradas no mesmo ato) que não apresentam caráter definitivo"*[806].

Além disso, conforme destacado por JEAN-BAPTISTE GEFFROY, a transação somente ser realizada em casos comprovados de impossibilidade de pagamento da dívida[807].

Ela pode ser iniciada por sugestão de ofício ou a pedido do contribuinte. Além disso, pode ser realizada antes ou após o início da cobrança. As transações realizadas entre devedor e Administração e aprovadas pela autoridade competente são definitivas e constituem verdadeiro obstáculo a qualquer tipo de discussão[808]. No caso em que o contribuinte, recusando a transação que lhe foi proposta pela Administração, leva o litígio

---

[803] BOUVIER, Michel. *Introduction au Droit Fiscal Général et à la Théorie de l'Impôt*. 7.ª ed., Paris: LGDJ, 2005, p. 119.

[804] MARTINEZ, Jean-Claude; DI MALTA, Pierre. *Droit fiscal contemporain*. Tome 1. Paris: Litec, 1987, p. 317.

[805] FÉNA-LAGUENY, Emmanuelle; MERCIER, Jean-Yves; PLAGNET, Bernard. *Les impôts en France. Traité de fiscalité*. Paris: Éditions Francis Lefebvre, 2008, p. 564.

[806] GROSCLAUDE, Jacques; MARCHESSOU, Philippe. *Procédures Fiscales*. 4.ª ed., Paris: Dalloz, 2007, p. 221

[807] GEFFROY, Jean-Baptiste. *Grands problèmes fiscaux contemporains*. Paris: PUF, 1993, p. 614.

[808] *Mémento pratique Francis Lefebvre*, Levallois: Éditions Francis Lefebvre, 2008, p. 1195.

A PERFORMANCE NO DIREITO TRIBUTÁRIO

posteriormente ao Tribunal competente, este deve fixar uma alíquota de majoração da multa imposta.

Vale ressaltar que a utilização da transação pela Administração fiscal francesa é bastante reduzida. De acordo com Martin Collet, *"essa prática sempre foi extremamente reduzida em matéria administrativa. Todo direito administrativo é construído sobre a imagem de uma administração submetida ao princípio da legalidade, isto é, de uma administração cuja atividade deve seguir literalmente a um conjunto de regras de direito objetivo, o que não deixa nenhuma discricionariedade para fins de atribuição de qualquer tipo de concessão. E, na prática, o risco é grande que, ao realizar a transação, a Administração conceda liberalidades que violem regras financeiras, como o Conselho de Estado já teve oportunidade de afirmar solenemente (CE, 17 mars 1893, Compagnie du Nord, de l'Est et a., Rec., p. 245)"*[809].

Vale, por fim, registrar a existência de organismos oficiais de gestão, que não se enquadram exatamente como meio alternativo de resolução de litígios, mas que exercem papel fundamental na prevenção de litígios. De acordo com Jean-Baptiste Geffroy, os Centros Oficiais de Gestão possuem uma dupla missão[810]. Por um lado, eles prestam uma assistência técnica ao contribuinte, analisando sua situação econômica e financeira. Essa assistência é completada com a elaboração das declarações fiscais dos contribuintes que a eles aderiram e com a formação em técnicas de gestão fiscal e financeira.

Por outro lado, os centros de gestão centralizam os documentos contábeis desses contribuintes, cujo faturamento não pode ser superior a um determinado patamar. Com isso, os centros de gestão realizam uma atividade preventiva, na medida em que identificam logo no início os erros e anomalias de natureza fiscal. Se o contribuinte age de má-fé, omitindo informações importantes, ele corre o risco de ser excluído do centro de gestão. As vantagens que a adesão traz ao contribuinte são substanciais: em primeiro lugar, eles são beneficiados com um abatimento de 20% ou 10% do lucro tributável, de acordo com o caso, assim como o desconto dos custos incorridos com a contabilidade e com a própria adesão. Além disso, o contribuinte que aponta espontaneamente os erros de suas declarações anteriores fica dispensado de pagar a penalidade prevista.

---

[809] COLLET, Martin. *Droit Fiscal*. Paris: Presses Universitaires de France, 2007, p. 211.

[810] GEFFROY, Jean-Baptiste. *Grands problèmes fiscaux contemporains*. Paris: PUF, 1993, p. 610/611.

MEDIDAS DE CONTROLE E DIMINUIÇÃO DE LITÍGIOS FISCAIS

Ainda de acordo com Jean-Baptiste Geffroy, os centros de gestão conheceram um grande sucesso: eles se multiplicaram de 106 no ano de 1976 para 476 em 1984. Quanto ao número de aderentes, ele passou de 45.452 a 599.937.

2. As *actas de conformidad e actas con acuerdo* espanhóis

A doutrina espanhola, onde o princípio da indisponibilidade da dívida fiscal encontrou terreno fértil, não vê muito bem a utilização da transação para resolução de litígios fiscais. Essa doutrina – formada em sua maioria por autores clássicos – faz menção à transação como forma de diminuição da dívida fiscal já constituída, ou seja, ela critica a negociação do pagamento de um tributo, uma vez se trata de uma obrigação que decorre da lei (*ex lege*) e não do concurso de vontades[811]. Contudo, outra parte da doutrina, com vistas no procedimento designado como *acta* (documento por meio do qual a Administração colhe as informações e resultados das autuações, com a finalidade de determinar o valor devido), cada vez mais utilizada na prática administrativa, vem dando outros contornos à transação, que – como afirmado acima – não deve se restringir a uma negociação do valor devido, mas pode ser aplicada na determinação de fatos incertos.

Assim é que César García Novoa, por exemplo, afirma que a transação vem ganhando cada vez mais espaço no direito tributário espanhol[812]. Nesse mesmo sentido, Marta Villar Ezcurra informa que a transação vem sendo cada vez mais utilizada na determinação do valor devido ou fixação do fato gerador[813]. Com isso, observa-se uma mudança do objeto

---

[811] Sobre a indisponibilidade da dívida fiscal, veja-se: QUERALT, Juan Martín; SERRANO, Carmelo Lozano; LÓPEZ, José M. Tejerizo. *Curso de Derecho Financiero y Tributario*, 6.ª ed., Madrid: Tecnos, 1995, p. 278; ROYO, Fernando Pérez. *Derecho Financiero y Tributario – Parte General*, 3.ª ed., Madrid: Civitas, 1993, p. 120; GONZÁLES, Eusebio; LEJEUNE, Ernesto. *Derecho Tributario*, 2.ª ed., Salamanca: Plaza Universitaria, 2000, p. 278.

[812] *"La transacción se va abriendo paso en los procedimientos tributarios españoles"*. (NOVOA, César García. "Mecanismos Alternativos para la Resolución de Controversias Tributarias. Su introducción en el derecho español", *Revista Técnica Tributaria*, n.º 59, 2002, p. 82)

[813] *"Nuestro ordenamiento tributario viene reconociendo, y cada vez en más ocasiones, algunas formas de terminación convencional, en los procedimientos tributarios, de acuerdos de determinación de la cuantía de la deuda, o de fijación de hechos imponibles, técnicas más o menos perfeccionadas que pueden considerarse convencionales y que se han demostrado eficaces en la resolución de problemas o en la evitación de pleitos. Piénsese en los acuerdos previos de valoración con la Administración Tributaria en materia de precios de*

da transação (ou acordo, como é mais comumente denominada neste país), que deixou de ser a negociação do valor já constituído, para ser a determinação desse valor, por meio da correta identificação dos fatos.

Consequência dessa doutrina clássica espanhola, é que a transação ou acordo somente pode ser realizada sobre questões de fato, mesmo assim com limitações rígidas. FERREIRO LAPATZA afirma que a transação é plenamente aplicável no direito tributário, mas somente para fatos que não possam ser descobertos e comprovados pela Administração, ou seja, é aplicável apenas a situações de incerteza dos fatos[814].

Na prática, são duas as formas de transação ou acordo que podem ser celebrados entre Administração fiscal e contribuinte: as *actas de conformidad* e as *actas con acuerdo*. Esclarecem MIGUEL ÁNGEL MARTÍNEZ LAGO e LEONARDO GARCÍA DE LA MORA que a ata de conformidade – prevista no artigo 156 da Lei Geral Tributaria (LGT) espanhola – é o meio pelo qual o contribuinte aceita expressamente a proposta de regularização elaborada pela Administração fiscal[815].

Resumidamente, a ata de conformidade funciona da seguinte maneira: iniciado o procedimento de fiscalização, o inspetor da Administração pode considerar que o procedimento do contribuinte está correto. Assim, fará constar essa regularidade numa ata de conformidade. Por outro lado, o inspetor pode considerar que o contribuinte não agiu corretamente. Nesse caso, ele deverá realizar sua própria proposta de liquidação. Se o contribuinte aceitar a proposta do inspetor, então será lavrada uma ata de conformidade. Se o contribuinte não estiver de acordo, o inspetor lavrará uma ata de desconformidade, a partir de quando se inicia o contencioso[816].

---

transferencia (...); en la posibilidad de firmar actas de inspección 'en conformidad', o la facultad que se atribuye a la Hacienda Pública para suscribir acuerdos en los procesos concursales (art. 129.4 de la Ley General Tributaria/LGT) – por mencionar los ejemplos que quizás sean más conocidos o más emblemáticos". (EZCURRA, Marta Villar. "La aplicación del arbitraje a las causas tributarias", *Revista de Direito Tributário*, n.º 86, p. 167/168)

[814] LAPATZA, José Juan Ferreiro. "Solución convencional de conflictos en materia tributaria", *Revista Argentina de Derecho Tributario*, n.º 2, Buenos Aires: Universidad Austral, Facultad de Derecho, 2001, p. 339.

[815] LAGO, Miguel Ángel Martínez; DE LA MORA, Leonardo García. *Lecciones de Derecho Financiero y Tributario*. 3.ª ed., Madrid: Iustel, 2006, p. 451.

[816] LAPATZA, José Juan Ferreiro. *Direito Tributário. Teoria Geral do Tributo*. São Paulo: Manole, 2007, p. 369/370.

Nesse procedimento bilateral, em que o contribuinte participa do ato de liquidação do imposto, há uma certa margem para negociação e, eventualmente, uma transação, conforme informado por FERREIRO LAPATZA. Contudo, a negociação e a transação que ocorre na prática não é explicitamente reconhecida ou regulamentada pela legislação[817]. O seu fundamento, de acordo com MARÍA JOSÉ MESA GONZÁLES, é a própria *realidade das coisas*[818]. Nesse mesmo sentido, ALFONSO GOTA LOSADA afirma que as atas de conformidade, em muitos casos, constituem um verdadeiro "acordo transacional" entre o contribuinte e a Administração fiscal[819]. Registre-se, por fim, a lição de TULIO RAÚL ROSEMBUJ ERUJIMOVICH, para quem a ata de conformidade tem claro conteúdo negocial, baseado em concessões mútuas[820].

---

[817] *"Tales actas van normalmente precedidas, de hecho, por una negociación y eventualmente por una transacción entre el contribuyente y la inspección que, sin embargo, no aparece explícitamente reconocida ni regulada por normas de derecho positivo"* (LAPATZA, José Juan Ferreiro. *"Solución Convencional de Conflictos en el Ámbito Tributario: una Propuesta Concreta"* In.: TÔRRES, Heleno Taveira. *Direito Tributário Internacional Aplicado*, v.II, São Paulo: Quartier Latin, 2004, p. 296)

[818] *"Sin embargo, si nos apartamos de este planteamiento legalista, advertimos que, en efecto, la tesis de la naturaleza transaccional del acta de conformidad encuentra su fundamento en la propia realidad de las cosas."* (GONZÁLES, María José Mesa. *Las actas de inspección tributaria*. Tese de doutorado, Universidad de la Laguna, 2002, p. 130/131)

[819] *"Las actas de conformidad han significado en muchos casos verdaderos acuerdos transaccionales entre el contribuyente y la Inspección, de modo que las oficinas gestoras se han limitado a la mera formalidad de dictar el acto administrativo, respecto del cual se habían decidido previamente todas las cuestiones sustantivas."* (LOSADA, Alfonso Gota. *Tratado de Impuesto sobre la Renta*, v. V, Madrid: Editorial de Derecho Financiero, 1973, p. 150)

[820] *"El acuerdo o conformidad del particular a la propuesta de liquidación tiene un claro contenido negocial, en virtud del cual queda limitada la provocatio ad opponendum – el derecho del particular a impugnar y discrepar de la resolución administrativa –, mediante un reglamento contractual, en el que coincide en un único acto la voluntad administrativa y la del particular, inspiradas por intereses contrapuestos a la disciplina consensuada de la relación jurídica tributaria y dotadas ambas de poderes análogos, en orden al efecto jurídico. Se trata de un contrato de derecho público (Sandulli) que se inserta en el procedimiento de imposición y está destinado a prevenir y resolver cualquier litigio en orden a la cuantía de la base imponible, a través de una determinación consensuada. Así, la propuesta de liquidación es una provocatio ad opponendum cuya conformidad o aceptación transforma la potestad administrativa en parte de un contrato, del que nace su derecho a exigir el pago de lo acordado, basado en concesiones mutuas, en evitación de disputas o litigios. La Administración puede ejercer su derecho de crédito y el contribuyente conforme no puede volver sobre los hechos y las bases a los que prestó su asentimiento."* (ERUJIMOVICH, Tulio Raúl Rosembuj. *"Inspección. Documentación"*, en *Comentarios a la Ley General Tributaria y líneas para su reforma*, Libro-Homenaje al Profesor D. Fernando Sáinz de Bujanda, vol. II, Madrid: I.E.F., 1991, p. 1696)

A outra forma de transação praticada na Espanha é conhecida como *ata com acordo*, cujo sucesso foi elogiado pela doutrina. Miguel Ángel Martínez Lago e Leonardo García de la Mora alegam que a ata com acordo – concebida como um instrumento com o objetivo de reduzir os conflitos fiscais – foi uma das maiores descobertas da Lei Geral Tributária[821]. De acordo com esses autores, a ata com acordo não viola os princípios da legalidade e da indisponibilidade da dívida fiscal, pois, por meio dela, Administração e contribuinte – de comum acordo – tão somente fixam a aplicação da norma ao caso concreto.

O referido procedimento está previsto no artigo 155 da Lei Geral Tributária espanhola, segundo o qual a ata com acordo deve ser utilizada quando para, a elaboração da proposta de regularização, seja necessária a aplicação de conceitos jurídicos indeterminados, quando seja necessária a apreciação de fatos determinantes para a correta aplicação da norma ao caso concreto, ou quando seja preciso realizar estimativas, valorações ou edição de dados, elementos ou características relevantes para a obrigação tributária que não possam ser quantificados de forma exata.

Além disso, de acordo com a lei, a ata com acordo deverá conter resumidamente: (a) o fundamento da aplicação, estimativa, valoração ou medição realizada; (b) os elementos de fato, fundamentos jurídicos e quantificação da proposta de regularização; e (c) manifestação expressa de conformidade do contribuinte com a totalidade do conteúdo da ata. Havendo multa, esta será reduzida em até 50%. Após esse trâmite, para que a ata seja válida, é preciso que o contribuinte deposite o valor acordado, que servirá de garantia ao procedimento. Em seguida, as partes assinam o acordo, a partir de quando ele entra em vigor, com a conversão do depósito em favor da Administração fiscal. Uma vez realizadas todas essas etapas, o contribuinte não mais poderá interpor recurso ao tribunal administrativo.

É preciso deixar claro, todavia, que as atas com acordo somente podem ser celebradas quando a Administração – agindo com a diligência normal que dela se espera – esteja impossibilitada de determinar os fatos tributáveis. Em outras palavras, as atas com acordo não podem ser utilizadas

---

[821] *"Esta nueva tipología de actas representa uno de las mayores descubrimientos de la Ley General Tributaria, concibiéndose como un instrumento al servicio del objetivo de reducir la conflictividad en el ámbito tributario".* (LAGO, Miguel Ángel Martínez; DE LA MORA, Leonardo García. *Lecciones de Derecho Financiero y Tributario*. 3.ª ed., Madrid: Iustel, 2006, p. 452)

quando a Administração, por si só, descubra fatos não declarados ou que ostente perfil suficientemente claro para a cobrança da dívida fiscal[822].

3. O *accertamento con adesione* italiano

Para CARLO GARBARINO, há dois modelos de imposição: modelo unilateral (ou autoritário) e modelo bilateral (ou consensual). É nesse contexto que se observa, na Administração italiana, a mudança do primeiro modelo – onde inexiste qualquer interferência do contribuinte – para o segundo modelo, em que a Administração pode transigir com o contribuinte sobre o conteúdo da obrigação tributária.

De acordo o autor, "(...) *no ordenamento tributário italiano, verificou-se a transição do modelo unilateral ao bilateral, no âmbito de uma transição maior da administração pública da autoridade ao consenso*"[823]. Assim, a Administração italiana faz uso de instrumentos como o *"accertamento con adesione"*[824], *"conciliazione tributaria"*, *"autotutela tributaria"* e *"concordato preventivo"*, que trazem o contribuinte para a prática do ato de lançamento[825]. Esses novos instrumentos de aplicação da lei tributária modificaram a relação entre Administração e contribuinte, com efeitos positivos sobre a diminuição da litigiosidade e no aumento do cumprimento espontâneo das obrigações fiscais[826].

A doutrina italiana é muito parecida com a espanhola, na questão do reconhecimento da validade da utilização da transação para resolução de

---

[822] *"La Administración no podrá llegar a acuerdo alguno cuándo descubra los hechos no declarados o los ingresos no realizados y unos y otros ofrezcan perfiles suficientemente claros para la exigencia de las cantidades debidas. Y aún en los casos en que el contribuyente alegue una cierta incertidumbre nunca podrá imponer, de forma unilateral, su voluntad. El acuerdo es cosa de dos. No existe, ni el A.L.G.T. reconoce, un derecho al acuerdo. El acuerdo, pude afirmarse, no afecta al funcionamiento normal del sistema. El acuerdo sólo se aplica en aquellos casos en que habiéndose planteado una duda Administración y administrado se unen para despejarla"*. (LAPATZA, José Juan Ferreiro. *"Solución Convencional de Conflictos en el Ámbito Tributario: una Propuesta Concreta"*. In.: TÔRRES, Heleno Taveira. *Direito Tributário Internacional Aplicado*, v. II, São Paulo: Quartier Latin, 2004, p. 306)

[823] GARBARINO, Carlo. *Imposizione ed Effettività nel Diritto Tributario*. CEDAM: Milani, 2003, p. 1.

[824] Criado pelo Decreto Lei n.º 218, de 1997. Esse mesmo decreto introduziu a transação tributária na Itália.

[825] *Ibid.*, p. 2.

[826] *Ibid.*, p. 4.

litígios fiscais. Por um lado, tem-se uma doutrina clássica que não reconhece a transação como meio válido para extinção desse tipo de litígio. A esse respeito, IGNAZIO MANZONI e GIUSEPPE VANZ afirmam que o princípio da indisponibilidade da obrigação fiscal proíbe a utilização da transação[827], não obstante legislação revogada já tenha previsto a utilização desse mecanismo no curso de ação de cobrança quando o devedor se tornava insolvente (*Legge 8-8-2002, n.º 178*).

Contudo, na Itália se pratica um modelo de liquidação da dívida fiscal muito próximo do praticado na Espanha, denominado *accertamento con adesione*, previsto na Lei n.º 218, de 19 de junho de 1997, como uma espécie renovada do *concordato fiscale* instituído em 1958, porém existente no sistema tributário italiano desde o século XIX. Esse tipo de liquidação foi o resultado de alto índice de litigiosidade[828], que levou o legislador a consolidar institutos de natureza tributária com fins conciliatórios.

O *accertamento con adesione* é uma técnica de tributação mediante a qual a Administração e contribuinte alcançam, por pacto convencional, o chamado *atto di accertamento con adesione*, contendo um critério médio de tributação – referente apenas ao imposto sobre a renda e o IVA –, definido previamente e de modo vinculante para os próximos anos, nos termos do acordo. Assim, como na Espanha, esse método não pode ser utilizado nos casos em que a Administração tenha elementos seguros sobre os fatos, sobre a determinação da alíquota aplicável ou elementos essenciais do tributo, tal como previsto em lei. Conforme indicado por GASPARE FALSITTA, o âmbito de aplicação principal do instituto em tela são as questões que não podem ser resolvidas com base em elementos certos, que comportam certa margem de avaliação, em particular, nas liquidações em que se usa técnicas indutivas e presuntivas[829].

---

[827] "*Poiché, como si è visto, l'obbligazione tributaria è tipicamente un'obbligazione indisponibile, sembrerebbe per ciò stesse da escludere che la transazione sia praticable in campo tributairo*" (MANZONI, Ignazio; VANZ, Giuseppe. *Il diritto tributario. Profili teorici e sistematici*. 2.ª ed., Torino: G. Giappichelli, 2008, p. 220).

[828] No início da década de noventa, as estatísticas indicavam um volume de 2,5 milhões de processos pendentes nas Comissões Provinciais – segundo dados agregados de toda Itália – e de 250 mil pendentes na Comissão Tributária Regional ou *appelli* (*Ridevazione generale sullo stato del dipartamento delle entrate. Sistema Statistico Nazionale, Ministero delle Finanze* Roma, informações referentes aos anos de 1990 a 1994)

[829] "*L'ambito di applicazione principale del concordato dovrebbe essere quello delle questioni non risolvibili in base ad elementi certi, ma che comportano certi margini di apprezzamento valutativo, in particolare il*

O procedimento pode ser iniciado tanto por iniciativa do fisco quanto do contribuinte, que deve fazê-lo por meio de pedido formal. Caso o contribuinte já tenha sido notificado para pagamento do tributo, o pedido formal deve ser realizado no mesmo prazo previsto para a apresentação de impugnação, situação na qual o procedimento de cobrança será suspenso pelo prazo de noventa dias para entendimento das partes. Ato contínuo ao início do procedimento, instaura-se um contraditório entre o fisco e o contribuinte, que é o meio para se alcançar o chamado *atto di accertamento con adesione*, sob condições estreitas de transparência e isonomia tributária. Se as partes chegarem a um acordo, é elaborado uma ata de adesão, devidamente motivada e assinada entre as partes, com a indicação do valor encontrado e da correspondente fundamentação[830].

Por fim, aperfeiçoa-se este ato com o pagamento da quantia devida, nos termos do pactuado, ou – no caso de parcelamento – com o pagamento da primeira parcela. Quanto aos efeitos do ato, estes são, dentre outros, a impossibilidade de impugnar o acordo fechado, considerando-o como uma confissão de dívida, e redução das sanções aplicadas para os períodos a que se refere o acordo (até 25% da multa prevista).

No que diz respeito à natureza do *accertamento con adesione*, a doutrina é bem dividida. Atualmente, a maior parte da doutrina, arraigada no dogma da indisponibilidade da dívida fiscal, nega a natureza negocial do instituto, como é o caso de IGNAZIO MANZONI e GIUSEPPE VAZ[831]. O defensor mais ardoroso da natureza não transativa do *accertamento con adesione*, sem dúvida, é ANTONIO BERLIRI, que dedica várias páginas de sua obra a demonstrar que a transação – como instituto de direito privado – não pode

---

campo degli accertamenti presuntivi e induttivi". (FALSITTA, Gaspare. *Manuale di Diritto Tributario,* 6.ª ed., Padova: CEDAM, 2008, p. 370)

[830] MANZONI, Ignazio; VANZ, Giuseppe. *Il diritto tributario. Profili teorici e sistematici.* 2.ª ed., Torino: G. Giappichelli, 2008, p. 318

[831] *"Quanto alla natura dell'istituto in esame, riteniamo che siano da respingere quelle tesi che tendono a ravvisare in esso un sorta di transazione, analoga a quella prevista dall'art. 1965 del codice civile. E ciò in quanto, dato il carattere indisponibile dell'obbligazione tributaria, l'accertamento con adesione non può essere frutto di 'concessioni' da parte dell'amministrazione finanziaria."* (MANZONI, Ignazio; VANZ, Giuseppe. *Il diritto tributario. Profili teorici e sistematici.* 2.ª ed., Torino: G. Giappichelli, 2008, p. 318)

ser utilizada nas relações de direito público que caracterizam a atuação da Administração fiscal[832].

Por outro lado, há quem atribua ao *accertamento con adesione* natureza nitidamente de transação, como é o caso de GIANFRANCO GAFFURI – que o denomina de acordo transativo[833]. Da mesma forma, PASQUALE RUSSO entende que a legislação atual sobre o assunto não deixa dúvida sobre a natureza transativa do instituto em tela[834].

No meio termo dessas duas doutrinas, há também quem o classifique como um tipo de acordo não contratual, conforme doutrina MARCO VERSIGLIONI[835]. Em sentido parecido, GASPARE FALSITTA afirma que o *accertamento con adesione* é um ato unilateral no qual se acrescenta – remanescendo, contudo, distinta – a adesão do contribuinte[836]. Em outras palavras, trata-se de um ato unilateral com simples participação do contribuinte. Há também muitas outras manifestações doutrinárias sobre o assunto, que, todavia, não interessam ao presente estudo.

O que importa registrar, por fim, é que a razão está com aqueles que deixam de olhar o instituto sob o prisma do dogma da indisponibilidade da dívida fiscal. Há também uma questão psicológica, uma relutância em aceitar a utilização da transação no âmbito fiscal, pois se trata de um instituto de direito privado, por meio do qual se poderia reduzir a dívida do contribuinte. Essa visão, em nossa opinião, não se coaduna com o aspecto prático do *accertamento con adesione*. Por essa razão, tem total razão

---

[832] BERLIRI, Antonio. *Principî di Diritto Tributario*. Volume II, Tome 1, Milan: Giuffrè, 1957, p. 168/174.

[833] GAFFURI, Gianfranco. "Il concordato tributario come accordo transativo", *Riv. dir. fin. sc. fin.*, I, 1979, p. 396. Do mesmo autor: "Concordato tributario", In: *Dig. Disc. Priv.*, sez. Comm., III, Torino, 1988, p. 289. No mesmo sentido. MARELLO, Enrico. *L'accertamento con adesione*. Torino: Giappichelli, 2000, p. 73.

[834] "*Orbene, senza ripercorrere la storia delle diverse e molteplici opinioni al riguardo espresse, analizzando le motivazioni addotte a sostegno di esse, sembra a noi che, allo stato attuale della legislazione, vi sia più di un argomento a favore della tesi della transazione, come non ha mancato di rilevare la più avvertita dottrina*". (RUSSO, Pasquale. *Manuale di Diritto Tributario*. 9.ª ed., Milano: Giuffrè, 2007, p. 334.)

[835] VERSIGLIONI, Marco. *Accordo e disposizione nel diritto tributário. Contributo allo studio dell'accertamento con adesione e della conciliazione giudiziale*. Milano: Giuffrè, 2001, p. 478.

[836] FALSITTA, Gaspare. *Manuale di Diritto Tributario*, 6.ª ed., Padova: CEDAM, 2008, p. 372.

GIANFRANCO GAFFURI, quando afirma que é pouco realista a tese que afasta a natureza transativa do instituto[837].

Com efeito, como já afirmado acima, nesse tipo de acordo entre administração e contribuinte não se está negociando o pagamento parcial do tributo devido, pois o acordo acontece ainda na fase de liquidação. Essa é uma importante limitação legal que – segundo RAFFAELLO LUPI – diferencia a transação fiscal da transação civil[838]. Na transação fiscal, também existem concessões recíprocas, mas ela ocorre – ao contrário do que vê na transação civil – apenas na fase de determinação do valor devido. E não há dúvidas que nessa fase de determinação da dívida fiscal as partes renunciam à sua máxima intenção, nas palavras de GIANFRANCO GAFFURI[839], com contenção mútua e sacrifício de suas expectativas.

Além disso, veja-se que o controle da renúncia de um crédito fiscal já constituído é muito mais fácil de ser realizado (o débito constituído contra o contribuinte é de X, mas foram pagos apenas X menos 20%, por exemplo). Esse controle não ocorre quando da determinação dos fatos que serão submetidos à tributação, sendo essa a razão pela qual a Administração vem realizando concessões, abrindo mão de *entendimentos* com a finalidade de obter a adesão do contribuinte ao ato de liquidação do imposto.

4. A *entrevista final* alemã

Na Alemanha, o acordo realizado entre Administração e contribuinte é conhecido como *entrevista final*, que ocorre após a conclusão das ações de fiscalização. Com ela, pretende a Inspeção (órgão da Administração fiscal alemã) obter a cooperação do contribuinte fiscalizado com a finalidade de

---

[837] GAFFURI, Gianfranco. *Diritto Tributario. Parte generale e parte speciale*. 6.ª ed., CEDAM: Padova, 2009, p. 176. Para o autor, o *accertamento con adesione* constitui uma convenção substancialmente transativa.

[838] "*Va peraltro avvertito che, a differenza di quanto avviene per la transazione tra privati, gli ambiti per cui sono ammesse le 'reciproche concessioni' sono limitati dalle legge (si ricordi ad esempio l'obbligo di mantenersi sul piano dell'accertamento, senza invadere quello della riscossione, con conseguente illegittimità di riduzioni della pretesa fiscale in cambio di una disponibilità del contribuente a corrispondere somme che altrimenti non sarebbero riscosse per incapienza dei beni da espropriare)*". (LUPI, Raffaello. *Diritto Tributario*. 7.ª ed., Milano: Giuffrè, 2000, p. 89)

[839] "*Ma nessa sostanza avviene, per l'appunto, quell'incontro nel quale ciascuna parte del rapporto tributario rinuncia alle sua massime intenzioni*". GAFFURI, Gianfranco. *Diritto Tributario. Parte generale e parte speciale*. 6.ª ed., CEDAM: Padova, 2009, p. 176.

obter informações que a Administração não tem conhecimento certo. No curso da entrevista final se analisam os fatos comprovados, para qualificação jurídica e determinação das possíveis consequências tributárias[840]. É importante registrar que o referido procedimento somente pode ser realizado para questões de fato, ficando vedada sua utilização para realização e acordos envolvendo questões de direito[841].

Vale enfatizar que durante a entrevista final, em muitos casos, ocorre um verdadeiro acordo entre o chefe da unidade de inspeção – encarregado de realizar o procedimento – e o contribuinte, pelo menos, acerca de alguns aspectos do fato gerador. De fato, como o chefe da unidade de inspeção não conseguiu, por si próprio, identificar os fatos importantes para a relação fiscal, considera-se que ele pode proferir uma decisão imparcial sobre a procedência do acordo, em atenção aos princípios da legalidade e da igualdade.

Todavia, conforme ressaltado por MARÍA JOSÉ MESA GONZÁLEZ, somente se deve atribuir caráter vinculante ao acordo realizado na entrevista final nos casos em que a determinação dos fatos seja impossível, extremamente difícil ou suponha um custo desproporcional para a Administração, conforme reiterada jurisprudência do Tribunal Financeiro Federal alemão o[842]. Com isso, a entrevista final se assemelha, nesse aspecto, com os acordos realizados na Espanha e na Itália.

Como o objetivo principal da entrevista final é garantir o direito de audiência do contribuinte no procedimento de fiscalização, ele pode renunciar à sua realização. Da mesma forma, a entrevista final não se considera necessária se, no curso da fiscalização, a Administração tributária toma conhecimento de fatos que não haviam sido revelados. Em outras palavras, ela não é obrigatória nem para o contribuinte, nem para a Administração.

---

[840] TABOADA, Carlos Palao. *Ordenanza Tributaria Alemana*, I.E.F., Madrid: IEF, 1980, p. 161.

[841] *"En idéntico sentido se pronuncia el profesor Tipke, que coincide con el profesor Birk en señalar que el acuerdo a que se llega no versa sobre cuestiones legales porque ello se opondría a la esencia del Derecho Tributario (K. Tipke, en K.Tipke/H.-W. Kruse, AO-FGO Kommentar, cit., § 201, nn.mm. 2 y 5)."* (GONZÁLES, María José Mesa. Las actas de inspección tributaria. Tese de doutorado, Universidad de la Laguna, 2002, p. 307)

[842] *"Nótese que sólo debe atribuirse carácter vinculante al acuerdo, a fin de permitir la aplicación del tributo, en aquellos supuestos en que la fijación de los hechos resulta imposible, extremadamente difícil, o bien supone un coste desproporcionado para la Administración, como ha señalado en numerosas ocasiones el Tribunal Financiero Federal".* (GONZÁLES, María José Mesa. Las actas de inspección tributaria. Tese de doutorado, Universidad de la Laguna, 2002, p. 307).

De acordo com o Tribunal Financeiro Federal alemão, somente gozam de eficácia vinculante os acordos que cumpram os seguintes requisitos: (a) em primeiro lugar, que versem – como já informamos – sobre fatos de impossível ou difícil determinação ou cuja determinação suponha um custo desproporcional para a administração; (b) em segundo lugar, que o acordo não seja manifestamente improcedente; (c) por fim, que na elaboração do acordo haja participado um funcionário designado para a correspondente unidade de gestão fiscal[843].

Por fim, conforme ressaltado por KLAUS TIPKE e JOACHIM LANG, a entrevista final levou em consideração as necessidades práticas da administração (veja-se nossas considerações sobre o princípio da praticidade no Capítulo 1, Título 1 desta 2.ª parte), bem como deixou claro que o direito tributário – assim como todos os outros ramos – não é inteiramente programado, no sentido de que sempre haverá uma única decisão correta, motivo pelo qual não pode haver nenhuma proibição geral de utilização de contratos, principalmente para realização do que os autores chamam de *entendimento fático*[844].

Conclusão da segunda parte

Somente com a análise individualizada de cada ordenamento jurídico é que será possível analisar os pontos de estrangulamento de performance específico de determinada Administração fiscal. Essa tarefa envolve uma análise de direito interno que não constitui o escopo do presente trabalho. O que procuramos demonstrar são os meios universais através dos quais acreditamos que o desempenho de uma Administração fiscal qualquer poderá ser melhorado, com efeitos positivos sobre o nível de arrecadação fiscal.

Resumidamente, entendemos que a melhora na performance da Administração fiscal passa necessariamente por duas grandes políticas. A primeira diz respeito ao bom funcionamento da Administração. Sabe-se

---

[843] GONZÁLES, María José Mesa. *Las actas de inspección tributaria*. Tese de doutorado, Universidad de la Laguna, 2002, p. 308.

[844] TIPKE, Klaus; LANG, Joachim. *Direito tributário (Steuerrecht)*. Porto Alegre: Sergio Antonio Fabris Editor, 2008, p. 243/244.

que atualmente, as regras fiscais devem ser aplicadas em massa, pois é grande o número de contribuintes, principalmente no Brasil, onde a *população fiscal* cresce vertiginosamente. Ou seja, a Administração fiscal, com sua limitação estrutural (material, funcional, etc.), deve estar capacitada para realizar a arrecadação necessária para o financiamento das atividades estatais, utilizando sempre os meios dispostos em legislação, isto é, sem aumentar ou instituir novos impostos.

Essa primeira política pode ser concretizada na prática com os mecanismos desenvolvidos pelo que se conhece como "princípio da praticidade" ou "mecanismo de simplificação das regras fiscais". Assim, por meio da utilização em maior escala de instrumentos como as presunções, ficções, cláusulas gerais, etc., a Administração não fica obrigada a investigar a situação individual de cada contribuinte, tarefa que inviabilizaria sua atuação.

Além disso, a Administração deve ter uma margem maior de atuação por meio de regulamentos, uma vez que – muitas vezes – a legislação genérica e fixa não permite uma atuação voltada para a prática. Dito de outra forma, a Administração deve ter maior liberdade para atuar por meio dos regulamentos – sempre sob o controle Judicial contra eventuais abusos –, que serve como instrumento intermediário entre a legislação e a aplicação concreta da norma fiscal.

A utilização de *tipos* na legislação permite essa liberdade de atuação. Os *tipos* são conceitos fluidos (empresário, mercadoria, etc.) cuja definição poder ser modelada no regulamento, a depender das necessidades sociais. Dessa forma, a legislação não "engessaria" a atividade do Fisco. Além disso, diante de novas necessidades sociais (que podem decorrer de alterações no cenário econômico ou político, por exemplo), não haveria necessidade de se adequar a legislação – procedimento formal que às vezes demanda um tempo de que não se dispõe –, pois bastaria adequar o regulamento.

A privatização de determinadas atividades realizadas pela administração fiscal, bem como da própria atividade de cobrança – em casos específicos e excepcionais – é outra medida que auxiliaria no bom funcionamento da Administração fiscal. Não obstante essa ideia possa parecer inovadora e ousada, a privatização já vem sendo realizada silenciosamente (autolançamento, retenção na fonte, utilização da rede bancária, etc.). Há casos, inclusive, de privatização mais avançada, como ocorre nos casos dos países que utilizam mais ostensivamente a rede bancária para diversas funções fiscais, ou no caso dos EUA, que já testaram projetos de privatização de diversas atividades de apoio à Administração fiscal, bem como a própria atividade de cobrança (não obstante o sucesso da empreitada seja questionado por parte da doutrina).

Além da política que privilegia o bom funcionamento da Administração (representados, principalmente, pela aplicação do princípio da praticidade e pela privatização de algumas atividades administrativas de apoio), a segunda grande medida para aumentar sua performance é o controle dos litígios fiscais. A alta litigiosidade – que é um problema mundial – tem diversos efeitos perversos, tais como a diminuição do cumprimento voluntário das obrigações fiscais e o retardamento no recebimento dos impostos. Em nossa opinião, o meio mais adequado para controlar esse problema é o investimento em meios que aumentam o consentimento ao imposto – como meio de evitar o litígio – e a utilização dos meios alternativos de resolução de litígios (transação, arbitragem e mediação ou conciliação), que visam extinguir o litígio já instaurado.

CONCLUSÃO FINAL
UMA REVOLUÇÃO PARADIGMÁTICA

A pesquisa realizada para elaboração do presente estudo chamou a nossa atenção para uma grande mudança de valores no âmbito do sistema tributário. Sem dúvida, o catalizador dessa mudança foi a eclosão da crise da dívida pública vivida atualmente por diversos países da Europa que, como já tivemos oportunidade de afirmar, trouxe – ao lado da natural preocupação de cidadãos e governantes – um *novo horizonte de pensamentos*, um *sopro de novas ideias*. De acordo com THOMAS SAMUEL KUHN, físico de notável visão epistemológica, *"as crises são uma precondição necessária para uma busca de novas regras"*[845]. Ou seja, a alteração de regras estabelecidas envolve a necessidade de novas teorias para resolver anomalias. Em outro trecho, o autor afirma que *"o fracasso das regras existentes é o prelúdio para uma busca de novas regras"*.

De acordo com DIOGO DE FIGUEIREDO MOREIRA NETO, as revoluções não se produzem normalmente pela mera *acumulação de saberes*, mas por uma *substituição de princípios*, que passam a atuar em sistema no meio social[846]. A substituição de princípios pode representar o que THOMAS SAMUEL KUHN chamou de *mudança de paradigmas*. Nessa conclusão, pretendemos demonstrar a ocorrência de uma revolução paradigmática. Para que isso seja possível, vamos analisar o paradigma anterior do direito tributário (Título 1) e, sem seguida, o que entendemos como paradigma atual (Título 2).

---

[845] KUHN, Thomas Samuel. *A Estrutura das Revoluções Científicas*. São Paulo: Perspectiva, 1989, p. 75.
[846] MOREIRA NETO, Diogo de Figueiredo. *Quatro Paradigmas do Direito Administrativo Pós-Moderno. Legitimidade, Finalidade, Eficiência e Resultados*. Belo Horizonte: Fórum, 2008, p. 17.

Título 1 – O paradigma anterior do direito tributário

A análise histórica do direito tributário demonstra que os contribuintes sempre foram sensíveis a dois princípios fundamentais: *legalidade* e *igualdade* (ou suas duas vertentes neste ramo do direito: o princípio da capacidade contributiva e o princípio da universalidade da tributação).

São raríssimos os livros de doutrina que não tratem dos aspectos do princípio da legalidade em matéria tributária. De acordo com JEAN-CLAUDE MARTINEZ, *"estamos aqui no terreno de predileção da doutrina clássica"*[847]. O princípio da legalidade nasceu com a *Magna Carta* de 21 de junho de 1215, que consagrou o costume segundo o qual *"nenhuma ajuda, nenhum imposto extraordinário pode ser criado sem o consentimento do Conselho Comum do Reino"* em seu artigo 39.

Mas foi no século XVIII que o princípio da legalidade apareceu em diversos documentos constitucionais, como os dos estados norte-americanos da Filadélfia (1774), Virgínia e Maryland (ambos de 1776). Com o movimento liberal burguês, adquire, na Declaração francesa de agosto de 1789 importância decisiva. A partir de então, paulatinamente, o princípio da legalidade passou a figurar nas constituições e códigos de quase todos os países do mundo. ELISABETH WILLEMART afirma que *"ele* [o princípio da legalidade] *simboliza a luta e a vitória das assembleias representativas contra o absolutismo dos monarcas. Ele constitui, atualmente, uma condição de equilíbrio dos poderes e se impõe como um elemento fundamental do Estado de Direito"*[848].

---

[847] MARTINEZ, Jean-Claude. *Le statut de contribuable*. Paris: LGDJ, 1980, p. 66.
[848] WILLEMART, Elisabeth. *Les limites constitutionnelles du pouvoir fiscal*. Bruxelas: Bruylant, 1999, p. 93.

O princípio da legalidade, portanto, consagrou no campo da tributação o *valor liberdade* – traduzido na proteção contra a espoliação patrimonial –, pois o tributo passou a não ser mais determinado sem a participação do contribuinte, por meio de seus representantes. O modelo de auto-tributação ou tributação consentida passou então a ostentar status de legitimação do tributo. O tributo instituído sem lei passou a ser considerado ilegítimo.

O mesmo ocorreu com o princípio da igualdade fiscal. Desde a Grécia antiga, a ideia de democracia pressupõe, necessariamente, a da igualdade (que configura um *valor* com o mesmo peso do *valor* legalidade). Foi também a igualdade um dos baluartes da Revolução Francesa do século VXIII, pois a burguesia vitoriosa ansiava por extinguir quaisquer privilégios da nobreza e do clero. No âmbito fiscal, a igualdade possui dois desdobramentos importantes. O primeiro corresponde ao que se denomina igualdade horizontal e significa que os cidadãos devem ter tratamento igualitário, sendo vedada a instituição de privilégios injustificados em favor de alguns, compensando-se a perda de receita em cima dos desafortunados. Ou seja, para respeitar o princípio da igualdade em sua vertente horizontal, o sistema fiscal deve ser universal, incidindo igualmente sobre todos.

A outra vertente é a igualdade vertical, pois nem todos os contribuintes estão em situação semelhante. Aqueles que dispõem de mais deve pagar mais. A alíquota em percentual já atinge esse objetivo, pois 10% de pouco não representa muito, ao passo que 10% de muito pode representar um valor incomparavelmente maior. Não obstante, com base em teorias econômicas da *utilidade marginal da renda*, institui-se um regime progressivo, com alíquotas crescentes em relação ao aumento do nível da renda, modelo que vem sendo objeto de críticas ferozes por autores modernos.

A doutrina clássica também identifica outra vertente do princípio da capacidade contributiva, consubstanciado na vedação de escolher como fato tributável um evento sem manifestação de riqueza. Resumidamente, de acordo com o princípio da capacidade em sua vertente *subjetiva*, o contribuinte deve concorrer para as despesas públicas na medida de sua riqueza. De acordo com a vertente *objetiva* do princípio em tela, o legislador está proibido de escolher como fato tributável eventos economicamente irrelevantes. Por exemplo, ninguém pode ser compelido a pagar um imposto pelo fato de usar barba ou cabelos cumpridos, pois esses fatos não têm nenhum conteúdo econômico.

O princípio da capacidade contributiva espalhou-se pelas constituições e pelos códigos, com a mesma força que o da legalidade. Também passou a ser considerado um princípio de legitimação. Não existe manual de tributação que não teça considerações mais ou menos profundas sobre o referido princípio.

Todavia, não é novidade que esses dois princípios não representam nos dias de hoje a importância que já tiveram no passado. A crise do princípio da legalidade fiscal é um sintoma sentido nos mais diversos países e consta em doutrina antiga. THOMAS SAMUEL KUHN afirma que *"proliferação de versões de uma mesma teoria é um sintoma muito usual de crise (científica)"*[849].

Em sua *Lettre ouverte aux contribuables*, JEAN-CLAUDE MARTINEZ denunciou a impostura da legalidade, discorrendo sobre a amputação do domínio da lei, a limitação e a impotência do Parlamento[850]. Em outra obra, o autor chama a atenção para a preponderância da Administração na elaboração das leis fiscais[851], que detém a quase exclusividade da iniciativa de elaboração das leis fiscais.

Além disso, como já tivemos oportunidade de ver acima, o *poder regulamentar* está em franca expansão. A Administração fiscal, diante da tecnicidade com que se revestiu a norma fiscal, passou a atrair para si a competência legislativa nessa matéria. Além de participar junto ao Congresso na elaboração das normas, a Administração teve alargada sua própria competência de criação de regras por meio dos regulamentos. MICHEL BOUVIER também chama a atenção para o enfraquecimento do princípio da legalidade, diante da expansão do poder regulamentar e da existência de tributos não consentidos pelo Parlamento (contribuições sociais e taxas parafiscais)[852]. No Brasil, a utilização abusiva de *medidas provisórias* em matéria fiscal também é sintoma evidente desse enfraquecimento.

Aos poucos, o princípio da igualdade deixou de constituir a garantia de produção de um direito justo decorrente do consentimento do cidadão. Essa situação decorre, resumidamente, de três grandes fatores. Em primeiro lugar, a lei não está mais acima de qualquer suspeita, já que muitas

---

[849] KUHN, Thomas Samuel. *A Estrutura das Revoluções Científicas*. São Paulo: Perspectiva, 1989, p. 799.

[850] MARTINEZ, Jean-Claude. *Lettre ouverte aux contribuables*. Paris: Albin Michel, 1985, p. 15.

[851] MARTINEZ, Jean-Claude. *Le statut de contribuable*. Paris: LGDJ, 1980, p. 82.

[852] BOUVIER, Michel; ESCLASSAN, Marie-Christine; LASSALE, Jean-Pierre. *Finances Publiques*. 7.ª ed., Paris: LGDJ, 2004, p. 588.

vezes viola o direito do cidadão, especialmente da minoria vencida no Parlamento. Acrescente-se a isso o fato de que o Poder Executivo não é mais o inimigo número um das liberdades, dada a sua legitimidade democrática. Por fim, deve-se ressaltar que o Governo normalmente está em melhores condições técnicas para a elaboração de normas fiscais.

Da mesma forma, o princípio da igualdade vem, inegavelmente, sofrendo fortes restrições. JEAN-CLAUDE MARTINEZ abordou também a impostura da igualdade em matéria tributária, comentando a existência de múltiplos privilégios, a desigualdade social causada pela evasão fiscal[853]. De acordo com o autor, a igualdade em matéria fiscal é uma impostura técnica (a tributação é igualitária apenas para as rendas conhecidas) e uma impossibilidade política (concessão de privilégios faz parte do quotidiano parlamentar).

Além desses fatores, há também as questões que procuramos explicar acima. Em sua atividade de aplicação em massa das regras fiscais, a Administração fiscal ficou impossibilitada de aplicar estritamente o princípio da igualdade, pois não possui condições materiais de verificar a situação pessoal de todos os contribuintes. Em outras palavras, para que o princípio da igualdade fosse respeitado em sua integralidade, seria necessária uma investigação exaustiva sobre todos os aspectos econômicos da vida do contribuinte.

Por conta dessa impossibilidade, a Administração passou a usar padronizações que colocam diversos contribuintes num mesmo patamar, independentemente de suas condições particulares. Isso ocorre com o uso de presunções, ficções ou cláusulas gerais, instrumentos sem os quais a Administração não poderia exercer suas atividades.

Com essas considerações, pretendemos demonstrar que o modelo de legitimação – fundado especialmente nos princípios da legalidade e igualdade – até então vigente está em crise, pois não consegue mais resolver os problemas fiscais atuais. De acordo com THOMAS SAMUEL KUHN, *"o teste de um paradigma ocorre somente depois que o fracasso persistente na resolução de um quebra-cabeça importante dá origem a uma crise"*[854]. O paradigma correspondente ao modelo de legitimação comentado (legalidade + igualdade) vem

---

[853] MARTINEZ, Jean-Claude. *Lettre ouverte aux contribuables*. Paris: Albin Michel, 1985, p. 25.
[854] KUHN, Thomas Samuel. *A Estrutura das Revoluções Científicas*. São Paulo: Perspectiva, 1989, p. 84.

O PARADIGMA ANTERIOR DO DIREITO TRIBUTÁRIO

sendo testado já há algumas décadas pela doutrina e, de fato, não consegue mais resolver o intrincado quebra-cabeça composto pelas necessidades da Administração fiscal e do contribuinte. Ou seja, estamos presenciando uma verdadeira mudança de paradigma.

Título 2 – O paradigma atual do direito tributário

Ao explicar sua perspectiva sobre o tipo de mudança que um novo paradigma provoca na ciência, THOMAS SAMUEL KUHN afirma que *"quando a comunidade científica repudia um antigo paradigma, renuncia simultaneamente à maioria dos livros e artigos que o corporificam, deixando de considerá-los como objeto adequado ao escrutínio científico"*[855]. Isso justifica o motivo pelo qual tanto se fala do enfraquecimento dos princípios da igualdade e da legalidade, como mencionado acima.

Se os modelos clássicos de legitimidade da tributação fundamentado nos princípios da legalidade e igualdade estão em crise, então qual o modelo que poderia integrá-los? Para responder a essa pergunta invocamos mais uma vez a lição pertinente de THOMAS SAMUEL KUHN, para quem *"a verificação [de paradigmas] é como a seleção natural: escolhe a mais viável entre as alternativas existentes em uma situação histórica determinada"*[856].

No que diz respeito aos problemas de arrecadação fiscal e gasto público, a situação histórica atual, não há dúvidas, é ditada pela crise mundial mencionada ao longo do presente trabalho. É certo que os fiscalistas e financistas já há algumas décadas prestam atenção nas implicações do contexto econômico sobre o nível de arrecadação e do gasto público. Mas são as crises que funcionam como verdadeiros propulsores desses avanços nas ciências das finanças e no direito tributário.

As necessidades econômicas deflagradas pela crise da dívida pública fizeram a doutrina voltar a atenção, com mais vigor, sobre os aspectos

---

[855] *Ibid*, p. 209.
[856] *Ibid*, p. 185.

de performance tanto da arrecadação fiscal quanto do gasto público, atividades umbilicalmente relacionadas. *"Guiados por um novo paradigma, os cientistas adotam novos instrumentos e orientam seu olhar em novas direções"*[857].

Vejamos um exemplo sobre esse fenômeno. Entre 1690 e 1781, considerava-se que Urano era uma estrela. Em 1781, WILLIAM HERSCHEL identificou Urano como um cometa. Somente após 1801, quando ANDERS JOHAN LEXELL reavaliou a descoberta indicando que Urano tratava-se de um planeta, foi que ocorreu o descobrimento de vários outros planetas e asteroides, isto porque os astrônomos começaram a olhar para o céu com novos olhos, acreditando na existência de outros planetas.

Os novos instrumentos de análise, para o nosso ramo de pesquisa, são representados pela eficiência, eficácia e performance. Como já tivemos oportunidade de salientar acima, com esses novos instrumentos, a doutrina construiu um novo *valor*, colocado em pé de igualdade com os *valores* protegidos pelos princípios da legalidade e da igualdade. Estamos nos referindo ao *valor* "performance". As medidas de política fiscal passaram a ser justificadas pela performance que trazem ao sistema. Não importa se, com determinados atos, os princípios da igualdade e legalidade são mitigados. Se esse ato permite o bom funcionamento da Administração fiscal, se a torna mais eficiente e eficaz, então ele está legitimado.

Não estamos afirmando que a performance, como *valor*, basta por si só para justificar qualquer medida. Não se pode permitir que uma medida arbitrária e injusta ao extremo seja legitimada apenas porque é eficiente ou eficaz. Todavia, o ato que porventura não considerar todas as individualidades do contribuinte – permitindo o tratamento diferenciado que todos proclamam –, mas que melhora o desempenho da Administração, não há dúvidas que esse ato será legítimo.

Em nossa opinião, essa mudança de paradigma já foi sentida no ordenamento jurídico brasileiro, onde o legislador utiliza ostensivamente os mecanismos de praticidade, notadamente a presunção. Assim ocorreu com a já comenta substituição tributária progressiva, inserida no artigo 150, parágrafo 7.º, da Constituição de 1988. Por meio desse mecanismo, o distribuidor de uma mercadoria (bebidas, automóveis, etc.) já paga, antecipadamente, o ICMS devido na venda final. Para tanto, presume-se que

---

[857] KUHN, Thomas Samuel. *A Estrutura das Revoluções Científicas*. São Paulo: Perspectiva, 1989, p. 145.

venda ocorrerá e a tributação é realizada por um valor estimado. Somente haverá direito à restituição do ICMS pago antecipadamente se o fato gerador não ocorrer, ou seja, se não houver a venda presumida. Caso o valor estimado seja maior ou menor que o preço efetivamente praticado, não haverá restituição em favor do contribuinte nem saldo devedor em favor do Fisco.

Essa sistemática foi levada ao crivo do STF, para manifestação sobre diversos argumentos colocados pelos contribuintes, dentre os quais se destaca a violação ao princípio da capacidade contributiva[858]. Ao analisar a questão, o STF afirmou que: *"O fato gerador presumido, por isso mesmo, não é provisório, mas definitivo, não dando ensejo a restituição ou complementação do imposto pago, senão, no primeiro caso, na hipótese de sua não-realização final. Admitir o contrário valeria por despojar-se o instituto das vantagens que determinaram a sua concepção e adoção, como a redução, a um só tempo, da máquina-fiscal e da evasão fiscal a dimensões mínimas, propiciando, portanto, maior comodidade, economia, eficiência e celeridade às atividades de tributação e arrecadação"*[859].

Com esse precedente, em nossa opinião, foi chancelada a mudança de paradigma, pois o STF pôs fim à questão de saber se a igualdade deve sempre prevalecer sobre os imperativos de performance. DIOGO DE FIGUEIREDO MOREIRA NETO, autor de notável cultura e sensibilidade, já anotou que as ideias de eficiência e resultado constituem novos paradigmas do direito administrativo[860]. Todavia, ainda nos valemos da prudência de THOMAS SAMUEL KUHN, que sabiamente afirmou que *"para que o paradigma possa triunfar, é necessário que ele conquiste alguns adeptos iniciais (muitas vezes com argumentos estéticos ou subjetivos), os quais o desenvolverão até o ponto em que argumentos objetivos possam ser produzidos e multiplicados"*[861].

---

[858] De acordo com a defesa apresentada pelos contribuinites, a mencionada sistemática fere o princípio da capacidade contributiva, pois o imposto é cobrado antes da ocorrência do fato gerador. É como se o imposto sobre a renda fosse cobrado antes de o contribuinte auferi-la. Para parcela expressiva da doutrina, a capacidade contributiva nasce somente com a prática do fato gerador, motivo pelo qual não se pode cobrar o imposto antes de o fato gerador se concretizar no mundo dos fatos.

[859] STF, ADI n.º 1.851/AL, Tribunal Pleno, Rel. Min. ILMAR GALVÃO, DJ 22.11.2002.

[860] MOREIRA NETO, Diogo de Figueiredo. *Quatro Paradigmas do Direito Administrativo Pós-Moderno. Legitimidade, Finalidade, Eficiência e Resultados.* Belo Horizonte: Fórum, 2008

[861] KUHN, Thomas Samuel. *A Estrutura das Revoluções Científicas.* São Paulo: Perspectiva, 1989, p. 199.

BIBLIOGRAFIA

Título 1 – Livros

Capítulo 1 – Bibliografia em francês

ALLAIS, Maurice. *L'impôt sur le capital et la réforme monétaire.* Paris: Hermann, 2008

ANCEL, Pascal. "Arbitrage et ordre public fiscal", *Revue de l'arbitrage*, 2001, n.º 2

AUBIN, Emmanuel. "Flexibilité et performance dans le déroulement de carrière des fonctionnaires", In: ALBERT, Nathalie (dir.). *Performance et droit administratif.* Paris: Litec, 2010

AZOULAI, Loïc. "Le principe de bonne administration", In: AUBY, Jean-Bernard, DUTHEIL DE LA ROCHÈRE, Jacqueline (dir). *Droit administratif européen.* Bruxelles: Bruylant, 2007

BARILARI, André. *Le consentement à l'impôt.* Paris: Presses de sciences PO, 2000

BARILARI, André; BOUVIER, Michel. *La LOLF et la nouvelle gouvernance financière de l'État.* 2.ª ed., Paris: LGDJ, 2007

BÉNOIT, Francis-Paul, "Notions et concepts, instruments de la connaissance juridique. Les leçons de la philosophie du droit de Hegel", In: *Droit public. Mélanges en l'honneur du professeur Gustave Peiser.* Grenoble: P.U.F., 1995

BORIE, E. Fernand. *L'introduction du forfait dans les impôts sur les revenus.* Paris: LGDJ, 1924

BOUBAY-PAGÈS, Michèle. "Pierre Lalumière et les cadres sociaux de la science fiscale", In: *Doctrines fiscales: À la redécouverte de grands classiques.* Paris: L'Harmattan, 2007

BOUSTA, Rhita. *Essai sur la Notion de Bonne Administration en Droit Public.* Paris: L'Harmattan, 2010

BOUVIER, Michel. *Introduction au Droit Fiscal Général et à la Théorie de l'Impôt.* 7.ª ed., Paris: LGDJ, 2005

BOUVIER, Michel; BARILARI, André. *La LOLF et la nouvelle gouvernance financière de l'État.* Paris: LGDJ, 2007

BOUVIER, Michel; ESCLASSAN, Marie--Christine; LASSALE, Jean-Pierre. *Finances Publiques.* 7.ª ed., Paris: LGDJ, 2004

BRACONNIER, Stéphane. "Performance et procédures d'attribution dês contrats publics", In: ALBERT, Nathalie (dir.). *Performance et droit administratif.* Paris: Litec, 2010

BURLAUD, Alain; LAUFER, Romain. *Management public. Gestion et légitimité.* Paris: Dalloz, 1980

BUTTGENBACH, André. *Théorie générale des modes de gestion des services publics en Belgique*. Bruxelas: Maison Ferdinand Larcier, 1952

CABALLERO, Norma. *Les codes des impôts en droit comparé. Contribution à une théorie de la condification fiscale*. Paris: L'Harmattan, 2011

CAILLOSSE, Jacques. Rapport introductif: Performance et droit de l'administration", In: ALBERT, Nathalie (dir.). *Performance et droit administratif*. Paris: Litec, 2010

Cf. MANKOU, Martin, "Du principe de bonne administration ou droit à la bonne administration: contribution à une problématique de la bonne administration en droit communautaire", In: *Cahiers de l'institut de recherche européenne de droit économique, Contributions de droit européen*, Toulouse, Presses de l'Université des sciences sociales de Toulouse, 2002, vol. 2

CHEVALLIER, Jacques. "Rapport de Synthèse", In: ALBERT, Nathalie (dir.). *Performance et droit administratif*. Paris: Litec, 2010

COHENDET, Marie-Anne. *Droit constitutionnel*. 3.ª ed., Paris: Montchrestien: 2006

COLLET, Martin. *Droit Fiscal*. Paris: Presses Universitaires de France, 2007

CORNU, Gérard. *Vocabulaire juridique*. Paris: PUF, 2006

COZIAN, Maurice. *Précis de fiscalité des entreprises*. 32.ª ed., Paris: Litec, 2008

COZIAN. Maurice; DIBOUT, Patrick; PIERRE, Jean-Luc (dir.). *Droits et garanties du contribuable. Evolutions et perspectives vingt ans après de rapport Aicardi*. Paris: LITEC, 2008

DEVOLVÉ, Pierre. *Droit public de l'économie*. Paris: Dalloz, 1998

DUBERGÉ, Jean. *Les Français face à l'impôt. Essai de psychologie fiscale*. Paris: LGDJ, 1990

DUCROS, Jean-Claude. *Sociologie financière*. Paris: PUF, 1982

FAVOREU, Louis *et al*. *Droit constitutionnel*. 11.ª ed., Paris: Dalloz, 2008

FÉNA-LAGUENY, Emmanuelle; MERCIER, Jean-Yves; PLAGNET, Bernard. *Les impôts en France. Traité de fiscalité*. Paris: Éditions Francis Lefebvre, 2008

FROMONT, Michel. "Le renforcement des garanties de bonne administration et de bonne justice administrative en Europe" In: *En hommage à Francis Delpérée. Itinéraire d'un constitutionnaliste*, Bruxelas: Bruylant, 2007

GEFFROY, Jean-Baptiste. *Grands problèmes fiscaux contemporains*. Paris: PUF, 1993

GEST, Guy; TIXIER, Gilbert. *Manuel de droit fiscal*. 4.ª ed., Paris: LGDJ, 1986

GROSCLAUDE, Jacques; MARCHESSOU, Philippe. *Procédures Fiscales*. 4.ª ed., Paris: Dalloz, 2007

GUEZ, Julien. *L'interprétation en droit fiscal*. Paris: LGDJ, 2007

GUGLIELMI, Gilles J. *Introduction au droit dês services publics*. Paris: LGDJ, 1994

GUTMANN, Daniel. "Du droit à la philosophie de l'impôt". In: *L'impôt. Tome 46. Archives de philosophie du droit*. Paris: Dalloz, 2002

HANOTIAU, Bernard. "L'arbitrabilité", In: *Académie de Droit International de La Haye, Collected Courses of the Hague Academy of International Law*, 2003, t. 296

HARIOU, Maurice. *Aux sources du droit. Le pouvoir, l'ordre et la liberté*, Université de Caen, Centre de philosophie politique et juridique, Textes et documents, 1986

HARIOU, Maurice, *Précis de droit administratif et de droit public*, 6.ª ed., Paris: Recueil Sirey, 1907

HARIOU, Maurice, *Précis de droit administratif et de droit public*, 12.ª ed., Paris: Dalloz, 2002

HARIOU, Maurice. *La science sociale traditionnelle*, Paris: Laros et Tenin, 1896

HEADY, C. "La contradiction entre les objectifs d'équité et d'efficacité dans la conception des systèmes d'impôt sur le revenu des personnes physiques" In: *Le Rôle de la Réforme Fiscale dans les Économies d'Europe Centrale et Orientale*, Les Éditeurs de l'OCDE, Paris, 1991

JEANNEAU, Benoît. *Les principes généraux du droit dans la jurisprudence administrative.* Paris: Recueil Sirey, 1954

JÈZE, Gaston. *Cours Élémentaire de Science des Finances et de Législation Financière Française.* 5.ª ed., Paris: M. Giard & E. Briere, 1912

JOSSERAND, Louis. *Cours de droit civil positif français*, v. II, 2.ª ed., Paris: Lib. De Recueil Sirey, 1933

LADRIÈRE, Jean, "Concept", In: *Encyclopaedia Universalis*, Paris, 2002, vol. 6

LALUMIÈRE, Pierre. *Le système fiscal français.* Paris: Librairie Montaigne, 1977

LAUFENBURGER, Henry. *Économie des Finances Suisses.* Genebra: Librairie de l'Université, Georg & Cie S.A., 1961

LAUFENBURGER, Henry. *Théorie économique et psychologique des Finances publiques.* Paris: Sirey, 1956

LAURÉ, Maurice. *Traité de politique fiscale.* Paris: Presses Universitaires de France, 1956

LAURENT, François. *Principes de Droit Civil Français.* T. XXVIII, 5.ª ed., Paris: Librairie A. Marescq Ainé, 1893

LE MOING-SURZUR, Philippe. *Pilotage, contrôle de gestion et contrat de performance à la DGI.* RFFP, 2005, n.º 89

LOISEAU, M. R. *Le forfait en matière imposable.* Paris: Éditions Médici, 1934

MANSON, Corinne. "Valorisation économique du domaine public et performance", In: ALBERT, Nathalie (dir.). *Performance et droit administratif.* Paris: Litec, 2010

MARTINEZ, Jean-Claude. *1789-1989. La révolution fiscale à refaire.* Paris: Litec, 1986

MARTINEZ, Jean-Claude. *Le statut de contribuable.* Paris: LGDJ, 1980

MARTINEZ, Jean-Claude. *Lettre ouverte aux contribuables.* Paris: Albin Michel, 1985

MARTINEZ, Jean-Claude; DI MALTA, Pierre. *Droit budgétaire. Budget de l'État. Budgets locaux. Budget de la sécurité sociale. Budget européen.* 3.ª ed., Paris: Litec, 1999

MARTINEZ, Jean-Claude; DI MALTA, Pierre. *Droit fiscal contemporain. Tome 1.* Paris: Litec, 1987

MORAND-DEVILLER, Jacqueline. "Les performances de la dominialité publique : critères, consistance, utilisations", In: ALBERT, Nathalie (dir.). *Performance et droit administratif.* Paris: Litec, 2010

MORAND-DEVILLER, Jacqueline. *Cours de droit administrative.* 5.ª ed., Paris: Montchrestien, 1997

MORDACQ, Frank (coord.). *La LOLF: Un nouveau cadre budgétaire pour reformer l'État.* Paris: LGDJ, 2006

OBERSON, Xavier. *Droit fiscal suisse.* 3.ª ed., Bâle: Helbing & Lichtenhahn, 2007

OUACHINI, Mahfoudh. *L'impôt dans le Coran: La Zakat.* In: *Dieu et L'impôt* (Coord. Jean-Claude MARTINEZ), Paris: Godefroy de Bouillon, 2001

PAPADOPOULOU, Rébecca-Emmanuèla. *Principes généraux du droit en droit communautaire. Origines et concrétisation.* Bruxelas: Bruylant, 1996

POLI, Jean-Raphaël. *Les outils du management public.* Paris: LGDJ, 2012

RAWLS, John. *Théorie de la justice.* Paris: Éditions de Seuil, 1987

RICHER, Daniel. *Les droits du cotnribuable dans le contentieux fiscal.* Paris: LGDJ, 1997

RICKERT, Heinrich, *Théorie de la définiton*, (Trad. Carole POMPSY et Marc DE LAUNAY), Paris: Gallimard, coll. Bibliothèque de Philosophie, 1997

ROUSSEAU, Jean-Jacques. *Du contrat social.* Paris: Flammarion, 1992

SIMON, Denys. "Le principe de 'bonne administration' ou la 'bonne gouvernance' concrète" In: *Le Droit de l'Union Européenne en principes. Liber amicorum en l'honneur de Jean Raux*, Rennes: Apogée, 2006

SIMON, Denys. *Le système juridique communautaire*, 3.ª ed., Paris, PUF, coll. Droit fondamental, série Droit international et communautaire, 2001

SMITH, Adam. *Recherches sur la nature et les causes de la richesse de nations.* Paris: Éditions Gallimard, 1976

STEPANEK, P. "Contradiction entre l'objectif de justice fiscale et celui d'efficience: L'éxpérience de la RFTS", In: *Le Rôle de la Réforme Fiscale dans les Économies d'Europe Centrale et Orientale*, Paris: Les Éditeurs de l'OCDE, 1991

STOCKINGER, Peter, "Concept", *in* André-Jean Arnaud (dir.), *Dictionnaire encyclopédique de théorie et de sociologie du droit*, LGDJ, Paris, 2.ª ed., 1993

TAILLEFAIT, Antony. "Sélectivité et performance de la fonction publique", In: ALBERT, Nathalie (dir.). *Performance et droit administratif.* Paris: Litec, 2010

WELTER, Henry. *Le contrôle juridictionnel de la moralité administrative.* Paris: Recueil Sirey, 1929

Capítulo 2 – Bibliografia em português

ADAMS, Luís Inácio Lucena; FILHO, Luiz Dias Martins. "A transação no Código Tributário Nacional (CTN) e as novas propostas normativas de lei autorizadora", In: SARAIVA FILHO, Oswaldo Othon de Pontes; GUIMARÃES, Vasco Branco (Orgs.), *Transação e Arbitragem no âmbito Tributário. Homenagem ao Jurista Carlos Mário da Silva Velloso.* Belo Horizonte: Fórum, 2008

ARAGÃO, Alexandre dos Santos. "O Serviço Público e suas Crises", In: BARROSO, Luís Roberto, (Org.) *A Reconstrução Democrática do Direito Público no Brasil.* Rio de Janeiro: Renovar, 2007

ARAGÃO, Maria Alexandra de Souza. *O Princípio do Poluidor Pagador. Pedra Angular de Política Comunitária do Ambiente.* Coimbra: Coimbra Ed., 1977

ÁVILA, Humberto. *Sistema constitucional tributário.* 2.ª ed., São Paulo: Saraiva, 2006

ÁVILA, Humberto. *Teoria dos princípios. Da definição à aplicação dos princípios jurídicos.* 6.ª ed., São Paulo: Malheiros, 2006

BALEEIRO, Aliomar. *Direito tributário brasileiro.* Atualizado por DERZI, Misabel de Abreu Machado. Rio de Janeiro: Forense, 2008

BARROSO, Luís Roberto. *O Direito Constitucional e a Efetividade de suas Normas. Limites e Possibilidades da Constituição Brasileira.* 7.ª ed., Rio de Janeiro: Renovar, 2003

BECKER, Alfredo Augusto. *Teoria Geral do Direito Tributário.* São Paulo: Saraiva, 1963

CALIENDO, Paulo. *Direito Tributário e Análise Econômica do Direito.* Rio de Janeiro: Elsevier, 2009

CANARIS, Claus-Wilhelm. *Pensamento Sistemático e Conceito de Sistema na Ciência do Direito.* 2.ª ed., Lisboa: Fundação Calouste Gulbenkian, 1996

CARDOSO, Fernando Henrique. Prefácio de *O Direito de Parceria e a Nova Lei de Concessões* (Org. WALD, Arnoldo *et al.*), São Paulo: Revista dos Tribunais, 1996

CARRAZA, Roque Antônio. *Curso de Direito Constitucional Tributário.* São Paulo: Malheiros, 1995

CARRAZZA, Roque Antônio. *Curso de Direito Constitucional Tributário.* 22.ª ed., São Paulo: Malheiros, 2006

CARVALHO FILHO, José dos Santos. *Manual de Direito Administrativo.* 21.ª ed., Rio

BIBLIOGRAFIA

de Janeiro: Lumen Juris, 2009

CARVALHO, Paulo de Barros. *Teoria da norma tributária*. 4.ª ed., São Paulo: Max Limonad, 2002

CASTELLS, Manuel. *A era da informação: economia, sociedade e cultura*. V. 3, Rio de Janeiro: Paz e Terra, 1999

CATARINO, João Ricardo. *Para uma Teoria Política do Tributo*. 2.ª ed., Lisboa: Centro de Estudos Fiscais, 2009

CATARINO, João Ricardo. *Redistribuição Tributária. Estado Social e Escolha Individual*. Coimbra: Almedina, 2008

CHIAVENATO, Idalberto. *Introdução à Teoria Geral da Administração*, 4.ª ed., São Paulo: McGraw Hill, 1993

COELHO, Sacha Calmon Navarro. *Curso de direito tributário brasileiro*. Rio de Janeiro: Forense, 1999

COELHO, Sacha Calmon Navarro. *Teoria Geral do Tributo, da Interpretação e da Exoneração Tributária: o significado do art. 116, parágrafo único, do CTN*. 3.ª ed., São Paulo: Dialética, 2001

COSTA, Regina Helena. *Praticabilidade e Justiça Tributária*. São Paulo: Malheiros, 2007

COSTA-CORRÊA, André L. "Princípio da eficiência em matéria tributária". In: *Princípio da eficiência em matéria tributária* (coord. MARTINS, Ives Gandra da Silva), São Paulo: Editora Revista dos Tribunais, 2006

CYRINO, André Rodrigues. *Direito Constitucional Regulatório*. Rio de Janeiro: Renovar, 2010

DA SILVA, Sérgio André R. G. "Ética, Moral e Justiça Tributária", In: *Revista Tributária e de Finanças Públicas*, n.º 51

DE CAMPOS, Diogo Leite. "A arbitragem em direito tributário", In: *Estudos Jurídicos e Económicos em Homenagem ao Prof. Doutor António de Souza Franco*, Lisboa: Coimbra Editora, 2006

DE CAMPOS, Diogo Leite. *A Arbitragem Tributária. A centralidade da Pessoa*. Coimbra: Almedina, 2010

DE CAMPOS, Gustavo Caldas Guimarães. "O princípio da capacidade contributiva e as normas de simplificação do sistema fiscal: conflitos e convergências", In: DE CAMPOS, Diogo Leite (org.). *Estudos de Direito Fiscal*, Coimbra: Almedina, 2007

DE MELO, José Eduardo Soares. "Princípio da eficiência em matéria tributária". In: *Princípio da eficiência em matéria tributária* (coord. MARTINS, Ives Gandra da Silva), São Paulo: Editora Revista dos Tribunais, 2006

DERZI, Misabel de Abreu Machado. *Direito tributário, direito penal e tipo*. 2.ª ed., São Paulo: Revista dos Tribunais, 2007

DERZI, Misabel de Abreu Machado. *Limitações Constitucionais ao Poder de Tributar*. 7.ª ed., Rio de Janeiro: Forense, 2006

DERZI, Misabel de Abreu. *Direito Tributário Brasileiro* (notas de atualização). Rio de Janeiro: Forense, 2004

DI PIETRO, Maria Sylvia Zanella. *Direito Administrativo*. 13.ª ed., São Paulo: Atlas, 2000

DI PIETRO, Maria Sylvia Zanella. *Parcerias na Administração Pública*. 8.ª ed., São Paulo: Atlas, 2001

DIAS, Jefferson Aparecido. *Princípio da eficiência e moralidade administrativa*. 2.ª ed., Curitiba: Juruá, 2008

DONAHUE, John D. *Privatização. Fins públicos, meios privados*. Rio de Janeiro: Jorge Zahar Editor, 1992

ENGISCH, Karl. *Introdução ao Pensamento Jurídico*. Lisboa: Fundação C. Gulbenkian, 1968

FAVEIRO, Vítor. *O Estatuto do Contribuinte. A Pessoa do Contribuinte no Estado Social de Direito*, Coimbra: Coimbra Editora, 2002

FIGUEIRA JUNIOR, Joel Dias. *Manual de Arbitragem*. São Paulo: RT, 1997

FIGUEIREDO, Lúcia Valle. *Curso de Direito Administrativo*. 4.ª ed., São Paulo: Malheiros, 2000

FIGUEIREDO. Lúcia Valle. *Curso de Direito Administrativo*. 5.ª ed., São Paulo: Malheiros, 2001

FILHO, Oswaldo Othon de Pontes Saraiva. "Princípio da eficiência em matéria tributária". In: *Princípio da eficiência em matéria tributária* (coord. MARTINS, Ives Gandra da Silva), São Paulo: Editora Revista dos Tribunais, 2006

FISCHER, Octavio Campos. "Princípio da eficiência em matéria tributária". In: *Princípio da eficiência em matéria tributária* (coord. MARTINS, Ives Gandra da Silva), São Paulo: Editora Revista dos Tribunais, 2006

GABARDO, Emerson. *Princípio constitucional da eficiência administrativa*. São Paulo: Dialética, 2002

GODOY, Arnaldo Sampaio de Moraes. "Transação e arbitragem no Direito Tributário norte-americano", In: SARAIVA FILHO, Oswaldo Othon de Pontes; GUIMARÃES, Vasco Branco (Orgs.), *Transação e Arbitragem no âmbito Tributário. Homenagem ao Jurista Carlos Mário da Silva Velloso*. Belo Horizonte: Fórum, 2008

GOLDSCHMIDT, Fabio Brun; VELLOSO, Andrei Pitten. "Princípio da eficiência em matéria tributária". In: *Princípio da eficiência em matéria tributária* (coord. MARTINS, Ives Gandra da Silva), São Paulo: Editora Revista dos Tribunais, 2006

GRAU, Eros Roberto. *Ensaio e discurso sobre a interpretação / aplicação do direito*. 3.ª ed., São Paulo: Malheiros, 2005

GRECO, Marco Aurélio. *Contribuições (uma figura "Sui Generis")*, São Paulo: Dialética, 2001

HORVATH, Estevão. *Lançamento Tributário e Autolançamento*. São Paulo: Dialética, 1997

KUHN, Thomas Samuel. *A Estrutura das Revoluções Científicas*. São Paulo: Perspectiva, 1989

LAPATZA, José Juan Ferreiro. *Direito Tributário. Teoria Geral do Tributo*. São Paulo: Manole, 2007

LEMES, Selma. *Arbitragem na Administração Pública*. São Paulo: Quartier Latin, 2007

LOSADA, Alfonso Gota. *Tratado de Impuesto sobre la Renta*, v. V, Madrid: Editorial de Derecho Financiero, 1973

MACHADO, Hugo de Brito. "Princípio da eficiência em matéria tributária". In: *Princípio da eficiência em matéria tributária* (coord. MARTINS, Ives Gandra da Silva), São Paulo: Editora Revista dos Tribunais, 2006

MACHADO, Hugo de Brito. "Transação e arbitragem no direito tributário", In: SARAIVA FILHO, Oswaldo Othon de Pontes; GUIMARÃES, Vasco Branco (Orgs.), *Transação e Arbitragem no âmbito Tributário. Homenagem ao Jurista Carlos Mário da Silva Velloso*. Belo Horizonte: Fórum, 2008

MAMELUQUE, Leopoldo. *Privatização: Modernismo e Ideologia*. São Paulo: Revista dos Tribunais, 1995

MARTINS, Ives Gandra da Silva. "Princípio da eficiência em matéria tributária". In: *Princípio da eficiência em matéria tributária* (coord. MARTINS, Ives Gandra da Silva), São Paulo: Editora Revista dos Tribunais, 2006

MARTINS, Jesuíno Alcântara. "As garantias processuais dos contribuintes", In: CATARINO, João Ricardo; GUIMARÃES, Vasco Branco (Coords.). *Lições de Fiscalidade*. Coimbra: Almedina, 2012

MEIRELLES, Hely Lopes. *Direito Administrativo Brasileiro*. 20.ª ed., São Paulo: Malheiros, 1995

MEIRELLES, Hely Lopes. *Direito Administrativo Brasileiro*. 28.ª ed., São Paulo: Malheiros, 2003

BIBLIOGRAFIA

MEIRELLES, Hely Lopes. *Direito Administrativo Brasileiro*. 34.ª ed., São Paulo: Malheiros, 2008

MELLO, Celso Antônio Bandeira de. *Curso de Direito Administrativo*. 12.ª ed., São Paulo: Malheiros, 1999

MIRANDA, Pontes de. *Tratado de Direito Privado*. Tomo XXV, Rio de Janeiro: Borsoi, 1959

MORAES, Alexandre de. *Constituição do Brasil Interpretada*. São Paulo: Atlas, 2002

MORAES, Alexandre de. *Direito Constitucional*. 5.ª ed., São Paulo: Atlas, 1999

MORAES, Alexandre de. *Reforma administrativa – Emenda constitucional n.º 19/98*. 2.ª ed., São Paulo: Atlas, 1999

MOREIRA Egon Bockman. "Processo Administrativo e Princípio da Eficiência". In: SUNFELD, Calos Ari; MUÑOZ, Guilhermo Andrés (coords.). *As Leis de Processo Administrativo – Lei Federal 9.784/99 e Lei Paulista 10.177/98*. São Paulo: Malheiros, 2000

MOREIRA NETO, Diogo de Figueiredo. "Arbitragem nos contratos administrativos", In: MOREIRA NETO, Diogo de Figueiredo. *Mutações do Direito Administrativo*. Rio de Janeiro, 2007

MOREIRA NETO, Diogo de Figueiredo. *Mutações do Direito Administrativo*, 3.ª ed., Rio de Janeiro: Renovar, 2007

MOREIRA NETO, Diogo de Figueiredo. *Quatro Paradigmas do Direito Administrativo Pós-Moderno. Legitimidade, Finalidade, Eficiência e Resultados*. Belo Horizonte: Fórum, 2008

NABAIS, José Casalta. *Direito Fiscal*. 5.ª ed., Coimbra: Almedina, 2009

NABAIS, José Casalta. *O dever fundamental de pagar impostos*. Coimbra: Almedina, 1998

PAULSEN, Leandro. *Direito Tributário. Constituição e Código Tributário à Luz da Doutrina e da Jurisprudência*. Porto Alegre: Livraria do Advogado, 2006

PINTO, José dos Santos Carvalho. *Manual de Direito Administrativo*. 8.ª ed., Rio de Janeiro: Lumen Juris, 2001

PINTO, Tiago Gomes de Carvalho. *O princípio da praticidade e a eficiência da administração pública*. Belo Horizonte: Fundac--BH, 2008

RODRIGUES, Eduardo Azeredo. *O princípio da eficiência à luz da teoria dos princípios*, Rio de Janeiro: Lumen Juris, 2012

RODRIGUES, Marilene Talarico Martins. "Princípio da eficiência em matéria tributária". In: *Princípio da eficiência em matéria tributária* (coord. MARTINS, Ives Gandra da Silva), São Paulo: Editora Revista dos Tribunais, 2006

RODRIGUES, Vasco. *Análise Económica do Direito*. Coimbra: Almedina, 2007

ROTHENBURG, Walter Claudius. *Princípios constitucionais*. Porto Alegre: Sergio Antonio Fabris Editor, 2003

SANTIAGO, Igor Mauler. *Direito Tributário Internacional. Métodos de Solução dos Conflitos*. São Paulo: Quartier Latin, 2006

SILVA, José Afonso da. *Curso de direito constitucional positivo*. 26.ª ed., São Paulo: Malheiros, 2006

SILVA, José Afonso, *Curso de Direito Constitucional Positivo*. 18.ª ed., São Paulo: Malheiros, 2000

SILVA, Virgílio Afonso da. "O Judiciário e as políticas públicas: entre transformação social e obstáculo à realização dos direitos sociais", In: NETO, Cláudio Pereira de Souza; SARMENTO, Daniel. *Direitos sociais: fundamentação, judicialização e direitos sociais em espécies*, Rio de Janeiro: Lumen Juris, 2008

SOUZA, Antonio Francisco de. *Conceitos indeterminados no direito administrativo*. Coimbra: Almedina, 1994

SOUZA, Ubiratan. *Orçamento Participativo. A Experiência de Porto Alegre*. São Paulo: Ed. Fundação Perseu Abramo, 1997

TIPKE, Klaus; LANG, Joachim. *Direito tributário (Steuerrecht)*. Porto Alegre: Sergio Antonio Fabris Editor, 2008

TORRES, Ricardo Lobo. "Princípio da eficiência em matéria tributária". In: *Princípio da eficiência em matéria tributária* (coord. MARTINS, Ives Gandra da Silva), São Paulo: Editora Revista dos Tribunais, 2006

TORRES, Ricardo Lobo. *Tratado de Direito Constitucional Financeiro e Tributário*, v. 5, Rio de Janeiro: Renovar, 2005

TORRES, Ricardo Lobo. *Tratado de Direito Constitucional Financeiro e Tributário. Valores e Princípios Constitucionais Tributários*, v. 2 Rio de Janeiro: Renovar, 2005

ULLMANN, Stephen. *Semântica. Uma introdução à ciência do significado*. 4.ª ed., Lisboa, Fundação Calouste Gulbenkian, 1964

WALD, Arnoldo; MORAES, Luiza Rangel de; WALD, Alexandre de Mendonça. *O direito de parceria e a lei de concessões*. 2.ª ed., São Paulo: Saraiva, 2004

Capítulo 3 – Bibliografia em inglês

ACUÑA, Luis Fernando Ramírez. "Privatization of Tax Administration", In: *Improving Tax Administration In Developing Countries* (Orgs.: BIRD, Richard M.; JANTSCHER, Milka Casanegra), Washington : International Monetary Fund, 1992

BITTKER, Boris I. "Equity, Efficiency, and Income Tax Theory: Do Misallocations Drive Out Inequities?", In: *The Economics of Taxation* (AARON, Henry J.; BOSKIN, Michael J., editors), Washington, DC: Brookings Institutions Press, 1984

BUCHANAN, James; BRENNAN, Geoffrey. "Tax Reform without Tears" In: *The Economics of Taxation* (AARON, Henry J.; BOSKIN, Michael J., editors), Washington, DC: Brookings Institutions Press, 1984

CAVES, Richard E.; JONES, Ronald. W. *World trade and payments. An introduction*. Boston: Little, Brown, 1973

COHEN, Stephen B. *Federal Income Taxation. A Conceptual Approach*. Westbury, New York: The Foundation Press, 1989

DWORKIN, Ronald. "Is law a system of rules?", *In*: DWORKIN, R. M. (ed.). *The Philosophy of Law*. Oxford: Oxford University Press, 1977

DWORKIN, Ronald. *Taking Rights Seriously*, London: Duckworth, 1991

DWORKIN, Ronald. *The model of rules*. University of Chicago Law Review, n.º 35, 1967

GALLIGAN, Dennis James. *Discretionary Powers. A Legal Study of Official Discretion*. Oxford: Clarendon Press, 1986

GERVEN, Walter van. "The Effect of Proportionality on The Actions of Member States of the European Community: National Viewpoints from Continental Europe". In: *The Principle of Proportionality in the Laws of Europe* (Coord. ELLIS, Evelyn), Oregon: Hart Publishing, 1999

GRAETZ, Michael J; SCHENK, Deborah H. *Federal Income Taxation. Principles and Policies*. 5.ª ed., New York: Foundation Press, 2005

GREGORY, Roy; HUTCHESSON, Peter. *The Parliamentary Ombudsman. A Study in the Control of Administrative Action*. Londres: Allen & Unwin, 1975.

HOFFMANN, Leonard (Lord). "The Influence of the European Principle of Proportionality upon UK Law". In: *The Principle of Proportionality in the Laws of Europe* (Coord. ELLIS, Evelyn), Oregon: Hart Publishing, 1999

MARTINEZ-VASQUEZ, Jorge. "Comments to Ramírez Acuña paper's", In: *Improving Tax Administration In Developing Countries*

(Orgs.: BIRD, Richard M.; JANTSCHER, Milka Casanegra), Washington: International Monetary Fund, 1992

MOISÉS-BEATRIZ, Alfonso. "Comments to Oliver Oldman paper's", In: *Problems of Tax Administration in Latin America*, Joint Tax Program, 1965

SANDFORD, Cedric Thomas *et al. Administrative and Compliance Costs of Taxation*. London: Fiscal Publications, 1989

SCHELMENSON, Aldo. "Organizational Structure and Human Resources in Tax Administration", In: *Improving Tax Administration In Developing Countries* (Orgs.: BIRD, Richard M.; JANTSCHER, Milka Casanegra), Washington: International Monetary Fund, 1992

SILVANI, Carlos A. "Improving Tax Compliance", In: *Improving Tax Administration In Developing Countries* (Orgs.: BIRD, Richard M.; JANTSCHER, Milka Casanegra), Washington : International Monetary Fund, 1992

SLEMROD, Joel. "Which is the Simplest Tax System of Them All?" In: *Economics Effects of Fundamental Tax Reform* (Editors: H. J. AARON e W. G. GALE), Washington, DC: Brookings Institutions Press, 1996

SULLIVAN, E. Thomas; FRASE, Richard S. *Proportionality Principles in American Law. Controlling Excessive. Government Actions*. New York: Oxford University Press, 2009

THOMAS, Robert. *Legitimate Expectations and Proportionality in Administrative Law*. Oregon: Hart Publishing, 2000

WOODHOUSE, Diana. *In Pursuit of Good Administration. Ministers, Civil Servants and Judges*. Oxford: Clarendon Press, 1997

Capítulo 4 – Bibliografia em espanhol

ALEXY, Robert. *Teoría de los derechos fundamentales*. 2.ª ed., Madrid: Centro de Estudios Políticos y Constitucionales, 2007

COSTA, Ramón Valdés. *Curso de Derecho Tributario*, 2.ª ed., Santa Fe de Bogotá: Depalma-Temis-Marcial Pons, 1996

COSTA, Ramón Valdés; DE BLENGIO, Nelly Valdés; ARECO, Eduardo Sayagués. *Código Tributario de la República Oriental del Uruguay Comentado y Concordado*, 5.ª ed., Montevideo: Fundación de Cultura Universitaria, 2002

DUBERGÉ, Jean. *La psicologia social del impuesto en la Francia contemporanea*. Madrid: Editorial de Derecho Financiero, 1965

ERUJIMOVICH, Tulio Raúl Rosembuj. "Inspección. Documentación", en *Comentarios a la Ley General Tributaria y líneas para su reforma*, Libro-Homenaje al Profesor D. Fernando Sáinz de Bujanda, vol. II, Madrid: I.E.F., 1991

FRISCIONE, Dionisio Pérez Jácome. Prefácio de CASTRO, Manuel Fernando; ARIZTI, Pedro (edit.) *Mejorando la calidad del gasto público a través del uso de información de desempeño en México*. Washington: Banco Mundial, 2010

GONZÁLES, Eusebio; LEJEUNE, Ernesto. *Derecho Tributario*, 2.ª ed., Salamanca: Plaza Universitaria, 2000

LAGO, Miguel Ángel Martínez; DE LA MORA, Leonardo García. *Lecciones de Derecho Financiero y Tributario*. 3.ª ed, Madrid: Iustel, 2006

LAPATZA, José Juan Ferreiro. "Solución Convencional de Conflictos en el Ámbito Tributario: una Propuesta Concreta" In: TÔRRES, Heleno Taveira. *Direito Tributário Internacional Aplicado*, v. II, São Paulo: Quartier Latin, 2004

LARENZ, Karl. *Derecho Justo. Fundamentos de Etica Juridica*. Madrid: Civitas, 1985

LARENZ, Karl. *Metodología de la Ciencia del Derecho*. Barcelona: Ariel Derecho, 1994

MOLINA, Pedro Manuel Herrera. *Capacidad Económica y Sistema Fiscal – Análisis Del Ordenamiento Español a la Luz Del Derecho Alémán*. Madrid: Marcial Pons, 1998

MUÑIZ, Joaquín Rodríguez-Toubes. *Principios, fines y derechos fundamentales*. Madrid: Dykinson, 2000

OFFE, Claus. *Contradicciones en el Estado del Bienestar*. Versão espanhola de Antonio Escohotado. Madrid: Alianza, 1990

PANTANALI, Rubem Oscar. "La función de recaudación", In: DÍAZ, Vicente O. (dir.) *Tratado de tributación. Política y economía tributaria*, Tomo II, vol. 2

QUERALT, Juan Martín; SERRANO, Carmelo Lozano; LÓPEZ, José M. Tejerizo. *Curso de Derecho Financiero y Tributario*, 6.ª ed., Madrid: Tecnos, 1995

RODRÍGUEZ, Julio Roberto Piza. "Los principios y su función en el ordenamiento jurídio tributario", In: VEGA, Mauricio A. Plazas (Coord.). *Del Derecho de la Hacienda Pública al Derecho Tributario. Estudios en honor a Andrea Amatucci*, vol. 2, Bogotá / Napoli: Editorial Temis S.A. – Jovene Editore, 2011

ROYO, Fernando Pérez. *Derecho Financiero y Tributario – Parte General*, 3.ª ed., Madrid: Civitas, 1993

SCHMÖLDERS, Günter. *Lo irracional en la hacienda pública*. Madrid: Editorial de Derecho Financiero, 1965

TABOADA, Carlos Palao. *Ordenanza Tributaria Alemana*, I.E.F., Madrid: IEF, 1980

TONINELLI, Ángel Rubén. "Administración Tributaria. Enfoque sistémico", In: DÍAZ, Vicente O. (dir.) *Tratado de tributación. Política y economía tributaria*, Tomo II, vol. 2

YOUNES, Ruth Yamile Salcedo; ARENAS, Alix Adriana Llanes. "Principios tributarios de rango constitucional. Principio de reserva de ley y de irretroactividade", In: VEGA, Mauricio A. Plazas (Coord.). *Del Derecho de la Hacienda Pública al Derecho Tributario. Estudios en honor a Andrea Amatucci*, vol. 3, Bogotá / Napoli: Editorial Temis S.A. – Jovene Editore, 2011

Capítulo 5 – Bibliografia em italiano

ANDREANI, Antonio. *Il principio costituzionale di buon andamento della publica amministrazione*. Padova: Cedam, 1979

BERLIRI, Antonio. *Principî di Diritto Tributario*. Volume II, Tome 1, Milão: Giuffrè, 1957

BERTI, Giorgio. *Introduzione* à obra coletiva *Pubblica amministrazione e modelli privatistici* (a cura di Giorgio Berti; con scritti di Vittorio Angiolini *et al.*; cura redazionale di Susanna Bacci). Bolonha: Mulino, 1993

CARIOLA, Agatino. *Referendum Abrogativo e Giudizio Costituzionale. Contributo allo Studio di Potere nell'Ordinamento Pluralista*. Milano: Giuffrè, 1984

DERNBURG, Arrigo. *Diritto delle Obligazioni*. Torino: Fratelli Bocca, 1903

FALSITTA, Gaspare. *Manuale di Diritto Tributario*, 6.ª ed., Padova: CEDAM, 2008

FALZONE, Guido. *Il dovere di buona amministrazione*. Milan: Giuffrè, 1953

FERRARA, Franco Batistoni. *Conciliazione giudiziale (diritto tributario)*. In: *Enc. Dir., Agg.*, vol. II, Milano, 1998

FORTE, Francesco; BONDONIO, Piervicenzo; CELESIA, Lionello Jona. *Trattato di Economia Pubblica. V. 5. Il Sistema Tributario*. Milano: Giuffrè, 1987

GAFFURI, Gianfranco. *Diritto Tributario. Parte generale e parte speciale*. 6.ª ed., CEDAM: Padova, 2009

GALATERIA, Luigi; STIPO, Massimo. *Manuale di diritto amministrativo*. 2.ª ed., Torino: Utet, 1995

GARBARINO, Carlo. *Imposizione ed Effettività nel Diritto Tributario*. CEDAM: Milani, 2003

HARRIS, Joseph P. *Dinamica della pubblica amministrazione nello estato contemporâneo*. Bolonha: Zanichelli, 1957

INGROSSO, Gustavo. *Diritto Finanziario*. 2.ª ed., Nápoles: Casa Editrice DOTT. Eugenio Jovenne, 1956

IRELLI, Vincenzo Cerulli. *Corso di Diritto Amministrativo*. Torino: G. Giappichelli Editore, 2001

LANDI, Guido; POTENZA, Giuseppe; ITALIA, Vittorio. *Manuale di diritto amministrativo*. 11.ª ed., Milan: Dott. A. Giuffrè, 1999

LUPI, Raffaello. *Diritto Tributario*. 7.ª ed., Milano: Giuffrè, 2000

MANZONI, Ignazio; VANZ, Giuseppe. *Il diritto tributario. Profili teorici e sistematici*. 2.ª ed., Torino: G. Giappichelli, 2008

MARELLO, Enrico. *L'accertamento con adesione*. Torino: Giappichelli, 2000

PISTONE, Antonio. *Lezioni di Diritto Tributario*. Padova: CEDAM, 1986

RASTELLO, Luigi. *Diritto Tributario. Principi Generali*. 4.ª ed., Padova: CEDAM, 1994

RUSSO, Pasquale. *Manuale di Diritto Tributario*. 9.ª ed., Milano: Giuffrè, 2007

TESAURO, Francesco. *Istituzioni di Diritto Tributario*. 9.ª ed., Torino : UTET, 2009

VERSIGLIONI, Marco. *Accordo e disposizione nel diritto tributário. Contributo allo studio dell'accertamento con adesione e della conciliazione giudiziale*. Milano: Giuffrè, 2001

WINDSCEID, Bernhard. *Diritto delle Pandette*, v. II, Turim: Unione Tipografico-Editrice Torinense, 1925

Título 2 – Revistas, teses e outros

Capítulo 1 – Bibliografia em francês

ABATE, Bernard. "La réforme budgétaire: un modèle de rechange pour la gestion de l'État?", In: *Revue Française de Finances Publiques*, n.º 82, juin 2003

AHREND, Rudiger; WINOGRAD, Carlos. "Fiscalité imparfaite et privatisation de masse". *Revue Économique*, vol. 52, n.º 3, mai 2001

BÉLANGER, Gérard. "Les utopies fiscales des économistes et la recherche de l'efficacité", In: *Revue Française de Finances Publiques*, 1989, n.º 25

BOUVIER, Michel. "Les transformations de la légitimité de l'impôt dans la société contemporaine". In: *Revista Internacional de Direito Tributário*, v. 1, n.º 2, jul./dez. de 2004

Conseil des Prélèvements Obligatoires, "Prélèvements à la Source et Impôt sur le Revenu", Discours de Didier Migaud, 16/02/2012, disponível em: www.ccomptes.fr

DEROSIER, Jean-Philippe, "Enquête sur la limite constitutionnelle: du concept à la notion", *Revue française de droit constitutionnel*, 2008/4, n.º 76

FOURÇANS, André. "Une fiscalité moderne pour une économie moderne", *Revue Française de Finances Publiques*, 1983, n.º 1

HARIOU, Maurice, "La théorie de l'institution et de la fondation (Essai de vitalisme social)", *Cahiers de la Nouvelle Journée*, 1925, n.º 4: *La Cité moderne et les transformations du droit*

HARIOU, Maurice, "L'institution et le droit statutaire", *Recueil de l'Académie de Législation de Toulouse*, 1906, n.º 2

JACQUEMONT, Thomas. "Soixante ans de Droit Fiscal". *Revue de Droit Fiscal*, n.º 39, 24 septembre 2009

JESTIN, Kevin. "Vers un renforcement de l'arbitrage comme mode de résolution des conflits en droit fiscal? Analyse comparée France-États-Unis", *Revue doctorale de droit public comparé et de théorie juridique*, Université Paris I, n.º 2, avril 2009

JÈZE, Gaston. "Projets financiers du gouvernement". *Revue de Science et Législation Financière*, 1913

LAMBERT-WIBER, Sophie. "Les modes alternatifs au règlement des litiges fiscaux", *Revue Les Petites Afiches*, 22/05/2007, n.º 102

LASSALE, Julie. *Le principe de bonne administration en droit communautaire*, Thèse en droit public, Université de Paris II, 2008

MATHIEUX, Sophie. "La nouvelle constitution budgétaire et les méthodes de controle" In: *Revue Française de Finances Publiques*, n.º 82, junho de 2003

Médiateur Actualités. Je journal du Médiateur de la République, Janeiro 2008, n.º 33, disponível em: www.mediateir-republique.fr

Médiateur Actualités. Je journal du Médiateur de la République, Março 2011, n.º 64, disponível em: www.mediateur-republique.fr

MEHL, Lucien. "Le principe du consentement à l'impôt et autres prélèvements obligatoires. Mythe et réalité". *Revue Française de Finances Publiques*, 1995

MEHL, Lucien. "Préface au n.º 5" de la *Revue Française de Finances Publiques*, consacrée aux résistances à l'impôt, 1984

Mémento pratique Francis Lefebvre, Levallois: Éditions Francis Lefebvre, 2008

MILLAN, Philippe. *Le consentement à l'impôt*. Tome II, Thèse, Université Panthéon--Assas, Paris II, 1996

MOLINIER, Joël. "Principes généraux", *Rép. Communautaire Dalloz*, agosto de 2008, t. 3, n.º 140

OCDE, *La budgétisation axée sur la performance dans les pays de l'OCDE*, 2007, disponível em: www.oecd.org

PARENT, Bruno. "Trente mesures pour améliorer les relations entre les contribuables et l'administration fiscale", *Revue Française de Finances Publiques*, 2005, n.º 89

POLI, Jean-Raphaël. "Les indicateurs de performance de la dépense publique", In: *Revue Française de Finances Publiques*, n.º 82, junho de 2003

REID, William. "Le commissaire parlementaire pour l'administration au Royaume--Uni", *Revue française de droit administratif*, nov./dez. 1992, n.º spécial. Rapport annuel de 1993, H.C. 290 (1993-1994) § 7. Discurso disponível em: www.ombudsman.org.uk.

SIRICHANTRANON, Wuttipong. *Les modes alternatifs de règlement des litiges fiscaux*, Tese em Direito, Université Panthéon--Assas, Paris II, 2010

TALPIN, Julien. "Les budgets participatifs en Europe. Des pratiques diversifiées, des résultat inégaux", *Cahiers du Brésil Contemporain*, 2009, n.º 73/74

VALLÉE, Laurent. "Droit fiscal constitutionnel: principe d'égalité et compétence du législateur", *Revue de Droit Fiscal*, n.º 16, 16/04/2009

VARYOU, Caroline. *Management public et droit administratif. Essai sur la juridicité des concepts managériaux*. Tese em Direito, Université Panthéon-Assas, Paris II, 2000

Capítulo 2 – Bibliografia em português

AGRELLOS, Miguel Durham. "O regime de arbitragem tributária português", *Actualidad Jurídica Uría Menédez*, 29-2011

AMARAL, Antônio Carlos Cintra do. "O Princípio da Eficiência no Direito Administrativo", *Revista Diálogo Jurídico*, n.º 13, junho/agosto de 2002, Salvador, CAJ – Centro de Atualização Jurídica

BIBLIOGRAFIA

ARAGÃO, Cecília Vescovi de. "Burocracia, Eficiência e Modelos de Gestão Pública: um Ensaio". *Revista do Serviço Público*. Ano 48, n.º 3, Brasília: ENAP, set./dez. de 1997

ÁVILA, Humberto. "Moralidade, razoabilidade e eficiência na atividade administrativa", *Revista Eletrônica de Direito do Estado*, disponível em: www.direitodoestado.com.br

ÁVILA, Humberto. *ICMS*. "Substituição Tributária no Estado de São Paulo. Pauta Fiscal. Competência Legislativa Estadual para devolver a Diferença Constante entre o Preço usualmente Praticado e o Preço Constante da Pauta. Exame de Constitucionalidade". *Revista Dialética de Direito Tributário*, n.º 124

BARBOSA, Ana Carolina Silva. "O Princípio da Praticidade e uma análise do entendimento do Supremo Tribunal Federal frente aos Princípios da Moralidade e da Eficiência Administrativa". *Revista Internacional de Direito Tributário*, v. 3, jan./jun. de 2005

BINENBOJM, Gustavo. "Da Supremacia do Interesse Público ao Dever de Proporcionalidade: Um Novo Paradigma para o Direito Administrativo", disponível em: www.mundojuridico.adv.br

BORGES, José Souto Maior. "Sobre Novos Rumos para o Direito Tributário no campo das Obrigações", In: *Revista do Advogado. Temas Atuais de Direito Tributário*, dezembro de 2012, n.º 118

CABRAL, Sérgio. "Justificação ao Projeto de Resolução n.º 57/2006 do Senado Federal", 22/10/2003

CARDOSO, Alessandro Mendes. "A Responsabilidade do Substituto Tributário e os Limites à Praticidade", In: *Revista Tributária e de Finanças Públicas*, Ano 14, n.º 68, mai./jun. de 2006

CÔRTE-REAL, Lourenço. "Arbitragem Tributária: Análise do Decreto-Lei n.º

10/2011, de 20 de janeiro", *Verbojuridico*, março de 2010, disponível em: www.verbojuridico.net

COSTODIO FILHO, Ubirajara. "A Emenda Constitucional 19/98 e o Princípio da Eficiência na Administração Pública", *Cadernos de Direito Constitucional e Ciência Política*, São Paulo: Revista dos Tribunais, n.º 27, abr./jul. de 1999

CUNHA, Alexandre dos Santos *et al.* "Custo e tempo do processo de execução fiscal promovido pela Procuradoria Geral da Fazenda Nacional (PGFN)". Brasilia: Ipea; CNJ, 2012, disponível em: www.ipea.gov.br

DA SILVA, Sérgio André R. G. "Meios Alternativos de Solução de Conflitos no Direito Tributário Brasileiro", *Revista Dialética de Direito Tributário*, n.º 122

DERZI, Misabel de Abreu Machado. "Pós-modernismo e Tributos: Complexidade, Descrença Corporativismo". *Revista Dialética de Direito Tributário*, n.º 100

E SILVA, Almiro do Couto. "Privatização no Brasil e Novo Exercício de Funções Públicas por Particulares". *Revista Eletrônica sobre a Reforma do Estado*, n.º 16, dez./fev. de 2009, Salvador, disponível em: www.direitodoestado.com.br

FILIPPO, Luciano Gomes. "Tributação da Renda Familiar", *Revista Brasileira de Direito Tributário e Finanças Públicas*, Vol. 25, Mar./Abr. de 2011

FILIPPO, Luciano Gomes; CATARINO, João Ricardo. "Considerações Acerca da Utilização da Arbitragem no Direito Tributário", *Revista Brasileira de Direito Tributário*, n.º 30, jan./feb. de 2012

FRANÇA, Vladimir da Rocha. "Eficiência administrativa". *Revista de Direito Administrativo*. Rio de Janeiro: Renovar, n.º 220, abr./jul. de 2000

HARADA, Kiyoshi. "Terceirização de serviço de cobrança da dívida ativa", disponível em: www.haradaadvogados.com.br

LEAL, Fernando. "Propostas para uma abordagem teórico metodológica do dever constitucional de eficiência". *Revista Brasileira de Direito Público*, n.º 14, 2006

LOUREIRO, João Carlos Simões Gonçalves de. In: "O Procedimento Administrativo entre Eficiência e a Garantia dos Particulares – Algumas Considerações". *Boletim da Faculdade de direito da Universidade de Coimbra*. Coimbra: Coimbra Editora, 1995

MACHADO, Hugo de Brito. "A Transação no Direito Tributário", *Revista Dialética de Direito Tributário*, n.º 75

MARINS, Vinicius. "Desconfiança Sistêmica e Praticidade no Direito Tributário Brasileiro", disponível em: http://pt.scribd.com/doc/35748951/Desconfianca-sistemica-e-praticidade

MARTINS, Ives Gandra da Silva. "Transação Tributária Realizada nos Exatos Termos do art. 171 do Código Tributário Nacional – Inteligência do Dispositivo – Prevalência do Interesse Público em Acordo envolvendo Prestação de Serviços e Fornecimento de Material – Rigoroso Cumprimento da Legislação Complementar Federal e Municipal", *Revista Dialética de Direito Tributário*, n.º 148

MENEZES, Paulo Lucena de; CINTRA, Fernando Pimentel. "Privatização", *Revista dos Tribunais. Cadernos de Direito Tributário e Finanças Públicas*, n.º 14, jan./mar. de 1996

MODESTO, Paulo. "Notas para um debate sobre o princípio constitucional da eficiência". *Revista Diálogo Jurídico 1 (2)*: 8, 2001

MONTEIRO, Alexandre Luiz Moraes do Rêgo; MORAES E CASTRO, Leonardo Freitas. "Direito tributário e arbitragem: uma análise da possibilidade e dos óbices ao juízo arbitral em matéria tributária no Brasil." *Revista Tributária e de Finanças Públicas*, n.º 88, set./out. de 2009

MOREIRA NETO, Diogo de Figueiredo. "A Lei de Responsabilidade Fiscal e seus Princípios Jurídicos". *Revista de Direito Administrativo*, Rio de Janeiro, n.º 221, jul./set. de 2000

MOREIRA NETO, Diogo de Figueiredo. "Mito e realidade do serviço público", *Revista de Direito da Procuradoria Geral do Estado do Rio de Janeiro*, n.º 53

NABAIS, José Casalta. "Reflexão sobre a introdução da arbitragem tributária". *Revista de legislação e de jurisprudência*, A-140, n.º 3.967, mar./abr. de 2011

PENTEADO, Mauro Rodrigues. "Privatização e Parcerias: Considerações de Ordem Constitucional, Legal e de Política Econômica", *Revista de Direito Mercantil, Industrial, Econômico e Financeiro*, n.º 119, jul./set. de 2000

RIBAS, Lídia Maria Lopes Rodrigues. "Mecanismos Alternativos na Solução de Conflitos em Matéria Tributária", *Revista Tributária e de Finanças Públicas*, n.º 49

SILVA, Almiro do Couto e. "Privatização no Brasil e Novo Exercício de Funções Públicas por Particulares". In: *Revista Eletrônica sobre a Reforma do Estado*, n.º 16, dez./fev. de 2009, Salvador, disponível em: www.direitodoestado.com.br

SOUZA JÚNIOR, Lauro e Gama e. "Sinal verde para a arbitragem nas parcerias público-privadas (a construção de um novo paradigma para os contratos entre o Estado e o investidor privado)", 29/08/2005, disponível em: www.mundojuridico.adv.br

SZKLAROWSKY, Leon Frejda. "Arbitragem – uma nova visão", *Revista Tributária e de Finanças Públicas*, n.º 58

SZTAJN, Rachel. "Notas sobre a privatização", *Revista de Direito Mercantil, Industrial, Econômico e Financeiro*, n.º 117, jan./mars 2000

TORRES, Heleno Taveira. "Arbitragem e Conciliação Judicial como Medidas Alternativas para Resolução de Conflitos entre Administração e Contribuintes – Simplificação e Eficiência Administrativa", *Revista de Direito Tributário*, n.º 86, São Paulo, 2003

TÔRRES, Heleno Taveira. "Transação, Arbitragem e Conciliação Judicial como Medidas Alternativas para Resolução de Conflitos entre Administração e Contribuintes – Simplificação e Eficiência Administrativa", *Revista de Direito Tributário*, n.º 86

TORRES, Ricardo Lobo. "O princípio da tipicidade no direito tributário", *Revista Eletrônica de Direito Administrativo Econômico*, n.º 5, fev./abr. de 2006, disponível em: www.direitodoestado.com.br

Versão eletrônica do Dicionário Aurélio da Língua Portuguesa, termo: *complexo*

WALD, Arnoldo. "O direito da privatização", In: *Revista de Direito Mercantil, Industrial, Econômico e Financeiro*, n.º 115, jul./set. de 1999

Capítulo 3 – Bibliografia em inglês

Agência do Governo Sueco (*Statskontoret*), *Principles of Good Administration in the Member States of the European Union*, Stockholm, 2005, disponível em: www.statskontoret.Se/upload/Publikationer/2005/200504.pdf

BALLARD, C.-I.; SHOVEN, J.-B.; WHALLEY, J. "General Equilibrium Computation of the Marginal Welfare Costs of Taxes in the United States", *The American Economic Review*, 1985, vol. 75, n.º 1

BARRON, Anne; SCOTT, Colin, "The Citizen's Charter Programme", *Modern law Review*, vol. 55, 1992

BUCHANAN, James M. "The Political Efficiency of General Taxation", *National Tax Journal*, vol. 46, n.º 4, dez. de 1993

BUCHANAN, James; BRENNAN, Geoffrey. "The logic of tax limits: alternative consti-

tutional constraints on the power to tax". *National Tax Journal*, Supl. ao n.º 32 (1979)

BYRNE, Peter D. "Overview of Privatization in the Area of Tax and Customs Administration", In.: *Bulletin for International Fiscal Documentation*, v. 49, n.º 1, jan./1995

CABINET OFFICE, *Improving Management in Government: The Next Steps*, London, H.M.S.O., 1988

EVANS, Chris. "Counting the costs of taxation: an exploration of recent developments", *London School of Economics Capital Markets seminar series*, Outubro de 2006

FULLERTON, D. "On the possibility of an inverse relationship between tax rates and government revenues", *Journal of Public Economics*, v. 19, n. 4, 1982

GALLIGAN, Denis J. "Judicial review and the textbook writers", *Oxford Journal of Legal Studies*, 1982, vol. 2, n.º 2

HANSSON, I. "Marginal Costs of Public Funds for Different Tax Instruments and Government Expenditures", *Scandinavian Journal of Economics*, 1984, vol. 86, n.º 2

HERD, Richard; BRONCHI, Chiara. "Increasing Efficiency and Reducing Complexity in the Tax System in the United States", In: *OECD Economics Departement Working Papers*, 2001, n.º 313, OECD Publishing

HOOD, Christopher, "Privatization UK Tax Law Enforcement?", *Public Administration*, Vol. 64, Autumn, 1986

HOWARD, Robert; Jason Waywood. "Optimal Taxation: The Equity-Efficiency Trade-Off in the Personal Income Tax", *Tax Notes International*, v. 27, n.º 10, 2 setembro de 2002

J. J. KIRLIN; J. I. CHAPMAN. "California State finance and proposition 13". *National Tax Journal*, Supl. ao n.º 32 (1979)

JAMES, Simon R.; NOBES, Chistopher. "Taxation and Efficiency" In: *The Economics of Taxation*, Fiscal Studies, 2008

JENKINS, Glenn P. "Modernization of Tax Administrations: Revenue Boards and Privatization as Instruments for Change", In: *Bulletin for International Fiscal Documentation*, IBFD, v. 48, n.º 2, 1994

JOWELL, Jeffrey; LESTER, Anthony, "Beyond Wednesbury: Substantive Principles of Administration Law", In: *Public Law*, 1987

KAPLOW, Louis. "How tax complexity and enforcement affect the equity and efficiency of the income tax", *National Tax Journal*, v. XLIX, mars 1996

KIMBELL; SCIH; SCHULMAN. "A framework for investigating the tax incidence effects of Proposition 13". *National Tax Journal*, Supl. ao n.º 32 (1979)

KPMG, *Administrative Burdens – HMRC Measurement Project*, KPMG LLP, Março de 2006

LOW, Patrick. "Preshipman Insepction Services', In: *World Bank Discussion Papers*, n.º 278, Washington, 1995, p. 98). JENKINS, Glenn P. "Modernization of Tax Administrations: Revenue Boards and Privatization as Instruments for Change", In: *Bulletin for International Fiscal Documentation*, IBFD, v. 48, n.º 2, 1994

MCCAFFERY, Edward J. "The Holy Grail of Tax Simplification", In: *Wisconsin Law Review*, 1990

MCGEE, Robert W. "Is it Unethical to Evade The Estate Tax?", In: *Journal of Accounting, Ethics & Public Policy*, v. 2, n.º 2, 1999

MCGEE, Robert W. "Is Tax Evasion Unethical?", In: *University of Kansas Law Review*, v. 42, n.º 2, Inverno de 1994

OAKLAND. "Proposition 13 – genesis and consequences". *National Tax Journal*, Supl. ao n.º 32 (1979)

OLDMAN, Oliver. "Controlling Income Tax Evasion", In: *Problems of Tax Administration in Latin America*, Joint Tax Program, 1965

OLIVER, Down, "Is the ultra vires principle the basis of Judicial Review?" In: *Public Law*, 1987

RAFUSE. "Proposition 13: initial impacts on the finances of four country governments". *National Tax Journal*, Supl. ao n.º 32 (1979)

ROSENBLOON, David. "The David R. Tillinghast Lecture: International Tax Arbitrage and the International Tax System", *Tax Law Review*, 2000, n.º 53/137

SHAPIRO; PURYEAR; ROSS. "Tax and expenditure limitation in retrospect and in prospect". *National Tax Journal*, Supl. ao n.º 32 (1979)

SHOME, Parthasarathi. "Tax Policy and the Design of a Single Tax System", *Bulletin for International Fiscal Documentation*, IBFD, Março de 2003, v. 57, n.º 3

TERKPER, Seth E. "Improving the Accountancy Content of Tax Reform in Developing Countries", In. *Bulletin for International Fiscal Documentation*, v. 48, n.º 1, jan. 1994

VENTRY JR., Dennis J. "Equity versus Efficiency and the U.S. Tax System in Historical Perspective", *Tax Justice*, The Urban Institute Press, Washington D.C.

WHALLET, John. "Efficiency Considerations in Business Tax Reform", In: *Working Paper 97-8 Prepared for the Technical Committee on Business Taxation*, October 1997

Capítulo 4 – Bibliografia em espanhol

ALBIÑANA, Cesar. Prólogo. In: S. Fernández-Victorio Y Camps. *El control externo de la actividad financiera de la Aminitración Publica*. Madri: Instituto de Estudios Fiscales, 1977, n.º 32

CASAMIGLIA, Albert. "Eficiencia y Derecho", *Doxa*, n.º 4, 1987

CASÁS, José Oswaldo. "La Transacción y la Transacción Tributaria en General en el Derecho Comparado", *Revista Internacional de Direito Tributário*, n.º 3, jan./jun. de 2005

COMADIRA, Julio Rodolfo. "El servicio público como título jurídico exorbitante", *Revista de Direito Administrativo e Constitucional*, n.º 15, 2004

DE BLENGIO, Nelly Valdés. "La Codificación en América Latina", *Tomo II de los Anales de las XX Jornadas Latinoamericanas de Derecho Tributario*, Salvador, 2000

EZCURRA, Marta Villar. "La aplicación del arbitraje a las causas tributarias", *Revista de Direito Tributário*, n.º 86

GAGGERO, Jorge. "Hacia una Gestion Tributaria Creible y Eficaz", 04/2002, p. 6/7, disponível em: www.econ.uba.ar/www/servicios/Biblioteca

GONZÁLES, María José Mesa. *Las actas de inspección tributaria*. Tese de doutorado, Universidad de la Laguna, 2002

LAPATZA, José Juan Ferreiro. "La privatización de la gestión tributaria y las nuevas competencias de los tribunales econômico-administrativos", In: *Civitas-REDF*, n.º 37, 1983

Manual de Administración Tributaria del CIAT, juillet 2000

MARTÍN, Áurea Roldán. "Los nuevos contornos del servicio público", *Cadernos de Derecho Judicial XII – Derecho Administrativo Económico*, 2000

NOVARO, César Pérez. "Los acuerdos tributarios en el proceso de determinación de oficio de la obligación tributaria", *Comunicación a las XVIII Jornadas Latinoamericanas de Derecho Tributario*, Anales de las Jornadas, Tomo de Comunicaciones Técnicas Oficiales, Montevideo, 1996

NOVOA, César García. "Mecanismos Alternativos para la Resolución de Controversias Tributarias. Su introducción en el derecho español", *Revista Técnica Tributaria*, n.º 59, 2002

OCTAVIO, José Andrés. "Facultades de la Administración Tributaria en materia de determinación de tributos", *Relato Nacional por Venezuela a las XVIII Jornadas Latinoamericanas de Derecho Tributario*, Anales de las Jornadas, Tomo de Relatos Nacionales, Montevideo, 1996

SILLERO, Carmen Márquez. "Reflexiones jurídico-constitucionales en torno a la Agencia tributaria", In: *Quincena Fiscal Aranzadi*, n.º 20, 1994, Pamplona, 1994

SOUZA, Celina. "Es Sistema Tributario Brasileño y los Dilemas de la Reforma de las Políticas", disponível em: http://www.focal.ca/pdf/Brazil_Souza-FOCAL_Brazil%20Tax%20System%20Reform%20Dilemmas_February%202005_FPP-05-02_s.pdf

STURZENEGGER, Federico. "Dos propuestas para el próximo gobierno", artigo publicado no periódico Nación On Line em 05/09/1999, disponível em: www.lanacion.com.ar

VÁSQUEZ, Carlos Enrique Sandoval; DE VERNAL, Solange Maribel Gónzales; ALVARADO, Israel Tobal. "Facultades de la Administración en materia de determinación de tributos", *Relato Nacional por Guatemala a las XVIII Jornadas Latinoamericanas de Derecho Tributario*, Anales de la Jornada, Tomo de Relatos Nacionales

VIOLA, José A. "Autarquía de la Administración Federal de Ingresos Públicos", disponível em: www.violatax.com.ar

Capítulo 5 – Bibliografia em itailano

GAFFURI, Gianfranco. "Concordato tributario", In: *Dig. Disc. Priv.*, sez. Comm., III, Torino, 1988

GAFFURI, Gianfranco. "Il concordato tributario come accordo transativo", *Riv. dir. fin. sc. fin.*, I, 1979

SORACE, Domenico. "La buona amministrazione e la qualità della vita, nel 60.º aniversario della Costituzione", disponível em: www.costituzionalismo.it

SOBRE O AUTOR

Luciano Gomes Filippo é Doutor em Direito Público pela Universidade Sorbonne Panthéon-Assas (Paris II) e Mestre em Direito Tributário pela mesma Instituição. Membro da Associação Francesa de Doutores em Direito (AFDD). Pesquisador do Centro de Administração e Políticas Públicas (CAPP) do Instituto Superior de Ciências Sociais Políticas (ISCSP), da Universidade Técnica de Lisboa (UTL) e da Fundação para a Ciência e a Tecnologia (FCT), do Ministério da Ciência, Tecnologia e Ensino Superior de Portugal. Advogado no Rio de Janeiro e em São Paulo. Conselheiro da Revista Eletrônica da Associação Brasileira de Direito Financeiro – ABDF

ÍNDICE

Agradecimentos 5
Apresentação 7
Prefácio 13
Lista de Abreviaturas 17
Sumário 21

Capítulo preliminar – A mudança cultural no direito Financeiro 29

Capítulo 1 – Observação semântica da mudança cultural no direito financeiro 30
Capítulo 2 – A mudança cultural no direito financeiro 43

PRIMEIRA PARTE – A DEFINIÇÃO DE PERFORMANCE NO DIREITO TRIBUTÁRIO

Título 1 – O conceito de performance 61

Capítulo 1 – A gênese do conceito de performance no direito administrativo
ou boa administração 63
Capítulo 2 – A retomada do conceito de performance pelo direito financeiro 102

**Título 2 – A classificação jurídica da performance fiscal: a diversidade
das análises doutrinárias propostas** 169

Capítulo 1 – As possíveis classificações 170
Capítulo 2 – A dúplice natureza jurídica da performance: princípio e postulado 184

Conclusão da primeira parte 201

A PERFORMANCE NO DIREITO TRIBUTÁRIO

SEGUNDA PARTE – O ALCANCE DA PERFORMANCE EM DIREITO TRIBUTÁRIO

Título 1 – As medidas que permitem o bom funcionamento da atividade da administração tributária 209

Capítulo 1 – O dever de simplificação das regras ou princípio da "praticidade" 209
Capítulo 2 – A privatização de algumas atividades da administração tributária...... 234

Título 2 – Medidas de controle e diminuição de litígios fiscais 285

Capítulo 1 – O princípio do consentimento ao imposto 286
Capítulo 2 – Os Meios Alternativos de Resolução de Litígios (M.A.R.L.) 330

Conclusão da segunda parte 391

CONCLUSÃO FINAL – UMA REVOLUÇÃO PARADIGMÁTICA

Título 1 – O paradigma anterior do direito tributário 399

Título 2 – O paradigma atual do direito tributário 405

Bibliografia..409
Sobre o autor 427
Índice 429